《P 公共管理前沿系列

危机管理

《P 公共管理前沿系列

危机管理
Crisis Management in China
转型期中国面临的挑战
The Challenge of the Transition

薛澜　张强　钟开斌　著

清华大学出版社
北京

内容简介

本书比较系统地反映了美国"9·11"事件发生后全球危机形态的变迁,并通过理论研究和案例分析,详尽探讨了转型期我国危机形态的根源及特征,从不同的角度勾勒了现代危机管理体系的基本框架,提供了非常规决策治理的整体战略设计和制度安排,为促进公共治理结构的顺利转型和社会协调发展提出了可资借鉴的模式。读者对象为政府部门、高等院校及研究机构、MPA学员等,也可供企业管理决策者参考。

本书封面贴有清华大学出版社防伪标签,无标签者不得销售。
版权所有,侵权必究。举报:010-62782989,beiqinquan@tup.tsinghua.edu.cn。

图书在版编目(CIP)数据

危机管理 转型期中国面临的挑战/薛澜,张强,钟开斌著.—北京:清华大学出版社,2003.5(2021.7重印)

(公共管理前沿系列)
ISBN 978-7-302-06612-5

Ⅰ.危… Ⅱ.①薛… ②张…③钟… Ⅲ.①社会问题-研究-中国 ②国家行政机关-公共管理-中国 Ⅳ.①D669 ②D63

中国版本图书馆 CIP 数据核字(2003)第 033751 号

责任编辑:周 菁
版式设计:韩爱君
责任印制:宋 林

出版发行:清华大学出版社
网　　址:http://www.tup.com.cn,http://www.wqbook.com
地　　址:北京清华大学学研大厦A座　　邮　编:100084
社 总 机:010-62770175　　邮　购:010-62786544
投稿与读者服务:010-62776969,c-service@tup.tsinghua.edu.cn
质 量 反 馈:010-62772015,zhiliang@tup.tsinghua.edu.cn

印 装 者:三河市铭诚印务有限公司
经　　销:全国新华书店
开　　本:155mm×230mm　　印张:23.5　　插页:2　　字数:405千字
版　　次:2003年5月第1版　　印　次:2021年7月第20次印刷
定　　价:48.00元

产品编号:006612-02

《公共管理前沿系列》

总 序

从20世纪70年代末开始在中国大地上进行的历史性变革到现在已持续了20多年。在这场变革中,中国同时经历了多重转变:从乡村(农业化社会)到城市(工业化社会)的转变;从计划经济体制向市场经济体制的转变;从内向型、自我完整的经济体系向开放型、国际化的经济体系的转变;从以个人权威为基础的集权管理体制向民主和法制并重的多元治理体制的转变。在这些变革过程中,诸多社会科学,尤其是经济学,为明确改革目标、构建激励机制、创造中国经济体制改革开放的奇迹做出了重要的贡献。

但是,从20世纪90年代中期以后,中国社会的进一步转型、市场经济的深层次改革引起了失业人数的不断增加、地区之间和内部收入差距日益扩大等社会问题。这些问题以及社会利益主体多元化格局的初步形成、加入世界贸易组织(WTO)后更加激烈的国际竞争等,都向中国公共部门的管理者提出了新的、更加严峻的挑战。

新时期中国改革的重点要从以提高效率为主转变到效率与公平兼顾,从强调市场经济体制的建设转向市场经济与民主和法制建设并重。其中一项重要的任务就是进行公共管理的变革与创新。为此,1998年以来中国各级政府曾大刀阔斧地进行了机构改革,最近新一届政府又对国务院组织机构与运行机制进行了新一轮的改革和探索,各级各地政府部门也都着手在公共政策和公共管理方面进行形式多样的改革和创新。

这些实践的新发展向中国社会科学工作者,尤其是向公共管理领域的学者提出了许多崭新的命题。例如,怎样让我们更加民主与科学地决策,避免重大公共决策失误?怎样缩小地区差距,切实解决少数民族地区的经济和社会发展问题?怎样为城市与乡村居民建立最基本的社会保障体系?如何有效地应对各类突发性的人为事故与自然灾害?如何防止各级官员在其工作范围内的腐败行为？等等。这些问题的回答，需要公共管理领域的学者与其他社会科学领域的同行一道，进行深入的研究与探索。

如果说经济学在中国前一时期的改革与发展中成为社会科学领域的带头学科，那么中国现实和未来的改革与发展则为中国公共管理学科的发展提供了空前的历史机遇。问题在于，中国公共管理学界能够抓住机遇、承担时代所赋予的重任吗？

由于历史的原因，中国公共管理学科的发展曾落后于中国改革与发展的实践，甚至也曾长期落后于其他一些重要的社会科学领域，以至于在公共管理学科的基本范畴及概念上至今还有许多争议。自1997年我国在国务院学位委员会通过的学科目录中增设公共管理学科以来，对于这些问题的探讨更加频繁和激烈。显然，这种理论探讨对于一门学科的发展是十分必要的，但如果中国公共管理学术界将注意力过多地集中在理论与概念之争上，而忽略将公共管理学科的理论与中国公共管理的改革与发展实践中的相结合，将有可能最终丧失公共管理学科为中国改革和发展提供理论指导的机会，丧失公共管理学科从中国改革实践中吸取营养和发展壮大的机会。

幸运的是，随着公共管理专业硕士（MPA）学位教育在中国的开展，社会上更多的人开始了解公共管理这个学科领域在中国改革与发展中的重要地位与作用，开始关注这个学科的工作及成果。这样，公共管理学科的发展就不仅有上述现实社会转型和公共管理实践发展的大力推动，而且也有公共管理教育发展的有效激励，呈现出前所未有的大好发展前景。

出于上述考虑，我们与清华大学出版社合作，组织出版了这套《公共管理前沿系列》论著，希望能够较为全面地反映公共管理研究与实践领域最新的理论和学术主张，在中国公共管理领域的研究者和实践者之间，搭起一座桥梁，提供一个公共管理新视点、新论题的学术交流园地，使公共管理不辱使命，肩负起历史的重任，为中国进一步的改革与发展做出应有的贡献。

薛　澜
2003年4月

目前我国正处在改革开放和现代化建设的关键时期。在改革开放力度不断加大,社会主义市场经济快速发展的形势下,不可避免地因各类矛盾和问题引发不同程度的危机事件。如何有效地应对这些危机事件,对政府部门来说是一个紧迫的现实问题。

首先,全球危机形态的变迁带来了不可忽略的影响。随着改革开放的不断深入,我国与世界的交流日益广泛,国际社会在经济、政治和文化等方面的重大变化都会程度不同地波及我国。特别是2001年美国"9·11"事件发生之后,一些利益集团和组织利用非军事方式和手段,对敌对方的一些战略目标进行非常规袭击,这种现象引起了国际军事理论界和安全专家的密切关注。目前,国内外都在深入反思和研究新时期的国家安全问题。对我国来说,这一宏观背景的变化必然要影响我们的思维方式和实际工作。

其次,关注危机管理是新世纪我国进一步深化体制改革的需要。理论界认为:根据一般规律,一个国家发展到人均GDP500美元至3 000美元时,往往对应着人口、资源、环境、效率与公平等社会矛盾较为严重的瓶颈时期,比较容易造成社会失序、经济失调、心理失衡等问题,形成一些不稳定因素。现阶段我国正处于经济转轨和社会转型的过程中,改革开放触及到深层次的体制性问题,再加上有些地方政府在工作上和作风上存在一些问题,因此,从领域、频次、规模、组织性等多个维度来看,我国目前处于危机事件的多发期,各类群体性事件、安全事故、黑社会犯罪团伙所制造的一些事件以及敌对分子的破坏活动不断出现。对此,我们必须有清醒的认识。

第三,这也是进一步转变政府管理职能,提高政府效能的重要组成部分。转变政府职能,就是要彻底改变计划经济条件下的行政管理体制、行政管理方式和行政思维模式,逐步同市场经济的基本要求接轨。行政观念和政府职能的转变,以及企事业单位社会职能的剥离,使得政府公共事务管理的任务越来越繁重。应对危机事件已经成为政府的一项重要职能,也是对政府全面治理能力的重大考验。

基于以上考虑,探讨现代危机管理体系的建立这一话题非常有意义。从理论和实践相结合的高度,积极探索社会转型期政府危机管理的新思路、新视角、新对策,不仅是摆在实际工作者面前,也是摆在理论工作者面前的一个重大课题。

一年多来,清华大学公共管理学院薛澜教授领导的危机管理研究小组不仅及时跟踪分析国际危机形态的变迁,而且深入调研我国危机管理的实践,对我国的危机管理研究和实践起到了积极的推动作用。《危机管理 转型期中国面临的挑战》是这一领域的最新研究成果。本书系统地反映了"9·11"事件发生后全球危机形态的变迁,基于大量的事实探讨了转型期我国危机形态的特点、问题,并在理论和实践相结合的高度、从不同的角度勾勒了现代危机管理体系的基本框架。

本书的出版,恰逢党的"十六大"胜利闭幕不久。建立现代危机管理体系、推动政府职能转变、完善社会公共治理结构,也是按照"三个代表"重要思想推进我国改革开放和现代化建设的重要内容,相信本书的出版会对政府职能转变的实际进程产生积极的影响。

徐绍史

(国务院副秘书长)

2003年2月于北京

写在出版之前

——来自"非典"的冲击

在本书即将交付出版印刷时,首先于我国广东爆发的传染性非典型肺炎("非典")正在全球很多国家扩散和蔓延,在极其短暂的时间里再一次让人们体会到了危机事件所带来的巨大冲击,也更凸现出建立我国现代危机管理制度的必要性和紧迫性。

据世界卫生组织(WHO)发布的资料,从2002年11月16日起,"非典"在我国广东首先爆发,300人被感染,5人死亡;到2003年4月11日止,全球已有2781人被感染,111人死亡,病死率为4.0%,已扩散到五大洲的19个国家(巴西、加拿大、中国、法国、德国、意大利、日本、科威特、马来西亚、爱尔兰共和国、罗马尼亚、新加坡、南非、西班牙、瑞士、泰国、英国、美国、越南),占全球206个国家(地区)的9.2%。从历史比较看,"非典"相比于其他恶性传染病,更具有发病急、传播快、病死率高、影响大的特点,而迅猛发展的经济全球化又加速了该病的扩散和蔓延。

从危机的特性来看,危机是指对一个社会系统的基本价值和行为准则架构产生严重威胁,并且在时间压力和不确定性极高的情况下,必须对其作出关键决策的事件。稍加比较不难发现,本次"非典"的全球传播具有时间上的突发性和直接危及生命健康的紧急性,产生原因、发展过程和可能造成的后果具有高度的不确定性,信息传递中不对称性十分突出,使得全球社会出现恐慌波动,对经济发展、文化活动和社会稳定都产生了巨大的影响,世界各国及我国中央和地方各级政府也直接面临着需要在高度压力下进行非程序性决策的形势。因此,这次"非典"的爆发,不仅仅是一种全球性恶性传染病的传染过程,更是一次典型的社会危机事件。

根据世界卫生组织的统计,截至4月11日,中国(包括香港、台湾地区)的受感染地区占全球总感染区的一半以上。中国成为全球公众关注的焦点,无意之中成了21世纪第一次全球公共卫生危机的主角。到目前为止,本次爆发的"非典"已经较为严重地影响了以香港、广东为中心,包括中国沿海和东南亚的区域经济。世界银行行长沃尔芬森4月7日在华盛顿发出警告,指出"非典"扩散将对东南亚和华南的经济造成威胁。而亚洲在全球经济中的重要地位也使人们对"非典"对于世界经济的影响表示关注和忧虑。由于"非典"对旅游业、餐饮业、出口、FDI等方面的负面影响,世界著名投资银行摩根斯坦利在4月2日将中国大陆、香港、台湾、亚洲地区(除日本)的经济增长率预估分别下调0.5、0.6、0.5和0.6个百分点;至于对经济的长远影响究竟有多大目前尚不清楚,这取决于"非典"能在多短时间内得到有效控制。

这次"非典"事件是对执政不到一个月的新一届中国政府一次突如其来的外部冲击和重大挑战,也是对政府危机处理能力的一个严峻考验。由于本次危机的特殊性,其影响远远超出经济层面,如果处理不当,还会影响中国乃至华人及华人社区在全球的国际形象,以及政府在民众中的公信力。因此,必须全力以赴,根据国内外形势的发展变化,"冷静观察、沉着应战、主动出击、化解危机",对内充分利用政治优势,对外讲究方式策略,最大限度地消除此次事件所带来的负面影响,提高政府公信力,塑造良好的政府形象。需要注意的是,积极、全面地应对本次"非典"危机,需要的不仅是公共卫生应急体系的建立,更为重要的是一系列公共管理体制上的变革,如进一步转变政府职能、保证公共信息畅通、改革绩效评估体系等。

可喜的是,政府已经意识到,不能再按照过去的常识和过时的经验来处理一个在经济全球化和信息多元化条件下发生的公共卫生危机,并开始突发性公共卫生事件应急反应机制的建设。国务院总理温家宝4月14日主持召开国务院常务会议。会议认为,为应对突发性公共卫生事件,切实保障人民群众的健康与生命安全,尽快建设和完善国家突发性公共卫生事件应急反应机制是完全必要的;同时,会议还提出了建设和完善国家突发性公共卫生事件应急反应机制应遵循的原则:中央统一指挥,地方分级负责;依法规范管理,保证快速反应;完善监测体系,提高预警能力;改善基础条件,保障持续运行。国务院已经采取了一系列的政策措施,如:及时公布疫情信息,通过媒体宣传各种防病知识,配合WHO的全球行动等,目前,广东疫区的传播势头已有所控制。可以看到,政府已经开始由被动应战变为主动应战;由内外有别的信息发布到信息透明公开及时;由一般卫生防疫工作到各级政府的"当务之急"、"重中之重"。这将是中国控制"非典"传播蔓延、做好危机管理的政治优势和组织保证。

针对此次"非典"事件,我们研究小组进行了专项研究,并迅速向国家有关领导递交了阶段性研究成果,我们也将密切关注事件的发展并坚持相关研究。我们希望,本书所提供的分析框架及研究成果能对如何更好地认识和更有效地应对突发事件,尽快建立和完善我国现代危机管理体系有所帮助。

作　者

2003 年 4 月 18 日

目录

《公共管理前沿系列》总序 …………………………………………… 1
序言 ……………………………………………………………… 徐绍史
写在出版之前——来自"非典"的冲击 ……………………………… 5
案例目录 ………………………………………………………………… 10
图示目录 ………………………………………………………………… 12
表格目录 ………………………………………………………………… 14
英文目录 ………………………………………………………………… 15
英文摘要 ………………………………………………………………… 17

导论：中国转型期治理变革与危机管理 …………………………… 1

第1章 基本概念：危机与危机管理 ……………………………… 23
   1.1 危机形态 ………………………………………………………… 24
   1.2 危机管理 ………………………………………………………… 41
   1.3 案例研究分析 …………………………………………………… 49

第2章 现代危机管理体系构建——时间序列分析 ……………… 55
   2.1 危机预警及准备 ………………………………………………… 56
   2.2 识别危机 ………………………………………………………… 64
   2.3 隔离危机 ………………………………………………………… 71
   2.4 管理危机 ………………………………………………………… 79
   2.5 危机后处理 ……………………………………………………… 85

第3章 现代危机管理体系构建——组织行为分析 ... 97
3.1 危机中的政府效能 ... 98
3.2 危机中的媒体作用 ... 120
3.3 危机中的应对网络 ... 133
3.4 危机中的法律原则 ... 148

第4章 现代危机管理体系构建——决策过程分析 ... 161
4.1 常规决策与危机决策 ... 162
4.2 危机决策的流程分析 ... 178
4.3 危机决策的主要方法 ... 188
4.4 中国危机决策现状及改进 ... 194

第5章 国际借鉴——体系、机构及个案 ... 201
5.1 体系剖析:美国经验 ... 202
5.2 机构介绍:多国实例 ... 233
5.3 个案研究——BB银行破产危机 ... 253

第6章 中国实践——体系、机构及个案 ... 275
6.1 体系剖析:1998年洪灾管理 ... 276
6.2 机构介绍:南宁市城市应急联动中心 ... 284
6.3 个案研究——南丹事件 ... 305
本章附录一:南宁市人民政府关于印发《南宁市社会应急联动规定(试行)的通知》 ... 320
本章附录二:公安机关110报警服务台工作规范(征求意见稿) ... 323

附录 ... 331
附录一:特别重大事故调查程序暂行规定 ... 331
附录二:中华人民共和国治安管理处罚条例(修正) ... 334
附录三:中华人民共和国戒严法 ... 342
附录四:中华人民共和国安全生产法(摘录) ... 347
附录五:中华人民共和国传染病防治法 ... 348

参考文献 ... 355

后记 ... 357

案例目录

案例 1-1	危机性质的转化:2000年台湾八掌溪事件	26
案例 1-2	危机管理结果的差异:1982年强生胶囊事件与70年代雀巢风波	30
案例 2-1	危机预警:2002年京郊暴雨和泥石流灾难	57
案例 2-2	危机意识:1977年纽约大停电与"哈勃"望远镜事故	58
案例 2-3	危机管理中的系统备用:纳斯达克和洛克希德—马丁公司	61
案例 2-4	危机应对中的资源储备:我国亟待建立国家战略石油储备制度	61
案例 2-5	社会模拟演习的作用:1989年美国旧金山大地震	63
案例 2-6	危机管理中的信息分析:我国信访部门对当前群众集体上访情况的研究	67
案例 2-7	危机中的公众知觉:1994年奔腾芯片事件	68
案例 2-8	危机中的公共沟通:1996年"三株常德事件"与70年代本田"缺陷车事件"	69
案例 2-9	危机管理中的内部信息机制:1986年"挑战者号"爆炸事件	70
案例 2-10	危机管理中主要人物的介入:1989年格鲁吉亚民族骚乱与瓦尔迪兹号油轮漏油事件	75
案例 2-11	危机管理中的应急预案:北京市水资源紧急状态应急预案	77
案例 2-12	危机中的正常运作:美国"持久的宪法政府"计划	77
案例 2-13	危机管理中的内部交流:1999年可口可乐中毒事件	78
案例 2-14	危机管理中的领导者:1988年阿塞拜疆纳—卡州民族骚乱	80
案例 2-15	危机管理中的专业人员:1984年印度博帕尔事件	81
案例 2-16	危机管理中的实时决策:2000年康泰克PPA风波	82

案例 2-17	危机管理中的快速反应:1995年日本核物质泄露事故 ……	83
案例 2-18	危机管理中的媒体沟通:2002年天津"艾滋患者扎针"事件……	84
案例 2-19	危机管理中的政府形象:1988年苏联亚美尼亚大地震 ……	86
案例 2-20	危机管理中的灾后重建:2000年云南姚安大地震 ………	87
案例 2-21	危机管理中的善后获益:1997—2002年郑州系列银行抢劫案 ……………………………………………	91
案例 2-22	危机管理中的政策改进:20世纪六七十年代美国反对种族歧视的政策 ………………………………………	96
案例 3-1	危机管理中的时间第一原则:1979年伊朗人质危机 ……	101
案例 3-2	危机管理中的领导行为:2001年美国"9·11"恐怖袭击与日本"爱媛"号沉船事件 ………………………	102
案例 3-3	危机管理中的组织协同:2002年兰州"4·12"交通事故	105
案例 3-4	危机管理中的生命为重原则:1978年意大利莫罗绑架事件 …	106
案例 3-5	危机管理中的科技作用:1986年苏联切尔诺贝利核泄漏事故 ……………………………………………	107
案例 3-6	危机管理中的优先次序:1984年英国乔治大楼火灾 ……	108
案例 3-7	危机管理中的尺度权衡:1974年法国克莱尔沃监狱暴动 …	109
案例 3-8	案例管理中的媒体政策:2002年江西万载爆炸事件 ……	120
案例 3-9	危机管理中的营利组织:2002年我国"5·7"空难 ……	140
案例 3-10	公众的危机应对能力:2001年南宁市防洪演习 ………	144
案例 3-11	危机中的国际救助:1996年云南丽江大地震 ……………	146
案例 3-12	危机管理中的法律问题——违法行政行为:2002年豫东虞城县"教育捐资款"上访事件和2001年村民状告山东省青州市环保局行政失职案 ………………	150
案例 3-13	危机管理中的法律问题——司法不当:1998年甘肃酒泉地区中院的误判事件 ………………………	152
案例 3-14	危机管理中的法律问题——暴力抗法:2001年四川成都暴力抗法事件和湖北孝感市烟草专卖局稽查队执法遭围攻事件 ………………………………………	153
案例 4-1	危机管理与非程序性决策:1985年美国姆邬教灾难事件 …	172
案例 4-2	程序性决策例示:1994年《北京市严格限制养犬的规定》的出台 ……………………………………………	173
案例 4-3	危机管理中的专业技能:1979年温州氯气中毒事件 ……	193
案例 4-4	危机管理中的危机意识:2001年宜宾南门大桥垮塌事件 …	195

图示目录

图 1-1　危机与突发事件、紧急事件逻辑关系示意图 …………………… 28
图 1-2　社会稳定预警系统原理图 ……………………………………… 37
图 1-3　J. 戴维斯曲线 …………………………………………………… 41
图 1-4　危机管理范围示意图 …………………………………………… 44
图 1-5　危机管理模型 …………………………………………………… 48
图 2-1　危机管理阶段示意图 …………………………………………… 56
图 4-1　常规决策可控可调组织结构同态信息系统原理图 …………… 171
图 4-2　科学决策流程图 ………………………………………………… 180
图 4-3　决策流程的约束模型 …………………………………………… 182
图 4-4　重大决策、危机决策的主要步骤 ……………………………… 183
图 4-5　美伊人质危机演变图 …………………………………………… 185
图 4-6　美伊人质危机中美国决策组织关系图 ………………………… 187
图 4-7　快速、初步分析方法的基本过程 ……………………………… 189
图 5-1　联邦应急计划(FRP)构成示意图 ……………………………… 208
图 5-2　美国灾害处理流程示意图 ……………………………………… 210
图 5-3　CONPLAN 下的危机协同关系示意图 ………………………… 214
图 5-4　联邦紧急事务管理署(FEMA)功能结构示意图 ……………… 217
图 5-5　联邦调查局(FBI)运作示意图 ………………………………… 219
图 5-6　危机现场指挥示意图 …………………………………………… 220
图 5-7　联合运作中心结构示意图 ……………………………………… 221
图 5-8　美国情报系统示意图 …………………………………………… 222
图 5-9　美国国家灾害应急网络图 ……………………………………… 226
图 5-10　日本危机管理体系结构示意图 ………………………………… 239

图 5-11　日本中央防灾会议机构图 …………………………… 240
图 5-12　BB 银行的股份构成情况 …………………………… 255
图 6-1　我国备灾运作机制示意图 …………………………… 277
图 6-2　南宁市社会应急联动运行体制示意图 ……………… 292
图 6-3　南宁市社会应急联动系统结构图 …………………… 293
图 6-4　南宁市社会应急联动系统示意图 …………………… 295

表格目录

表导-1	社会/组织/个人分析框架下的社会问题 ……………	11
表导-2	我国目前国内危机事件的分类 …………………………	17
表1-1	危机类型一般划分概览 ……………………………………	32
表1-2	危机类型图 ………………………………………………………	34
表1-3	社会/组织/个体分析框架 ………………………………	38
表2-1	危机信息来源 ……………………………………………………	65
表3-1	危机发言人的任务、应该具备的知识和相应的技能 ……	126
表3-2	政府与非政府组织参与应急管理的异同一览 …………	137
表4-1	常规决策和危机决策类型比较一览 ……………………	170
表4-2	重大决策的主要约束条件及其应对策略 ……………	181
表4-3	快速决策分析过程中各步骤的初步方法 ……………	190
表5-1	紧急事务支援职能分配矩阵表 …………………………	211
表5-2	日本关于国内恐怖事件发生的对应措施 ……………	242
表6-1	南宁市城市应急联动系统建设前后各警种接警量的情况 …	297
表6-2	人口、接警量与联动中心席位数的关系 ……………	297
表6-3	应急联动中心运行经费来源对比 ………………………	303
表6-4	发达国家应急特别服务号码一览 ………………………	304
表6-5	危机管理中的下级地方政府不同行为选择下的收益矩阵 …	315

Preface ··· 3
List of Cases ··· 10
List of Figures ·· 12
List of Tables ·· 14
Abstract ·· 17

Introduction Governance Transformation and Crisis Management in China in the Transitional Era ······················ 1

Chapter 1 The Fundamental Concepts of Crises and Crisis Management ·· 23
  1.1 Forms of Crisis ··· 24
  1.2 Crisis Management ·· 41
  1.3 Approach of Case Study ·································· 49

Chapter 2 The Chronology of Constructing a Modern Crisis Management System ·· 55
  2.1 Crisis Detection and Preparation ······················· 56
  2.2 Crisis Recognition ·· 64
  2.3 Crisis Quarantine ··· 71
  2.4 Crisis Management ·· 79
  2.5 Post-crisis Management ··································· 85

Chapter 3 The Organizational Behaviors to Construct a Modern Crisis Management System ······························· 97
  3.1 Governmental Efficiency in Crisis Management ······ 98

3.2　Role of Media during a Crisis …………………… 120
3.3　Effective Communication during a Crisis ………………… 133
3.4　Laws and Legal Concerns during Crisis Management …… 148

Chapter 4　The Decision Making Processes to Construct a Modern Crisis Management System …………………………… 161
4.1　Routine Decision Making and Crisis-Specific Decision Making ……………………………………… 162
4.2　Flows of Crisis Decision-Making ……………………… 178
4.3　Ways of Crisis Decision-Making ……………………… 188
4.4　Current Situations and Possible Improvements in China ………………………………………………………… 194

Chapter 5　A Comparative Analysis of European and American Construction of a Modern Crisis Management System …… 201
5.1　The Fundamental Framework Analysis of America's Crisis Management System ……………………………… 202
5.2　Crisis Management Systems of Other Countries ………… 233
5.3　A Case Study Abroad: Crisis of Banka Baltija Bankruptcy ……………………………………………… 253

Chapter 6　An Analysis of China in Constructing a Modern Crisis Management System ……………………………… 275
6.1　The Analysis of the Control System in the 1998 Flood … 276
6.2　The Report on Nanning City Emergency Response Center … 284
6.3　A Domestic Case Study: Infiltration Accident in the Nandan Mine ……………………………………………… 305

Appendix of Laws and Codes on Crisis Management in China ………… 331

Selected Bibliography ………………………………………… 355

Acknowledgements …………………………………………… 357

After the devastating terrorist attack on September 11th, 2001, which has been often characterized as a "bolt from the blue", crisis management has posed great influence on the decision-making at different levels in governments over the world. These dramatic changes, accompanied by radical social and technological shifts, have symbolized the radical global transformation in the security complex. Not only will crisis challenges the framework and capability of governments; they will also affect the social stability in the long run.

Starting with unique characteristics and backgrounds of emergencies and crisis, then drawing inspirations from case studies among social crisis in transitional China as well as experiences and lessons of crisis management abroad, this volume discussed topics on crisis management on the basis of the theories and approaches of public management. Types of crisis, different crisis situations in China, the chronology of crisis, organizational behaviors and the decision-making processes to construct a modern crisis management system are all discussed in details.

Through case analysis of crisis management systems in America, European countries and empirical studies of two case studies (Crisis of Banka Baltija Bankruptcy and Infiltration Accident in the Nandan Mine), we, as the authors of this book, seek to shed light on the building of strategic design and institutional framework of crisis management in China, with the emphasis on institution innovation toward effective governance and the creation of promising investigative avenues for future research. In so doing, we hope to generate insights not only into the dynamics of crisis decision-making and communication, but also solutions for possible predicaments specific to a transitional political regime in China.

中国转型期治理变革与危机管理

2001年9月11日(美国当地时间)8时48分,美国本土遭受了建国以来最大规模的袭击。地处纽约的两座110层的摩天大厦——世贸中心被恐怖分子挟持的民航飞机撞击,随后分别倒塌。同时,华盛顿五角大楼被恐怖分子以同样的方式袭击。此外,另一架被劫持飞机坠毁在匹兹堡。在这一连串突发袭击中,美国损失惨重,直接伤亡人数已达5 219人(截止到北京时间2001年9月30日的统计,纽约市政府公布)。① "9·11"事件不仅对美国的经济运行产生严重影响,而且由于曾作为美国标志的世贸中心大楼和政府重镇五角大楼被炸,将直接改变美国的国内状态(生活方式、社会状态和政治基调)和国际整体的外交格局,以至于有人认为"9·11"事件是世界已经进入"后冷战时期"的标志(1989—2001年被称为"后冷战时期")。与此同时,"9·11"事件也是对美国国家危机管理体系的重大考验。

2001年3月16日凌晨,河北省石家庄市发生特大爆炸案。当天4时16分,位于石家庄市长安区育才街棉三宿舍楼15号楼西侧的墙体被炸;紧接着,16号楼发生爆炸,楼房整体倒塌,

---

① 文中有关"9·11"事件的描述主要来源于 www.msnbc.com 和 www.sina.com.cn 及凤凰卫视的专题报道;同时参见:陈曦主编. 帝国噩梦:"9·11"美国惊世恐怖事件纪实. 北京:中国社会科学出版社,2001;本书编写组. "9·11"美国惊恐大爆炸. 北京:时事出版社,2001

造成93人死亡,14人受伤;4时30分,长安区建设北大街市建一公司宿舍1号楼3单元被炸塌,造成5人死亡,20人受伤;4时45分,新华区电大街13号市五金公司宿舍楼1单元被炸塌,造成10人死亡,6人受伤;5时许,桥东区裕华路民进街12号一居民二层小楼前发生爆炸。短短的44分钟,犯罪分子在不同的地点连续实施5次爆炸,造成108人死亡,38人受伤,数千万元财产的损失,从而酿成了一起建国以来死伤人数最多的恐怖爆炸事件……犯罪者向社会公共安全提出了严重挑战。[①]

虽然,这两起事件从时间、地点、起因和影响上都无法相比,但它们的共同之处在于,都是危机事件——决策者面临着突如其来的场景:社会赖以维系的重要价值受到了威胁,环境的变化具有高度的不确定性,可以采取行动的时间十分有限。[②] 不管我们是否愿意,在国际社会秩序动荡不安,国内社会结构发生重大变革的时期,危机事件已经成为我们这个时代生活中的一部分。危机事件究竟能带来什么样的冲击,对社会发展带来什么样的影响,这是生活在和平安稳年代的人们很难感知的事情。对习惯于富足、自由生活的美国民众,金融危机以及常常发生的局部冲突甚至战争都没有像"9·11"事件那样,用异常残酷的方式对美国乃至世界的政治、经济以及文化产生直接而又深重的打击。同样,爆炸案给安居乐业、勤奋工作的石家庄人民带来的震撼和恐慌也是前所未有的。对于正在进行着多重重大治理变革的全中国人民来说,这些事件的发生也在引起人们的思考:这些危机事件为什么会发生?当我们面对危机事件应当如何反应?我们的社会对处理危机事件做好准备了吗?

一、全球视野:国际危机形态变迁

"9·11"事件证明了即使被认为是世界上最安全的美国,也可能是最危险之地,当今世界已没有了"世外桃源"。它标志着从1990年开始的所谓"后冷战时代"的终结,人类遇到了一个新的更不可测知的冲突与挑战。

从国际关系格局的角度来看,"9·11"事件加剧了全球化包含的政治危险。自科索沃战争结束后,国际形势已趋于缓和,但"9·11"事件使国际形

[①] 文中关于石家庄特大爆炸案的描述主要来源于:骆继荣,刘成群. 石家庄特大爆炸案的前前后后. 河北日报,2001-04-19

[②] Sundelius B,Stern E. and Bynander F.. Crisis Management the Swedish Way-In Theory and Practice. Stockholm:The Swedish Agency for Civil Emergency Planning, 1997

势又出现较大的动荡。"冷战"结束后的国际形势时紧时松,动荡与缓和循环交替。后冷战时代里,也是全球化发展最快的10年,全球武装冲突的数量已从"冷战"结束前的每年4起上升到每年34.5起,呈逐年上升趋势;从冲突的原因上看,20世纪90年代的冲突可大致分为领土边界冲突、资源利益冲突、民族认同冲突、政权党派冲突和"人权"干涉等5大类。① "9·11"事件使得美国会在近期内进行相当规模的报复,并有力促进了美国霸权优势。美国所进行的"21世纪的第一场战争"看来不是短期内所能结束的,在阿富汗战争告一段落后,美国有可能对其他一些存在国际恐怖主义组织基地的国家采取军事行动,使战争长期化和扩大化,使这场战争的范围超过一般的局部战争。特别是战争发生在欧亚结合部,有可能向东西两个方向扩大,造成更大的动荡。由于和美国一起参战的西方盟国众多,而国际恐怖主义组织也分布在很多国家,这场战争虽不会导致世界大战,仍具有一定程度的"世界性"。这一切都会使得稳定的世界新秩序的形成还需经历一个痛苦的过程。

　　在经济发展上看,南北差距依旧是亟待改变的问题。2000/2001年《世界发展报告》表明,虽然20世纪人类生活条件比过去任何一个时期都有更大改善,但是收入分配不平等和贫困现象尚未得到根本改善。"世界仍然深深处于富饶的贫困之中。全世界60亿人口中,有28亿人口——几乎一半——每天的生活费低于2美元,12亿人口——五分之一——每天的生活费低于1美元"。"在东亚地区,每天的生活费用低于1美元的贫困人口在1987—1998年间从4.2亿减少到2.8亿,在拉丁美洲,南亚,次撒哈拉非洲,穷人数目却增加了。位于欧洲和中亚的向市场经济转型的国家,每天生活费用低于1美元的贫困人口增加了20倍"。② 正如著名政治学家塞缪尔·亨廷顿(Samuel Huntington)所说:"事实上,现代性产生稳定性,而现代化却产生不稳定性。……产生政治混乱并非由于没有现代性,而是由于要实现这种现代性所进行的努力。说穷国显得不稳定,并不是因为它穷,而是它们想致富。"③因此危机现象也就更多地出现在社会由非现代化向现代化过渡的变迁过程中。

　　"9·11"事件后全球经济恶化的程度和范围比原先估计的更为严重和广泛,而随后美国对阿富汗采取的军事行动对全球经济活动和商业信心造

---

① 冯绍雷,王新俊.全球化背景下的国际冲突与发展中国家的安全.世界经济与政治,2001(7)
② 世界银行:2000/2001年世界发展报告.北京:中国财政经济出版社,2001
③ [美]塞缪尔·P.亨廷顿.变革社会的政治秩序.李盛平等译.上海:上海译文出版社,1989,45

成了进一步的冲击,使世界经济形势更趋恶化。

从文化因素来看,经济全球化的过程也是各种文化相互冲突的过程。这种文化现象往往表现为两种基本的类型:一种是内部冲突,即民族文化内部的传统文化、统治文化与本系统自生的新文化之间的冲突;另一种是外部冲突,即民族文化与外来文化之间的冲突。当今世界正处在从多文明时代向全球文明时代的过渡时期,过去的各个世界性文明正在演变为多元一体的全球文明中的子文明或亚文明。① 邪恶源于文明而又反对文明、玷污文明、毁灭文明。弗洛伊德早就阐述过文明与反文明的关系,指出文明社会永远存在着崩溃的危险,文明必须尽其最大的努力来对源于人类动物性的进攻本能加以限制,并且运用心理的反作用结构来控制它们的显现。21世纪是人类通过经济和政治一体化进程走向全球共同体最为关键的一个世纪。一体化与非一体化、反一体化,将是新世纪中的世界主要矛盾。美国的一极化和全球化的推进,使得文明间冲突(文化、种族、民族)加剧,尤其是在穆斯林世界。人们痛感一种文明和生活方式颠覆了他们的原有生活方式,使得自己生活在一个异己的、专横的、腐败的统治之下,由此产生了严重的不满;与此同时,原教旨主义所激发的极端势力及其政治势力也加大了不同国家间的距离。

总体上说,危机的产生在一定时期内仍是世界格局调整中必然出现的产物,而且在"9·11"事件之后,世界范围内的危机形态呈现出新的特点。

首先,在表现形态上看,危机呈现出多种变化的趋势:形式多样化,无论在政治领域、经济领域还是文化领域,危机都有发生,而且在危机发生以后,持续性明显地加大,危机造成的损失以及对社会政治经济秩序的破坏程度呈上升趋势。

在政治领域,由于不切实际地推进所谓"民主化"进程,许多发展中国家固有的种族矛盾和社会矛盾被激化,危机频发。例如,扎伊尔1990年宣布实行多党制,政党多达300多个,主张各异,多次发生反政府兵变。这方面的例子还有,1992年震惊世界的南非"博伊帕通惨案"(6月17日约翰内斯堡以南的博伊帕通小镇被突然侵入的200名不明身份的枪手血洗)以及其后发生的"西斯凯惨案"(同年9月10万示威群众在西斯凯边界遭遇军队开火死伤200多人)。

同时,危机波及范围空前广泛而且不可控制。例如,苏联的切尔诺贝利的核泄漏对西欧的国家产生了巨大的核污染影响,而局部的冲突由于国际

---

① 喻希来.世界文明中的中国文化.战略与管理,2001(1)

势力的介入,也就形成了更大的对峙和波动漩涡。中东地区、前南斯拉夫地区各种政治、经济、领土、民族冲突此起彼伏,连绵不断。

在文化领域,各种危机事件的发生更是风起云涌。20世纪60年代末以来,出现了世界性的宗教热。据权威的《国际传教研究公报》统计,截至1997年,全世界宗教信仰者的人口比例高达81%,与100年前相比,几乎没有什么变化。世界各地的邪教组织层出不穷,据不完全统计,全世界邪教组织有3 300多个,信徒有数千万人;美国因有1 000余个邪教组织,被称为"邪教王国",所以不少震惊世界的邪教惨案多发生在美国。在西欧和南欧18个国家中,有1 317个狂热教派,英国有604个。法国内政部情报司的调查表明,法国有邪教团体173个,其中40余个具有危险性。西班牙全国现有200个"具有破坏性"的邪教组织,其信徒约有达1万人。邪教组织制造出的破坏性事件不胜枚举,例如,1993年美国的"大卫教"86名教徒集体自焚事件;1995年日本"奥姆真理教"发动的震惊世界的东京地铁毒气袭击案;以及近几年在我国出现的以李洪志为首的法轮功邪教组织策划的各种违法犯罪活动。

其次,从诱发动因上看,危机的产生更加不确定,种族、经济、政治等各种因素交织,变换迅速,甚至在处理一些灾难或事故的时候,由于处理不得当,也会出现不同程度的社会危机。例如,1992年4月,美国黑人青年罗德尼·金被4名白人警察殴打致死一案,带有种族歧视的裁定被媒体曝光后,不仅在洛杉矶引起了持续3天3夜的暴力冲突,美国动用了3000名陆军部队士兵、1 500名海军陆战队士兵、1 000名执法官和数千名国民警卫队才得以平息,而且几天之后,还波及邻国加拿大,5月4日在多伦多爆发大规模种族暴力冲突事件。在现代化过程中,由于经济体制的不完善,也会产生许多直接危及社会整体的事件。一个典型的案例就是在受到亚洲金融危机冲击后,经历了长达30多年的经济高速增长的印尼苏哈托政权轰然垮台,整个国家出现一片混乱,GDP下降了20%;震惊世人的车臣冲突也集中反映了俄罗斯中央与地方的经济利益矛盾。

进入21世纪,随着技术进步和经济发展以及全球化的推进,我们面对的危机事件必然具有新的维度,不仅来自于逐步提升的技术依赖、城市化过程以及社会的复杂性,而且事件发生的更为突发和紧急,在发展演化上的不确定性明显加强,社会波动性增大,对我们的非程序化决策能力要求更高。有学者预测21世纪人们将面临的威胁是:恐怖主义;已经存在的技术性灾难的进一步恶化;自然灾难的毁坏性加大;物理系统、信息系统等安全问题;

人类的错误行为(有意和无意的);生化灾难。①

二、直面中国:正确认知转型期的危机

从20世纪70年代末起在中国大地开始进行的历史性变革到现在已经持续了20多年。在这场变革中,中国同时经历多重转变:从一个乡村——农业化社会到一个城市——工业化社会的转变;从计划经济体制向市场经济体制的转变;从一个内向型、自我封闭的经济体系向一个开放型、国际化的经济体系转变;从一个以个人权威为基础的社会政治管理体制向一个民主与法制化的社会管理体制转变。在这20多年里,我们创造了一个历史上少有的持续经济繁荣的奇迹,但与此同时,我们也在"过大关"——正经历着"经济转轨、社会转型"的关键时期。根据世界发展进程的规律,在社会发展序列谱上我国当前恰好对应着"非稳定状态"的频发阶段,即在国家和地区的人均GDP处于500美元至3 000美元的发展阶段,往往对应着人口、资源、环境、效率、公平等社会矛盾的瓶颈约束最严重的时期,也往往是"经济容易失调、社会容易失序、心理容易失衡、社会伦理需要调整重建"的关键时期。因此,"稳定压倒一切"的前提,对于中国,尤其是今后30年而言,具有特殊的意义。②

在日益加速的全球化进程中,危机的诱因和影响往往是世界性的,所以,"在对危机的处理上,尽管世界各国存在着地域上和意识形态上的差异,但反应是相似的。"③美国"9·11"事件给我们的危机管理提出了一系列问题:如何应对非传统威胁?如何在尽可能短的时间内控制事态、降低损失?如何作好与民众的沟通,维护国家长远利益和政府公信力?这一系列应对危机的问题也是世界各国政府都会面临的严峻挑战。所以在审视"9·11"事件中美国政府的作用时,实际上我们也要进行相应的"换位思考"。

"9·11"事件不仅考验了布什政府的危机处理能力,更为世界各国领导人提供了一个反思的机会,从国家到企业乃至个人,都应该学习危机处理。不管美国是不是因为过分干涉中东事务而致祸,凭借美国的军事及经济能

---

① Claire B. Rubin. What Hazards and Disasters are Likely in the 21st Century - or Sooner? Natural Hazards Research Working Paper #99, Natural Hazards Research and Applications Information Center Institute of Behavioral Science University of Colorado, 1999
② 牛文元. 社会燃烧理论与中国社会安全预警系统(研究提要). 清华大学公共管理学院与中国行政管理学会联合举办的"社会变革中突发事件应急管理"专家研讨会讨论稿,北京:2001-11-26
③ [美]R.J.斯蒂尔曼. 公共行政学. 李方等译. 北京:中国社会科学出版社,1989,184

力,它还有其他的选择,依旧能继续着超级大国的角色,但是如果换作我们,是不是会比美国处理得好呢?

在世界依旧存在种种危机威胁的情况下,我们每一个国家都不可能独处于"世外桃源",都可能遇到不同的危机挑战,如大规模断电、大地震、风灾、金融危机、社会动乱等。如何面对这些危机,是政府及相关组织乃至个人必备的知识,而且采用不同的应时处理方法,往往会有不同的结果产生。危机管理必须在危机黄金时间内,采取适宜的措施,避免或降低危机所带来的有形与无形的损失,让国家、企业或其他组织早日正常营运。因此,任何组织或家庭应有危机管理体系并对相关人员实施必要的危机管理教育。

当然此处讨论的危机概念,存在着更为广泛的视角。从基本动因的角度,危机可以分为两大类,其一主要是针对由自然灾害和人为因素而引起的突发性事件——前者如水灾、地震、台风、干旱,后者如核泄漏、火灾、质量事故——政府作为公共事务的管理者,必然要承担控制由突发事件引起的连锁反应的责任。其二是由社会中对抗的统一体引发社会冲突行为而导致的社会失衡和混乱,由一定的社会问题诱发,诸如战争、暴力对抗、恐怖主义事件。虽然这两者各有所侧重,但在实际研究中交叉甚多。而且就现实情形而言,在一定的外界条件下,突发事件就会进一步发展成为危机。① 因此,这里我们用危机来进行统一的描述。

对于一个国家而言,无论它处于哪一个发展阶段,无论它宣传的是什么意识形态,在"改革、发展、稳定"的关系中,社会稳定都是维系国家系统有序运作的根本保证。对于中国,我们首先要有勇气直面危机。一直以来,我们常常不能用危机这样的词汇来讨论国家面临的种种挑战,即便是在学术界,也会出现吴国光指出的所谓"语言的二元化",即公共语言与日常语言分裂的情况下,人们用"假语言"装模作样地谈论"假问题",只会加深社会各阶层以及政治精英与知识精英之间的隔阂和猜疑。②

日本危机处理专家泷泽正雄认为,危机的定义是:"事故发生的可能性",而危机管理即在管理损失,因此要注意到如何以最节省的费用,取得最大的效果。③ 泷泽正雄曾经历过神户大地震、东京地铁毒气杀人事件,因此

---

① 美国著名的突发事件和危机管理专家 William L. Waugh 在 2000 年出版的专著 Living with Hazards Dealing With Disasters :An Introduction to Emergency Management 中,已将相关的社会危机问题归入人为灾难(Manmade Hazards)进行讨论。
② 何家栋,王思睿.社会阶层分析与政治稳定研究——评康晓光《未来3～5年中国大陆政治稳定性分析》.战略与管理,2002(4)
③ [日]泷泽正雄.企业危机管理——组织迈向安全经营的法则.徐汉章译.香港:高宝国际(集团)公司,1999

他认为,如果平常能做好防护对策的话,避免灾害的发生,或防止灾情的扩大,并非不可能。如建筑兴建时,能考虑到防震措施,这样地震来临时就可以减少灾亡的比率。金融机构会发生丑闻,往往是各种隐患长期积累的结果,如果平日对职员做到道德约束,就有可能防止此种事件的发生。如果天灾不可免,人祸也不可逃,那么,剩下的就是未雨绸缪的准备了。即便从哲学角度来看,危机也不是绝对的坏事,因为危机往往又是生机、转机的开始,所谓"祸兮福之所倚,福兮祸之所伏"就是这个道理。这也是说,危机也可发挥社会安全阀的作用,其有关机制可借用以下的描述:"通过它,社会能在面对新环境时进行调整。一个灵活的社会通过冲突行为而受益,因为这种冲突行为通过规范的改进和创造,保证它们在变化了的条件下继续。"而"一个僵化的社会制度,不允许冲突发生,它会极力阻止必要的调整,而把灾难性的危险增大到极限"。①

"安而不忘危,治而不忘乱,存而不忘亡"也是中国历史上"治国安邦"最重要的经验。正如 2002 年中央经济工作会议要求的那样,我们宁可把困难与挑战估计的严重一点,才能避免被动,立于不败之地。危机事件的发生实际上就是社会系统在新的环境下由有序向无序发展,从量变到质变,最终爆发的过程。为此,我们不能回避我国危机存在和发展的现状。在对美国"9·11"事件的关注中,不仅要看到其中蕴涵的国际关系变迁,而且要结合中国的实际情况,进行"换位思考"。要针对这一事件中体现出的极端个体及组织给国家安全、社会稳定所带来的巨大威胁和特点变化,并结合我国发展现状,正确认识危机性质和状态。当然,最重要的是要学会从"前车之鉴"中吸取经验和教训,在系统地借鉴欧美国家危机管理体系的实践经验的基础上,深入思考我国危机管理体系的建设问题。

从危机诱因来看,危机事件实质就是潜在的各种社会矛盾与社会问题积聚激化后的表现形式,或者说是冲突的人群试图通过非常规或极端的方式,促使有关政府部门解决没有预见或长期无力解决的问题。对于转型期的中国社会,有效、及时、和平地处理这些突发性危机事件已经成为今后一定时期内我国各级政府必须高度重视的重大挑战,政府作为国家政权机关和社会公共事务管理者,如何处理好社会危机事件将直接关系到政府在公民心目中的权威地位和良好形象,直接影响着我国政治经济的稳定和发展,进而关系到国家政权的生死存亡。

从本质上看,我国目前危机事件的主体性质为非政治性,主要的目的还

---

① [美]刘易斯·科塞.社会冲突的功能.孙立平等译.北京:华夏出版社,1989,114

在于对社会公民权和利益的维护,关注弱势群体,寻求社会平等,①但也不能排除具有一定政治目的或寻求某一社会利益集团局部利益的行为动机。危机的存在是每一个社会形态和政府管理体系中都会面对的挑战,尽管目前中国社会相对稳定,很难发生影响全面的重大政治事件,但不排除发生局部的突发性事件的可能性,同时"最坏"的可能性也依然存在。所以必须把保持社会稳定和政治稳定放在最突出的位置上。②

根据我们的分析,无论从社会整体形态、组织的运作,还是从个人的缓解渠道来看,我国危机的发生和现有制度的不完善息息相关。危机局势对社会稳定构成最直接的威胁,会使政府的合法性与良好形象面临着极其严峻的挑战。如果政府不能够有效地防范和控制危机的发生,或者及时修正危机问题带来的困境,那么,政府将失去实现社会发展目标的基础条件,甚至将危及到政府统治权力本身。为此,危机事件的处理显然就是对政府组织的管理能力和效力的全面考察与综合鉴定,是衡量和反映政府统治力量的重要方面。它不仅是政府的一项战略任务,同时也是政府日常管理的重要组成部分。而且,这些危机的应对不仅仅关系到个别事件处理的成败,更是关系到如何真正实现我国的长治久安。

三、形态初探:我国转型期的危机特点及诱因

转型期我国危机形态特点

就现实观察而言,转型期我国的危机形态总体上体现出以下的特点。③
(一)危机事件涉及的领域多元化

进入20世纪90年代以来,不仅接连发生重大的自然灾害,而且随着社会的转型,在政治、经济和社会等各个领域也都发生了程度不同的危机事件。

在经济领域里,由于国有企业改革尚未到位、农村发展不足、移民安置

---

① 有关目前突发事件的性质界定也得益于中国行政管理学会2000年4月3日组织的"群众性突发事件"政府对策研讨会上诸位专家学者的发言。
② 有关论述参见:王绍光,胡鞍钢,丁元竹.经济繁荣背后的社会不稳定;康晓光.未来3~5年中国大陆政治稳定性分析.战略与管理,2002(3)
③ 由于目前存在重大社会问题信息不完全、信息不透明、信息不公开的情况,再加上中央与地方有关部门在即便掌握了真实情况下,也存在"欺上瞒下"的虚假代理行为,我们不仅很难获得研究的直接相关数据,而且媒体通常宣传的"一派歌舞升平"也极大地掩盖了经济繁荣下日趋严重的社会危机。以下涉及的部分案例来源于互联网媒体报道,也尽可能地经过与相关主管部门一定程度上的了解和确认。

导论 中国转型期治理变革与危机管理

不当等因素引起的群体性事件常有发生。在政治领域,转型期政府职能的界定尚未明晰,腐败渎职现象严重,厦门远华、陈希同、胡长清、慕绥新等一批大案要案,严重影响党和政府在广大公民中的公信力。与此同时,司法机构腐败、滥用职权造成社会矛盾激化,以致出现了诸如乌鲁木齐袭警等暴力事件。此外,国内社会贫富差距继续加大,经济程序亟待调整,人们的心态极易失衡,一旦社会安全管理上出现漏洞,就会出现石家庄爆炸案这样的恶性事件。在国际上,中国驻南斯拉夫大使馆被炸、中美撞机事件等,都预示着中国有可能面对的种种外交危机。

(二)危机事件呈现高频次、大规模

2001年我国发生多起严重的安全事故,尤其是矿井重大安全事故接连不断。同类型的重大事故的接连发生,在一定程度上已经成了人们社会经济生活中的阴影。同时,各地严重的治安案件数量不断增加,地区性的恶势力有所抬头。此外,在近年来出现的一些群体性冲突中,参与及波及的人数越来越多。

(三)危机事件的组织性、暴力性、危害性加强

据信访部门调查,近年来发生的群体性事件,绝大多数幕后有人策划、煽动和组织,较大规模的群体性事件更是如此。随着组织性趋向明显,群体性事件呈现出持续性和反复性的态势,闹事方式不断升级,规模不断扩大,对抗性不断加剧,不少上访群众或闹事者存在"不闹不解决,越闹越让步,大闹大解决"的心理,或专在重大节日或政治活动期间闹事,扩大事态。

(四)危机波动方式多元,震动频度增大

由于目前危机事件的发生往往涉及社会不同利益群体,敏感性、连带性很强,聚集效应明显,而且随着社会信息化的发展,传播渠道多元化,国内外各类反动势力有机可乘,利用我国旧有的政府处理方式和群众心理,在各类高科技的信息技术的支持下,制造各种谣言惑众,煽动群众采取过激行为。尤其在各类民族区以及邪教的处理问题上,各类民族分裂势力利用网络,散布反动言论,组织地下非法活动,惟恐天下不乱,危机事件可能引起的震动频度明显增大。

(五)危机事件国际化程度加大

伴随着全球化的进展,危机事件的发生也具有了一定的国际互动性。一方面,国内的极端个人及组织与各类国际势力紧密勾结,互为呼应;另一方面,随着中国的稳定发展,中国公民在境外的人身、财产安全也常常受到威胁,成为各类恐怖主义的目标,近期的菲律宾绑架事件尤为典型。这样给危机事件的应对带来更大的难度。

当然,从国际关系和国家安全的角度来看,我国是当今多种基本矛盾的交汇点,单极与多极的矛盾、南北矛盾、民族宗教矛盾、新的东西方矛盾、两制矛盾都有所涉及,使得总体安全性具有一定的脆弱性。[①] 当然,我们的研究着重点并不在于世界政治经济实体之间错综复杂的外交关系变化,重点还是集中于面对危机中的组织性应对。

转型期我国危机诱因分析

对于我国进入危机频发期的原因,我们将因循社会、组织到个人这样的逻辑过程进行分析。在社会的分析层次里将具体分为政治、经济和文化三个角度;由于我国为政府主导型社会,所以将组织的分析主要局限在政府,

表导-1　社会/组织/个人分析框架下的社会问题

分析层面	细分领域	危机诱因事件例示
社会整体	自然领域	环境污染 自然灾害 疾病传染
	经济领域	下岗失业 相对贫富差距 农村发展面临的问题 国际间经济摩擦
	政治体制	社会阶层分化 腐败 政治合法性危机 新公共管理及市场化、全球化挑战 法治化建设遇到的矛盾 黑社会组织犯罪
	文化体系	信仰危机(邪教) 治安恶化(网络犯罪)
组织运作	公共管理体系 (政府及 NGO)	与上一层面的讨论交叉融合,作为经济组织以及 NGO 的探讨基于我们讨论危机的性质和作用发挥程度,此处就不作专门分析
	经济组织	
个人行为	个人行为心理分析	社会不满意度

---

① 孟羊青. 关于维护和改善 21 世纪初我国安全环境的几点思考. 世界经济与政治,2001(7),27~32

并将其归入到政治体制里一并考虑;对于个人视角,我们将基于人性中的挫折-攻击理论和J曲线,对我国社会中存在的不满意程度进行描述,诠释可能的危机诱发路径。值得注意的是,这里更多的描述是集中于触发危机事件的"燃烧物质",对于"助燃剂"的阐述也是基于社会深层的政治经济变迁来进行描述的。

社会及组织层面分析

本部分将从经济发展、政治体制以及社会文化等三个方面进行讨论。

1. 经济发展具有不均衡性

改革以来,特别是在20世纪90年代后期,中国社会收入的分配格局发生重大变化,从全民"分享型"或"共享型"增长到"部分获益型"增长,从全民"非零和博弈"增长到"零和博弈"增长。[①] 国家范围内,人与人、人与集团、国家与国家之间围绕各自的经济利益展开较量,在市场逐渐成熟的过程中,资本市场的集聚效应作用日趋明显,地区及个体的贫富差距迅速拉大。

首先,城乡居民收入差距在不断扩大,公共服务水平与可及性十分悬殊。农民农业收入因农产品价格水平持续4年下跌(累计下降22个百分点)而遭受大幅度损失,估计在3 000亿~4 000亿元;[②]与此同时,农民各种税费负担愈来愈重,大大降低了农民的福利;即便是农村扶贫工作的开展,也因目前扶贫的政府主导型、方式的单一使得效率低下,[③]同时标准偏低:1999年农村贫困标准是人均年收入625元,与世界银行人均1美元的国家标准相差较大。食物需求比重(即恩格尔系数)占80%左右,也远远高于60%的国际标准。该标准仅仅是满足贫困人口最低生存需要的温饱标准,超过了这一标准,生存能力仍然很弱。由于标准很低,已经解决温饱问题的贫困人口容易返贫。据农村住户调查资料测算,近几年农村贫困人口返贫率高达30%左右。[④]

---

① 王绍光,胡鞍钢,丁元竹. 经济繁荣背后的社会不稳定. 战略与管理,2002(3)
② 陈宗胜,周云波. 非法非正常收入对居民收入差别的影响及其经济学解释. 经济学研究,2001(4)
③ 有关计算可参看:胡鞍钢. 当前我国经济形势与宏观调控政策. 中国国情研究分析报告,2001(53), 2001-06-15
④ 这是国家统计局2001年发布全国农村贫困监测报告中据农村住户调查资料测算,参见:三农·中国百姓蓝皮书. 北京青年报,2002-09-09

其次,地区发展差距进一步扩大,极化指数迅速上升且达到历史最高点。① 2000年,东部地区人均收入是西部的2.26倍,最高的省份与最低的省份差异超过3倍。而且平均数掩盖了实际差异,全国尚有22.8%的县未上温饱线,86%的县未达小康线,5%的贫困县与5%的富裕县人均GDP差异为16.4倍。②

我国的基尼系数也明显上升,已属于世界上收入分配不平等比较严重的国家。根据南开大学经济研究所陈宗胜等人对国家统计局公布资料的计算,我国居民收入基尼系数由1988年的0.35上升为1997年的0.40,当计入偷税漏税、官员腐败、集团消费转化及其他非法收入之后,我国居民收入实际基尼系数由0.42上升为0.49。③ 目前我国居民收入实际基尼系数已经超过0.50,④远远高于通常的稳定警戒线0.40。据1999年调查,最富有的20%家庭占全部社会收入的42%,20%贫困家庭仅占6.5%。

第三,从国际上来看,旧秩序与酝酿中的新秩序的相互并存和矛盾冲突,使得全球经济格局中包含了极大的结构性张力和紧张局势。当然,上面谈及的更多的是经济发展中人类社会性活动带来的潜在忧患,在目前发展格局中,人与自然的不和谐也日益成为经济增长的瓶颈和社会不稳定的基础燃烧物质。⑤ 我国是发展中大国,面临巨大的人口生存压力,已探明的资源储量贫乏,生态环境污染严重,加大了原有的不均衡的经济发展过程中的结构性张力,这一问题同样值得关注。

2. 政治体制改革有待深化

中国20多年的改革确实带来了经济领域的突飞猛进,然而我们发现,很多难以解决的经济问题,其根源往往在于非经济领域,体制性的弊病表现在许多方面,诸如权力资本的恶性膨胀、社会阶层的进一步分化、权力不平

---

① 例如,1991—1993年国家科委一项调查表明,扶贫贷款偿还资金仅有56%,企业偿还率更低到40%。1997年云南贷款偿还率仅为39%,未还贷款数量占新发贷款比例超过100%。许多地方呆账,坏账比例高达80%。又据新疆自治区审计厅最近消息,在对全区30个贫困县1998年改水资金和1999年扶贫资金审计中,竟有1.66亿元或被挪用与盖办公楼,购置小汽车,或被地方有关部门长期滞拨或擅自改变使用项目。
② 计算参见:王有强.崔启ározjaj.理论分析和框架.摘自:胡鞍钢主编.地区与发展:西部开发的新战略.北京:中国计划出版社,2001
③ 于祖尧.中国经济的内忧.战略与管理,2002(4)
④ 王绍光,胡鞍钢,丁元竹.经济繁荣背后的社会不稳定.战略与管理,2002(3)
⑤ 牛文元.社会燃烧理论与中国社会安全预警系统."社会变革中突发事件应急管理"专家研讨会讨论稿,北京:2001-11-26

等的加剧、宪政体制的缺陷、司法腐败的泛滥、行政权力的滥用、新闻监督的扭曲、基层政权的恶性病变等。① 正是社会结构剧烈变动及政治体制改革相对滞后交互作用造成的传统权力结构畸变和传统权威模式的失效,使得旧的政治社会体制控制宏观、协调矛盾、平衡冲突、扼制腐败的主动性和能力有所减弱,造成了危机出现的体制性诱因。

首先,在政治层面上,政府管理中原有的政绩型合法性基础有一定时效性和局限性,虽然已经把民主选举作为民意表达的主渠道来加以推动,并在一定程度上缓解了来自社会的政治压力,但这种选举仍然停留在村民自治层次上,人民代表大会的选举还有局限,渠道仍然有梗塞;司法独立和司法公正还没有得到有效的制度保障。吏治腐败、司法腐败已经成为十分严重的政治问题。在经济层面上,政府已经逐步从经济领域的直接控制向有序监管转型,但在实际操作中,部门、行业利益依然发挥着不应有的主控作用,在电信、航空等行业的监管体制改革中,"看得见的手"摁住了"看不见的手"的现象处处可见,虽然听证会的形式已经或即将在铁路票价、电信资费以及航空票价等领域实施,但实质上的改进还有待期盼。农村税费改革、国有企业改制以及社会保障体制的根本变革所引起的社会波动就更为惊心。

其次,来自信息技术的挑战与机遇也对我国公共管理的实际运作方式和根本民主制度产生了深远影响。20世纪50年代以来,以计算机、微电子技术、现代通信技术和互联网为代表的信息技术革命席卷全球,影响到了世界的各个角落,将人类社会带入一个前所未有的信息时代。中国的信息技术发展也非常迅速,信息技术在公共管理领域的运用也日益增多。1999年,中国开始了一项浩大的政府上网工程,电子政府的问题已经被提上非常重要的议事日程。这样的信息环境带来的是民众与政府的互动方式的变化,对于政治参与、利益表达就具有了更为广泛的要求,尤其是我们原有的新闻媒体处于较为僵化的运作机制下,缺乏足够的公开性和透明度,在这样的冲击下就更加易于形成"参与爆炸"。

第三,市场化浪潮的兴起对公共管理本质的冲击和全球化对公共管理范围和结构的影响。从20世纪70年代以来,在许多发达国家和发展中国家的公共管理领域中,出现了一场声势浩大的以"市场化"为导向的改革浪潮。其主要标志是解除管制、私有化及自由化。从80年代撒切尔夫人在英国的大规模私有化运动到90年代克林顿—戈尔的"政府再造",这次市场化

---

① 有关详细描述可参看:刘智峰主编. 中国政治体制改革问题报告. 北京:中国电影出版社,1999

的改革浪潮持续之久、涉及面之广是前所未有的。然而,在许多公共管理学者看来,这场声势浩大的市场化改革对公共管理的本质提出了严重的挑战,①尤其对处于建设市场经济过程中的中国就更为严峻。在外部的"示范效应"下,社会各群体对现有的政府管理与服务,例如对于公共管理的垄断性、服务范畴、责任追究制(听证制度、抱怨程序、责任制等)、公共信任度等提出了新的质疑。

全球化是当今人类社会发展最重要的趋势之一。国家主权和利益与全球公共利益间的关系,国家公共管理能力与全球治理能力的关系变得更加复杂。作为一个人口众多、历史悠久、文化多元的大国,如何在全球化的进程中,有效地维护民族国家的主权,保障本国人民的利益,在各国主权得到尊重的前提下,参与全球管理体制,保证本国利益和人类共同利益的协调发展,是中国公共管理领域研究不可回避的问题,也是民众十分关注的问题,处理是否得当将直接影响公众对当前政府执政能力的判断,影响社会的全局稳定。

第四,我们还需要关注的是法治问题。对于一个能够抵御冲击的良性社会体制,法治是重要的基础。然而我国的立法和司法过程存在着缺陷。在我国立法过程中存在"非正式规则",全国人大、全国人大常委会和国务院等立法主体之间的立法权限的划分本身就不是十分清晰,造成以上三者长期无法明确各自的权力范围,只能借助于惯例、习惯等非正式规则协调关系;立法过程的复杂性和随意性,也会加剧我国政治的"非正式性"——党政不分、以党代政以及权力的人格化特征。② 与此同时,由于现有司法机构的设置与行政区划基本一致,地方各级人民法院受同级党政机关的领导,在人、财、物等方面依赖地方政府,使得我国司法实践活动中存在着严重的司法权地方化的倾向。这样不仅易于滋生地方保护主义,严重妨碍了公平竞争、规范有序的市场经济体系的建立和完善,而且影响了司法权力对行政权力的监督和制约,也为司法腐败提供了更多机会。③ 特别需要注意的是,行政和司法领域的腐败带来另一个不容忽视的现实:中国的黑社会性质组织在迅速滋生和发展。④

---

① 薛澜,彭宗超,张强. 公共管理与中国发展. 管理世界,2002(2)
② 韩丽. 中国立法过程中的非正式规则. 战略与管理,2001(5)
③ 王旭. 论司法权的中央化. 战略与管理,2001(5)
④ 2002年3月18日,"9·11"之后的首次国际警察首脑会议在香港举行。在会上,中国公安部刑事侦查局局长张新枫发言时称,中国的黑社会性质组织在迅速滋生和发展,严重危害社会治安稳定。详情请参见:透视中国黑社会性质组织迅速发展. 南方周末,2002-03-29

3. 传统道德文化体系的失稳

文化是人类社会生活中深层的核心的东西，它是保证人类冲突减少的最后屏障。因此，由文化矛盾引发或支持的冲突和危机，其根深蒂固性和持久性要远甚于其他原因直接引发的危机。① 在经历了西方社会发展的冲击和建国后的几次文化变革后，传统的孔儒思想体系说教功能逐渐弱化，出现一定程度的信仰危机。

在社会经济的快速发展中，教育发展滞后，社会道德、公共伦理出现失范，腐败的社会风气使道德基础发生动摇，网络时代的生活方式已经严重冲击着旧有的道德规范体系，道德虚无主义情绪逐渐蔓延。严重的规范缺失和规范偏离现象、社会结构变迁的加剧以及科学技术的飞速发展，导致了人们在不断出现的新的行动内容和选择标准面前缺乏必要的规范引导和约束；既有的规范系统在急剧变迁的社会生活之中的紊乱，也造成了人们在具体行动中的严重偏离和越轨。

文化道德体系的失稳，也将反映到组织的层面，一个组织如果没有适当的组织结构、组织文化、管理体系和有效的决策者，那么我们说，这就在组织层面上埋下了危机诱发的祸根。我国在企业管理领域，由于处在市场体制的发展阶段，并没有形成完善的公司治理结构；在公共治理中，更是落后，从传统的为官之学到今天的职业化管理政府，还刚刚起步，2001年开始才刚刚培养自己的公共管理硕士（MPA：Master of Public Administration）。公共管理学科的发展面临着极好的机遇，也面临着空前的挑战。这些机遇和挑战来自于中国改革发展中的问题和矛盾以及由此产生的现实需求和驱动力，也来自于科学技术的新发展，还来自于国际社会和国际环境的新变化和新趋势。② 这些公共管理体系面临的挑战及我国政府的实际应对将是危机的实际形成、演变的实质影响因素。

由于中国政府主导的特性，此处的讨论仅局限于政府部门的作用，而不对经济组织和NGO进行特别细致的探讨。当然不排除这两者对于危机及危机管理的重要作用，我们也将在后面的过程展开和组织体系建设中有所涉及。具体到政府的管理上，也会涉及到很多问题，如失效的绩效管理体系、非制度化的部门关系等等也都是危机发生、发展的原因，这一点在南丹等一系列矿难事件中得以体现。但是这些是一个良好组织管理所必须解决

---

① 胡宁生主编. 中国政府形象战略. 中共中央党校出版社，1999，1191
② 薛澜，彭宗超，张强. 公共管理与中国发展. 管理世界，2002(2)

的,我们其中的根本因素已结合在前文所述的领域中讨论,至于具体的细节问题将在后文加以进一步阐释。

以上述及的就是我国在目前状态下可能的社会层面或组织层面的危机引致因素,正是这些因素决定了在今后的一段时期,我们必将面对各方面的不可回避的危机(在一定的调研基础上,我们以诱因①的不同对目前我国国内转型期间危机事件进行归类,具体参见表导-2)。从以上的危机诱因来看,危机事件实质就是潜在的各种社会矛盾与社会问题积聚激化后的表现形式,或者说是冲突的人群试图通过非常规或极端的方式,促使有关政府部门解决没有预见或长期无力解决的问题。如前所述,从本质上看,我国目前危机事件的主体性质为非政治性,主要的目的还是在于对社会公民权和利益的维护,关注弱势群体,寻求社会平等,但也不能排除具有一定政治目的或寻求某一社会利益集团局部利益的行为动机。

表导-2 我国目前国内危机事件的分类

类 型	引 致 因 素	一般冲突表现方式
自然灾难型	环境破坏、疾病传播、各种自然突发事件	环境污染、自然灾害、突发性重大公共卫生和公共交通事件
利益失衡型	经济发展的不均衡,社会保障制度上的缺陷	罢工、集体上访、静坐、示威游行、集会
权力异化型	政府权能体系中的失效,如腐败、司法权的不完善	集体上访、示威游行、暴力抗法、刑事案件
意识冲突型	意识形态领域出现异化形成的冲突,如宗教、民族	大规模群体冲突、妨碍公务、刑事案件
国际关系型	与中国在国际格局中的发展相关	国家间的紧张局势、经济制裁甚至局部战争

个体行为层面分析

对于个人层面的考量,是基于群体性行为中,个体的心理模式是重要的作用基础、波动起源。而且现实中科技的迅猛发展和网络化的集结方式使得个体在行为能力上得到了巨大的提升。另外,对于危机可能带来的损害

---

① 关于危机的成因,国际上已存在诸多的研究成果,主要倾向于用人性的假设为基础出发点,一种为危机"偶发"理论(T. R. Gurr, 1971),另一种为危机"固有"理论(C. Tilly, 1978)。这里形成的结论是直观上的观察总结,并与实际负责此类工作的同志进行了商讨。

及影响也不同程度地取决于危机参与者的心理素质和行为能力。对于此处我国的危机诱因的分析,我们根据挫折—供给理论和戴维斯曲线的原理,着重考察我国民众的对现状的满意度。因为人们对自身生活状况的满意程度直接影响对社会形势稳定程度的判断,从而使得其选择表达意愿的不同的渠道,也就客观影响到了危机的产生和社会的稳定。①

对于个体的行为心理的考察,我们遵循这样的研究框架,首先考察民众对于社会稳定的整体局势的主观看法,这可以对以上的宏观结构性分析结果进行修正;其后考察具体的不同群体中个人的满意程度,也就可以判断出在个体行为心理机制下的危机产生根源(据"我国社会稳定形势研究课题组"调查显示:个人主观满意度与其对社会稳定程度判断成正比);然后考察在目前情况下可能的宣泄渠道,如果社会具备了良好的个体意愿表达渠道,那么,冲突和不稳定因素也就会得到缓解,危机的产生也就不会成为必然,只要是存在不满意愿又无法获得正常渠道进行宣泄,那么失范行为的产生就成为可能。

根据"我国社会稳定形势研究课题组"的调查显示,城市居民对影响当前社会稳定的主要因素(或问题)的回答,2000年和2001年都集中在五大问题上:下岗失业、腐败、贫富悬殊、社会风气败坏、社会治安恶化;农村居民2001年关注的五大问题是:农民负担过重、腐败官僚主义、贫富悬殊、社会风气败坏、失业下岗人员增加。中纪委1996年以来连续6年的调查显示,人民群众关注的社会热点问题中的头号问题:1996年为通货膨胀,1997—2000年为腐败,2001年为失业与就业,腐败居第2位。中央党校课题组对地厅级党政干部调查也有相似的结果:2000年集中在五大问题:腐败、国有企业、收入差距、下岗失业、农民负担;2001年的头号问题还是腐败问题。②这些结果与我们前面所作的社会/组织层面的分析过程具有高度一致性(参看文中表导-1),这也从一个侧面证明不同层级组织间的内在联动以及这一视角的可选性。

那么社会个体的满意度如何呢?根据"我国社会稳定研究课题组"2000年对城市居民的调查,对自身生活状况不满者(包括较不满意和不满意)达到22%,即超过城市居民的1/5,约有1亿人。在连续三年的调查中,总体上,人们对自己生活满意程度变化很小。每一年都有大约55%的人对自己

---

① 逻辑过程可参看:王绍光,胡鞍钢,丁元竹.经济繁荣背后的社会不稳定;康晓光.未来3~5年中国大陆政治稳定性分析.战略与管理,2002(3),28~29
② 中国社科院.2002年:中国社会形势分析与预测(社会蓝皮书),社会文献出版社,2001,38

的生活状况表示满意,大约45％的人表示不满,就全国城镇人口而言,约有2亿人。其中非常不满意者近7％~8％,大约在3 200万~3 600万人。根据零点调查公司2000年对10个城市居民的调查,对市民生活不满者(不太满意和非常不满意)达到26.7％,2001年这一比例提高到33.6％,即有1/3的城市居民不满意。就全国城镇人口而言,约有1.5亿人。与此同时,对市民生活满意者(指非常满意和比较满意)比例由55.5％提高到63.4％,出现"两级同化"趋势,即不满意者和满意者的比例都在增加,这也符合中国改革实践,即主体呈现增长形势。

就具体群体而言,大致情况如下:从就业角度来看,下岗失业人员对自己生活状况最不满意,绝大多数在岗人员对自己的生活状况是满意的,而下岗失业人员中1999年有70％的人不满意,2000年这一比例还占近一半;从收入水平来看,低收入人群对自己生活状况最不满意,尤其是年收入在3000元以下的人群;从收入增减来看,收入水平下降的人群对自己的生活状况最不满意,在收入下降的人群中这一比例在1999年占2/3,2000年占1/2;从不同年龄组来看,处于壮年(31~50岁)的人群满意度最低;从职业分类来看,下岗工人和非技术工人满意度最低;从文化程度上看,初中和高中文化程度被访者满意度最低。

从这些调查数据中我们不难发现,尽管大体上满意的人群要多于不满意群体,但是在绝对数量上不满意群体仍然十分庞大。他们不满意者主体都是下岗失业者、低收入者和收入水平下降者以及文化程度低者等"弱势群体"。他们随着社会竞争的加剧,相关保障体系的尚待完善,还会进一步被"边缘化"。不仅如此,在社会机制的运作中,这一部分弱势群体不仅是在经济生活中处于底层,而且在民主政治生活中也是参与程度很低,正如前面所显示的社会的阶层分化。在无法感知自身境况改变的希望下,尤其面对中国媒体受政府主导的运作方式和非制度化渠道匮乏的现状,这些充满不满情绪的个体就会变成破坏中国社会稳定的"燃烧物质",在一定的突发事件的"导火索"的作用下,就可能形成破坏性的危机事件。

我国亟待建立现代危机管理体系

非常规决策经常遇到的紧急性或危机性事件处理是任何国家政府都必须认真对待的重要问题,它甚至比任何常规性决策都更能考验一个国家政府的治理结构和治理能力。

常规决策和非常规决策两者看似相互分离,实际上有紧密的内在联系。

一方面，非常规决策中所涉及到的社会危机性突发事件往往是由于日常的常规决策中的不公正、不民主、不及时等带来的对社会公民的潜在影响所造成的；另一方面，常规决策中的制度构建也必须从危机事件以及非常规决策过程中吸取有益的经验与教训，以尽可能地降低非常规决策中的不确定性为目标。因此，在日常的公共决策中，要采取科学民主的决策方式，在源头上降低危机事件发生的可能；要在应急的非常规决策中制定行之有效、有的放矢的危机管理计划，并及时总结，以修正调整常规性决策，标本兼治。

作为政府必须构建开放的、有机合理的、协同运作的危机应急管理系统，以便尽可能地吸纳各种社会资源参与危机管理，扩大危机管理体系的组织和资源吸纳能力，实现系统有序化、规范化和可操作化。特别是现阶段处于危机事件高频发生时期的中国，更应当完善常设性的具有极大的强制性、权威性的社会稳定预警系统的设计、运行和预警机制，建立强大的反"黑客"措施和极其严密的"防火墙"，从而把危机事件对公共利益的损害程度降低到最小。

就一个完整的危机管理流程而言，应当包括危机预测、危机管理准备、识别危机、隔离危机、管理危机以及处理善后并从中获益等几个主要环节。该过程涉及的主要机制包括：政府的危机决策机制、公众公共沟通机制、内部信息传递机制、各职能部门间的联动机制、危机应对情景训练系统等，而整个应急管理行为的核心是以建立常设性危机管理部门，制定权责明晰的危机反应机制，构建完善的危机管理体系，并且这些机构和职能都必须以法制化的形式固定下来。

就我国政府非常规决策而言，危机应对现状受各种条件的限制，存在种种困境。其一，没有建立常设性的危机管理部门，也没有制定权责明晰的危机反应机制。在实际运作中，在国家层面上，没有具有会商决策功能的综合体系和常设性的危机管理的综合协调部门；在国家安全的高度上，没有制定长期的反危机战略和应急计划；在地方各级层面上，没有根据各地不同的发展实际实事求是地设置相关部门，明确具体的组织形式及职能。其二，政府不同职能部门之间缺乏应急联动及组织的反应时效与能力。目前我国政府职能部门"拥兵自重"，彼此封闭，各自设立单独的指挥中心，相互之间相应的职权授予没有做法制化的详尽的规定，整体上没有形成有法必依、有章可循的整体制度框架。其三，政府官员和民众缺乏危机意识，整体上社会危机应对能力和自我恢复能力差。由于常规决策体系的建设有所滞后，有效互动的公共治理结构并没有形成，于是非常规体系就更显得无源之水般的匮乏。

我们必须意识到,面对挑战,只有直面危机,勇于变革,抓住有利时机,掌握改革的主动权。其中,建立现代危机管理体系就是主动应对危机的关键点。正因如此,本书将从时间序列、组织行为和决策过程等不同角度具体展开论述危机管理体系的建构问题。当然,从根本上说,单纯的危机管理体系的形成并不能保证社会的全然无忧,危机管理的最佳途径是优化程序性决策从而有效避免危机的发生,长治久安根本上还是取决于公共治理结构[①]的优化:治理主体由过去单一的政府变为由政府、企业和社会组织各方有序参与的合作集体;治理规范由过去单纯的国家法令变为法令、道德和社会及公民的自主契约等并存;治理程序从仅仅考虑效率变为公平、民主和效率等并重;治理的手段由过去单纯强调法治变为重视法治、德治和社会公民自觉自愿的合作相互补充;治理的方向由过去单一的自上而下变为上下左右互动。

四、本书的研究框架

本书的基本出发点是从当代危机管理的实际背景出发,结合我国社会危机的具体案例,借鉴国际危机管理的经验和教训,从社会危机的形态特点、危机管理中的政府效能、媒体政策、法律原则、非政府组织作用等方面,解析危机管理的理念和系统设置,尝试提供各级各地政府妥善及时处理危机事件和非常规决策治理的整体思路和制度框架,进而促进公共治理结构的顺利转型和社会的协调发展。

自从20世纪60年代初危机管理理论在国际学术领域作为一门独立学科出现后,日益受到各国政府的重视,各国纷纷设立专门的研究机构(如美国的行政管理协会的危机管理分会,瑞典的CRISMART),对古巴导弹、疯牛病等各类历史危机事件进行总结,并结合社会学中的社会冲突理论、心理学中的认知失调理论、经济科学里的发展经济学、制度经济学等从不同角度深入分析,为完善今后的危机管理体系提供理论指导。

我国是近几年在现实的触动下才开始对危机管理的研究有所关注,尽管从各级政府到社会科学研究机构,都已经意识到危机管理研究的重要性,但目前国内的研究积淀还十分薄弱。一方面缺乏理论上完善的分析框架建

---

① 这里提到的"公共治理结构"主要是指由政府组织、非政府组织、私人企业或个人所构成的治理主体的组织形态,以及这些主体在处理公共事务中依据共同的治理理念所形成的治理规范、治理程序和治理手段。

构,同时也由于现有体制的原因还没有形成政府实务部门与研究机构的良性互动。但是加入新世纪以来,无论是加入WTO后的全球化进程,还是我国社会的政治经济体制转型,都对我国的政府管理能力提出了严峻的挑战,从理论总结到实践操作全方位寻求符合我国国情、政情的危机管理体系已经迫在眉睫。为此,我们于2001年初成立了危机管理课题组,在此将前期的研究成果融合结集,希望起抛砖引玉之效,为我国危机管理研究的进步和完善有所贡献。

本书分别从基本概念、中国转型期危机环境诱因分析、现代危机管理体系建构、国际借鉴和国内实践、危机管理个案分析等角度,对危机中的政府治理展开了较为深入的探讨。第1章介绍危机和危机管理的基本概念和过程;第2章至第4章从时间序列、组织行为、决策过程等多个框架性角度分析现代危机管理体系的构建;第5章着眼于中国危机管理体系建设中可资借鉴的国际经验,主要选择美国危机管理体系及其他几个国家有代表性的危机管理体系和机构,分析它们的设置和运作机制,并重点结合美国"9·11"恐怖事件进行实证分析。第6章选择1998年特大洪灾、南宁市城市应急联动系统以及广西"南丹事件"进行实例分析,一方面对本书的理论应用提供初步的示范,另一方面,也揭示出现代危机管理体系的构建是一项长期性的复杂的系统工程,它和整个社会的治理结构、政治经济体制建设的协调发展密切相关。最后,我们在文后附上了当前我国在危机管理方面所制定的一些法律和规范性文件,以供读者参考,并希望能加深读者对我国危机管理现状的了解和认识。

第1章

基本概念：危机与危机管理

  危机似乎是个令人紧张的字眼，然而我们的社会、国家、组织和个体，都不能避开它的威胁。因为所有的组织既是由若干子系统、亚子系统和要素所组成的稳定的结构系统，又是由特定人员、内外部环境的交互行为所构成的变化的动态系统。在这个系统中，广泛的个体差异和组织特性的差异及外部环境的变化都会使得不同的行为主体之间常常发生分歧、摩擦、对抗以及整体性的失稳。究竟如何看待危机？如何准确把握危机的类型？危机背后形形色色的诱因中是否存在着统一的本质？

  本章第一节首先在诸多历史文献的系统性回顾的基础上，结合实际演变情况，从基本特性的角度提出对危机的界定；其次，讨论了国内外学者对危机的不同分类标准，最终选择危机管理领域的著名学者罗森塔尔（Rosenthal）和柯兹敏（Kouzmin）提出的基本的归类方法，即危机的分类方法中基本上可以归为两类：一类是基于危机的本身，另一类是基于危机参与者的解决方式；接着，我们提出了社会/组织/个体的基本分析框架来把握危机产生的从个体行为到组织运作以至社会整体的动态演变过程。

  第二节讨论危机管理，在讨论危机管理的目的、原则的基础上，结合危机生命周期理论进行了危机管理研究模型的比较分析，即芬克（Fink）的四阶段生命周期模型、米德罗夫（Mitroff）的五阶段模型和最基本的三阶段模型，最后提出了现代危机管理体系分析的基本框架:时间序列分析、组织行为分析和决策过程分析。

第三节介绍危机管理案例研究的"强调认知的制度分析方法",旨在为危机管理研究学者提供案例研究方法的借鉴。

1.1 危机形态

危机的界定

如何认识危机?又如何在现实生活中界定?我们常常会面临各种对于个人和群体利益产生威胁的情境,这些是不是都会形成危机呢?在人类社会中,冲突无处不在,所谓"天有不测风云,人有旦夕祸福",作为个体,可能会面对突发的疾病、交通意外和自然灾难;作为企业组织,也难免遇上意外事件、蓄意破坏、股市震荡、人员变动等等;作为政府,在组织抗击火灾、风暴、地震、洪水等自然灾害的同时,还要面对恐怖活动、疾病传播、环境恶化等社会事件。各种情况让人应接不暇,猝不及防。人们用很多词汇来描述种种的情境:突发事件、紧急事件、事故、冲突、战争、社会动乱……那么这些是不是都形成我们这里考量的组织面对的危机呢?

应该说,突发的概念强调的是事件发生的不可预测性,紧急事件则强调的是事件处理的时间迫切,这两者并不能等同于危机事件。保夏特(Pauchant)和米德罗夫(Mitroff)也给出了一个特别形象的例子来说明事故和危机之间的差别:一个工厂里的水龙头坏了,如果仅仅是一些会议的时间被调整和贩卖机的停止服务,那这就是事故;但如果由此造成了工厂停产,甚至引致破产倒闭,那就成为了危机。也就是说,事故影响较小,对组织是局部破坏;而危机影响较大,存在或潜藏着对整个组织肌体的根本上的毁坏。[1]

迄今为止,我们一直在试图寻找一个比较全面而确切的定义来框定危机的种种特性以及相应的管理系统,但是实际上危机事件的发生却有着千变万化的现实场景,很难一言以蔽之。学术界有人认为只有中国的汉字可以完满地表达出危机的内涵,即"危险与机遇",是组织命运"转机与恶化的分水岭",[2]这说明危机的发生必定是对组织的存在与发展产生了不可忽略的影响,如果处理不当,则危在旦夕,然而处理得法,又会成为未来良性发展

---

[1] W. Timothy Coombs. Ongoing Crisis Communication Planning, Managing, and Responding. London:Sage Publications, Inc., 1999, 3

[2] 菲克. 危机管理. 韩应宁译. 台北:经济与生活出版事业公司,1987,3

的坚实基础。在这里,我们将回顾总结许多学者从不同角度的理解判断,并试图从组织管理的角度对危机的概念来下定义:

- 有可能变好或变坏的转折点或关键时刻(英文韦伯辞典定义)。
- 赫尔曼(Hermann)认为:危机就是一种情境状态,其决策主体的根本目标受到威胁,在改变决策之间可获得的反映时间很有限,其发生也出乎决策主体的意料。①
- 1975—1976年在耶路撒冷举行的危机问题研讨会提出的定义是:危机是和平进程的断点,它必须具备以下四个条件:(1)国家内部或外界环境发生变化;(2)形成了对基本价值的威胁;(3)卷入军事敌对行动的可能性极大;(4)对威胁作出反应的时间有限。
- 罗森塔尔(Rosenthal)等人认为:危机就是对一个社会系统的基本价值和行为准则架构产生严重威胁,并且在时间压力和不确定性极高的情况下,必须对其作出关键决策的事件。②
- 巴顿(Barton)认为:危机是"一个会引起潜在负面影响的具有不确定性的大事件,这种事件及其后果可能对组织及其人员、产品、服务、资产和声誉造成巨大的损害"。这里值得注意的是危机影响的范畴已经扩大到了人和组织的名声,由此凸现公共沟通的重要性。③
- 桑德里尔斯(Sundelius)、斯特恩(Stern)和拜楠德尔(Bynander)认为:作为一个国家所面对的危机就是指中央决策者面对这样一种场景:重要的价值受到威胁,而且可以采取处理行动的时间十分有限,同时环境的变化具有高度的不可确定性。

这里,罗森塔尔的定义更为准确地反映了危机这个概念的内涵。因此,可以认为:危机通常是在决策者的核心价值观念受到严重威胁或挑战、有关信息很不充分,事态发展具有高度不确定性和需要迅捷决策等不利情境的汇聚。能够形成这种情况可能是自然灾害或人为的,例如地震或不同种族之间的剧烈对抗。其中人为危机可能来源于技术控制手段的缺失或可以确认的人为错误,当然也包括可能对现有社会政治体制的蓄意破坏。

在这里我们对于危机定义的讨论有一个基础的前提,即针对组织层面

---

① Hermann, Charles F., ed. International Crises: Insights From Behavioral Research. New York: Free Press, 1972
② Rosenthal Uriel, Charles Michael T., ed. Coping with Crises: The Management of Disasters, Riots and Terrorism. Springfield: Charles C. Thomas, 1989
③ [澳]罗伯特·希斯.危机管理.王成、宋炳辉、金瑛译.北京:中信出版社,2001,18~19

上的事件，其影响的范畴涉及到局部或整体社会，而且带有更多的社会性色彩，即便是对于企业行为的分析，也是基于对外部的社会性影响而进行的。这里就和企业管理中所面对的危机事件有着一些出发点和目标原则上的差别，尽管在危机事件的发生和处理中会有某些管理本质上的一致性。我们的理论思考出发点认为危机是相对于政府的常规性决策环境的一种非常态的社会情境。结合前文介绍的罗森塔尔(Rosenthal)等人对于危机的具体描述，实质上我们可以把危机界定为一种决策情势，在此情境中，作为决策者的组织(核心单元为政府)所认定的社会基本价值和行为准则架构面临严重威胁，突发紧急事件以及不确定前景造成了高度的紧张和压力，为使组织在危机中得以生存，并将危机所造成的损害降至最低限度，决策者必须在相当有限的时间约束下做出关键性决策和具体的危机应对措施。

如前所述，从基本动因的角度，危机可以分为两大类。其一，主要是针对由自然灾害和人为因素引起的突发性事件，前者如水灾、地震、台风、干旱，后者如核泄漏、火灾、质量事故，政府作为公共事务的管理者，必然要承担控制由突发事件引起的连锁反应的责任。其二，由社会中对抗的统一体引发社会冲突行为而导致的社会失衡和混乱，由一定的社会问题诱发。诸如战争、暴力对抗、恐怖主义事件。虽然这两者有所侧重，但在实际研究中交叉甚多，而且现实生活中，在一定的外界条件下，突发事件就会进一步发展成为危机。2000年发生的台湾八掌溪事件就是一起典型的由于对自然事故的反应不力而引发的社会危机(参见案例1-1)。因此，这里我们主张用危机来进行统一的描述，通常所说的突发事件可以看作危机的前期。

案例1-1 危机性质的转化：2000年台湾八掌溪事件[①]

2000年7月22日下午，台湾嘉义县山洪突发，4名正在当地八掌溪加固河道工程的工人被困洪水中。赶到现场救援的消防人员因波涛汹涌无法靠近，便四处打电话向上级主管部门及军、警方救护单位求援，但一直不得要领。现场围满受困者家属、群众和新闻媒体记者，眼睁睁地看着4名受困者在急流中苦撑近3个小时后，因体力不支而被湍急的山洪卷走。

这一惨剧经电视直播而传遍全台湾，但台湾当局的高官和众多主管

[①] 台湾"八掌溪惨案"引发岛内强烈民愤. 深圳特区报. 2000-07-26；微明. 透视八掌溪事件的台前幕后. 信使文摘, 2000-08-15

人员却迟至第二天才表态,表示"震惊"。据称,"行政院长"当天因没看电视而不知此事,也没有得到报告;"内政部"有关负责人在4名工人遭灭顶之灾后4小时才听到报告,但却没有立即作出反应;军、警方面事后对没有出动救援也各有各的"理由"……台湾社会舆论一片哗然,民众愤怒的指责电话响遍当局有关主管部门。舆论纷纷指出,"八掌溪惨案"暴露了台湾当局的无能、指挥协调的混乱、救难机制不力和设备不足、紧急通报系统几近瘫痪等弊端。而从台湾当局处理这一事件的态度来看,更显示出各部门之间互相推卸责任,缺乏协同,当局"根本未把人民小事当作政府大事来办",轻视民众生命安全。

这一惨案连日来在台湾岛内激起极大民愤,社会各界纷纷痛责当局颟顸无能,政事混乱,草菅人命。迫于民众强大压力,陈水扁表示为八掌溪事件"致上最深的歉意"。此外,多名台湾高级官员包括台"内政部政务次长"李逸洋,身兼灾害防救委员会主委的"行政院副院长"游锡堃。"警政署"署长丁原进、"消防署"署长陈弘毅等均因此提出辞呈批准请辞。与此同时,由于受到政局不安的冲击,台北股市应声倒地,尽管"台政府"四大基金集中火力护盘,敲进金融和电子股,却还是不敌排山倒海而来的卖压,终场指数狂泻163点,8 000点关卡跟着失守。

在如上的划分中,对于后一类直接影响到国家政治稳定的社会危机事件,危机管理系统作用的重要性是不言而喻的。而对于前一类的危机事件,如果政府对其预防、实时应对、事后处理等方面都有所考虑,就可以有效地在短时间内尽可能地减少损失。但是,如果处理不力就会让公民直接而深刻地感受到政府效能的低下,严重丧失公信力,那么即使不爆发类似台湾八掌溪事件的动荡,也是形成社会失稳的潜在隐患。

从抽象特性上来看,如何界定危机事件呢?

首先,危机事件具有突发性和紧急性。

危机事件虽然存在着发生征兆和预警的可能,因为它依旧是由一系列细小事件逐渐发展而来的。但由于真实发生的时间、地点具有一定的不可预见性,而且正因为出乎通常社会秩序或人们的心理惯性运行,才会形成某种程度上的危险性。在逻辑上就可以说,危机必定是突发事件,然而突发事件未必就形成危机,突然发生的事件如果不具有下述的其他特征,也不能称之为危机事件(参见图1-1)。

福斯特(Foster)发现"危机有四个显著特征:急需快速作出决策,并且严重缺乏必要的训练有素的人员、物质资源和时间来完成"。① 1987年英国伦敦的皇家十字勋章地铁站从第一个火苗到形成火灾仅有10分钟的时间，造成31人死亡，20人重伤。

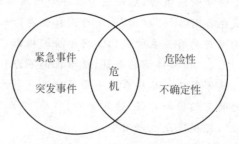

图 1-1　危机与突发事件、紧急事件逻辑关系示意图

第二，危机事件具有高度不确定性。

危机发生以后，人们往往不知所措，不仅仅因为这种事件的开端是无法用常规性规则进行判断，而且其后的发展和可能涉及的影响是没有经验性知识进行指导，一切都是瞬息万变的。风险与不确定性之间存在着差别。如果是风险，事物的未来发展轨迹是具有一定的信息基础，那么，我们都有可能预测结果的不同类型和预期概率，根据成本收益分析从而作出具体的行为决策，也就可以基于组织的目标（长期与短期）、现状（尤其是与处理危机相关的能力）、外部环境等因素进行优化选择。而危机之所以成为危机，一定程度上就是因为在事件开端以后，就很难预计它可能带来的后果。同时，由于信息时代的发展，事物之间的联系愈发呈现多元和共时的特征，资源的有限性也会导致事实上顾此失彼，形成"连带效应"（"涟漪反应"或"连锁反应"），把危机的影响扩大。

所谓"连带反应"，就像一粒石子投进池水里引起阵阵涟漪那样，初始的危机事件会对外部产生一系列的负面影响，所引起的冲击破坏可能包含石子撞击池底、在水面及周边溅出水花和涟漪荡荡而引起的波动。米特罗夫（Mitroff）和皮尔森（Pearson）把这种由于危机初期管理不善而造成的涟漪反应称为"连锁反应"。②典型的例子就是环境污染案件。在1971年的意大利塞文索发生的化学危险品不慎泄漏而对周围的农场和社区造成长期污染，使该地区又面临着居民迁移和重建的压力。1986年发生的苏联切尔诺贝利核电站的核燃料泄漏同样如此。连带反应有可能引发更大的危机。

---

① ［澳］罗伯特·希斯. 危机管理. 王成，宋炳辉，金瑛译. 北京：中信出版社，2001，18～19
② ［澳］罗伯特·希斯. 危机管理. 王成，宋炳辉，金瑛译. 北京：中信出版社，2001，13

1978年位于瑞士楚格市的山多士控股的化工厂发生一起火灾,虽然在很短时间内就得以控制,然而,严重的是 30 多吨有毒物质流入莱茵河,形成 40 公里长的化学物质漂流带。在 1989 年澳大利亚奥克兰等地发生的火灾,初期的管理就在于灭火,然而,随后的人员伤亡,家庭破碎,商业恢复和社区重建遇到的困难都形成严重的社会性危机,而这里伴生的原因已经不是火灾,而是原有系统通过税赋征收来修复、重建社区基础设施的能力薄弱。1998 年我国长江流域和嫩江、松花江流域发生了历史上罕见的特大洪水,直接经济损失达 2 000 多亿元(约占 GDP 总量的百分之二点多);与此同时,还对灾区的各种基础设施(如:水利设施、公路交通设施、电网与通讯设施、文教卫生设施等)造成了严重破坏,对灾区的工农业生产带来巨大影响(1 380 多万人流离失所,1 700 多万间房屋倒塌、损坏,2 150 多万公顷农田被淹,仅江西和湖北两省就有 23 530 家企业受灾,其中 12 846 家企业停产),减少了受灾省区的财政收入(仅初步测算影响 GDP 增长率下滑 0.846 个百分点)。[①] 这就是我们认为突发事件和危机之间存在一定的转化可能的原因。

第三,危机事件的影响具有一定的社会性。

通常意义上,危机的文字内涵包括各种主体,然而此处我们讨论的危机事件和危机管理体系中涉及到的危机则是专指在公共管理范畴内的危机管理,即对一个社会系统的基本价值和行为准则架构产生严重威胁,其影响和涉及的主体具有社群性,这与个体、经营性组织所面对的危机管理有着目标、原则、运行方式等多方面的本质差别。当然这种分析也将对个人和企业组织如何识别、应对危机具有一定的借鉴性。值得注意的一个趋势是,即便是一个企业组织,由于市场经济的发展特别是特大型跨国公司,其面对的危机及危机管理对广大的社会民众也具有越来越多的互动影响。典型的例子似乎不胜枚举,如雀巢公司的"雀巢风波"、强生公司的"泰莱诺尔"事件以及 1999 年的可口可乐公司的全球质量事件等。企业在面对危机时所采取的不同的态度和方法,对企业形象的塑造将会产生"差之毫厘,谬以千里"(参见案例 1-2)的效果。

在传统的政治学研究中,更严格地将讨论范围局限在存在着两个或两个以上的相互对抗主体的社会系统中,强调互动双方的对抗行为和博弈过程。由于我们涉及的系统范围比较广泛,在我们的分析中就不对危机全程中的对抗性社会主体的存在作限制。当然不可否认的是,本质上不同社会

---

① 王洛林.特大洪水过后中国经济发展的思考——长江中游三省考察报告.北京:社会文献出版社,2000

主体间的互动行为仍是关键,尤其是当危机事件涉及政府与民众之间关系的时候。

> **案例 1-2　危机管理结果的差异:1982 年强生胶囊事件[①]与 70 年代雀巢风波[②]**
>
> 　　1982 年 9 月,在美国芝加哥地区有 7 人因服用强生公司的主导产品——"泰莱诺尔"突然死亡。后媒介传闻死亡者人数上升到 250 人。一时间闹得满城风雨,弄得人心惶惶,其影响迅速扩散到全国各地,调查显示有 94% 的消费者知道泰诺中毒事件。使"泰莱诺尔"胶囊的销售和该药品公司的营业陷入困境。公司面对这种情况,马上成立危机处理领导小组着手调查。结果发现这次事件是由于不法之徒在胶囊中掺进了氰化物而引起的。虽然经过公司各部门的联合调查,在全部 800 万片药剂的检验中,发现所有受污染的药片只源于一批药,总计不超过 75 片,并且全部在芝加哥地区,不会对全美其他地区有丝毫影响,但强生公司按照公司最高危机方案原则,即"在遇到危机时,公司应首先考虑公众和消费者利益",于是公司一方面通过新闻媒介把调查结果和公司为此所做的努力告诉社会公众;另一方面宣布收回各地所有库存药品,迅速回收了 3 100 万个胶囊,同时推出带有易于识别的"防污染包装"的全新药品,通过各种媒介大做广告,并向受损失的公司和个人免费提供。虽然此举使公司损失了 50 万美元,但是,由于公司的诚意和努力得到了社会公众和新闻界的认可,使得强生公司在这场危机中转危为安,公司的美誉度和知名度有了进一步的提高。4 个月后,新包装的泰诺上市,一年后,泰诺产品重新获得了 30% 的市场份额。
>
> 　　雀巢公司却适得其反。20 世纪 70 年代初,雀巢公司将其生产的婴儿奶粉在人口众多的发展中国家销售,公司由此获得了较高的利润。但是,正当雀巢奶粉销售旺季,出现了一个意想不到的情况:在发展中国家由于使用了该奶粉导致婴儿大批死亡。这就是举世瞩目的"雀巢风波"。究其原因,一方面是由于使用奶粉不当造成奶粉被污染;另一方面,雀巢公司在奶粉生产过程中也存在着一些严重的质量问题。事件发生后,公司未能采取及时有效的措施来维护企业形象,而是听之任之,我行我素。

[①] 高杰.企业危机的处理艺术——美国强生公司危机管理案例.企业改革与管理,2001(4)
[②] 隆瑞主编.哈佛商学院案例全书.经济日报出版社,1998

> 直到1977年全球范围内开展了对雀巢奶粉的抵制活动时,公司才开始采取措施,进行补救。但是,此时的补救已为时晚矣。在经过了长达10年之久的抗议和7年的抵制活动之后,1984年,这场风波才告结束。为此,雀巢公司损失近4 000万美元。

第四,危机事件的实质,是非程序化决策问题。

不确定性的存在其实本质上来源于信息的缺失,现实中的不可预见性导致了信息的不可靠或不完备,无法提供决策所需的基础。危机事件是突然发生的,无章可循,演变迅速,其决策极为复杂而困难,但决策的后果往往关系到组织的安危。一般来说,决策行为可以划分为两类:一种是程序化决策,即结构良好的决策;另一种是非程序化决策,即结构不良的决策。由于这两类不同决策需要解决的问题性质不同,因此,它们所采用的技术是不同的。常规性程序化决策由于运筹学和电子数据处理等新的数字技术的研制和广泛的应用而发生了革命,而非程序化决策包括大量的人工判断。尽管关于人类认知过程的研究有了长足的进展,但目前尚未出现革命性的突破。因此,非程序化决策仍然与传统方式类似。关于程序化决策与非程序化决策这两类决策的不同特点,本书将在第4章做详尽讨论。

危机事件从本质上说是非程序化决策。对于危机状态,正是要在有限信息、有限资源、有限时间(客观上标准的"有限理性")的条件下寻求"满意"的处理方案。迅速地从正常情况转换到紧急情况(从常态到非常态)的能力是危机管理的核心内容。如果急于求成,以个人主观价值判断代替了突发事件本身的价值判断,随着危机事态的发展,就会陷入没有选择余地的"霍布森选择"[1]。此时的危机管理者有可能形成的两个极端对待风险的态度:排斥风险(厌恶风险)或偏好风险,而产生相应的"鸵鸟效应"(即不肯承认实际情况或紧张失措,面对危机打击而放弃决策,形成所谓的"世界末日反应")或"第一辆出租车"反应(依据最初的想法和所见行动,正如在叫出租车时我们总是向看到的第一辆出租车招手一样)。这时就体现出对危机性质的把握以及日常管理中的针对性训练和实践是多么重要。

---

[1] 托马斯·霍布森是16世纪英国剑桥地区的驿站老板,当年的驿站都向顾客出租马匹。这位老板非常爱自己的马,还有个怪脾气,坚持要按固定的顺序轮流出租他的马。主顾们虽然不能自己挑选满意的马,但也只能将就了,否则就一天没马骑。因此所谓"霍布森选择"就是只有一个方案、没有选择余地的"假决策",这是理性决策的大忌。

危机的分类

以上我们对危机的概念进行了阐述和规范,下面需要了解一下危机的具体形态。事件类型的认知与界定,是建立理论分析的框架基础。

危机的分类可以具有不同维度,如从影响范围考虑,可以有国际的、国内的、地区性的或者不同的组织内部。从产生的来源看也涉及到方方面面,例如核战争的威胁,对敌对国家的石油、小麦实行的禁运,非营利机构(NGO)之间的冲突,对人体的无意或有选择性的伤害(劫持火车、绑架有名望的政客或企业家)。也可能来自经济范畴的影响,如对就业和财产的威胁,工厂的倒闭,煤矿的停产以及投资忽然下跌等情况。应该说,危机形态的林林种种是令人眩晕的,所以危机管理的研究者要进行类型学上的研究,并从中发现比较实质的研究方法。原有的分析自然灾害的传统研究显然有待于扩充到一个涵括非常规紧急状态下的决策和管理过程。下面我们将对一些类型的划分进行深入的讨论,比较其中的管理学上的本质。

不同的判断标准产生不同的划分(有关分类参见表1-1)。[①] 关于自然和人为的划分,人们观察的结论是自然灾害往往比社会性或政治性的事件更易于预测,而且诸如洪水、干旱等自然灾害引致的危机常常产生于技术上的失误。[②] 自然灾害的发生已经对整个社会的政治经济产生不可忽视的潜在影响,人类科学技术虽然不断发展,我们依旧不能完全准确地预测许多灾害的发生,正如做好一个长期的准确的气象预报都是一件具有挑战性的工

表 1-1 危机类型一般划分概览

划 分 标 准	相应的危机类型
动因性质	自然危机(自然现象、灾难事故)/人为危机(恐怖活动、犯罪行为、破坏性事件等)
影响时空范围	国际危机、国内危机、组织危机
主要成因及涉及范围	政治危机、经济危机、社会危机、价值危机
采取手段	和平方式的冲突方式(如静坐、示威、游行等)/暴力性的流血冲突方式(恐怖活动、骚乱、暴乱、国内战争等)
特殊状态	核危机/非核危机

① 胡宁生主编. 中国政府形象战略. 北京:中共中央党校出版社,1999,1173~1177
② Hewitt, Kenneth, ed. Judgment and Choice: The Psychology of Decision. Chichester: Wiley, 1980

作。即便是对于一些可以预防的交通事故和中小型的化学事故,也势必会减少对其他部门的用于危机预防的资源。[1] 所以对于一个组织而言,这依然是个复合性的决策问题。

也有学者从危机情境中的主体的态度角度而将危机划分成一致性和冲突性两类。[2] 一致性是指在危机中的利益主体具有相同的要求,如全民救灾;而冲突性,则是指状态中存在着两个或两个以上的不同利益主体,如战争、革命等。人们通常以为自然灾害是一致性危机的典型,然而也潜在着冲突的可能,那是由于在有限资源的约束中,受灾地区和非受灾地区会产生一定的竞争关系。从另一角度看,即便是明显对抗性的暴动、骚乱、恐怖活动,也会存在着一定程度的共识和沟通行为,就连最纯粹的对抗形式——战争中也是如此。[3] 不能简单地去看待危机中的斗争方,由于利益的变化带来的行为博弈矩阵的基础条件的变化以及许多不可预测的条件变化就会导致具体模式的瞬息转变。就像我们不能简单地看待在阿富汗阿卡扎伊政权重建过程中的不同军阀之间的斗争与结盟。从这个意义上讲,危机管理者需要动态、准确地把握事态发展中不同利益相关者可能的行为逻辑。

也有中国学者提出了综合的标准划分,选取危机状态的复杂程度、性质以及控制的可能性等指标,从而划分成两种基本类型:一是结构良好的危机;二是结构不良的危机状态。[4]

所谓结构良好,就是说危机并非历史久远长期积累的问题,而且涉及核心的价值和根本原则程度较轻;危机是在现实问题中发生的,所寻求的目标是现实的,可以达到的;涉及的问题呈现出较强的单一性,且利害关系群体相对较少;危机涉及的范围有限、局部,解决危机的决策方案有限且易于寻找到可行的、能被双方都接受的方案;此类危机决策虽有风险性,但有确定性的因素;对立双方的社会动员程度较低,故参与者较少,规模较小;结构良好的体现还在于,其参与者一般采用合法性的斗争手段,如游行、示威、罢工、宣传等,而不是使用暴力性的非法手段;意识形态较低程度的冲突;对立双方集团组织化程度较低;不存在外来势力的介入,公众的同情倾向也不明显;在冲突中对立双方采取非零和博弈的策略,双方存在着沟通关系和协商

---

[1] Wildavsky, Aaron. Searching for Safety. New Brunswick, N. J.: Transaction. 1988
[2] Stallings R. A., Schepart C. B. Contrasting Local Government Responses to a Tornado Disaster in Two Communities. In: R. T. Sylves, W. L. Waugh, ed. Cities and Disaster: North American Studies in Emergency Management. 1990, 75~90
[3] Axelrod, R., ed. The Structure of Decision: Cognitive Maps of Political Elites. Princeton: Princeton University Press, 1976
[4] 胡宁生主编. 中国政府形象战略. 北京:中共中央党校出版社,1999,1173~1177

的可能性;有使危机避免升级和持久发展的可能性、可行性;对社会和政治体系的影响具有非根本性,不会导致体制的激烈变革和对政权的严重冲击。面对此类危机,政府控制危机局势的难度相对不大。

所谓结构不良,其特征也就是结构良好危机形态的反面。在现实生活中,往往发生的危机大都是结构不良的危机。1999年中国学者沈致远等人在基于金融危机的历史经验结合数学金融学的研究中也指出了危机的两种类型(原文以"突发性事件"为表述词):一是"能量积累型",例如地震、活火山爆发,当能量积累超过所能承受的临界值后突然释放出来,如泡沫经济的虚假价值不断积累,直至突然崩溃。二是"放大型",例如企业倒闭而引起一系列债主相继倒闭,美国长期资本管理基金(LTCM)事件,一国危机引起的"级联放大"效应,造成亚洲金融危机。这两类危机都具有"一触即发"(突发性)的特点,也有能量积累放大效应,即"能量积累越多,放大倍数越高"。[①] 这样的分类倒是切合上节所论述的危机发生的前兆和"涟漪效应",但是在本质上现实危机的发生是两者兼而有之的,难以成为一个清晰的划分标准。

基于危机种类的各种划分标准的讨论,危机管理领域的著名学者罗森塔尔(Rosenthal)和柯兹敏(Kouzmin)提出了一个基本的归类方法(1997),即危机的分类方法基本上可以归为两类:一类是基于危机影响的领域,另一类是基于危机参与者的态度。

如表1-2所示,在分类中,首先是危机基本威胁的领域不同。一些危机在社会性的、组织性和政治性等方面直接威胁到制度社会的基本架构,如敌

表 1-2 危机类型图

基本威胁 Basic Threat / 诱因 (Origin) 涉及领域 (Domain of Threat)	冲突型危机 Conflict Crises		一致型危机 Solidarity Crises	
	内生型 Endogenous	外生型 Exogenous	内生型 Endogenous	外生型 Exogenous
国际		↑恐怖主义行动		切尔诺贝利泄漏对西欧影响
国内				
地区		地方暴乱		↑广西南丹事件
当地		暴力冲突		
个别组织内		工厂停产		工厂火灾

---

① 沈致远,李训经,雍炯敏. 研究突发事件:数学金融学的重要课题. 科学,1999(2)

对势力占领政府的建筑、地震对主要市政基础设施的破坏;另一些危机则涉及到重要的规范和价值,如对市民的肌体或精神,以及法治和财产。

其次是因威胁的区域不同而异。从地理角度上看,危机可能影响到一个特定的组织或建筑内、当地的、区域性的、国内的以及国际的。但是,这种影响范围会因危机的溢出效应而发生变化,即使是局部的危机在一定条件下也会转变为全局性的危机。例如,在阿根廷和英国之间因福克兰群岛而爆发危机及其后战争就直接导致当时的阿根廷政权崩溃。当然,所谓的领域还可以从受损害的程度来考量,这时显然战争和大规模的灾难特别突出。

对于表 1-2 显示的危机参与者的角度,也会出现两种基本的分歧,即在危机应对必要性的理解上要么一致要么不同。① 这也验证了对危机看待的主观和客观两种视角的存在。一种有趣但又不乏其道理的说法是,"是不是危机,是由旁观者决定的"。只要有些人或媒体认为这种状态是危机,那么它就是危机。②。危机有可能被认为是诱致变革的有利时机,这就同我们在危机定义中讨论的所谓"危险与机遇"一样,一些人的危机有可能就是另一些人的良机。人们不会在共同面对一些大灾难的时候产生此种念头,但是面对社会性危机时往往存在着不同的认识,这在诸多学者的案例研究中有着清晰的显示,例如示威游行、绑架、炸弹袭击、环境破坏。这实际上和危机问题的根源具有直接的关联,人们往往通过一些行为去表达现实生活中的积聚已久却又无从宣泄的矛盾,此时行为方式是否极端已经为人所忽略,当前时有发生的民族主义恐怖活动就是一个典型例子。

在危机过程中,即便是涉及各方对状态的紧要性有所共识,由于现实中的实施战略也会产生许多的分歧。③ 价值差异和冲突会使得决策需要经过痛苦的折中、平衡过程。例如,在面对自然危机时,究竟是直接把所有物资投向受灾中心还是保留来预备其他地区可能发生的更大的灾害呢?在受污染地区如何确定最优先转移的对象?如果发生核战争,谁应该先进入核辐射防护舱?在城市暴乱中什么是最好的解决方法?哪一个艾滋病人应该成

---

① Rosenthal U., 't Hart, P., Charles, M. T. The World of Crises and Crisis Management. In: U. Rosenthal, M. T. Charles, P. 't Hart, ed. Coping with Crises: The Management of Disasters, Riots and Terrorism. Springfield: Charles C Thomas, 1989, 367~394
② Crelinsten, Ronald D. The Impact of Television on Terrorism and Crisis Situations: Implications for Public Policy. Journal of Contingencies and Crisis Management, 1994(2): 61~72
③ Kouzmin Alexander, Jarman Alan M. G. Crisis Decision-Making: Towards a Contingent Decision Path Perspective. In: Rosenthal Uriel, Charles Michael T., ed. Coping with Crises: The Management of Disasters, Riots and Terrorism. Springfield: Charles C. Thomas, 1989

为最新的耗资巨大的治疗技术的使用者？在一个逐步升级的群体性事件，如群体的暴力冲突中，究竟应该先稳定程序，还是先将严重受伤的人员撤走？

如果所有的危机参与者能够对实施战略达成一致，那么此类危机就可以看作一致性响应，也就是一个群体一致对外，例如在面对大规模的自然灾害。但实际中的大多数情况，都会存在着冲突模式，尤其是社会性危机中各种组织力量之间的互动。危机事件的发生和发展具有不一而同的情境，在外界表现形式上各有特色，但是具有高度不确定性，事件演变迅速，事件的独特性导致无法照章办事，既可能由一个局部区域的事件迅速发展成为全国性或国际间的危机事件（如山东阳信事件），也可能由外生因素转化成内生因素的影响，并从一致型变为冲突型（如广西南丹事件的演变）。

总之，对于危机的分类研究，并不是形成一个固定的标准，而是为动态、深入地看待危机的发生、演变过程提供较为清晰的考量框架。

危机的诱因

在讨论危机的性质和类型之后，人们心中可能会开始关注身边及整个国家乃至国际间发生的类似事件，此时又不禁会涌出这样一个问题：这样重要的事件究竟从何而来？为什么会发生？演变过程如何？那么我们就有必要来研究分析危机的产生和发展。

其实在讨论危机之前，人们已经用很多词汇来描述出现的紧急状态：冲突、对抗等等，也就是说，危机的发生必然具有其不可忽视的社会原因。一些西方学者基于以往对人性的假设，提出了两种基本假定的思维模式。第一，以吉尔（Girr）、塞缪尔·亨廷顿（Samuel Huntington）和齐默尔曼（Zimmermann）为代表的危机"偶发"理论。该理论认为，人类的本性是追求和平，爱好安宁，向往友好的。危机状态是一种偏离正常秩序轨道的非常状态，而不是永恒的状态。因此我们需要说明的是什么因素使得人们行为产生偏离？第二种是以蒂莉（Tilly）为代表的学者，提出的危机"固有"理论。他们认为，人的本性中充满了冲突性和攻击性，而这种攻击性使得人类偏好于在政治领域中最大限度地影响权力和政策。因此，危机和冲突应是人类本性要求而呈现的永恒状态，是一种正常的现象。那么此时我们需要说明的就变为，是什么因素使得人们最终不用冲突和对抗解决问题？这两种理论的争论就像我们常常论及的人性本恶本善的永恒话题，似乎很难寻求到一个绝对的答案,可以肯定的一点是,考察危机产生的原因必须进行多角度的分析。

这里我们特别需要介绍的是社会燃烧理论,危机事件的发生实际上就是社会系统由有序向无序发展,从高秩序向低秩序退化,从初始状态量变到以后质变,最终爆发突发性危机事件的过程。社会燃烧理论即是把社会系统的无序、失稳、失衡、动乱与暴乱,同自然界的燃烧现象进行了合理的类比,将社会组织/系统的稳定状况纳入到一个严格的理论体系和统计体系——"社会稳定预警系统"中[①](参见图1-2)。

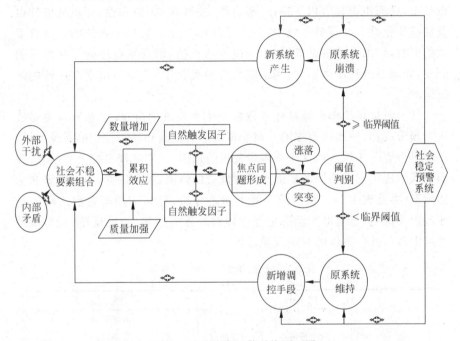

图1-2 社会稳定预警系统原理图

资料来源:牛文元.社会燃烧理论与中国社会安全预警系统(研究提要)."社会变革中突发事件应急管理"专家研讨会讨论稿,北京:2001-11-26

社会燃烧理论指出,社会系统从井然有序到杂乱无序,最终可能导致衰亡(即社会爆发重大突发性危机事件),其内在机理实质是一个从量变到质变、系统逐渐被破坏的进程。当可能引发外部干扰和内部矛盾的"人与自

---

① 文中有关社会燃烧理论对中国突发性危机事件分析的运用,参考了中国科学院牛文元教授所作的研究成果:社会燃烧理论与中国社会安全预警系统(研究提要),"社会变革中突发事件应急管理"专家研讨会讨论稿,北京:2001-11-26

然"、"人与人"之间的关系达到充分平衡和完全和谐时,整个社会处于"理论意义"上绝对稳定的极限状态。只要发生任何背离上述两大关系的平衡与和谐,都会给社会稳定状态以不同程度的"负贡献"(即形成社会动乱的"燃烧物质"),当此类"负贡献"的量与质积累到一定程度,并在错误的舆论导向煽动下(即相当于增加社会动乱的"助燃剂"和"催化剂"),将会形成一定的人口数量密度和地理空间规模,此时,在某一"突发导火线"(出现了社会动乱的"点火温度")的激励下,即会发生"社会失衡(不稳)、社会失序(动乱)或社会失控(暴乱)直至社会崩溃"的突发性危机事件。这也正如现代系统理论指出,任何组织具有以下特征:集合性、关联性、非加和性、环境适应性以及动态变化性。在开放系统中,各子系统相互作用对整个系统的稳定有很大的影响,如果系统混乱度增加,则熵变为正值,出现从有序向无序发展的熵变;如果系统秩序度增加,则系统从外界吸收了"负熵",出现有序性的组织运动。

社会燃烧理论形象地描述了危机产生和发展的过程,并选取有关参数进行预警观测,然而这更多的是演变事实上的刻画和易于控制的系统方法,在这里为更一步深入而又全面揭示危机的诱因,以期实现良好公共治理,我们也试图选用三个不同的层面来考察危机的诱因:社会因素、组织因素和个体因素(参见表1-3)。从组织层级上递进分析,有利于理解它们之间的传导过程及机制,也有助于动态把握个体对外界的感知、心理反馈、行为机制到组织乃至社会整体的双向波动过程。

表1-3 社会/组织/个体分析框架

分析层面			行为范畴
宏观 组织层级 微观	社会整体	诱发路径 双向性 波动方式	经济领域 政治领域 文化领域等
	组织		组织结构 管理文化 决策体系等
	个人		个体心理模式 个体行为能力等

第一个层面是社会因素。历史经验证明,传统农业社会也存在着危机状态,但发生的概率远低于处于社会转型时期的今天。随着经济发展、技术进步,我们的社会结构变迁中究竟暗含着什么样的因素为危机的萌生提供基础?政治学理论指出,社会的变革就是社会结构与制度的全面分化、调整与重新整合过程,是利益重新分配过程,也是社会权力不断转移的过程。①在制度变迁中,我们可以选取政治、经济和文化三个角度进行考量。

在政治上看,社会变迁带动了社会分化、流动和公民政治意识的加强。人们用新的眼光来审视自身所处的政治体制,渴望能够参与、表达和共同建设。这一时期,就相应地要求现时的政府能够具备一定的政治能力:政治制度的权威整合能力、政治吸纳能力和克服过渡期内政治腐败现象的能力。一旦失衡,高度的政治参与就会在社会中不断生成或游离出社会的异己力量,在无法用正常渠道宣泄的情况下,长期积累的结果就是高度的政治不稳定乃至产生危机。

从经济层面来看,经济发展带来的地区差异和群体分化以及经济秩序紊乱,引发了社会普遍的不平等现象以及经济动荡,从而助长了社会冲突。大多数研究者的研究成果都可以说明,对于社会资源占有的不平等程度与政治冲突发生的频率和剧烈程度成明显的正比关系。值得一提的是,奈格尔(Nagle)发现的不平等程度与政治冲突的关系呈倒 U 型,即在低度不平等的体制下,人们的不满度为零;在中度不平等时,不满度达到了最高值;当不平等度进一步加大,人们的不满度反而有所下降。实际上这与人们的心理预期有关,赫斯曼(Hirschman)用在拥堵的隧道里的交通状态与人们的心理变化为例形象地说明了这一点。对于那些处于发展中的国家,往往面临的就是经济急速发展后的不平等加剧状态以及经济监管失效产生的种种经济市场的混乱,产生冲突的可能性极高,1997 年的亚洲金融危机等现实中的例子也证明经济的非均衡发展往往成为危机发生的直接原因。

就文化的发展而言,整体社会制度的变迁必须要有政治体制、经济制度和文化体系的协同发展。在社会的整合过程中,一个防止社会冲突的重要因素就是社会文化的一体化。文化同化所包含的范围极其广泛,从社会共同的语言,到维系社会一体的道德观念与价值体系,到公众的政治意识、宗教信仰等。如果一个社会的文化同质度很高,人们有着广泛的价值认同,无疑社会的稳定程度相应的也会很高。相反,如果社会文化的异质性很强,那么社会冲突的爆发就会有了可怕的社会心理基础。这一点有如我们在论述

---

① 胡宁生主编.中国政府形象战略.北京:中共中央党校出版社,1999,1186

危机分类时提及的看待主体的视角差别。中东地区的战火不熄,恐怖活动的此消彼长,其中一个重要的原因就是宗教信仰的分歧。不仅仅是在原有不同的文化体系之间,更值得关注的是在制度变迁中,传统的价值观念的沦丧和现代的价值体系的扭曲或不到位,使得文化体系失去了稳定社会的功用,不能成为人类冲突减少的最后屏障,反而由此引发的危机频频发生,并且比其他原因引起的危机更为持久和影响深远。

以上讨论的更多的涉及到危机产生的社会性的潜在根源,也就是说,危机是一定时期内,潜在的社会制度问题的外化表现。紧接着,我们需要进一步从组织的角度来观察危机的发生,因为危机产生的承载体就是各种不同的组织。

危机的发生与可能的演变都与组织管理者的理念、行为等息息相关,所以我们就可以从管理技术角度来看待危机与组织。我们不能准确预测或阻止自然灾害的发生,但是有效的管理体系将会提高我们的应对能力,可以通过正确及时的应对措施来减少突发事件向危机的转化可能,这也就是我们进行危机管理科学研究的前提。从另一方面来说,这同时也是危机可能发生的诱因,和前文论述的危机中不同行为战略带来的不同结果一样。一个组织如果没有适当的组织结构、组织文化、管理体系和聪明的决策者与有力的执行系统,那么,这就在组织层面上埋下了危机诱发的祸根。无论是在企业管理领域,还是在公共管理领域,危机管理的要素都与组织管理的本质要求息息相关,其关键的要素同样是:组织结构与组织文化;策略与战术管理;策略危机管理和决策手段。[①] 而且重要的是,我们进行危机管理研究的出发点就在于如何提高组织层面的危机应对能力。这更多地需要从组织日常的运作管理进行深入地阐述,本书将结合不同的分析序列关注危机中的组织治理。

对于个体因素的考量是出于两个考虑。其一,在群体性行为之中,个体的心理模式是重要的作用基础,具有一定的普遍意义。其二,现实中科技的迅猛发展和网络化的集结方式使得个体在行为能力上得到了巨大的提升,诸多可怕的伤亡惨重的恐怖行为往往实施主体只有一人和数人,此时对于个体心理因素的研究就十分必要了。另外,对于危机可能带来的损害及影响也不同程度地取决于危机参与者的心理素质和行为能力。从诱发的角度来看,学者们将人的内心冲突、外部压力与攻击行为之间的统一性归结为挫折-攻击理论(Frustration-Aggression Theory)。他们认为在攻击性行为的

[①] [澳]罗伯特·希斯. 危机管理. 王成,宋炳辉,金瑛译. 北京:中信出版社,2001,241

背后必定隐藏着某种形式的压抑和挫折。挫折既有可能来源于外部环境的压抑,也可能来源于人内心期望于实现期望的不平衡(这也如格尔等人提出的"相对剥夺思想",经济学用预期加以说明)。图1-3所示的J曲线可以形象刻画出期望、挫折与冲突发生之间的关系。首先,应该意识到人们的失范行为起源于人们的心理预期和实际得失的比较;其次,并不是人们期望所得与实际所得有差距就一定会有危机的诱发,而是在自身所需和实际所得产生不可容忍的差距的时刻,人们才会采取强烈的抗争行为。认识这一点不仅仅可以在某种程度上体会危机诱发的根源,而且也是我们进行科学的危机管理的重要基础,从而有效地维持社会的长治久安。

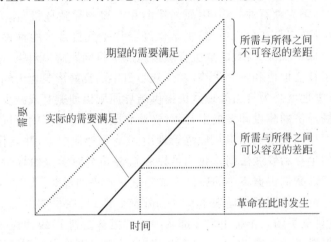

图1-3 J. 戴维斯曲线

资料来源:许文惠,张成福主编.危机状态下的政府管理.北京:中国人民大学出版社,1998,39

1.2 危机管理

危机管理的界定

2002年2月,日本"爱媛"号实习渔船被美国核潜艇撞沉后,时任首相森喜朗在得知该消息后没有立即返回官邸处理善后,而是继续打高尔夫球,5个小时后才返回办公室,结果招致全国上下一片骂声。上文述及的强生公司"泰莱诺尔"事件采取了准确、有力的危机应对措施,结果却是公司不仅挽回了声誉,还提高了在消费者心中的地位。可见,错误的估算局势,只能使危机恶化,而做好危机管理,则能获取危机中潜在的成功机会。那么,应该如何进行危机管理呢?

正如罗伯特·吉尔(Robert Girr)所说:"危机研究和管理的目的就是要最大限度地降低人类社会悲剧的发生。"[①]任何组织形态在经历危机状态的过程中,都可能面临着三种截然不同的结局:一是由于无法承受危机的沉重打击或没有对付危机的准备和能力,组织在危机中全面崩溃,不复存在;二是组织在危机中虽然存活下来,但是由于没有及时采取适当、有效的管理危机对策,尤其是没有及时想办法得到公众的理解和支持,在危机后,组织的形象严重下降,极度损害了它在社会中原有的威信和地位。在美国企业界,人们常把萨克森石油公司(因原油泄漏在大海中导致危机)作为此类失败的典型案例;三是在危机中,组织不仅经受住了危机带来的种种压力,而且由于它采取了积极、有效的危机管理措施和危机问题解决对策,使组织进一步巩固了社会地位和竞争优势,在公众心目中的良好形象也大幅度提高。那么,危机管理就是为恰当处理危机提供指导原则以便避开或减少损失。[②]

在市场经济的建设和发展中,面对资源有限而竞争无限的环境,企业组织的领导者早已把危机意识和危机管理引入企业管理中来,并且作为企业一个普遍的生存和发展法则。我们可以在众多知名商学院的教学案例中,发现危机管理案例占据不小的比例。追溯危机管理的源头,我们可以发现,以往对于危机的处理仅仅局限于军事和外交。所以,在早期危机管理的萌芽阶段,对付危机的人士也主要在部队中进行招募。到了19世纪80年代,危机管理得以迅速发展,因为许多企业认识到,面对不确定的和急剧变化的商务环境,它们的脆弱性增大了。在充满变数的商业社会中,危机管理已成为企业管理的重要一环。美国《危机管理》一书的作者菲特普曾对财富500强的高层人士进行了一次调查,高达80%的被访者认为,现代企业不可避免地要面临危机,就如人不可避免地要面对死亡。14%的人则承认自己曾面临严重危机的考验。英国牛津大学的灾害研究中心和利物浦商学院的风险和危机管理中心就从事这种研究。此外,在英国至少还有半打以上的大学从事这种研究。在美国,主要的研究中心包括:特拉华大学的灾难研究中心、南加利福利尼亚大学和加州大学洛杉矶分校大学的风险管理中心。在

---

① R. T. Curr, ed. Handbook of Political Conflict: Theories and Research. Collier & Macmillan Publisher Co., 1981, 7. 转摘自胡宁生主编. 中国政府形象战略. 北京:中共中央党校出版社, 1999, 1159

② W. Timothy Coombs. Ongoing Crisis Communication- Planning, Managing, and Responding, London: Sage Publications, Inc., 1999, 3

欧洲，荷兰的莱顿大学是重要的研究中心，并且瑞典的卡尔斯达也建立了风险研究中心。还有大量的私人商业性机构，它们向特别的工业部门提供咨询服务。如英国的 DNV Technica 和工业危机研究所，以及美国的梅约尔斯协会。我国的商学院近年也开设了危机管理学的专门课程，以提高企业组织应对危机的组织能力。

当然，危机管理对于企业组织和公共组织而言，会存在着一定程度上的异同，这与工商管理和公共管理的异同有着相似性。两者的根本区别在于目标和使命上，工商的管理注重是企业，企业追求的是企业赢利；公共管理注重的是政府及其他公共部门，其目标则是增进社会公平和公共利益。同时有人也提出两者在管理性质上有区别，传统的公共管理具有垄断性，工商管理则具有竞争性；并且在管理手段上两者也有不同，传统公共管理以行政手段和法律手段为主，辅以经济手段；工商管理以经济手段为主，辅以法律手段和行政手段；两者在基本原理、方法和运作等方面也确有许多共同之处。[①] 还有人探讨了两者在运作的物质来源上的不同，公共管理主要来源于国家财政收入，必须接受公众监督，企业管理主要来源于企业在市场竞争中所获取的利润，不受社会制约。[②] 然而在组织层面上，两者本质的管理策略就具备完全的一致性，在危机应对中共同寻求三个关键问题的解决：如何争取更多的时间？如何获得更多的信息？如何降低资源损失或耗费？

日本松下株式会社原总裁、著名的企业家松下幸之助先生在总结其企业的成功经验时，提出重要的一点就是，长久不懈的危机意识是使组织立于不败之地的基础。那么在社会管理中，危机管理更是一个不可或缺的方面，是直接关系到国计民生和政治稳定的根本大事。无论是世界上发生洪水、火灾、交通事故等自然灾害，还是中东战争、古巴导弹危机事件、"匈牙利事件"、美国种族大骚乱，法国"红五月风暴"、"9·11"事件等人为造成的灾难，无一不让整个世界为之震撼。如何有效地应对危机实施有效管理成了各国政府关注的焦点。

- 格林（Green）注意到危机管理的一个特征是"事态已发展到无法控制的程度"。一旦发生危机，时间因素非常关键，减少损失将是主要的任务。危机管理的任务是尽可能控制事态，在危机事件中把损失控制在一定的范围内，在事态失控后要争取重新控制住。[③]

---

① 王乐夫. 论公共管理的社会性内涵及其他. 政治学研究, 2001(3)
② 汪玉凯. 公共管理基础问题研究. 中国行政管理. 2001(11)
③ [澳]罗伯特·希斯. 危机管理. 王成, 宋炳辉, 金瑛译. 北京：中信出版社, 2001, 19

- 米特罗夫（Mitroff）和佩尔森（Pearson）认为收集、分析和传播信息是危机管理者的直接任务。危机发生的最初几小时（或危机持续时间很长时的最初几天），管理者应同步采取一系列关键的行动。这些行动是"甄别事实，深度分析，控制损失，加强沟通"。①

从最广泛的意义上说，危机管理包含对危机事前、事中、事后所有方面的管理。传统的危机管理着重强调对危机反应的管理，而不重视危机的前因后果。大多数危机管理的计划和思想——不管是叫偶然事故、紧急事故和灾难事故管理，还是复原或事态继续管理——都是危机管理。要通过寻找危机根源、本质及表现形式，并分析它们所造成的冲击，就能够通过降低风险和缓冲管理来更好地进行危机管理。简而言之，有效的危机管理需要做到如下方面：移转或缩减危机的来源、范围和影响；提高危机初始管理的地位；改进危机冲击的反应管理；完善修复管理，以能迅速有效地减轻危机造成的损害。

罗伯特·希斯（Robert Heath）用一个简单的几何图形来描述完整的危机管理过程（如图 1-4 所示）。在图中，左边两个象限代表危机管理的沟通活动，而右边两个象限表示危机管理的行为构成。上面两个象限反映的是开始清理危机事件的初期阶段，以生理上可见的影响为主，而下面两个象限反映的是恢复管理时期，在该阶段精神影响更加突出。反应和恢复管理中强调的重点是公众认知。其中需要说明的是危机管理中针对的是利益相关

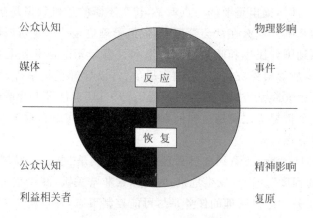

图 1-4　危机管理范围示意图

资料来源：[澳]罗伯特·希斯.危机管理.王成，宋炳辉，金瑛译.北京：中信出版社，2001，31

---

① [澳]罗伯特·希斯.危机管理.王成，宋炳辉，金瑛译.北京：中信出版社，2001，19

者,因为在危机的不可预见的影响中,我们需要对每一利益相关群体进行分析,才能够作出相对准确的判断,从而降低不确定性。

危机管理范围示意图有助于管理者从总体战略高度进行危机管理。管理者应该考虑如何减少危机情境的发生,如何做好危机管理的准备工作,如何规划以及如何培训有关人员以应对危机局面(或从中很快复原)。这四个方面构成了基本的危机管理。不幸的是,大多数管理者过于将注意力集中于资源管理上,对外界的沟通却重视不够,在上图的左边的精力基本为零,其结果表现为沟通贫乏,甚至不准备与利益相关者和外界协调关系。从某种角度上说,危机管理的过程也是组织维护、巩固或重新设计、重新塑造自身公众形象的过程,同时获得了良好形象的组织又反过来强化组织危机管理的能力。

危机管理与危机生命周期

对于危机管理的阶段界定有着许多的说法,如预防(Prevention)、准备(Preparation)、反应(Response)和恢复(Recovery)(PPRR)四个阶级,而美国联邦安全管理委员会对其修正为:减缓(Mitigation)、预防(Preparation)、反应(Response)和恢复(Recovery)。罗伯特·希斯(Robert Heath)提出了危机管理的4R模型:减少(Reduction)、预备(Readiness)、反应(Response)、恢复(Recovery)。[①] 可以说,界定危机管理的主要视角就是结合危机发生的过程进行。库姆斯(W. Timothy Coombs)也指出危机管理涉及的四个基本因素为:预防(Prevention)、准备(Preparation)、绩效(Performance)、学习(Learn)。[②] 这些危机管理阶段界定的实质是把危机管理行为渗透到危机生命周期中,渗透到一个组织的日常运作中。

在众多的危机管理的阶段分析方法中,有三种最为学界所认同的模型,分别是:芬克(Fink)的四阶段生命周期模型(1986)、米特罗夫(Mitroff)的五阶段模型(1994)和最基本的三阶段模型。[③]

芬克的模型(以下简称"F模型")最早出现在他的文集《Crisis Management: Planning for the Inevitable》,直到20世纪90年代才被完整地阐述

---

① [澳]罗伯特·希斯. 危机管理. 王成,宋炳辉,金瑛译. 北京:中信出版社,2001,30~31
② W. Timothy Coombs. Ongoing Crisis Communication- Planning, Managing, and Responding. New York: Sage Publications, Inc., 1999
③ 有关危机管理阶段划分的详情,请参见 W. Timothy Coombs. Ongoing Crisis Communication- Planning, Managing, and Responding. New York: Sage Publications, Inc., 1999

出来。芬克用医学术语形象地对危机的生命周期进行了描述：第一阶段是征兆期(Prodromal)，有线索显示有潜在的危机可能发生；第二阶段是发作期(Breakout or Acute)，具有伤害性的事件发生并引发危机；第三阶段是延续期(Chronic)，危机的影响持续，同时也是努力清除危机的过程；第四阶段是痊愈期(Resolution)，危机事件已经完全解决。这是最早的把危机管理看作为长期事件，而且，芬克相信在引发事件之前必然存在着预警的信号，所以他认为一个好的危机管理者就不能仅仅局限在设计危机管理计划(CMP)，而是要积极地识别并防范可能的引发事件。危机是开始于一个导火索（引发事件），然后发生长期的影响，并会有个清楚的结束，相应的危机管理也就不是一个简单的一次性行为。

斯特吉(Sturge)的工作(1994)是基于芬克(Fink)的模型来阐述不同的危机阶段应采用不同的措施。他重点讨论了在危机生命周期的不同阶段的沟通方式。在危机的发作期中，利益相关者(Stakeholders)并不知道正在发生什么，也就会要求得到信息以判断危机会对他们有什么样的影响和该如何防范，诸如是否要疏散社区的人员类的信息。现时的激烈竞争中，利益相关者更乐于接受支持组织声誉的消息，他们需要知道危机的爆发究竟如何影响他们以及如何建立、维护他们的声誉。

第二种流行的阶段研究方法源自危机管理专家米特罗夫(Ian Mitroff)。他将危机管理分成五个阶段（以下简称为"M模型"）：

- 信号侦测——识别新的危机发生的警示信号并采取预防措施；
- 探测和预防——组织成员搜寻已知的危机风险因素并尽力减少潜在损害；
- 控制损害——危机发生阶段，组织成员努力使其不影响组织运作的其他部分或外部环境；
- 恢复阶段——尽可能快地让组织运转正常；
- 学习阶段——组织成员回顾和审视所采取的危机管理措施，并整理使之成为今后的运作基础。

尽管M模型和F模型在细节上存在明显的不同，但本质上还是具有很大的相似。应该说，M模型在很大程度上反映了F模型，信号侦测和探测、预防就可以被看作F模型中的征兆期，不同的只是重视程度：F模型只是说明危机可以预防，而M模型着重怎么去预防了。损害控制与危机发作期以及恢复和消除阶段相对应。损害控制和危机发作都着重在引发事件危害的控制，当然M模型更重视如何限制危机的影响，避免危机向组织的"健康"

部分传播。① 关于恢复阶段和延续期的阐述也都反映了组织中保持正常运转的自然需求。实际上,衡量危机管理是否成功的一个因素就是正常运转恢复的速度。② M 模型强调了如何通过危机管理促进组织从危机冲击中恢复,而 F 模型仅仅是指出组织会以不同的速度恢复。学习阶段和痊愈期都意味着危机的结束,然而 F 模型中是危机管理职能的结束,M 模型中却形成了一个循环,经过回顾和自我批评审视阶段,有可以成为下一阶段的工作开始,为另一个信号侦测阶段以及探测、预防阶段提供有效反馈。③ 也更把最后一阶段看作恢复的继续,除了评估和重组,还包含着对利益相关者的沟通和追踪,如保持与利益相关者之间的有效接触、监控有关消息的发布以及及时向新闻媒体提供实时情况。

总体上看,这两个模型的根本区别就在于 M 模型更为积极主动,关注危机管理者在每一阶段应该做出的决策。而 F 模型更具描述性,勾勒出危机的过程,并侧重阐述危机每一阶段的特点。

至于三阶段模型就无从考证是谁最先提出的,但为伯奇(Birch)和古斯(Guth)等很多危机管理专家所推崇。它把危机管理分成危机前(Precrisis)、危机(Crises)和危机后(Postcrisis)这三个大的阶段,每一阶段再可分为不同的子阶段。F 模型和 M 模型的阶段也可以很自然地与三阶段划分相对应的,危机前期就可以包括危机征兆、信号侦测、预防等过程;危机阶段就可以包括危机发生和引发事件以至危机正在得以解决的全部时段,损害控制、危机发作和恢复、持续期都可以归入此阶段;危机后阶段则涵括了学习和痊愈期。这样的宏观划分显然易于得到大多数的专家学者的认同。

总之,以上的阶段划分的研究模型提供了一个可以较为完整、清晰地研究危机及危机管理的框架与机制。我们此处选用三分法来描述我们的危机管理过程,不仅可以兼容其他的模型特点,而且可以对其进行子阶段的划分以满足精细的需要。

---

① Augustine N. R. Managing the Crisis You Tried to Prevent. Harvard Business Review, 73(6):147~158; Ammerman D. What's a Nice Company Like Yours Doing in a Story Like This? In: L. Barton, ed. New Avenues in Risk and Crisis Management. Las Vegas, NV: UNLV Small Business Development Center, 1995(3):3~8

② Mitroff I. I. Crisis Managment and Environmentalism: A Natural Conflict. California Management Review, 1994, 36(2):101~113

③ Gonzalez-Herreo A. & Pratt C. B. How to Manage a Crisis Before or Whenever it Hits. Public Relations Quarterly, 1995, 40(1):25~29; Gonzalez-Herrero A., Pratt C. B. An Integrated Symmetrical Model of Crisis-communications Management. Journal of Public Relations Research, 1996, 8(2):79~106

危机管理分析的基本框架

危机管理,我们通常的视角是仅仅结合时间序列分析,也就是结合危机的生命周期理论加以分析,如同图 1-5 所示的罗伯特·希斯(Robert Heath)提出的危机管理模型,也是在危机发生、发展的每一阶段制定出相应的战略。正如上节讨论,这样的研究模式结构简要清晰,在纷繁的危机类型中易于把握相同的本质,所以成为大多数研究的主要线索。本书的研究也不例外,我们也将选择这样的时间发展脉络,作为建立现代危机管理体系的描述性框架(当然具体的划分上会存在一些区别),同时还根据危机基于管理学上的本质特征选择了组织行为分析框架(危机中的主体行为分析)和决策过程分析框架来进行辅助分析,希望通过它们让我们更深入地理解危机的诱发根源和危机管理的战略要义。

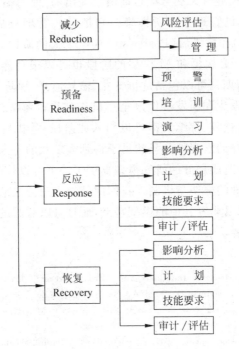

图 1-5 危机管理模型

资料来源:[澳]罗伯特·希斯.危机管理.王成,宋炳辉,金瑛译.北京:中信出版社,2001,32

第一,危机管理的时间序列分析。

我们根据危机的三阶段模型:危机分为危机前、危机和危机后这三个大的阶段,每一阶段再可分为不同的子阶段,从而将危机管理的分析时段进行了如下的序列假定:危机预警及危机管理准备、识别危机、隔离危机、管理危机、处理善后并能够从中获益。

第二,组织行为分析框架。

为了最大程度地限制和避免公共紧急状态给民众的生命和财产、政府正常的管理活动和社会的基本秩序所造成的危害,世界各国都采取了相应的措施和对策来处理与公共紧急状态有关的危机事件。我们从组织行为的角度出发,重点分析现代危机管理体系构建过程中的四个主题:危机中的政府效能、媒体作用、应对网络和法律原则,进而大致勾勒出危机状态下政府应急管理应当特别加以重视的几个方面:危机中的政府效能、危机中的媒体作用、危机中的应对网络、危机中的法律原则。

第三,决策过程分析框架。

公共决策在任何社会的公共治理结构中都处于核心的地位。从公共决策的形成过程来说,公共决策体系包括和平时期常规状态下的程序化决策和危机时期非常规状态下的非程序化决策两个方面(罗伯特·希斯概括为"危机事前决策"和"危机事后决策"两种模式)。危机情境下特殊的决策问题与特殊的决策环境,给决策者带来高度紧张和压力,因此,决策者必须采取科学的决策方法和艺术。

1.3 案例研究分析

如何从形态各异的危机事件中寻求一定的规律?这不仅仅需要我们将危机事件放入社会形态变迁的视野里进行理论上的思索,更重要的是结合实际中的典型案例作出细致、规范的个案分析,以得出具体应对之法。这里我们将简要介绍世界知名的危机管理研究组织 CRISMART[①](Crisis Management Research and Training)提供的相关资料——"强调认知的制度分析方法"(Cognitive-Institutional Approach),[②]旨在为危机管理研究学者提供案例研究方法的借鉴;并且,在第5章和第6章的论述中进一步选用拉脱

---

① CRISMART 是本课题组的国际合作伙伴。本文的摘用得到了该组织负责人的许可。
② Lindy M. Newlove, Eric K. Stern and Lina Svedin. Auckland Unplugged(CRISMART: A Publication of the Crisis Management Europe Research Program, Volume 11), 2000, 7~18

维亚的"BB银行破产危机"以及我国广西南丹矿井透水特大事故为例,具体加以叙述危机管理中的案例研究。

强调认知的制度分析方法

当危机发生时,个人、团体或组织成为危机决策的主角,他们会在一定的名义下(国家或其他)独立或合伙行动。此时分析者要想理解危机行为,就必须从他们如何认知、交流、决策和互动入手。这也就形成了本节将讨论的"强调认知的制度分析方法"的引入基础。

危机研究者面临的一个主要挑战是危机现象的复杂性。虽然我们都希望获得简单省事的手段来解决,但是无论如何,最重要的因果关系和驱动政治行为的过程是必不可少的。换句话说,"简单省事"的真正含义是"能够抓住正在进行的事情的本质"。强调认知和制度的分析方法一方面能有效简化特定案例的复杂性,另一方面能识别危机的原动力和驱动过程(而这些常常被"理性选择"视角排除在外)。有两方面的知识在此种危机决策分析方法的构造中起了基础作用,它们是心理学中与认知革命相关的研究以及与之并行发展的社会学、经济学、政治学中的"新制度"(neo-institutional)运动。

所谓认知革命的一个显著特点是它强调"主观"和"表达"。此时,简单的刺激-反应(stimulus-response,S-R)模型被较复杂的刺激-表达-反应(stimulus-representation-response,S-R-R)模型所代替。这也就是说,在研究危机问题中,各主体的主观性感受将是更为重要的视角。研究表明,人们以前的经验对其将来的认知和应对行为有巨大影响。与此同时,必须承认人类对信息的获取和处理的能力是有限的。在所有认知革命的研究中,与危机决策研究关联较大的是心理压力对认知的影响。

在过去十年中,最有意义的学科进展之一就是在政治和政策制定的研究中出现了新制度主义。这一学科在功能化理性选择和结构化决策方法之间开辟了一片新的领域。它既尊重了社会个体的自主性,又承认了制度环境的重要促进和约束作用。就像马奇(March)和奥尔森(Olsen)提到的:"制度既是对我们理性感知能力的公然侮辱,同时也是接近它的主要手段。"新制度主义的中心概念是:社会角色、社会身份、规则和规范,他们将政治过程定义为:"个人、利益团体、社会活动与制度之间的互动,通过这种互动将事件转化为政策问题,并制定议程,作出决策,采取行动。"这暗示着,如果我们想要理解某个行为,必须首先理解给定的个体或集体他们自己理解问题的框架。我们知道,政策的沿袭限制官员们的自由、已有资源的分配以及运作程序的制定,路径依赖不只与危机及其历史背景有关,而且与特定时期(危机)中的事件序列有关。如果人们并没有参与到前一段政策的动态发展中,他们通常就无法在后一阶段理解局势的窘迫和选择的正确与否。

认知分析方法与新制度研究中的概念和结果对于危机分析有一些重要启示。首先,社会生活的"嵌入式"(embedded)特征在两项研究中都得到了重视。在这两种方式的分析中,背景受到了从未有过的重视。也就是说,如果我们不参考先前的历史就无法理解个人或团体对特定事件的反应,正是这种历史产生了认识上和集合上的结构配置,从而影响到人们认识和回应问题的方式。当然,不仅历史知识重要,而且同时期的政治和管理状况也是必不可少的。让我们设想:在危机前和危机中,最受关注的话题是什么?什么样的话题在与危机焦点争夺时间和注意力,什么能成为定义和解决问题的启示和源泉?我们可以在当前的政治和管理状况的背景中找到答案。与此相关的是,了解制度设置也是必要的。分析家正是通过对正式的制度设定和成功的政治行为的深刻理解,来考察危机管理中责任和权力的分布的(名义上的和实际上的)。

认知分析和新制度主义这两种方法都强调社会问题的动态主观性,从而把我们的注意力引向决策过程的重建。重建决策过程是危机分析中一个重要部分,我们需要随时间序列改变理解、参与模式,以便回答某个时间点上危机决策的参与者们"知道什么,何时知道"这样的问题。

以整体观点看待,一个持续数周或数月的危机都可被定义为一个单独的有同一主题的决策问题。当危机被触发时,局势将对决策者和政府制度产生压力,需要用或多或少的"技巧"来解决,而危机最终会因之升级或降级。

可以形成的一个决策分析框架如下:(1)在每个决策事件中,有一个触动器(或原动力)激励潜在的决策参与者;(2)通过问题建构,形成特定的需作决断的事件;(3)在各种环境和结构特征的相互作用下,决策单元得以形成;(4)在这个决策单元内部,可作的选择经过商议,最终形成决策,而成功的制度规范对此过程影响很大;(5)决策通过执行过程转变为输出,整个过程的结果成为下一个类似过程的出发点。

通过把历史危机经历划分为一系列决策事件,复杂的决策过程得以比较精确地追溯和重建。当然,在选择决策事件的时候我们必须有所舍弃,要选择那些值得探索和讨论的部分。而在这种舍弃的过程中,又将存在不可避免的主观因素。模拟决策者当时所处的状态决非易事,但是总而言之,通过对材料的细致的经验化分析,可以形成一个合理的解释。虽然这样的解释必定不完美且富有争议,但它们总可以帮助我们提高对危机决策的认识。

案例组织与专题分析

下面,我们可以进一步探讨案例的研究分析方法。[①] 该方法包括以下的可能步骤:

(1) 利用可获得的官方资料、媒体报道、已有的学术研究成果,并通过与相关决策者、当事人的访谈,详细重建危机发生过程。

(2) 将案例解剖为一系列挑战决策者处理能力的重要决策时段(危机时期面临的一系列"我们现在该怎么做"的紧急问题)。

(3) 就危机管理过程展开专题研究。这些专题研究主要包括:

- 危机预警和缓解

这一专题主要讨论危机管理者及组织应对重大突发事件的准备程度。他们以前有过应对严重危机的经验吗?他们是否具有危机意识,是否做好了必要的心理准备?决策者是否能识别潜在威胁并迅速防止它的扩散?限制危机的破坏作用或转"危"为"机"的机会被利用了吗?

- 决策单元

这一专题主要讨论在复杂的制度体系下"如何做决策?由谁做决策?"的问题。在给定的政治/管理体系下,决策单元可能被定位为多种角色。决策单元可能是地方性的、区域性的、全国性的甚至是超国界的。决策单元随其组成、运作模式和在特定危机中的地位不断变化,其规模也不断变化。此外,我们还需要考察:在决策链和决策单元中,什么又是至关重要的呢?

- 问题的认识与建构

这一专题主要讨论危机决策主观性和社会结构性的实质。人们的行动不是建立在无争议的、客观知识的基础之上,而是建立在他们对所发生的事件的感觉和理解的基础之上。问题建构常常处于直觉水平,而问题建构过程又对选择有深远的影响。换句话说,一旦问题被建构,许多可能的行动方案就已经被放弃,并形成强烈的限制行为创新和拓展的倾向。问题建构受到认知和社会结构、进程的重大影响。我们将探讨:为什么特定的参与者会以不同的切入点来理解和建构问题?为什么对问题认识会在危机过程和危机过后发生变化(或保持不变)?

[①] Eric K. Stern and Dan Hansen. Crisis Management in a Transitional Society: the Latvian Experience (CRISMART: A publication of the Crisis Management Europe Research Program, Volume 12), 2000, 8~13

- 组织间协作与冲突

这一专题主要讨论在危机参与者之间的一致与分歧、团结与冲突。危机过程通常具有协作与团结的拉力,但也会有相反的张力。危机常常致使官员采取防御性的行为,而结果往往造成与其他参与者的敌对和冲突。例如,在失败和挫折之后,参与者们通常会互相抱怨。同样重要的是,危机是"危"(risk)和"机"(opportunity)的结合,因此参与者们常常一边寻求自己的功绩,一边诋毁其他成员。

- 危机沟通与信息交流

这一专题主要讨论危机管理者、媒体和公众的关系。在民主政治中,维持与媒体、公众之间的信任关系,是成功的政府在危机决策和常态决策中必须完成的重要任务。有些官员采取防御的或封闭的态度,这很容易造成与媒体的敌对并产生信用危机。有些则采取前瞻的或开放的态度,主动提供信息并与大众媒体建立良好的关系。参与者们需要慎重地改变他们的危机沟通方式和信息策略。我们将讨论危机管理过程存在的大量的信任"陷阱"(包括语言与行动、预期与现实之间的差距),以及由此产生的昂贵的管理成本。

现代危机管理体系构建
——时间序列分析

危机事件演变迅速,无论是产生的原因、事态发展的结果,还是事件变化的影响因素都具有高度的不确定性,危机管理者往往面对各种信息不完全,信息不准确或是信息不及时的情况。因此,在整个危机事件的发生过程中,都充满了风险性、震撼性、爆炸性的特征,危机事件的独特性使得在危机状态下政府部门无法照章办事。那么,从时间系列的角度分析,危机事件是否遵循一个进程或是发展周期呢?我们的回答是肯定的。危机状态是不可能一下子形成的,人们也不可能将失衡状态一下子就拉回到正常秩序,危机问题的形成与最终解决都需要时间。一般而言,我们可以将危机发展演变的过程可以笼统地分为以下几个阶段:(1)前兆阶段:危机发生前各种危机先兆出现的阶段;(2)紧急阶段:关键性的事件已经发生,时间演变迅速,出人预料;(3)持久阶段:事件得到控制,但没有得到彻底解决;(4)危机解决阶段:事件得到完全解决。与危机发展的几个阶段相对应的是,作为危机管理主体的政府部门以及其他各项组织形态,必须根据危机发展周期的不同特点,采取相应的应对策略,因地制宜,对症下药。大致而言,危机管理过程可以划分为以下几个过程:危机预警及危机管理准备阶段、识别危机阶段、隔离危机阶段、管理危机阶段以及危机后处理阶段,各个过程之间体现了危机发展的一个循环周期。本章将从时间序列角度,对危机管理过程的各个阶段政府应当采取什么策略和措施,有哪些需要注意的问题,如何尽可能地将危机事件的发生控制在某一个特定的阶段,使它不向性质更为严重的下一阶段演变,提供一个参考性的框架。

对危机管理阶段的划分,是危机管理学科领域里专家、学者共同关心的命题。虽然不同的专家、学者对于危机管理阶段的具体划分存在不同的划分方法,但这些标准基本上大同小异,没有实质性的区别。为更加深入和方便地分析和探讨,在借鉴各位危机管理专家、学者的不同意见的基础上,我们把危机管理的过程划分为以下五个阶段:危机预警和危机管理准备阶段、识别危机阶段、隔离危机阶段、管理危机阶段,以及处理善后并从危机中获益(参见图2-1)。其中,每一个具体的阶段都要求危机管理者采取相应的危机管理策略和措施,准确地估计危机形势,尽可能把危机事态控制在某一个特定的阶段,以免进一步恶化。

图 2-1　危机管理阶段示意图

2.1　危机预警及准备

危机预警及危机管理准备是整个危机管理过程的第一个阶段,目的是为了有效地预防和避免危机事件的发生。在某种程度上,危机状态的预防以及危机升级的预防比单纯的某一特定危机事件的解决显得更加重要,因为,如果能够在危机未能发生之前就及时把产生危机的根源消除,则均衡的社会秩序能够得以有效保障,我们也可以节约大量的人力、物力和财力。戴维·奥斯本(Osborne)和特德·盖布勒(Gabler)也认为,政府管理的目的是"使用少量钱预防,而不是花大量钱治疗"。① 与危机过程中别的阶段相比较而言,危机避免是一种既经济又简便的方法,只是我们在日常的危机管理活动未能对它给予足够的重视。

---

① [美]戴维·奥斯本,特德·盖布勒. 改革政府——企业精神如何改革着公营部门. 周敦仁等译. 上海:上海译文出版社,1996,205

避免危机

　　避免危机作为控制潜在危机花费最少、最简便的方法,显然是最好的危机管理。但是,由于许多管理者将危机看作是日常工作中不可避免的现象,因此,避免危机经常被管理者长期疏忽,甚至完全忽略,成为危机管理过程中最不受重视的一环。

　　我们每天都避免了很多潜在的危机但又播下了大大小小各种各样危机的种子,在非常规决策中所涉及到的很多危机事件,往往也是由于日常的常规决策中的不公正、不民主、不及时等问题带来的对社会公民的潜在影响所造成的。那么,如何才能做到从根源上杜绝危机、有效避免危机事件的发生呢?

1. 动态预测

　　要预防危机,首先要在日常生活中将所有可能会对组织活动造成潜在威胁的事件(灾害源、灾害体)一一列举出来,并加以分类,考虑其可能造成的后果,设计应对的预案,估计预防所需的花费,并且应当把这样的组织行为变成组织的惯例,以便事关组织安全的各项信息能得到适时更新。如果信息及时得以监测,损害就可在一定程度上减轻甚至避免。2002年8月京郊密云和怀柔交界的暴雨和泥石流就是由于及时预报而避免了人员伤亡,减轻了灾害损失。

案例 2-1　危机预警:2002年京郊暴雨和泥石流灾难[①]

　　2002年8月1日,京郊密云和怀柔交界的9个山村遭遇到50年一遇的暴雨和泥石流,降水量达280.2毫米。就在"死亡暴雨"来临前的1小时,2 000余名村民接到逃生警报及时撤离。雨后,部分家园被毁,却无一人伤亡。1969年8月,这一地区曾发生同样量级的暴雨,造成59人死亡、22人受伤。1991年6月10日发生在北部山区的山洪泥石流也造成22人死亡和8人受伤。

　　我国目前正经历着"经济转轨、社会转型"的关键时期,在社会发展序列

[①] 京北遭遇罕见暴雨泥石流　预报及时无伤亡.北京晨报,2002-08-02

谱上恰好对应着"非稳定"的频发阶段,"经济容易失调、社会容易失序、心理容易失衡、社会伦理需要调整重建"。① 目前在改革力度不断加大的过程中,在向社会主义市场经济体制整体推进的形势下,正在或将要暴露出的各类深层次的矛盾和问题都有可能构成引发突发性危机事件、危害社会稳定的直接因素或潜在因素。因此,从战略判断的高度,对中国社会稳定总体态势和重大的突发性危机事件作出及时的预测和预警,并提出相应的危机处理对策,对于我国现阶段政府的危机管理具有特别重要的意义。特别需要注意的是,一项具体的改革政策出台之前,必须对政策的社会效应、经济得失、各界反响等提前加以综合考虑,以消除很多本来可能避免的突发性危机事件的隐患。

2. 避免过分自信

危机管理过程的几个阶段中,人们往往把注意力更多地投向危机事件已发生的紧急救援方面,而对于危机潜伏时期的各种症状却置之不理、麻痹大意,未能给予足够的重视,结果带来很多无谓的损失。同时,组织的管理者往往受传统思维惯性和认识盲区的束缚,过于相信组织抵御各类危机事件的能力,未能做到居安思危、防患于未然,结果很多原本有足够的时间可以避免或是及时采取各种救援措施把危机局势控制在某一特定的范围内的事件,由于组织管理者的粗心大意、过于自信而导致发生严重的危机事件。轰动一时的"1977年纽约大停电"的例子就充分说明了在危机管理中过分自信会带来怎样严重的后果。

案例 2-2　危机意识:1977 年纽约大停电
与"哈勃"望远镜事故②

1997 年 7 月,纽约发生了空前的长时间停电事故,整个纽约城区陷入了 24 小时的黑暗之中。而在此次事故发生前的三天,供电的纽约联合爱迪生公司(Consolidated Edison)的主席查尔斯·卢斯(Charles Luce)在一次电话采访中,曾信誓旦旦地宣称:"联合爱迪生公司的系统处于其 15 年中的最佳状态,这个夏天完全没有问题。"

---

① 牛文元.社会燃烧理论与中国社会安全预警系统(研究提要)."社会变革中突发事件应急管理"专家研讨会讨论稿,北京:2001-11-26
② 转引自:[美]诺曼·R.奥古斯丁等.危机管理.北京新华信商业风险管理有限责任公司译.北京:中国人民大学出版社,2001,9~10,20

> 哈勃太空望远镜镜片生产商的案例同样说明过分自信会带来怎样严重的后果:大约在哈勃太空望远镜被发射升空的10年前,望远镜主镜片生产商所作的两种不同测试均发现,镜片表面的精度有问题。这个镜片生产商的工程师对自己的估计过于自信,完全不理睬两次测试的结果。结果,哈勃太空望远镜在被发射升空后不久,就被发现看不远,于是,"哈勃有问题"的文章开始见诸报端了。

危机意识是危机预警的起点,而在和平稳定时期,人们往往缺乏危机意识。因此,我国的各级政府首先要从关系党和国家的稳定、发展的高度上认识危机处理的重大意义,保持高度敏感性,杜绝麻痹大意的思想;同时要根据时代发展,及时了解非传统威胁形成的各种可能(尤其是要清醒地看待各类事件的联动性和个体及各类极端组织可能对社会形成的破坏力),实时调整、更新危机应对战略。

3. 构建良性激励机制

目前我国一些地方政府和组织在危机处理中呈现出一种普遍的趋势,那就是虚报、隐瞒事故真相,相互推诿扯皮,不惜弄虚作假修改死亡人数,以保住一批人的乌纱帽。2002年6月22日,山西繁峙县发生特大金矿爆炸事故,事故发生后,矿方不组织抢救,而是抛尸埋尸、焚尸灭迹,隐瞒死亡人数、隐瞒事实真相,主要犯罪嫌疑人事后均逃匿;[①]5月4日,山西富源煤矿发生恶性事故,"黑心"的矿长不仅违法经营,而且在事故发生后竟久久隐瞒实情不报,到5月12日才正式报到国家安监局,使20多条生命无望生还;[②]2001年广西南丹"7·17"特大透水事故,地方政府和矿主勾结,隐瞒、封锁消息长达半个月左右,更是震惊全国。[③]

我国《国家安全生产法》、《矿山安全法》、《企业职工伤亡事故报告和处理规定》、《工程建设重大事故报告和调查程序的规定》等法律规章对造成事故本身的责任者规定有系统的处罚条款,国务院制定了《关于特大安全事故行政责任追究的规定》,中央也三令五申强调出现重特大安全事故的地方政府和施工生产单位要及时上报,一些省市如重庆、深圳等出台了干部引咎辞

---

① 繁峙矿难案侦破有新进展 又有两疑犯投案自首. 法制日报,2002-07-15
② 评山西富源煤矿事故 "不知道"就是渎职. 中国青年报,2002-06-03
③ 资料来源南丹"7·17"事故原因查清. 劳动与健康,2001(12)

职规定。在这种情况下,为什么还会出现如"南丹事件"这样严重的瞒报情况?除了法律规章本身对造成事故本身的责任者的处罚机制部分流于形式外,关键的问题是我国现行的公务员制度存在一些缺陷。一方面,现行的干部考核体制由于考核或过于笼统或指标单一,民主程序流于形式,以致在实际干部考核中无法形成良性激励机制,常常出现"默默无闻避免危机得不到奖励,轰轰烈烈解决危机成为英雄"现象。另一方面,我们国家现有的科层组织体系的特点也推波助澜,使得下级管理部门理性地选择"报喜不报忧"的策略,于是在危机的发生、发现及应对中就出现了如南丹事件这样"欺下瞒上"的情况。[①]

因此,要纠正危机管理中激励机制和惩罚机制错位所引发的种种弊病,关键是在日常的公共决策中,要确实以党的"三个代表"理论武装自身,以广大群众利益为先导,采取科学民主的决策方式,在源头上降低危机事件的发生可能;要在应急的非常规决策中制定行之有效、有的放矢的危机管理计划,并及时总结,以修正调整常规性决策,标本兼治,建立科学合理的公共治理结构。

危机管理预案

当然,并不是所有的危机事件都能在事先通过危机预警得以避免,很多危机是无法准确预测的。因此,我们必须为危机做好准备,加强战略规划、物资储备、长期预算和设立意外事故基金。在为危机做准备的过程中,危机管理预案的制定,通信计划以及重要关系的建立等,就显得格外重要了。比如,目前大多数航空公司都有准备就绪的危机管理队伍,还有专用的无线电通信设备以及详细的危机应急方案。目前世界上较大规模的公司和银行,如美国纳斯达克(NASDAQ)和洛克希德—马丁(Lockheed Martin)公司等,一般都有备用的计算机系统,以防止自然灾害或其他灾害打乱它们的首要系统,确保在日常运作的计算机系统出现故障后能及时顶替,不影响组织的正常运转。

[①] 详细内容参见本书第 6 章对南丹事件所作的"委托—代理"模型分析。

> **案例 2-3　危机管理中的系统备用：纳斯达克[①]和洛克希德—马丁公司[②]**
>
> 美国纳斯达克(NASDAQ)作为现代化的证券交易市场，是一个利用先进的通信设备(如通过计算机网络)进行证券交易的、没有集中交易场所或交易大厅的股票市场，它能将计算机硬件、复杂而成熟的软件和现代通信设备融为一体，是世界上第一家电子股票市场。纳斯达克计算机网络目前拥有每天处理10亿股交易的能力，每秒可完成520笔交易。值得借鉴的是，纳斯达克的计算机信息处理与运行中心设在康涅狄格州，同时在马里兰州还有一整套计算机备用系统。
>
> 美国最大的国防公司——洛克希德—马丁公司中心位置就有一整套文件系统，保存着与公司所有重要部门的每一位成员书面联系所需的一切资料，保证在危机事件发生后可以保证公司及时与所有相关机构和个人及时联系，该应急系统可以保证2~3天内公司的信件到达17万成员和4.5万股票持有者家中，充分体现了现代危机管理的及时、快捷和高效的特点。

相比较而言，我国很多机构很多部门，缺乏应对危机的预案，使得人们在危机面前束手无策。同时我国在很多事关国家利益的重要战略物资的安全体系建设上严重不足。以我国的石油储备为例，近些年发生的国际油价动荡再一次告诉人们，石油是不可忽视的战略资源，必须未雨绸缪，及早部署，加快建立中国的石油安全体系，加快建立国家石油战略储备，增强平抑油价能力，以应对可能发生的突发事件，确保我国现代化建设的顺利进行。

> **案例 2-4　危机应对中的资源储备：我国亟待建立国家战略石油储备制度[③]**
>
> 最近三年，国际石油市场风云变幻，石油价格出现了前所未有的从暴跌到暴涨再全线下落的剧烈变动，震动了整个世界。过去我国成品油是由国家定价的，与国际市场油价没有太大关系。1998年，国家开始进

---

① 转引自：中国高等技术创业报的设立、运作与监管研究报告. 中国财会网 www.es21.com, 2002-04-22
② 转引自：[美]诺曼·R.奥古斯丁等. 危机管理. 北京新华信商业风险管理有限责任公司译. 北京：中国人民大学出版社，2001
③ 涨涨落落话油价. 新华社，2001-01-15

行原油、成品油价格与国际接轨的探索。对成品油而言，目前的办法是根据国际上月成品油价格，定出国内本月成品油价格。这样，国际油价"感冒"，国内油价就会"打喷嚏"。国际能源机构认为，石油供应中断量达到需求量的7%就是能源安全的警戒线。为应付石油供应中断的突发事件，石油进口大国都制定了应急战略石油储备目标，一般定为90天的进口量。目前，我国建立国家战略石油储备制度迫在眉睫。

组织系统建立

从组织的角度而言，危机发生后政府及其他组织的快速、及时、高效的应对有赖于建立具有综合会商决策功能的现代危机管理体系，以此作为政府和其他组织具体应对各类突发性危机事件的应急平台，以提高政府和各类组织在危机状态下非常规决策和紧急救助的效率和质量。

就组织目标而言，完善的危机管理体系不仅要能保证危机应对时各职能部门间协同运作，还必须制定一整套的危机应对计划，防患于未然。一方面，危机管理体系必须用法制化的方式明确政府危机处理的管辖范围。从政府管理的分工和职能分析，现在确实有政府危机处理的管辖范围，但其界定不十分明晰，经常有"重大问题"究竟属于哪一级的争论，这一争论的原因是"重大问题"的相对性，它既相对于一级政府管理的地域而言，也相对于问题的程度而言，而这些都是模糊的，所以明晰政府危机处理的管辖范围有助于政府进行及时、有效的预警治理。另一方面，危机管理体系必须加强反危机的战略规划和长期预算，使它具有对未来的预测和防范功能，像程序一样分析未来趋势，形成未来可供选择的方案，为政府危机管理的预警提出建议和目标。

政府的危机管理组织体系还应当根据现代公共治理发展的要求，吸纳社会组织各方有序参与，充分体现完善的现代危机管理体系的分权性质。阿尔文·托夫勒(Toffler)认为，面对越来越多的各种决策，政府往往采用两种方法：一种是政府机关不断增加政治家、官僚、专家和计算机，设法进一步加强政府这个中心作用；还有一种是让"下面"或"外面"做出更多的决定，减轻政府做决定的负担，而不是把做决定的权力集中在已经紧张和乱了套的政府中心。[①] 随着公民对公共政策需求回应性的提高和中心治理多元化

---

① [美]戴维·奥斯本,特德·盖布勒. 改革政府——企业精神如何改革着公营部门. 周敦仁等译. 上海：上海译文出版社,1996,234

的需要，使政府建立分权性质的危机管理体系成为可能。分权的政府能促使政府管理从等级制到参与和协作的转变，具有更多的灵活性、创新精神，产生更高的士气、更强的责任感、更高的效率。

目前，我国既没有在国家层面上，建立具有会商决策功能的综合体系和常设性危机管理的综合协调部门，也没有在国家安全的高度上制定长期的反危机战略和应急计划。各级政府在应对危机事件时尽量"捂盖子"，这在山东烟台"11·24"海难、广西南丹县的矿井事故中体现得十分典型。因此，为加强各地区、各部门以及各级政府之间的危机应对协同运作，提高政府在重大突发危机事件中的预见和救援能力，在中央和地方各级层面相应地设立相关部门至关重要。

社会模拟演习

既然很多时候危机的发生是不可避免的，那么，社会情景模拟练习也就是在为危机所做的准备中必不可少的一个极其重要的环节。通过模拟危机情势，未雨绸缪，防患于未然，不仅可以不断完善危机发生的预警与监控系统，也能够使政府和公众培养危机意识，正如应当不断进行的消防演习一样，通过演练各种可能在实战中碰到的问题培养消防人员的消防意识，能够使消防人员时刻做好防火的心理和物质准备。1989年美国旧金山发生的大地震就是由于6个星期前举行了大规模的社会模拟演习而大大减少灾害损害。

> **案例2-5　社会模拟演习的作用：1989年美国旧金山大地震**[①]
>
> 　　1989年8月，美国联邦与州政府的一个1 000人的联合灾难处理队伍在旧金山演习测试一个地震应急计划。差不多就在6个星期之后，剧烈的洛玛·普列塔大地震袭击了城市，震塌了房屋，引发了火灾，而很多生命都因为疏散工作以及紧急医疗救助的得力而得以保全。研究表明，大地震大致每50～100年发生一次。1906年4月18日旧金山8.3级大地震发生后，导致700人死亡。加利福尼亚人加深了对地震知识的了解，学校和医院定期举行地震演习，应急服务部门不断操练当地震再度发生时他们所需的技能。

[①] 转引自：[美]诺曼·R.奥古斯丁等. 危机管理. 北京新华信商业风险管理有限责任公司译. 北京：中国人民大学出版社，2001,14

2.2 识别危机

识别危机作为危机管理过程的第二个阶段,其关键工作是通过危机监测系统或信息监测处理系统认识和辨别出危机潜伏期的各种症状。这个阶段的危机管理,"问题是感觉真的会变成现实"、"通常是最富有挑战性的"。① 在这个阶段,危机已经进入了前兆阶段,但如果政府及其他组织能够及时处理的话,则整个危机局势仍可以转危为安。

在某一危机形势彻底爆发之前,社会生活和社会交往的各个方面会不同程度地反映出一些冲突的迹象,即引发危机的一些基本矛盾正在不断地形成、积累,并通过一定的方式表现出来,通常伴随小规模的敌视和对立行为。这是防范危机发生的最好时期,政府有关部门和高层决策者必须密切关注这些社会中存在的引发公众不满和冲突的许多社会问题,争取在社会问题孕育时期控制问题的发展,良好地解决问题,将危机消灭在萌芽状态。

搜寻信息

危机情景下信息的不完全、不及时、不准确,给危机管理者带来很大的麻烦。因此,信息是影响危机管理成效的关键性因素,要准确地识别危机,最为重要的就是要针对各种社会问题相关的各种信息进行系统的扫描,收集其中的危机信息,分析他们对危机管理的潜在影响,进而对可能引发突发性危机事件的信息加以防范和疏导,争取把危机消灭在萌芽状态。大致说来,我们可以把识别危机阶段寻找危机发生的信息划分为信息确认、信息收集、分析。

1. 信息来源

随着现代信息社会的发展,我们每天都处于大量的不同类别的信息的包围之中。在传统的报纸、杂志、电视、广播等信息传播渠道的基础上,近些年随着网络的扩张,大众传媒在塑造公众价值观念、强化公众意识、反映和引导社会舆论等诸多方面发挥着巨大的作用。2001 年 7 月以来,广西、陕西、上海、江苏等地频频发生重大特大事故,消息随着电视、报纸、网络迅速

---

① [美]诺曼·R. 奥古斯丁等. 危机管理. 北京新华信商业风险管理有限责任公司译. 北京:中国人民大学出版社,2001,14

传开。特别是南丹特大事故,通过新闻记者的努力,被某些人极力掩盖的黑幕才撕开了一角,引起党中央和国务院的高度重视,使事故的调查处理步入正常轨道。

对于现代组织而言,其危机信息来源和渠道除了传媒之外还有很多,包括外界对组织所作的评估和组织的自我鉴定等。美国危机管理专家库姆斯(W. Timothy Coombs)把危机管理中组织需要扫描的信息来源归纳为三大类:问题管理信息来源、风险评估信息来源和关系信息来源,这对我们进行识别危机时究竟该从哪里着手查找危机发生的信息很有帮助。[①]

2. 信息收集

在明确了危机发生的信息各式各样的渠道和来源之后,下一步的工作就是从这些信息源流着手,尽可能地收集可能与组织潜在危机的相关的危机信息,总结归纳隐藏在信息背后的核心要素(见表2-1)。

表2-1 危机信息来源

类型	信息来源		
问题类型	传统	• 媒体(报纸、电视新闻、新闻和商业杂志) • 贸易期刊 • 医疗和科学期刊 • 贸易期刊	• 医疗和科学期刊 • 新闻信件 • 政府出版物	• 公众舆论调查 • 公众舆论专家 • 组织成员
	在线	• 新闻和商务网络 • 专业协会、特殊利益团体和政府代理机构的评估	• 新闻组 • 在线报纸、杂志、贸易出版物 • 网页	
风险评估		• 总体性的质量管理 • 环保风险 • 法律审查 • 工人赔偿风险	• 责任风险 • 犯罪风险 • 财政审计 • 安全/事故记录	• 自然灾害风险 • 产品收买风险 • 伦理风险 • 行为分析
组织关系		• 成员决断力 • 成员抱怨/诉求(包括公共批评)	• 社会绩效	

资料来源:W. Timothy coombs. Ongoing Gisis communication-Planning, Managing and Respponding. London:Sage Publications, Inc., 1999, 23

信息收集主要有以下几个途径:

第一,大众传媒。现代社会中,大众媒体由于能够触及最广大的公众,

[①] W. Timothy Coombs. Ongoing Crisis Communication-Planning, Managing, and Responding. London:SAGE Publications, Inc., 1999, 23

已经不可否认地成为一股重要的政治力量,它介于政府和公众之间,形成了一种三角平衡互动的系统,对一个国家乃至全球政治、经济、科技和社会的影响将越来越大,同时也自觉不自觉地改变了人们的思维、生产和生活方式。作为党和人民的喉舌的媒体,除了获取信息,公众接触媒介的目的还在于获得对于情势的阐释和理解,因为媒介工作者经常率先收集相关材料并组合成一个完整连贯的故事。在当前腐败问题比较严重、特大事故频繁、市场经济秩序混乱的状况下,媒体正承担着超负荷的监督职能。特别是在目前信息化时代,大众传播网络更是我们获取文献资料信息的主要手段。如网络关于各种灾难事故的报道、评论,大量电子化的学术性文献等,都可以从大众传媒获取。

第二,事故及隐患鉴定报告。确认发生了危机后,危机事件究竟属于何种类型?危机管理者又应当采取什么方法和措施去应对?这就有赖于政府及其他组织内部的危机管理者借鉴组织在日常生活中建立的事故及隐患鉴定报告,这些鉴定报告应当列出组织曾经所发生过的,或者将来有可能发生的各种危机事件,对这些危机事件进行系统的归类,并提出相应的解决办法和补救措施。各种不同类型的危机各自具有不同的诱发原因和形态特点,可能造成的严重程度不一样,应对的策略和措施也不尽相同。因此,危机管理者的工作就应当是对这些五花八门的危机事件进行分门别类的综合、归纳、整理,以便下次发生类似的危机事件的时候作为预案和样板供危机管理者借鉴、参考。当然,在参考事故及隐患鉴定报告的同时,也应当查阅其他社会研究人员的调查纪实和研究报告、党和政府正式文件与档案以及社会组织与团体的文件与档案等各种资料。

第三,实地调研。可以通过组织一些座谈会、交流会,或到实地部门调研等方法,听取各方面人士的看法和意见,包括群众的意见、专家的意见、组织管理者内部的意见以及有关部门的意见。一方面,组织应当建立和健全例会制度,应当固定时间(每周、每月等)和地点,分别召集决策者内部所有组织成员或是组织某些特定成员的座谈会、通气会,通过互动式的交流,了解各方面的对组织的看法和态度。另一方面,组织也可以在必要的时候采用问卷形式进行抽样调查,这样长期性参与观察所获得的信息就更为可靠,也更能了解特定群体的心理动态。

3. 信息整理分析

组织监测和扫描到各种危机发生的信息后,下一步马上要采取的行动就是要对这些危机信息进行系统的整理、分析,发现其中存在的主要问题以及隐藏在问题表象背后的本质原因。

对这些危机信息的分析和评估,可以采取两个标准:一是可能性,即现存的危机形式进一步恶化或失控的几率有多大;二是影响的伤害程度,即下一步可能失控的危机局势究竟会在多大程度上影响组织的正常运转、降低组织在公众中的形象。信息分析的结果提交给组织的危机管理小组和组织的最高决策层,以便他们采取相应的措施控制或者应对已经发生的危机事件。比如,国家信访部门对于当前群众集体上访基本情况的信息收集后,对当前群众集体上访的特点就有了较为清楚的认识,对处理好群众集体上访应注意的几项工作提出切实可行的参考意见。

案例 2-6　危机管理中的信息分析:我国信访部门对当前群众集体上访情况的研究[①]

从群众集体上访反映的问题、涉及的内容来看,主要有以下特点:

- 涉及群众政治、经济、生活等切身利益问题的大幅度上升;
- 反映的热点、难点问题相对集中,处理难度加大;
- 由城市引发的群众集体上访明显增多;
- 反映的问题绝大多数是有一定道理或有实际困难应当解决的。

从群众集体上访的表现形式来看:主要有以下特点:

- 规模大、频率高;
- 重复上访的比例较高;
- 上访人员情绪激烈,对抗性加剧;
- 有组织的倾向日趋明显;
- 择机性上访行为表现突出;
- 出现了由个体上访串连为集体上访的情况;
- 涉及人员层面逐步扩大以及少数上访被敌对分子所利用。

在分析这些当前群众集体上访的形态特点的基础上,国家信访部门进而要查找出当前群众集体上访增多的主要原因:

- 大环境的影响;
- 政策方面的原因;
- 干部方面的原因以及群众自身方面的原因。

[①] 张彭发.当前群众集体上访的形态特点."社会变革中突发事件应急管理"专家研讨会讨论稿,北京,2001-11-26

社会危机发生具有上述的阶段性的形态特点,要求多方面、多角度分析组织扫描到的大量信息,从中发现那些最有可能恶化、并对组织造成严重伤害的危机症状,争取把它们控制在较小的范围内。

一方面,各种类型的危机事件,其动因、过程和结果往往都呈现"综合性"的特点,在分析危机发生的信息时,管理人员必须从多方面着手——技术、政治、经济、社会等各个方面——综合地分析其中蕴含的可能诱致危机事态进一步恶化的因素。比如,对于一些以技术性见长的企业而言,它们往往将问题错误归类,在事故和安全隐患上缺乏对各类现象的综合考虑,将注意力更多地集中在技术方面,而通常会忽略一些情感因素——1994年英特尔公司奔腾芯片的痛苦事件就是一个很典型的例子。实际上,"公众的感觉往往是引起危机的根源"。[①]

案例 2-7　危机中的公众知觉:1994 年奔腾芯片事件[②]

以1994年年底的英特尔公司奔腾芯片的痛苦事件为例,引发这场危机的根本原因,是英特尔将一个公共关系问题当成一个技术问题来处理了,随之而来的媒体报道简直是毁灭性的。不久之后,英特尔在其收益中损失了4.75亿美元。更可笑的是,当公司愿意更换芯片时,很少有用户肯接受。估计仅有大约1%到3%的个人用户更换了芯片。可见,人们并不是真的要更换芯片,他们只要知道他们有权利换就行了。

另一方面,社会中不同的组织、群体以及个体成员,对于任何一个相同的社会问题的感受都是不尽相同的。因此,他们各自的想法和意见都应当成为管理人员进行信息分析的重要的来源和渠道。概括地说,危机信息分析中有必要引起危机管理人员的充分注意的主要有以下几个角度:

第一,社会公众。公众作为任何组织产品和服务的消费者,他们的任何言行都会影响组织者的安危。因此,对于管理人员来说,应当尽可能地听取社会公众的声音,发现问题尽早解决。但在我国现实事故中,"明知故犯"者有之,1999年1月4日发生的重庆綦江"虹桥"垮塌事故就是一个很明显的例子。

---

① [美]诺曼·R. 奥古斯丁等. 危机管理. 北京新华信商业风险管理有限责任公司译. 北京:中国人民大学出版社,2001,17

② [美]诺曼·R. 奥古斯丁等. 危机管理. 北京新华信商业风险管理有限责任公司译. 北京:中国人民大学出版社,2001,19

中国第一保健品牌"三株"的衰败,人们至今还记忆犹新,事故的起因仅仅是一个"常德事件",也仅仅是29万多元的诉讼要求。同是对待消费者投诉,日本本田公司却采取了与"三株"截然相反的策略,并取得了极大的成功。

**案例2-8　危机中的公共沟通:1996年"三株常德事件"[①]
　　　　　与70年代本田"缺陷车事件"[②]**

　　1996年6月,湖南常德市中级人民法院做出陈伯顺因服用三株口服液致死的一审判决。"三株"不服,上诉湖南省高级人民法院。同年,三株公司在湖南市场上首次出现零销售,三株口服液及三株系列产品在全国的销售也陷入困境,生产三株口服液的两个现代化工厂全面停产。1999年3月25日,湖南省高级人民法院对"三株"与陈伯顺一案做出终审判决,"三株"胜诉。事已至此,打赢官司的"三株"人却笑不起来了。短短两年之内,这个年销售额达80亿元、号称中国最大的保健品企业的公司已陷入全面瘫痪。三株公司董事长吴炳新在胜诉之后痛心疾首:这场官司导致三株数十亿元的损失,十万人下岗。

　　20世纪70年代初,日本本田公司发生过一次严重危机,这就是著名的"缺陷车事件"。当时的本田刚挤入小轿车市场,在几家实力雄厚的大企业的夹缝中生存。然而,其刚打开销路的"N360"型小轿车出现严重质量问题,用户在使用过程中出现"摇晃"、"打转"现象,造成上百人身伤亡事故。受害者及家属组成联盟以示抗议,本田一下子声名狼藉,企业生存岌岌可危。可贵的是,本田并未在舆论的重压下乱了阵脚,而是立即决定,以"诚"的态度承认失误。本田马上举行记者招待会,通过新闻媒体向社会认错,总经理道歉之后引咎辞职。同时,宣布收回所有"N360"型轿车,并向顾客赔偿全部损失。他们还重金聘请消费者担任本田的质量监督员,经常请记者到企业参观访问,接受舆论监督。本田的"诚恳"感化了挑剔的日本人,本田不但未因这次打击一蹶不振,反而在公众心中树立了"信得过"的企业形象,"以诚相待"的危机公关挽救了本田。

第二,大众传媒。媒体的反映和报道,特别是现代网络,给信息搜集提供了最快捷的信息获取方式和最全面的信息来源。因此,危机发生后,组织

[①] 三株吴炳新:酝酿出山. 证券时报,2001-08-15
[②] 雷盟,雨阳. 知名危机管理案例分析. 中国企业家,2002-04-25

一方面应以最快速度派出得力人员调查事故起因,安抚受害者,尽力缩小事态范围;另一方面应主动与新闻媒介,尤其是与具有公正性和权威性的传媒联系,说明事实真相,尽力取得政府机构和传媒的支持和谅解。于1999年3月发生的"东芝笔记本电脑事件"经国内有关媒体报道后事态急剧扩大,鉴于此,东芝公司董事兼副总裁古贺正专程来北京就这一"事件"向国内消费者作出正式解释,危机事态得以相对缓和。如果"三株"在"常德事件"发生后迅速安抚受害人家属,主动公布事实真相,取得公众谅解,恐怕也就会减少许多损失。

第三,组织内部成员。组织内部成员,由于直接和组织提供产品和服务的对象打交道,对于组织面临的潜在的各种各样的危机有着自己的亲身体验和直接感受。因此,要形成组织内部成员之间包括上下级、平行级,点、线、面、体全方位的危机信息沟通体系,组织成员发表见解,承认个人和组织的缺点和面临的各种危机,最后由危机管理人员将这些见解集纳归整、加工处理。反之,一旦组织的危机管理人员忽视这些信息来源,组织就有可能面临灾难性的后果。1986年"挑战者号"爆炸事件就说明了这一点。

案例 2-9 危机管理中的内部信息机制: 1986年"挑战者号"爆炸事件[①]

1986年1月28日,美国"挑战者号"航天飞机在佛罗里达州的肯尼迪航天中心发射升空,73秒之后,猛烈的爆炸就完全摧毁了轨道飞行器和它的外携油箱,七名成员全部遇难,铸成了美国太空计划史上最严重的灾难事故,事故也动摇了人们对美国国家航天航空局的信心。而就在挑战者号发射之前的几次发射预备会议和其后的西尔考—沃塞奇的核心会议上,很多成员就对固体火箭助推器上的O型圈在寒冷气温下的性能极度担心。罗杰·包伊杰里先生是1月28日事件发生前最激烈的反对者,并提出了取消发射的三个理由,认为有足够的证据表明低温会影响到O型圈的弹性,进而表明必须推迟"挑战者号"的发射,西尔考—沃塞奇的其他工程师提交了附加的图表并表达了他们对低温对O型圈影响的关切,也提出取消飞行的建议。但是,从委员会的调查材料来看,国家航天航空管理局的一些主要决策者并没有得到无法确保飞行这一至关重要的信息。假如高层决策者知道西尔考-沃塞奇的工程师没有一个人支持发射的话,那么发射是不可能进行的,也就不会酿成如此大祸。

---

① 竺乾威,马国良. 西方公共行政案例. 上海:复旦大学出版社,2002,171~203

第四，专家、学者。专家作为一种特殊的信息资源，在危机发生的信息分析中起着特别的作用，尤其是在一些特定的技术性较强的危机信息分析方面，可以发挥专家在这些专业领域内的知识渊博、经验丰富的特点。但是，在很多情况下的组织中，专家"智囊团"的地位和作用有可能呈现下降的趋势，特别是专制的领导模式盛行的政府部门，往往强调官僚模式的政治责任体系，因此，专家宝贵的意见和建议的受重视程度可能会越来越低。在上面所举的"挑战者号"航天飞机爆炸事件中，美国国家航空航天局组织上的重大缺陷和决策过程的弊病，都在某种程度上导致了这场空难的发生。诚如罗瑞克和杜布尼克所言，国家航空航天局已经发生了一种从专家负责体系（它强调"……在机构内尊重专家"）到官僚负责的管理体系（它强调"……上下级之间的组织和法律关系，下级无条件地服从，强调严密监视，标准运用程序的替代系统以及明确的规章制度"）的变化。①

第五，友好国家和敌对国家。随着人们的社会、经济生活联系日益全球化，危机的发生、影响也具有了一定的国际互动性，从而超出了发生地的范围，成为全球共同面临的问题。因此，在关注那些具有全球化特征、与中国在国际格局中的发展相关的国家间的紧张局势、经济制裁甚至局部战争（如中美撞机事件、中日农产品事件等）的时候，对世界各国特别是一些敌对国家的行为和态度的分析，成为识别危机阶段信息分析的重要内容。

当然，需要强调的是，危机征兆信息的搜集、识别，和组织日常的信息管理工作密不可分，两者的信息来源并无本质上的区别，只是危机征兆信息的搜集、识别过程中更为强调组织的危机意识。

2.3 隔离危机

从危机前兆阶段发展到危机事件的全面爆发，中间也有一定的过程。首先，危机的全面爆发一般具有特定的导火索，致使危机事态的发展达到一定的"点火温度"。其次，危机事件进入紧急阶段，直至最终全面爆发，必然经过一个危机的升级过程。危机升级往往也是破坏力增强的过程，使危机容易造成更大的人员伤亡和财产损失，社会秩序也更趋于无序和混乱状态；危机管理人员面临的任务更为艰巨，时间更为紧迫，危机管理的压力更大

---

① B. S. 罗姆耶克，M. J. 杜布尼克. 公共部门的责任："挑战者号"悲剧的教训. 公共行政评论，1987(47)：229. 转引自：竺乾威，马国良. 西方公共行政案例. 上海：复旦大学出版社，2002，184

等。伴随危机事态的逐步升级、不断深化,要求危机组织必须发挥启动危机管理机构"防火墙"的作用,控制危机事态的蔓延,保证组织其他部门的正常运转。

取舍原则

毋庸置疑,在隔离危机阶段,果断地作出决策是最重要的。但是,危机状态下,时间紧迫,信息不对称,危机管理人员面临巨大的压力。因此,管理者要有效地做出决策,首先必须要建立一个有效的思考框架去迅速地掌握正在发生的危机的实际情况,并进行评估。这时遵循下面的一些原则会对管理者在形势激化时保持更冷静、更成熟的状态,从而做出正确决策有所帮助。

1. 迅速收集信息,判断危机的主要影响利益方

危机进入紧急阶段后,整个事态发展过程无章可循,危机信息杂乱无章,组织决策者往往不能完全掌握相关信息,以至于无法确定哪个才是最重要的。调查三里岛核电站事故的凯梅尼委员会在其报告中称:"在事故发生的最初几分钟里,有超过 100 个警报响起,却没有一套系统能停止那些不重要的警报,以便操作员能集中关注重要警报。警报传递的信息非常不清楚,不足以让人理解。"[①]

因此,确立隔离危机阶段工作优先次序的前提,是尽可能地收集各方面的危机信息,并迅速判断危机的主要影响利益方,如人、财、物、责任等,为下一步应对发生的危机事件简单地进行灾害评估奠定基础。

2. 始终把对人的影响放在首位

危机事件构成人员伤亡和生产、生活设施、基础建设、服务等各方面财产的破坏、损失,扰乱了正常的工作秩序,打破了正常的组织界限,使社会机制的正常运转受到了严重妨碍,安全和救助成为人们的第一需要。但是,危机管理的目标往往不止一个,如"美伊人质危机"中,有人主张确保美国国家利益,有人主张保护 52 位人质的生命和财产安全,更有人主张提高美国在中东地区的国际声望。[②] 就短期目标而言,各种类型的危机事件应对的最

[①] [美]诺曼·R. 奥古斯丁等. 危机管理. 北京新华信商业风险管理有限责任公司译. 北京:中国人民大学出版社,2001,23
[②] 洪秀菊:危机决策·处理·谈判——美伊人质危机个案. 台北:商鼎文化出版社,1999,157

主要目标体现为减少人员伤亡和财产损失,其中人员的生命安全则属于最为核心的目标。因此,在隔离危机阶段,当我们要确立救援工作的优先次序时,必须牢固树立"生命第一"的原则,始终把危机事件对人的影响放在优先次序选择的首位加以考虑。这也符合危机状态下公民权的维护和保障的原则。

由于危机状态下的特殊危险性,世界各国都从"损失小利益,保存更大利益"的原则出发,对宪法中所确定的基本人权作出一定范围的限制,以达到更好地保护公民权的目的。这些基本人权包括公民的生命权、自由权、财产权、追求幸福权和平等权等多方面,首要的则是公民的生命权。因此,在严重的危机面前,抢救受害人员的生命、保护人们最基本的生存权利则是首要的责任。为做到这一点,危机管理人员往往有权实施以下必要的行动:征用车辆运送严重受伤者;为挽救本人或其他人的生命,占有必须的药品或食物;将自己或他人的家庭——在其安全受到威胁时——安置在无人居住的住宅内;可未经许可进入民宅或建筑物,取出可用于救生的设备,进行救援或保护工作等。

3. 简单地评估

隔离危机阶段,对于工作优先次序的选择,事先必须有一个简单的评估过程,对危机中需要处理的各项事宜进行评估,以区分轻重缓急,确定先抢救什么,后抢救什么,做到从实际出发,保证重点,统筹兼顾。

一般地说,危机评估方法可以从三个标准来衡量:事情的严重性、紧迫性和未来发展趋势。事情的严重性指的是发生的危机事件对危机中需要处理的各项事宜会带来哪些破坏性的影响和严重的后果,比如,危机事件情节轻的,能够造成人员伤亡和经济损失;性质严重的,甚至可以影响到国家的政治稳定、经济稳定和社会稳定。一般来说,危机管理人员应当集中力量解决那些严重影响民众安全与健康的重要问题。事情的紧迫性主要指的是发生危机事件时,时间要素对于危机中需要处理的各项事宜的影响程度,有些事宜是需要立即采取措施加以解决的。比如,发生核爆炸的时候必须尽快疏散人群,迅速转移受害人使灾民脱离危险。事情的未来发展趋势指的是很多危机事态的发展是没法控制的,这就需要我们对其做一个大概的预测和估计,分析危机潜在的威胁。

通过对危机中需要处理的各项事宜进行评估,危机管理人员就把面临的问题按轻重缓急理出头绪,找出那些最重要的问题,抓好关键环节。当然,必要时,危机管理小组可以聘请有关方面的专家协助进行技术鉴定、事故分析和财产损失的评估工作。

危机"防火墙"

隔离危机阶段的危机管理,目标是控制危机事态的恶化。因此,在高度压力的条件下,危机管理人员必须根据不同的情况确定工作的优先次序,而首先必须尽可能地减少人员伤亡和财产损失。要做到这一点,必须借助于组织在日常运转中建立的危机管理计划和危机管理小组,有时还必须根据危机事态发展决定组织主要领导人的卷入程度,使这些专职的危机管理机构和人员在危机事件爆发时真正起到"防火墙"的作用。

1. 启用危机管理机构

一旦突发性危机事件发生,组织则可立即启动危机应急计划,让危机管理专职人员去应对这些已经发生的各类危机,这样就可以做到有的放矢、分工明确,不会让"火势"蔓延到整个组织范围。基于此,任何组织都必须建立一支素质过硬的突发事件处理小组,进行危机的响应、处理、恢复、跟踪工作,在遇有突发事件时,组织可以在第一时间派安全服务小组负责处理,在注意保护可追查线索的基础上调查事件的起因和症状,加强防御,进行漏洞分析,消灭事件的源头,在最短的时间内修正系统,使组织正常工作,并加强监控系统,提交详细的事件记录和跟踪报告,做到透明化处理,达到根除事件影响的目的。

启用危机管理机构,让一些人员专职从事危机的控制工作,让其他人继续组织的正常运转工作,这是很有必要的。这样组织不会因为偶尔的几次意外事件而中止日常工作的开展,在整体上可以保证组织运行的连续性。当然,完善的防火墙管理和控制制度还应当对防火墙实行集中的管理,对防火墙的运行状况进行全天候的实时监控,并要求危机管理小组按时提交管理服务报告,定期对防火墙日志进行全面分析,提出安全策略建议,动态调整安全策略。

2. 决定主要人物的介入程度

很多突发性危机事件涉及较大的破坏范围,可能导致组织的生产和生活陷入瘫痪和混乱状态。在这种情况下,仅仅依靠危机管理小组的力量是很难完成危机的应对工作的,而必须让组织的主要领导出现,确保危机应对的权威性、强制性,以利于组织内部各职能部门、组织成员之间危机应对时的协调运作。同时,根据危机事态发展的具体情况,在一些必要的时候,由组织主要人物出面担当危机应对的领导职责,还可以保证组织和外界保持畅通的通信,表明组织应对危机的信心和决心,维护组织在社会公众中的地位和形象。

> **案例 2-10　危机管理中主要人物的介入:1989 年格鲁吉亚民族骚乱[①]与瓦尔迪兹号油轮漏油事件[②]**
>
> 　　1989 年 3~4 月间,格鲁吉亚加盟共和国首府第比利斯市发生了震惊国内外的流血事件,出动的军警和闹事的人双方发生了冲突,参与闹事者有 19 人死亡,100 多人受伤,军警也有 70 多人受伤。惨剧发生后,当局宣布对第比利斯市实行宵禁,苏联中央领导立即派出在当地很有威信的政治局委员、外长谢瓦尔德纳泽率团赶赴该地处理问题。总书记戈尔巴乔夫发表了告格鲁吉亚人民书,对死难者发出慰问电,宣布 4 月 11 日为共和国哀悼日。
>
> 　　谢瓦尔德纳同当地党政领导、积极分子、青年学生、知识分子及市民进行了广泛接触,既有耐心的宣传教育,也有激烈的辩论交锋,但他置身于群众中,与群众一道分析悲剧产生的原因和应该采取的态度。同时,他还严厉谴责少数追求自私目的愚弄群众的人,指出一些非正式组织的头目打着民主的旗号实现个人野心,并要求把这些罪犯一个不漏地查出来,予以严惩。经过艰苦细致的一系列工作,一触即发的局势很快平息了下来。18 日,军队和坦克撤出,宵禁取消。
>
> **瓦尔迪兹号油轮漏油事件**
>
> 　　1989 年 3 月 24 日,美国埃克森公司瓦尔迪兹号(The Exxon Valdez)油轮搁浅并泄出 2.67 万桶共 1 100 万加仑的原油,油污进入阿拉斯加威廉王子海峡,此次意外是美国有史以来最严重的漏油事件。事故发生之后,埃克森没有采取适当的措施表示对事态的关注,例如派高层人员亲临现场、指定负责善后的人员,并向公众沟通事件的原委、公司的解决办法,以及表示遗憾、进行情感沟通等。

[①] 苏联格鲁吉亚发生民族骚乱。见:高厚满.外国军警处置突发事件选评.北京:解放军出版社 1992,126~127

[②] 处理油污染:国家之大计　化企之责任.中国化工报,2003-03-31

> 埃克森公司主席劳伦斯·洛尔听到大批原油泄漏事故后没有乘坐首次航班前往阿拉斯加，同时即使面对公众他也没有说明危机的严重性。在知晓危机的本质之后，洛尔先生应在24小时内在纽约建立危机管理指挥中心作为收集信息并进行甄选的中央智囊团，建立政府联络办公室，以传达公司所做的努力，并要求政府支持；同时，应尽快在纽约建立新闻中心作为公司权威报告、简报及动态报告的交换中心。但是，上述内容埃克森公司都没有做到，人们的期待随即转化为愤怒，进而引发了对其产品的联合抵制、股份被迫出售以及很多苛刻的限制和惩罚。

地方发生民族纠纷并引起骚乱，国家最高当局迅速派出在当地很有威信的领导人前去处理，这是一条行之有效的经验。政府部门应对如民族骚乱之类的突发性危机事件是这样，企业在面临一些性质极为严重的危机事态时同样也应该如此。埃克森公司瓦尔迪兹号油轮漏油事件中，正是由于公司对发生的事故不是很在意，公司主席没有立即采取行动介入此次漏油事件，导致公司在危机应对时出现被动的局面。

3. 保证组织内其他部门正常运转

很多突发性危机事件发生后，往往会危及到组织的某一个职能部门，需要组织的危机管理小组积极应对。但是，针对某类危机事件的行为，不应该影响整个组织的正常运行，除非危机发展到致使整个组织陷于无序、瘫痪和严重混乱的状态（如爆发了大规模社会动乱）。比如，"9·11"事件发生后，美国政府对司法部、国务院、财政部、国防部等重要机构的人员进行了撤离，重要地区到处都部署了大量全副武装的军人和警察。同时，虽然美国国会参众两院迁出了国会大楼，但它们依然照常运转、履行职责。

要充分保证危机状态下组织各部门的正常运转，很重要的一点就是要提前储备好各种备用资源（如备份设备、迂回路径等）。组织的应急方案必须对系统中所有的关键资源进行备份，备用资源会根据运行中的资源情况随时进行更新，当危机事件发生、故障出现时，整个出现故障的资源退出工作状态，备用资源取而代之。比如，很多企业都存有备用的资产或设备，只有在使用的资产或设备遭受损失后才会使用这些备用品。

几年前，挪威能源比较富裕，但自从实行自由竞争以来，系统的备用容量逐年下降，目前很可能出现能源危机。对比瑞典的情况，北京市水资源紧急状态应急预案中确定了遇连续枯水年时度过水荒的紧急措施。

> **案例 2-11 危机处理中的应急预案：北京市水资源紧急状态应急预案**①
>
> 北京市水资源紧急状态应急预案中确定了遇连续枯水年时度过水荒的紧急措施：遇特枯水年全市可供水量将减少 7 亿立方米，遇连续枯水年时，可供水量将持续减少，需水量会持续增加，应急预案确定为遇两年和三年枯水年时，限制工农业用水，动用密云水库备用库容 15 亿立方米和怀柔雁栖河、怀河一带地下水应急水源，保证北京城区的生活用水。② "十五"期间国家电力公司的战略性结构调整，新开工水电站 22 项 2084 万千瓦，包括 7 座大型水电站和一批抽水蓄能电站，以解决高峰和事故备用。

因此，当危机仍在发展中时，要始终掌握一定的备用资源，并努力设法增加备用资源。美国的"持久的宪法政府"计划中就明确规定了美国政府一旦遭受大规模的袭击时各项备用资源的使用原则、方法和程序，从而保证国家权力的正常运转。

> **案例 2-12 危机中的正常运转：美国"持久的宪法政府"计划**③
>
> 如果受到大规模的核打击，美国总统及其继任者如何生存？如何确保最高指挥不致瘫痪？这是被列为美国头号国家机密的"保护总统计划"（80 年代末，布什总统把"保护总统计划"的正式名称改为"持久的宪法政府"）所要解决的问题。"持久的宪法政府"计划包括一套"中央定位系统"，它一天 24 小时对总统继任候选人进行行迹跟踪，并确保总统和这些继任者不会在同一时间出现在同一地点。比如，美国总统每年都要到国会发表全球瞩目的"国情咨文"，阐述美国政府的内外政策。细心的观众会发现，每一次国情咨文大会，都没有出现内阁成员全体出席的情况。其实这正是根据"保护总统计划"而做出的特别安排。总统讲话时，至少有一名内阁成员不在现场，他隐藏到了一个秘密地点，这样做就是防止国会突然发生灾难事件，内阁成员全体丧生，导致美国政权陷入

---

① 国电公司"十五"规划及 2001 年重点工作问答. 中国电业，2001(6)
② 北京市水利局. 以建设一流城市为目标制定首都水资源可持续利用规划. 中国水利，2000(4)
③ 核弹来了美国总统怎么逃？间谍汉森悉数告诉苏联. 北京青年报，2001-07-26

瘫痪。众所周知,"9·11"事件发生后,为防不测,美国副总统切尼从公众面前消失。该计划对战争爆发后最高权力的继承有明确的规定,正常的次序如下:如果总统遇难,最高权力立即由副总统接管,接下来是国会参众两院议长。如果上述政府官员同时遇难,那么权力自动移交到某个内阁成员手上。这些阁员也按重要性进行了前后排序,依次是国务卿、国防部长、司法部长等。

组织内部运作

危机发生后,信息便成为决定性的因素。与危机相关的各种信息的及时收集、反馈和相关数据的分析的效果,往往都会影响到危机管理的成效。因此,组织应当及时向所有的组织成员及利益相关者通报信息,而不要让他们仅仅从公众媒体上得到有关组织的消息。按照诺曼·R.奥古斯丁(Augustine)对企业的建议,"管理层即使在面临着必须对新闻记者做出反应的巨大压力时,也不能忽视那些对组织消息特别关心的人群"。[1] 事实上,人们感兴趣的往往并不是事情本身,而是管理层对事情的态度。1999年6月9日发生的比利时和法国可口可乐中毒事件,正是由于庞大而错综复杂的管理体系导致组织内部信息交流困难、沟通不畅,最终给公司带来巨大的损失。

案例2-13 危机管理中的内部交流:
1999年可口可乐中毒事件[2]

1999年6月9日比利时和法国发生了可口可乐中毒事件,可口可乐公司遭遇了历史上罕见的重大危机。公司立即着手调查中毒原因、中毒人数,同时部分收回某些品牌的可口可乐产品,一周后中毒原因基本查清。

但从一开始,这一事件就由美国亚特兰大的公司总部来负责对外沟通,这给公司的信息沟通带来很多的麻烦。近一个星期,亚特兰大公司总部得到的消息都是因为气味不好而引起的呕吐及其他不良反应,公司认为这对公众健康没有任何危险,因而并没有启动危机管理方案,只是

---

[1] [美]诺曼·R.奥古斯丁等.危机管理.北京新华信商业风险管理有限责任公司译.北京:中国人民大学出版社,2001,26

[2] 雷盟,雨阳. 知名危机管理案例分析. 中国企业家,2002-04-25

> 在公司网站上粘贴了一份相关报道,报道中充斥着没人看得懂的专业词汇,也没有任何一个公司高层管理人员出面表示对此事及中毒者的关切,导致消费者不再购买可口可乐软饮料,而且比利时和法国政府还坚持要求可口可乐公司收回所有产品。
>
> 在此次中毒事件中,可口可乐公司最大的失误是没有使比利时和法国的分公司管理层充分参与该事件的沟通并且及时做出反应。公司总部的负责人员根本不知道就在事发前几天,比利时发生了一系列肉类、蛋类及其他日常生活产品中发现了致癌物质的事件。事件的发生最终导致公司形象受到严重影响。

正如上述事件所表明的那样,危机管理的内部信息通报和外部沟通都极其复杂和难以控制。在信息技术高度发达的现代社会中,由于大众传媒日益增大的影响力,以及瞬息万变的危机信息庞杂,导致组织决策层对信息的了解和把握程度也是不一样的。为确保危机信息发布的连续性、一致性,组织应当指定固定的发言人,不仅可以使谣言止于权威渠道,同时,让更多人知情也意味着更多人因有所预防而免于伤害。

需要注意的是,在危机管理过程的隔离危机阶段,要有效地发挥信息沟通的积极功能,组织决策者和管理人员必须掌握有效倾听的技巧。这个时候,不同的声音就显得特别珍贵——不管这个声音来自组织内还是组织外。因此,危机管理小组中应当有一位唱反调的人,这个人必须是一个在任何情况下都敢于明确地说出自己意见的人。

2.4 管理危机

危机深化到一定的程度,将使组织赖以运转的结构和机制遭受严重破坏,社会秩序趋于严重瘫痪和混乱,组织及其成员的生产、生活受到严重影响。在这种情况下,危机管理人员就要寻求一些可行的办法。如对于海湾危机,社会各方以及世界和平组织就要派遣维和部队、敦促交战双方和平谈判、救助难民等,以遏制危机局势,减缓危机造成的恶劣后果。在危险程度比较大的紧急状态下,政府甚至可以动用一系列的危机对抗措施,如总动员、戒严、军事管制、宵禁、中止宪法或法律规定条文的施行等,以争取在最短的时间内控制危机,迅速恢复法律和社会秩序,将危机造成的破坏和利益损失降到最低程度。如果危机问题得以解决,危机就有可能得到减缓;如果问题没有得到根本的解决,危机只是暂时的减缓,那么危机状态就有出现再次升级的可能性。

人员调度原则

　　危机情景下,人力资源成为一个重要的约束条件。一方面,威胁生命、健康、重大公私财产安全的危机事件,容易使正常的宪法和法律秩序趋于瘫痪,受灾民众心理不稳定,这需要组织的最高领导层出面稳定民心;同时,危机事件应对也需要组织各部门和人员的协同运作,动用组织的各种资源争取迅速控制危机局势。另一方面,对于那些因工业技术而引起的突发事件(如危险物品、辐射事故、水坝决堤、资源短缺和大面积建筑物着火等),在处理过程中应当特别注意科学性、技术性,切忌盲目行事,这就需要大批技术专家的参与。

　　让主要人物亲赴危机事发现场,发挥领导者的人格魅力,不仅表明组织对危机事件的责任和重视,具有凝聚和威慑的作用,提高工作人员的自信心,而且组织的主要领导人在危机现场也便于调动组织内外的各种资源和各方积极沟通,并实施有效决策。国外的反危机策略专家将领导亲临第一线指挥的任务归纳为三项,人称 3C 策略,即命令(Command)、控制(Control)和沟通(Communication)。① 特别是在处理如国际冲突、民族骚乱、社会动乱之类十分复杂的危机事件时,组织的决策者和危机管理人员(国家的最高决策机构和领导机关)必须谨慎从事,认真对待。苏联平息阿塞拜疆纳——卡州民族骚乱的例子也说明组织决策者派遣主要人物赶往危机事发现场、介入危机管理工作的必要性。

> **案例 2-14　危机管理中的领导者:1988 年**
> **阿塞拜疆纳—卡州民族骚乱**②
>
> 　　纳戈尔诺—卡拉巴赫州地处苏联外高加索的阿塞拜疆加盟共和国和亚美尼亚加盟共和国之间,居民绝大多数是亚美尼亚人,于 1923 年成立自治州(简称纳卡州),归阿塞拜疆共和国管辖。历史上亚美尼亚和阿塞拜疆两个民族围绕着纳卡州的归属问题曾发生过多次冲突。1988 年上半年,围绕着纳卡州的问题又一次爆发了大规模的和持续不断的民

---

① 〔日〕佐佐淳行. 危机管理宝典. 褚先忠译. 台北:建宏出版社,1994
② 苏联阿塞拜疆纳—卡州发生民族骚乱. 见:高厚满. 外国军警处置突发事件选评. 北京:解放军出版社,1992,124~126

族纠纷,引起了激烈的社会动荡和骚乱。2月底,阿塞拜疆东部的苏姆加特伊市发生了反亚美尼亚人流血事件,共有32人死亡,197人受伤,发生了上百起抢劫住宅案,26座日常服务设施和20辆汽车被毁。7月初,大批人占领亚美尼亚共和国首都埃里温市的兹瓦尔特诺茨机场,目的是制造大规模的骚乱。

为了彻底消除纳卡州的动荡和骚乱局面,苏联共产党政治局和最高苏维埃主席团召开专门会议,讨论纳卡州的民族纠纷问题。苏共中央先后派出三名政治局候补委员和一名中央书记赶赴出事地点,亲自处理骚乱事件。最高苏维埃主席团还通过一项决议,重申纳卡州仍归阿塞拜疆共和国管辖,同时要求无条件地履行苏共中央和苏联政府批准的该自治州社会、经济和文化发展计划。最终,社会秩序得以整顿,这场民族风波逐渐平息。

在处理那些因工业技术而引起的突发事件时,如果没有懂行的专门技术人员提供技术咨询,组织的决策者应当火速派遣相关的技术专家赶赴事发现场,加入组织的危机管理队伍,用科学的方法应对技术性危机。相反的,一些技术性危机事件正是由于得不到专业技术人员的指导和支持,而常常引发新的灾害。1984年发生的印度博帕尔事件(此事件为人类有史以来最惨重的一次中毒事件)更是说明了向危机事发现场派遣专业技术人员的重要性。

案例2-15　危机管理中的专业人员:1984年印度博帕尔事件[①]

1984年12月3日凌晨,位于印度中央邦首府博帕尔市的农药厂发生甲基异氰酸酯(MIC)储罐泄漏,近40吨MIC及其反应物从博帕尔农药厂冲向天空,顺着每小时4海里的西北风向东南方向的市区飘去。博帕尔市顿时成了一座恐怖之城。此次事故共有2500余人丧生,20余万人中毒。博帕尔农药厂实际上是美国联合炭化公司的子公司联合炭化印度有限公司所属的一个工厂,主要生产氨基甲酸酯类农药西维因,生产的原料、产品及中间体中有多种有毒物质,其中包括剧毒的光气和MIC等。但令人遗憾的是,政府各部门对博帕尔农药厂的潜在威胁一无所知,工厂的管理人员也无相关的毒物救治知识,事件发生时人们完全处于无助的状态,这是损失如此惨重的重要原因之一。

---

① 印度博帕尔事件.见:彭俐俐.20世纪环境警示录.北京:华夏出版社,2001

实时决策模式

由于危机发展急剧变化性和潜在的巨大破坏性,危机状态下很多事情都是不确定的,都要在特别短的时间内决定,而时间是稀缺资源,机会稍纵即逝。因此,无论是安排组织工作的优先次序,还是主要人物亲赴危机现场,都必须强调快速决策,争取时间尽快控制危机事态,解决危机。

首先,要做到快速决策。对于组织高层决策者和危机管理人员而言,决策能力是为维持组织生存必须具备的、最起码的素质。这些决策能力包括快速判断、快速反应、快速决策、快速行动及快速修正的综合能力。当危机解决的机会出现时,组织应在科学的危机信息调查和准确的危机预测基础上迅速作出决策,把握机遇及时控制、解决危机,否则就可能失去宝贵的解决危机的机会。2000年11月中美史克公司康泰克出招应对PPA风波也同样说明了管理危机阶段快速决策、快速应对的重要性。

**案例2-16 危机管理中的实时决策:
2000年康泰克PPA风波**[①]

2000年11月,国家药监局下发通知:禁止PPA!康泰克被醒目地绑上媒体的第一审判台,在很多媒体上都可以看到PPA等于康泰克或二者相提并论的现象。但公司经过一番努力,最终度过了危机。

- 11月16日,公司接到天津市卫生局的暂停通知后,立即组织危机管理小组、沟通小组、市场小组、生产小组,各负其责。
- 16日上午,危机管理小组发布了危机公关纲领:执行政府暂停令,向政府部门表态,坚决执行政府法令,暂停生产和销售;通知经销商和客户立即停止康泰克和康得的销售,取消相关合同;停止广告宣传和市场推广活动。
- 17日中午,全体成员大会召开,表示了公司不会裁员的决心,赢得了成员空前一致的团结精神。
- 同日,全国各地的50多位销售经理被迅速召回天津总部,危机管理小组深入其中做思想工作,以保障企业危机应对措施的有效执行。

---

① 危机公关见成效 康泰克出招应对PPA风波. 中国经营报,2001-08-01

- 18日,应急行动纲领在全国各地按部就班地展开;公司专门培训了数十名专职接线员,负责接听问讯电话,做出准确专业回答以打消其疑虑。
- 20日,公司在北京召开了新闻媒介恳谈会,做出不停投资和为广大消费者提供一个满意的解决办法的立场态度和决心。
- 21日,15条消费者热线全面开通。

其次,尽量避免过度分析。危机状态下,要在信息极其有限的条件下迅速作出决策,组织决策者和危机管理队伍必须避免优柔寡断、犹豫不定、过度分析的倾向,否则就有可能让灾害蔓延造成更大的生命和财产损失。1999年9月30日,位于东京以北140公里的茨城县东海村发生核物质严重泄露事故,日本领导人没有认真对待这次事故,也不明白事故的严重性,以致延误了对事故的处理。舆论普遍把这次事故同1995年阪神地震后日本政府的迟钝反应相提并论。

案例2-17 危机管理中的快速反应:
1995年日本核物质泄露事故[①]

1999年9月30日,位于东京以北140公里的茨城县东海村发生核物质严重泄露事故。意外是上午10时35分发生的,但起码过了一个小时,东海村的市长才知道出了事故。可是,没有人立即为了工厂附近居民的安全而采取措施。直至5个小时之后,当局决定疏散最接近工厂的160人时,居民才惊觉大祸临头。到了傍晚,全国电视台广播了有关新闻之后,东海村和茨城县的政府才开始向居民宣布发生了核子事故,用喇叭广播要求方圆10公里的31万居民留在室内,不可外出。科技厅是事发40分钟之后接到报告的,但小渊的办公室到了下午才知道。到了当天傍晚,小渊才宣布成立以他自己为首的"对策本部"。

此后的12个小时里,东海村周围一片恐怖,绝大部分人都躲起来了,但人们仍然不知道发生了什么事,于是有人照样上街,一些警察也不理会。到了10月1日早晨,小渊在电视上向全国讲话,仍说政府官员还在了解事情的真相。

---

① [日]八木铁雄. 日本东海村核燃料加工厂核辐射事故消防救援概况及启示. 刘永基译. 山东消防,2000(7)

媒体沟通方式

新闻媒体作为危机管理组织的主要合作对象之一，在危机状态下，发挥着极其重要的作用，承担着多重任务。危机管理组织从控制社会秩序、防治危机升级和不必要的恐慌等实际出发，当然要有目的、有选择地控制信息源和信息传播渠道，这就涉及到妥善利用新闻媒体力量的问题。

危机管理组织要妥善使用新闻媒体的力量，必须把握以下几个原则：首先，要和媒体合作，做媒体的盟友和合作者，利用新闻媒体宣传、阐释组织的危机管理政策，掌握新闻媒体的舆论导向；其次，要恰当处理好和敌对媒体的关系；第三，要控制谣言的误导，保持一个权威的、主流的声音。[①] 2002年年初发生在京津地区的"艾滋患者扎针"事件，正是由于在公共安全出现某种危机时缺乏一个权威的、主流的声音，从而导致谣言满天飞。

案例2-18 危机管理中的媒体沟通：
2002年天津"艾滋患者扎针"事件[②]

2002年初，有关有人用装有含艾滋病病毒的注射器扎市民的传闻，造成天津全城不安，进而波及到北京、广州等城市。天津警方抓获了4名用针扎人的犯罪嫌疑人；天津电视台播出专家释疑：艾滋病病毒离开人体一分半钟后因血液凝固就会死亡，除非病毒携带者现场抽血后立即大量注射给他人，否则，用扎针的方式很难传播艾滋病病毒。

实际上，关于"扎针"事件的传闻有相当一部分都是虚假信息，这些信息夸大了事件发生的频率和严重性，给人们造成错觉，加剧了社会的不安心理。但天津政府方面电视台的消息和解释性报道来得太晚，比如，犯罪嫌疑犯安某某是1月7日被抓住的，但直到1月17日天津市公安局才公布了该案件的一些初步情况，这也是官方就此事的第一次表态。如果有关部门能够把案情的进展及时地通报给社会，同时尽早地通过权威的途径解释艾滋病的传播情况，效果显然就会好得多。

[①] 有关危机管理中的媒体作用的详细阐述，可参见本书第3章第二节"危机中的媒体作用"的相关分析。
[②] 天津"艾滋患者持针扎人"事件调查. 南方周末，2002-01-24

2.5 危机后处理

管理危机阶段的结束,并不意味着危机管理过程已经完结,组织的危机管理任务宣告完成,只是组织的危机管理进入一个新的阶段——危机后处理。如果一个组织在危机管理的前四个阶段处理得完美无缺的话,危机后处理阶段就可以为组织"提供一个至少能弥补部分损失和纠正混乱的机会"[①]。在危机后处理阶段,组织应当立足于现实的危机问题,明确大规模的危机事件发生之后组织工作的目标取向和政策导向。为此,组织需要很好地了解、确定和解决两个重要任务:第一,圆满处理危机善后,即组织以危机问题的解决为中心和契机,配套地解决和控制一些与危机问题相关的,可能导致危机局势再度发生的各种社会问题,巩固危机管理的成果;第二,从危机中获益,即组织通过对危机发生原因、危机处理过程的细致分析,总结经验教训,提出组织在技术、管理、组织机构及运作程序上的改进意见,进而进行必要的组织变革。

危机善后处理

经过组织成员危机管理前四个阶段的共同努力,危机事态得以完全被控制,危机事件最终被解决。但是,危机事件导致组织或社会出现一种高度不稳定的紧张、失衡的状态,这种状态可能会持续一段较长的时期;而且,一些危机具有明显的多因性、变异性和互动性,集中体现组织面临的各种问题的复杂性和尖锐性。因此,从极度紧迫的逆境状态解放出来以后的政府及其他组织,其危机管理过程应当还有危机后的特定时期的跟踪、反馈工作,确保危机事件得以根本解决。

1. 变危险为机遇

对于任何一个组织来说,危机既可能是组织走向衰亡的开始,也可能是走向新阶段兴盛的开始。无论发生的是何种类型的危机事件,组织都应当在危机发生后及时利用这些活生生的"教材",培养民众的危机意识,提高他们的危机应对技能,增进社会整体的抗逆水平。为此,组织不应当以单纯的

---

① [美]诺曼·R.奥古斯丁等.危机管理..北京新华信商业风险管理有限责任公司译.北京:中国人民大学出版社,2001,29

某一项危机事件的终结为目标,而应该结合此次危机事件处理阶段的各种契机,变危险为机遇,顺利进行观念更新、产品革新、组织变革,重新塑造组织在公众心目中的良好形象,充分发挥危机可能成为促进组织发展、社会整合的一种积极力量的功能,以维持组织和社会系统的活力和生命力。比如,亚美尼亚1988年12月7日发生大地震后,苏联把它作为契机,加强了与西方国家之间的沟通和联系。

**案例 2-19　危机管理中的政府形象:
1988 年苏联亚美尼亚大地震**[①]

　　苏联亚美尼亚 1988 年 12 月 7 日发生大地震,夺去了 2.5 万人的生命,50 多万人无家可归,136 家年产值达 125 亿卢布的工厂和工业联合企业毁于一旦,造成的直接损失达 85 亿卢布。但这次地震后苏联采取了一系列与以往截然不同的做法,对发生的灾害不再遮遮掩掩,而是公诸于众,博得了国际社会的同情和支援。对外国的援助采取来者不拒的态度;对前去救援的外国人放宽限制,飞机可以直飞灾区。西方在评论苏联的做法时说:"这个最神秘的国家在地震后完全打开了国界。"苏联《真理报》发表评论说:"地震中心已变成人道主义中心。"

　　苏联利用这次突发性危机事件的契机,改变自己传统的封闭形象,加强了与西方国家之间的沟通和联系。

---

2. 危机后的恢复重建

　　危机对社会或组织生存和稳定的破坏力大大超过了正常的水平,造成组织或社会整体或某一局部的失衡和混乱,一定范围内的人群失去了和谐安定的社会环境,生活在高度的不稳定之中。特别是一些由自然灾害造成的危机事件和因工业技术衰败而造成的突发性危机事件,在造成重大人员伤亡的同时,它们往往更容易造成社会重要基础的破坏,使得正常的生产、生活无法进行。因此,政府及其他组织要尽快帮助受灾群众进行生产自救,以便尽快推动社会正常的企业生产和商业经营秩序,这些活动内容包括:给予企业必要的经济援助,弥补其在危机中的损失,启动生产;组织、调节供销渠道,及时提供民众生活的日常和急需物品,保障公众的正常生活;说服参

[①] 苏联亚美尼亚发送大地震. 见:高厚满. 外国军警处置突发事件选评. 北京:解放军出版社,1992,180~182

与冲突的成员回到工作岗位,陈述发展生产对解决危机问题和社会矛盾的重要性;强化相关的社会福利政策的事实力度等。① 实施这些措施的主要目的是为了发展经济,稳定政治,重新恢复和建立各种秩序。

一般说来,经过灾害发生时的隔离危机和管理危机两个阶段的工作,组织通过损害程度分析、医疗服务、提供临时住所和准备重建等工作最大限度地保护了灾民财产和生命后,就马上进入了恢复重建阶段,争取尽快使灾区的基础设施恢复,重新创造正常的生活秩序并帮助灾民建立信心。比如,2000年云南姚安大地震后,各项恢复重建工作就卓有成效。

> **案例 2-20 危机管理中的灾后重建:2000年云南姚安大地震**②
>
> 云南姚安大地震后,政府根据轻重缓急的原则,震后的恢复重建工作井然有序,水利、教育、卫生等一些关系人民生活的重要设施在2001年1月完成主体工程,比预定计划提前半年完成恢复重建,而一些相对延缓的工程如政府部门办公楼的修复等最迟在2001年6月前完成。一些特殊的重要基础设施的恢复建设工作进行得更快。姚安141所中小学校校舍和教学设备在地震中遭受不同程度的破坏,受损面积达12万平方米。灾后,姚安县有关部门迅速搭建了14 000平方米的临时校舍,保证了3万多学生在新学期如期开学上课。经过一年的修复重建,多数受损校舍都已完成修复工作,保证了在新学年到来之际,所有受损校舍的中小学生都能够在修复一新的校舍内上课。

3. 受灾人员的安排

大规模的危机事件发生以后,在危机恢复期内,政府及其他组织必须面向公众,争取广泛的社会支持。危机管理过程中要做到这一点,必须涉及危机事件相关者的善后安排问题。

第一,建立、健全被害人援助制度,使危机的社会震荡削减到最低限度。一方面,危机管理者除了应当保护直接被害人、向直接被害人或其近亲属披露信息外,还应对所有潜在的被害人加以保护并向其披露案件信息,通过得力的防范措施,以避免新的危害;另一方面,由于危机带来的剧烈的社会振

---

① 胡宁生主编. 中国政府形象战略. 北京:中共中央党校出版社,1999,1281~1282
② 贾云巍. 云南姚安地震恢复重建工作进展顺利. 云南日报,2001-01-28

荡,造成公众心理的严重恐慌,危机管理者必须建立和健全灾害心理援助制度,稳定民众情绪。

第二,区分危机相关者。危机相关者范围比较广泛,可能包括领导和直接参与危机的人员(一般指社会危机)、危机的直接受害者(如矿难中的死难者)以及危机的间接受害者(如死难者家属)。组织对这些受灾人员的善后安排涉及到法律、参与危机事件者及家属人心稳定、社会公众支持等多方面事务。对于后两者应当采取和前面提到的第一种情况类似的措施,建立和健全被害人援助制度,而对于直接参与危机事件的人员的事后处理,情况比较复杂,往往更容易引起社会的普遍关注,并对公众以后可能参与类似危机事件的行为倾向产生深远的影响,组织必须采取谨慎的应对政策和策略。

第三,恰当处理危机参与者。一般说来,对领导和参与者问题的解决原则,必须"依据危机冲突本身的性质和其产生的直接社会后果而定",[①]对极少数有个人野心的顽固分子要严厉惩处,而对于闹事的多数群众则应采取宣传教育的办法,力求争取他们,使他们能够站在危机管理者这一边;对冲突群体内的人员(核心领导者、核心人员、组织人员、外围组织人员、一般参与者)也应区别对待、掌握分寸。总的原则是:区分不同情况,严格政策界限,以争取多数、孤立少数。

独立调查制度

在危机后处理阶段,政府及其他组织必须设立第三方性质的独立调查制度,公正甄别事件诱因,举一反三,吸取教训,最大限度地杜绝和减少类似的灾难、事故的再次发生;同时,独立调查委员会还应当进行责任归属、纠纷处理及补偿分配等工作。

1. 建立独立调查制度

探究危机事件诱因需要有一个独立于行政之外的司法体系和独立调查制度,具有相对的独立性并具有相当的权威性,以公正甄别事件诱因。同时,独立调查委员会作为督察机关,有权将调查报告连同有关建议向新闻界公布,以寻求社会舆论力量的支持,给监督对象以压力,迫其改正。

目前西方各国一般都建立了设置于政府系统之外的督察机关,监督国家法律法令的执行并独立开展各种调查活动。比如,瑞典议会监察员公署

---

① 胡宁生主编. 中国政府形象战略. 北京:中共中央党校出版社,1999,1282

就是一个履行法律监督职能的专门机构,由议会根据宪法和法律选举产生,设立于政府系统之外。起初,监察专员的主要职责是对行政和司法机构进行监督,在当代则侧重于监视法律法令在公共事务中的执行及受理公民对于行政机关及公务员在公共权力行使过程中所出现的不合法、不公平行政行为的申诉案件,并有权展开独立调查。瑞典的议会监察专员制度自建立之后便为其他国家所仿效:1919年芬兰独立后,建立了一个以瑞典监察专员为样板的专员公署;1962年新西兰国民党组建新政府,兑现竞选诺言,也仿效瑞典确立了监察专员制度;与此同时,西欧英联邦各国、美国的若干州及一些亚洲国家(如日本),也相继仿效,使得这一制度在世界范围内逐步开展起来。[①]

需要说明的是,在建立权威的独立调查制度的同时,政府及其他组织应当强化行业协会的自律和监管,建立和完善行业质量监督体系,充实行业监管队伍,建立行业调查委员会、惩戒委员会、技术鉴定委员会,提高行业监管的权威性。

2. 公开甄别危机诱因

危机事件的发生,往往具有多元化的社会诱因,"从某种意义上说,危机是一定时期内,潜在的社会制度问题的外化表现。"[②]因此,第三方性质的独立调查委员会必须从政治、经济、文化等多方面、多角度地公开甄别危机事件发生的诱因。独立调查委员会不仅要查明事故发生的原因、人员伤亡及财产损失情况,检查控制事故的应急措施是否得当和落实,查清事故的性质和责任,提出对事故责任者的处理建议,更要提出事故处理及防止类似事故再次发生所采取措施的建议。写出的事故调查报告也应当尽快公之于众,一方面,让民众了解危机事件真相,以正视听,并使整个社会从中吸取教训;另一方面,组织在总结经验教训的基础上,能在技术、管理、组织结构及运作程序上加以改进,避免以后类似的危机事件的再次发生。

我国目前由于尚未建立第三方性质的独立调查制度和机构,对各种危机事件的调查结果缺乏足够的权威性,而且很多时候政府出于"稳定压倒一切"的政治生态的影响,很少通过法制化的信息披露制度及时公布事故调查报告,民众经常无法及时了解事故真相,因而,现存的事故调查机构在实际运作中存在不少困难,也带来很多不必要的麻烦。

---

① 张庆彬,郭云忠. 瑞典议会行政监察专员制度介评. 河北法学, 2000(1)
② 胡宁生主编. 中国政府形象战略. 北京: 中共中央党校出版社, 1999, 1191

危机带来的各种各样的危机后遗症,严重影响人类的社会行为和心理活动。因此,危机发生后,组织必须采取各种策略和措施,公开甄别各种危机后遗症,抚平受灾民众的灾难心理创伤,尽快让他们恢复生产、生活的信心。

诊断"危机后遗症"

1. 危机后的社会心理

俗语说:"一朝被蛇咬,十年怕井绳。"人们对危险或威胁的体验会诱发一种复合性负情绪——焦虑。由于危机事件往往造成巨大的人员死亡和财产损失,对社会生产、生活带来巨大的震荡和破坏,如自然灾害——特别是洪水、旱灾等足以毁灭生产成果和人类生命的灾害——的威力往往又是非常强大,因此,危机后社会公众的心理往往呈现反弹和低落的状态,表现为"创伤后紧张综合症",遭受危机事件的严重创伤后他们往往表现出各种方式、各种程度的恐惧心理及紧张状态,有时候回避创伤发生的环境和地点。比如,近些年由于沙尘暴的灾害性影响,现在很多人对风沙天气有恐惧心理,一有风沙便认为沙尘暴来袭;二噁英污染导致的集体恐惧心理,在比利时和法国引发人们对可口可乐公司生产的罐装可乐的怀疑。

2. 危机后的社会结构

危机的发生,会使得社会结构和功能不同程度地失调。特别是那些由于社会与政治原因而引起的灾难,如社会动乱、民族骚乱、恐怖活动等,政府方面往往派遣国家的武装力量、治安警卫系统和其他有关紧急救援的部门和单位参与处置,在危机的紧张时期动用军队实行宵禁,宣布国家或国家的某一地区处于紧急状态,有时会引发国家政治、经济和社会的动荡,造成社会结构和功能的畸形发展,甚至导致经济和社会发展的停顿。更有甚者,有些大规模的战争和社会动乱有可能导致政府被推翻,新成立的新政府得以重新领导整个社会。因此,在危机事态得以完全被控制,或即将得到圆满解决的时候,为尽快恢复社会结构和功能的正常运转,政府及其他危机管理者应当根据特定的危机情势的发展,规定和限制政府及其他组织的危机管理权限,尽快结束公共紧急状态,取消非常态的控制方式、措施,如戒严、宵禁、军事管制等极端强制的手段。

3. 危机后的学习机制

发生的每一次危机，对组织都是一次新的体验，它可以从中获益，发现原有危机管理体制中存在的种种问题，进而加以修正和改进。"发现、培育，进而收获潜在的成功机会，就是危机管理的精髓；而错误地估计形势，并令事态进一步恶化，则是不良危机管理的典型特征。"①因此，对于发生的危机事件，应当设立第三方性质的独立调查制度，公正甄别事件诱因，举一反三，吸取教训，最大限度地杜绝和减少新的灾难、事故的发生。而实际观察中，我国一些部门在危机事件的处理中却往往敷衍应付、草草了事，未能从事故中吸取经验教训，导致同类危机事件重复发生。比如，从1997年11月份开始至2000年12月9日，郑州发生了四次抢劫银行案，犯罪分子在光天化日之下屡屡制造惊天大案，震惊全国。

案例2-21　危机管理中的善后获益：1997—2002年郑州系列银行抢劫案②

2000年12月9日，发生了震惊全国的郑州"12·9"特大抢劫银行案件，四名蒙面歹徒持枪闯入位于郑州火车站附近繁华地段的银基商贸城一楼大厅广发银行营业部，将当天的208万元营业款装入编织袋后携款逃离现场。

实际上，在此次案件之前，犯罪分子已经作案多起：

- 1997年11月19日，位于郑州市淮河路的电信分局营业厅发生持枪抢劫案，四名犯罪分子抢走营业厅正往银行押款车上运送的37万元现金；
- 1999年3月3日，建设银行郑州分行铁路支行储蓄所发生抢劫案，三名持枪歹徒抢走现金五万元，并在逃离现场时引爆一携带的爆炸装置；
- 1999年12月5日，位于郑州市中药城的郑州城市合作银行储蓄所再次发生抢劫案，犯罪分子持枪闯入储蓄所抢走现金200多万元。

近几年我国安全事故频发，令人触目惊心。继2000年底发生280人遇

---

① [美]诺曼·R. 奥古斯丁等. 危机管理. 北京新华信商业风险管理有限责任公司译. 北京：中国人民大学出版社，2001，5

② 刘灿，张向荣，牧笛. 郑州特大系列持枪抢劫银行案纪实. 人民公安报，2001-06-23

难或失踪的烟台"11·24"海难以来,我国重大、特大安全事故频繁发生,明显呈上升增多趋势。特别让人担心的是,一些重特大安全事故屡禁不止、重复发生。

党和国家领导人多次强调安全生产工作,有关部门也频频出台对应措施,面对着中央三令五申,为何事故依然频频发生,悲剧一再重演呢?管理上的漏洞,其实才是制造悲剧的根源。群死群伤事故频频发生,看似偶然,实际上是少数领导干部不吸取教训,漠视群众生命财产安全的必然结果。比如,2000年江西萍乡发生"3·11"特大爆炸事故后,江泽民总书记作了长篇批示,要求各地吸取教训,把人民群众的生命财产安全放在工作的首位,但有关部门对此置若罔闻。江西省萍乡"3·11"事故发生地上栗县,同年6月再次发生烟花爆竹爆炸事件,造成人员伤亡。连续出现几次消防事故的广东江门土出高级烟花厂,2001年4月还被消防部门勒令整改,但企业迟迟不动,最终导致"6·30"悲剧的发生。

危机后的组织变革

在现实社会中,突发性危机事件往往是组织变革的主要促进因素之一。当在常态秩序下,组织自身无力修复和遏制其结构、功能失调时,危机正是激发组织进行积极的变革的外部刺激物和动力。"通过它,社会能在面对新环境时进行调整。一个灵活的社会通过冲突行为而受益,因为这种冲突行为通过规范的改进和创造,保证了它们在变化了的条件下延续下去。"而"一个僵化的社会制度,不允许冲突发生,它会极力阻止必要的调整,而把灾难性崩溃的危险增大到极限"。[①] 特别是对于承担公共管理职责的现代政府而言,危机的出现,"能够作为一个危险的信号,警示处于政治权力中心的人们,目前的政治、经济、社会发展状况已引起了公众的愤怒和反抗,如果政府再不注意那些被剥夺了物质的和其他社会报酬合理份额的人群,如果不进行有成效的政治与社会变革,那么社会系统就会处于崩溃的边缘"。[②]

因此,由危机而引发的组织变革,是对组织行为、组织策略的一种基本的刺激—反应模式。如果组织能够把握危机的契机,迅速对危机发生诱因、危机管理过程进行细致分析,总结经验教训,回应社会系统提出的要求,适

---

① [美]L.科塞.社会冲突的功能.孙立平等译.北京:华夏出版社,1989,114
② 胡宁生主编.中国政府形象战略.北京:中共中央党校出版社,1999,1211

应新环境的变化,提出在技术、管理、组织机构和运作程序上的改进意见,开展积极主动的或渐进性的变革,那么,危机就有助于维持组织系统的活力和生命力。

一般说来,危机发生后组织主要通过以下几个方面进行变革:

1. 观念更新

危机事件发生后,组织必须适时进行组织观念更新,破除"天下太平,没有危机意识"的组织安全主义,时刻强化成员的危机意识,在组织的管理工作中把正常管理和危机管理有效结合起来。正常管理是组织管理的最基本内容,但在进行正常管理的时候,要注重危机管理,把危机管理同正常管理有效地结合在一起。组织在正常管理中几乎每一步都要考虑:一旦出现突发性危机事件,组织怎么办?一旦出现了风险,组织怎样预防和避免危机发生,使危险不再转化为危机?同时,对现代组织来讲,它的风险和不确定随时都在增大,因此,在组织的反危机管理中,每一个管理环节都要考虑反危机的问题。

2. 制度完善

在现代政府及其他组织的管理制度设计中,首先要求对所有组织管理活动制定正常的管理条例,但这还远远不够,考虑到危机与风险的存在,应该在制定好正常管理条例之后,还必须要分析危机及存在的风险,然后制定反危机和防风险方案,而且要同时提出多个方案,以便在危机和风险出现时,供组织根据实际情况进行有效选择。

完善危机管理制度的首要举措就是以法律手段确立突发性危机事件应急管理的基本原则。世界各国都在经历各种危机事件后纷纷以法制化的方式明晰了政府危机管理的权限、职责和应对策略,颁布了《紧急状态法》、《戒严法》、《自然灾害抢救与援助法》等相关法律。我国1996年3月1日通过《戒严法》,以法制化的方式应对发生的严重危及国家的统一、安全或者社会公共安全的动乱、暴乱或者严重骚乱。针对邪教势力在中国一些地方蔓延、严重破坏社会秩序和社会稳定的情况,为有效防范和打击类似法轮功那样的邪教组织,我国立法机关开始着手制定一项反邪教的法律规定,2001年10月25日《全国人民代表大会常务委员会关于防范和打击邪教组织的决定》(草案)由全国人大内务司法委员会提请正在此间召开的九届全国人大常委会第十二次会议审议。为了加强安全生产监督管理,防止和减少生产安全事故,2002年6月29日第九届全国人民代表大会常务委员会第二十八次会议通过《安全生产法》,并于2002年11月1日实施。

完善危机管理制度的另一个举措是建立危机应急备用系统、风险基金制度、保险制度以及其他危机备用资源,保障组织在危机状态下的正常运行。正如在战时状态下要储备好武器装备、作战物资等各种后备力量一样,各类组织必须完善战略储备物资建设,预防不测。比如,对国家来说,在关系国计民生的高度上,必须建设好国家粮食储备库、商品储备库以及油料库、药库、各种瓜果、蔬菜建设,增强以丰补歉的能力;在国家安全的战略高度上,必须建设好资金、技术、能源以及其他重要战略物资的储备制度建设,维护国家的安全和稳定;同时,整个社会应当加大社会保障的力度,完善各种保险制度,尽可能降低发生某一类特定的突发性危机事件所带来的风险和损失。

3. 机构建设

经过各种类型的突发性危机事件后,组织应当综合分析、检讨在技术、管理、组织机构和运作程序上的不足之处,进而提出改进组织机构建设的相关意见和措施。一方面,组织应当及时检查组织内既定的各个职能部门(特别是危机管理部门)存在的种种弊病,对这些部门的职能、权限、危机应对原则等提出系统的修正和改进的意见。如"挑战者"号航天事故调查后就发现了美国国家航天航空管理局(NASA)管理上的很多问题。另一方面,更为重要的是,组织应当分析和反思危机发生的原因和危机处理过程,根据对新形势、新环境下各类危机性质、特点的预测和判断,建立新的危机应对机构,或者在合并原有的多个危机应对部门的基础上组建适应形势发展的危机应对组织机构。

实际上,世界各国业已建立的危机管理体系和各种职能部门也都是各国在经历种种危机事件的过程中逐步建立的。比如,1979年3月震惊全球的三里岛核泄漏事故发生后,美国随即成立专责的联邦紧急事务管理署(FEMA)。当第二次世界大战结束时,美国还没感到空袭的威胁,因此一直没有设置防空机构,直到1947年底,美国空军才正式成立了防空司令部,执行防空作战任务。但随着1949年苏联的第一次核爆炸,特别是轰炸机性能不断提高及其空中攻击力量的逐渐增强,美国明显加快了防空体系的建设。

"9·11"事件发生后,由于美国各部门缺乏搜集和评估信息的协调,导致恐怖袭击事件前对恐怖分子的失策,美国总统布什为改善国家安全,采取重要步骤建立内阁级的部门——国土安全办公室(OHS),并于2002年1月24日启动国土安全部(DHS)。

我国很多危机管理组织和机构同样是在实践中随着形势的发展变化而逐步建设起来的。比如,为适应我国安全生产工作的需要,进一步加强对安全生产的监督管理,预防和减少各类伤亡事故,2001年2月26日,国家安全生产监督管理局(国家煤矿安全监察局)正式成立,成为综合管理全国安全生产工作、履行国家安全生产监督管理和煤矿安全监察职能的行政机构,由国家经贸委负责管理。[①] 随着社会经济的发展和人们生活水平的提高,市民对公共安全的需求越来越重视,城市管理者所面临的突发事件应急任务日趋繁重,为进一步提高处置紧急突发事件的能力和城市管理水平,如何建立城市应急联动中心,进一步提高、深化、规范社会服务联合行动工作也就显得很有必要了。2001年11月11日,中国第一套城市应急联动系统在南宁投入试运行,实现不同警种之间统一接警、统一处警、资源共享、统一指挥、联合行动。[②]

4. 政策改进

对于政府及其他组织而言,危机事件的实质,是典型的非程序化决策问题,处理突发事件是一种非常规决策。"作为政治变革与政治发展的一部分,危机对于一个理性的、有活力的政府而言,能够成为公共政策改进和完善的外部动力。"[③]如果政府及其他组织能够通过公开甄别危机事件的发生诱因,调整组织的政策导向与价值选择,了解和尽量满足政策受众的各种合理的利益和要求,改善他们在新的政策目标下的地位,危机不仅能强化对组织的政策评估与预警系统的作用,还能充分发挥其"社会安全阀"的积极功能,组织进而可以把危机变成改善组织政策的回应手段和措施。比如,美国20世纪60年代中期至70年代初期,以黑人为主的大规模种族骚乱,极大地促进了美国公共政策的改进。

---

① 国家安全生产监督管理局今天成立. 新浪网新闻 http://finance.sina.com.cn/g/39150.html
② 中国第一套城市应急联动系统在南宁投入运行. 人民网新闻 http://www.peopledaily.edu.cn/GB/shizheng/19/20011112/603481.html, 2001-11-12
③ 胡宁生主编. 中国政府形象战略. 北京:中共中央党校出版社,1999,1212

案例 2-22 危机管理中的政策改进:20 世纪六七十年代美国反对种族歧视的政策[①]

美国 20 世纪 60 年代中期至 70 年代初期,以黑人为主的大规模种族骚乱,给美国社会带来了重大影响。其中最著名的是 1968 年 4 月的枪杀黑人民权运动领袖马丁·路德·金事件,曾导致席卷全国 125 个城市的黑人暴乱。它带动了美国以反对种族歧视、建立公平秩序为主题的社会变革。自联邦政府到州政府和地方政府,都较全面地进行了大幅度的公共政策调整。

政策改革在 1964 年林顿·约翰逊政府"向贫穷开战"的口号下,依三个方面进行:

- 在法律中修改和规定,反对歧视(黑人)性的不公平待遇(包括就业、教育等);
- 强调法制与"秩序",加大预算,大幅度发展社会治安和警察力量,强化对少数民族的社会控制;
- 在联邦政府的推动和经济援助下,实施了一系列的改善黑人待遇和社会经济境况的福利政策,包括"抚养孩子家庭援助计划"(AFDC, Aid to Families With Dependent Children)、美国联邦政府住房与城市发展部运作的城市重建计划(The Urban Renew Program)、美国经济机会办公室推行的联邦反贫穷计划(The Federal Antipoverty Program)等。

政策的导向是辅助黑人家庭成员脱离贫困、改善其住房环境与条件,提供教育机会,就业技能培训与社区援助等。

[①] 资料来源于 R. Gurr. On the Outcome of Violent Conflict. In:Handbook of Political Conflict, 1981,270~280. 转引自:胡宁生主编. 中国政府形象战略. 北京:中共中央党校出版社, 1999,1212~1213

第3章

现代危机管理体系构建
——组织行为分析

  应对危机一直是受到世界各国政府高度重视的事件。为了最大程度地限制和避免公共紧急状态给民众的生命和财产、政府正常的管理活动和社会的基本秩序所造成的危害,世界各国都采取了相应的措施和对策来处理与公共紧急状态有关的危机事件。主要的措施包括两个方面:一是制定相关的法律,统一规定政府在处理危机事件中的职权和职责,确定依法对抗紧急状态的法治原则;二是建立有效的国家对危机的预警和快速反应机制,最大程度地减少由于公共紧急状态给民众生命和财产所造成的损失和给正常的社会秩序造成的巨大破坏。特别是在全球化的时代,随着信息技术的发展,危机状态下的政府管理特别要注重和媒体的交往,争取做媒体的盟友和合作者;同时,考虑到危机事件危害公共安全所波及的社会范围巨大,建立和健全全社会的危机应对网络,提升社会的整体抗逆水平,也显得极为重要。本章正是基于以上思路,从组织行为的角度出发,重点分析现代危机管理体系构建过程中的四个主题:危机中的政府效能、媒体作用、应对网络和法律原则,进而大致勾勒出危机状态下政府应急管理应当特别加以重视的几个方面。

3.1 危机中的政府效能

世界各国在采取各种危机管理措施时,都非常重视政府在危机管理中的统一协调作用。不论是成立专门的紧急事务管理机构也好,还是制定统一的《紧急状态法》也好,世界各国政府在处理危机事务方面最重要的特点就是建立了处理紧急事务的两项最基本的制度,即对危机事务的预警机制和快速反应机制。事实证明,这对于提高政府处理危机事件的能力是大有帮助的。其中,预警机制可以帮助政府对可能会发生的各种形式的危机事先有一个充分的估计,并做好应急准备,防止事到临头惊慌失措,失去最佳应对策略;快速反应机制可以增强政府在处理危机事件中的能力,同时还可以最大限度地维护政府在公共紧急状态时期的合法性和权威性。

危机管理与政府形象

正是由于危机事件严重危害社会公共安全,损害社会公共利益,因此,政府必须及时、有效、沉着地应对这些事件。危机事件如果得不到及时、妥善的处置,情节轻的可能造成人员伤亡和经济损失,性质严重的甚至可以影响到国家的政治、经济和社会稳定。

1. 危机:组织命运的分水岭

危机对组织来说是一个契机,是组织命运"转机与恶化的分水岭",[①]它具有积极的功能效应。美国学者 L. 科塞(Coser)曾对社会冲突的功能进行过专门的详细分析,一方面,他承认社会冲突有时是"起分裂作用"的消极因素,的确会破坏群体的团结,甚至导致群体结构的解体;另一方面,科塞阐释了社会冲突的校正功能——社会冲突能够增强特定社会关系或群体的适应和调节能力,可以在群体和其他人际关系中承担起一些决定性的功能。比如:它有助于维持群体的疆界,防止群体成员的退出等。[②] 因此,对于任何一个组织来说,危机既可能是组织走向衰亡的开始,也可能是走向新阶段兴盛的契机。组织在经历危机状态的过程中究竟会朝哪一个方面发展,既取

[①] 菲克.危机管理.韩应宁译.台北:经济与生活出版事业公司,1987,3
[②] [美]L.科塞.社会冲突的功能.孙立平等译.北京:华夏出版社,1989

决于危机环境的压力状况,更取决于危机管理主体的能力状况,而后者更具有决定性意义。

政府作为公共服务的提供者、公共政策的制订者、公共事务的管理者以及公共权力的行使者,在危机管理中处于更加重要的特殊地位。研究表明:政府危机管理是对政府组织的管理能力和效力的全面考察与综合鉴定,是衡量和反映政府统治力量的重要方面;政府危机管理的绩效是政府政治合法性及其良好形象的基本来源和存在基础;依法执行行政管理权既是政府危机管理的基础,也是政府危机管理合法形象的保证;政府危机管理行为实施的方式和成败结果直接影响到政府的政治合法性及其公共形象;危机管理推动政府进行积极、能动的改革与制度创新,不断完善和巩固政府在公众心目中的良好形象。①

2. 危机中的政府

"9·11"事件发生后美国民众对政府的信心有所下降,但由于在危机事件后期的救灾工作中美国政府的表现相当出色,其后美国在反恐问题上所采取的各种行动得到了美国民众的积极支持。《新闻周刊》2001年10月11日至12日进行的民意调查发现:美国国内对布什反恐怖战争的支持仍然维持在较高的水平,89%的人支持对阿富汗进行空袭,76%的人认为军事行动将维持数年之久。总的来说,与1974年的水门事件和1979年的伊朗人质危机相比,美国政府此次危机管理的水平还是比较高的,政府形象也得以维护和巩固。1974年因涉嫌阻挠对华盛顿水门大厦安装窃听器一案进行调查,美国总统尼克松于8月8日辞职,成为美国历史上第一位被迫辞职的总统;而在1979年的伊朗人质危机中,由于卡特总统处理不当,在1980年美国总统大选时丢掉了总统宝座,使里根取得了选举的胜利。

因此,危机局势是对社会稳定构成的最直接的威胁,会使政府的合法性与良好形象面临着极其严峻的挑战。政府危机管理是政府针对突发危机事件的管理,目的是通过提高政府对危机发生的预见能力和危机发生后的救治能力,及时、有效处理危机,恢复社会稳定,恢复公众对政府的信任。能否良好地处理危机事件,一直是判断各级政府能力的关键标准。应对这些危机事件不仅仅关系到个别事件处理的成败,更是关系到如何真正地实现国家的长治久安。如果政府不能够有效地防范和控制危机的发生,或是及时修正危

---

① 胡宁生主编.中国政府形象战略.北京:中共中央党校出版社,1999,1159~1321;许文惠,张成福主编.危机状态下的政府管理.北京:中国人民大学出版社,1997

问题带来的困境,那么,政府将失去社会发展目标实现的基础条件,甚至将危及到政府统治权力本身。

特别需要注意的是,由于我国的政治经济改革已进入社会结构的全面分化时期,社会制度系统(经济制度、政治制度、法律制度和家庭制度)都存在一定程度上的制度变迁。在这样的变革过程中,利益和权力将在不同的主体之间重新分配、转移,形成诸多不稳定因素,存在着形成不同危机的可能。从现实情况看,近几年来由于经济发展的不平衡性、政治体制改革的滞后性以及传统道德文化体系的失稳,我国各种天灾人祸不断,已进入一个危机频发期。

我们的党和政府是广大人民根本利益的真正代表,面对灾难和事故,党和政府首先想到的是人民群众的安危和利益,想到的是举一反三,吸取教训,最大限度地杜绝和减少灾难、事故的发生。按照国家规定,凡特大安全事故必须在 24 小时内上报国务院,死亡 3 人(含 3 人)以上是重大事故,死亡 10 人(含 10 人)以上是特大事故。国务院已于 2001 年颁布了关于特大安全事故行政责任追究的规定,其中特别要求,事故发生后,省、自治区、直辖市人民政府应当迅速如实发布事故消息。

政府应对危机的原则

危机事件种类繁多、危害严重,每种自然灾害事故和人为事故往往是由一系列不同的阶段组成的,而且危机事件的每一个阶段往往都有着各自的特点。因而,危机事件发生后,政府的应对工作要因事、因时、因势而异,千万不可千篇一律,墨守成规。

但从总体上审视其基本特点,政府应对危机中依然蕴涵着一些普遍性、规律性的原则。有学者从 20 世纪以来全世界范围内数以万计的突发事件中,筛选出较有代表性的 100 例,全面地展示了突发事件的种类、梗概及其处置方法与经验教训,并总结了军队和警察处置突发事件的 10 条原则。[①] 在借鉴学者概括的危机应对原则的基础上,结合各国危机管理的实际运作情况,特别是有关美国有效应对此次"9·11"事件的运作流程,我们把政府应对危机事件的基本原则归纳为以下 8 条,并引用大量现实中的案例对这些原则加以辅证。

1. 时间性原则

危机事件通常都具有突发性、震撼性的特征,来势凶猛,整个事件的过

---

① 高厚满.外国军警处置突发事件选评.北京:解放军出版社,1992

程发展变化迅速,有时甚至无章可循或无先例参考,而且由于信息不畅或不全面,其发展与后果往往带有不确定性,难以预料。鉴于其巨大的破坏性、危害性和负面影响,危机事件一旦发生,时间因素就显得最为关键,政府必须立即在事发现场采取一系列紧急处置手段,及时控制危机事态发展,而且越快越好。应对危机事件初始阶段的应急措施,如果能够做到及时、准确,则民众心理能够得以初步安定,社会秩序也得以初步维持,这就为争取整个危机事件处理工作的顺利完成奠定了基础。政府应当争取适当的时机,"快刀斩乱麻",争取在最短的时间内控制局势发展。如果政府在危机事件面前反应迟钝,优柔寡断,势必丧失抢救机遇,造成险象环生、岌岌可危的被动局面。即便是在危机已经发生的情况下,特别是在关键性的决策制定过程中,坚持时间性原则的重要性就体现得更为明显,稍稍延误几分钟或是几秒钟,就可能造成更大的人员伤亡和财产损失。因此,为了有效地防范危机的深化和灾害的蔓延,最大限度地减少损失,在应对危机事件的中间阶段以至整个过程中,行动必须快捷,以免延误良机。1979年伊朗人质危机正是由于卡特拖延时间过长、处理不当,导致事态恶化。

案例 3-1 危机管理中的时间第一原则:
1979 年伊朗人质危机[①]

1979年11月4日,卡特总统同意让伊朗国王进入美国后,伊朗激进分子在伊斯兰原教旨主义的鼓动下,推翻了亲西方的巴列维王朝,强占德黑兰的美国驻伊朗的大使馆,将66名美国外交人员掳为人质,13名人质不久后被释放,但其余53名人质一直被扣押到1981年1月20日才获得释放。其间伊朗人质危机僵局持续了数月,美伊谈判毫无结果。1980年,卡特政府动用军事力量发动了一次解救美国人质的行动。这次行动不仅中途夭折,而且还搭上了5名美国军人的性命,美国朝野大为震惊。到1980年美国总统大选时,对伊朗人质危机处理不当动摇了卡特的总统的领导地位,使他丢掉了总统宝座。而且,从长远来看,此次人质危机由于处理时的拖沓,最终导致了美国与伊朗关系的恶化,此后20年,两国一直处于敌对状态。时至今日,美国人还是不太明了伊朗神权政治的动机和策略。

在到达现场后,政府应当立即采取的有效措施一般包括:

[①] 洪秀菊.危机决策·处理·谈判:美伊人质危机个案.台北:商鼎文化出版社,1999

- 立即组织在场人员抢救生命,迅速转移受害人或受灾民众脱离危险;
- 火速封锁出事现场,或者驱散围观人员,以免影响救援和处置工作的正常进行;
- 在尽可能靠近事发现场的地方设立危机现场指挥中心;
- 根据危机事态的发展向政府应急的相关职能部门(甚至包括军队)寻求必要的灾害援助;
- 迅速恢复和重新建立通讯联络,保证信息畅通;
- 尽快将已经了解到的和收集整理出的现场情况、事件可能的发展趋势、可能造成的后果以及下一步应对可能需要的援助等情况报告上级有关部门,必要时可以直接报告国家有关的高层领导机关。

当然,要做到及时应对危机事件,首先要求参加危机应对的救援人员以及相关的军队、警察等救援力量具有快速反应的能力,在接到报警或是上级的派遣指令后,有关人员和行动小组能够闻风而动,及时赶到事发现场,并火速投入救援和处理工作。基于此,世界大多数国家和地区都建立自己的灾害应急特别行动小组和快速反应部队,我国各地公安机关《110 报警服务台工作规范》也都要求 110 报警服务中心的警务人员在限定的时间内(城市中心区 5 分钟内,城乡结合区 10 分钟内)必须赶到事发现场。

同样需要注意的是,在危机的初始时刻,领导者的作用至关重要,案例 3-2 中显示出布什总统和森喜朗首相应对危机的不同行为导致的不同后果。

案例 3-2　危机管理中的领导行为:2001 年美国"9·11"①恐怖袭击与日本"爱媛"号沉船事件②

在遭到前所未有的"9·11"恐怖袭击时,总统布什立即采取措施,在返回白宫途中,布什总统分别在路易斯安那州和内布拉斯加州空军基地做短暂的停留,表达哀痛之意并誓言采取还击。恐怖事件发生后,布什总统立即发表四次讲话(第一次发表讲话的时间距离事发仅 45 分钟)希望全国人民团结一起共渡危机,表明美国政府保护本国人民、打击恐怖主义的信心和决心。随后开展的救援工作也都井然有序,整个美国的社会秩序也很快得以恢复,为此布什总统本人也得到了美国民众和媒体普遍的称赞。

---

① 本书编写组."9·11"美国惊恐大爆炸.北京:时事出版社,2001;陈曦主编.帝国噩梦:"9·11"美国惊世恐怖事件纪实.北京:中国社会科学出版社,2001
② 处理沉船事故不力　日本高官逐个挨批.北京晨报,2001-02-12

> 2001年2月10日,在发生美国核潜艇撞沉日本"爱媛"号渔业实习船事件的上午8时45分左右,森喜朗与朋友一起出发去打高尔夫球。10时40分左右,他接到关于沉船事故的第一次报告后,仍继续打球,直至快到13时才离开球场,回到官邸已经是14时20分。据报道,除首相迟到外,当天负责危机管理的内阁官房副长官安倍晋三抵达官邸时也已是下午1时多了。内阁官房长官福田康夫接到事故报告时正在出席祝贺酒会,他在致辞后才返回官邸。负责防灾危机管理的大臣伊吹文明正在京都,返回东京已近下午5时了。此次事件引起了日本媒体、民众和政党对政府所作所为的严重不满和责难,同时,它还暴露了日本政府危机管理方面存在着漏洞。

2. 效率性原则

危机发生后,往往会波及比较大的社会范围,这就需要我们集中救助力量,利用短小精悍的精锐部队实现有效救助的目标,救援人员不宜过多,以免造成协调困难,忙中出乱。因此,政府应对危机时,"人员应该尽量少而精,临时开设的指挥机构也应该注意防止过于臃肿,人浮于事,效率不高。特别是处置暴力性突发事件时,参加强攻或偷袭的人员要十分精干"。[①]

世界各国在应对危机时都非常重视精干高效的原则,特别是在面对恐怖活动之类的危机事件时,许多国家都建立特种部队专门应对。这些队伍一般都是人员精干、通信手段先进、武器装备精良和专业化、高效能的特殊部队。这些部队在执行应对危机事件的任务时,常常人自为战、组自为战,而决不搞人海战术。比如,美国跨部门的超级机构"反恐怖主义协调员办公室"(在美国政府机构系列中的缩写为S/CT)就组建了一支应付突发性恐怖事件的专业快速反应分队。这支快速反应分队由S/CT的官员领导,成员包括来自国防部、中央情报局、联邦调查局等机构的专家。如果有关国家的政府或美国驻外大使提出要求,快速反应分队能够在几小时之内乘坐由美国国防部特别装备的飞机出发前往世界上的任何地方。

---

① 高厚满.外国军警处置突发事件选评·前言.北京:解放军出版社,1992,6

部分世界著名的反恐怖特种部队[①]：
- 联邦德国的边防警察第九大队
- 美国的特混160部队、空军特种部队、陆军"三角洲"部队、核紧急搜索小队
- 法国的宪兵干预队
- 英国的特别空勤团、反核恐怖秘密部队
- 荷兰的皇家特种骑警队
- 意大利的宪兵突击队（又称"皮头套"突击队）
- 波兰的特种突击队
- 奥地利的科布拉部队
- 埃及的突击队
- 瑞士的老虎部队

3. 协同性原则

由于参与危机应对的人员和力量来自各个方面，包括交通、通信、消防、信息、搜救、食品、公共设施、公众救护、物资支持、医疗服务和政府其他部门的人员，以及军队、武装警察官兵等，有的时候还有志愿人员参加，因此，危机应对中协同一致运作特别重要。突发事件的不可回避性以及突发事件应急管理的紧迫性，要求政府在事件发生后，不同职能管理部门之间实现协同运作，明晰政府职能部门与机构的相关职能，优化整合各种社会资源，发挥整体功效，最大可能地减少事故损失。

目前在许多国家，通常由警察治安当局负责事发现场的组织协同工作，如美国法律规定，紧急事务事发现场的组织协同的牵头机构为联邦调查局，危机处理后期协同工作则由联邦紧急事务管理署牵头负责。在一些危急的、大规模的、与国家利益密切相关的涉外危机事件中，有时需要政府首脑直接负责组织协调，统一调度，以保证权威地调度危机应对所需的各种资源并及时作出决策。

应对危机事件时，政府的现场组织协同工作一般包括如下内容：[②]
- 协调好参加处置突发事件的各路人马和后勤工作，诸如消防、通信、救护、交通管理、物资等；

[①] 高厚满.外国军警处置突发事件选评.北京:解放军出版社,1992,13
[②] 高厚满.外国军警处置突发事件选评·前言.北京:解放军出版社,1992,10

- 负责传达上级关于实施强攻或偷袭的命令；
- 组织收集掌握突发事件的发生原因、性质及其发展趋势，并综合向上级报告；
- 负责对肇事者或恐怖分子的控制或拘捕工作；
- 组织好抢险救灾人员的配备工作，在参加行动的队伍中，应包括熟悉地形、具有处理技术和人事管理能力的各种技术专业人员；
- 建立信息中心，及时发布灾情，妥善处理好与新闻媒体的关系，做好和民众的公共沟通；
- 组织好危机善后处理工作；
- 指派人员向上级写出关于处置突发事件的各种报告材料。

**案例 3-3　危机管理中的组织协同：
2002 年兰州"4·12"交通事故**[①]

2002 年 4 月 12 日上午 9 时许，一位年过六旬的老太太在兰州五泉山天桥西侧由南向北横穿铁路时，被飞速驶来的火车撞断左腿，大量失血，而兰铁公安处的几名民警虽然站在老太太身旁，却未及时采取救护。9 时 35 分，120 急救中心医务人员赶到，可医生刚靠近老太太，就被警察挡住，尽管医生强调急救的重要，但是现场的警察依然照章办事，并声称，根据有关规定，凡是铁路沿线发生的事故，必须由铁路医院处理。上午 10 时 15 分，铁路医院的医生才赶到，将伤者拉往铁路医院救治，最终身亡。从兰西铁路医院出具给李老太太家属的《死亡诊断书》上看到，死亡原因系"创伤失血性休克，循环呼吸衰竭"，死亡时间为 4 月 12 日 12 时 40 分。

在危机的国际性增大的情况下，世界上很多国家的政府也在加强全球合作，广泛寻求国际间的合作。例如为了有效地对付恐怖活动类型的突发事件，召开了一系列的国际性会议，制定了一系列的双边和多边协议，颁布了不少反恐怖主义的国际公约。例如，"9·11"事件发生后，9 月 28 日联合国安理会第 4385 次会议通过第 1373 号决议，设立反恐怖主义委员会，决议呼吁各国紧急合作，防止和制止恐怖主义行为，包括通过加强合作和充分执行关于反恐怖主义的各项国际公约。

[①] 兰州冷漠铁警阻止 120 急救　受伤老妪失血过多身亡.北京晚报，2002-04-14

4. 安全性原则

在危机事件的应对中,抢救生命与保障人们的基本生存条件,是处理危机和开展救援工作的首要任务。因此,必须以确保受害和受灾人员的安全为基本前提。同时,还应该最大限度地保护参与处置突发事件的应急人员包括士兵和警察等的生命安全。当然,在保证人员生命安全的基础上,还应该尽力保障国家和人民群众的财产安全。

**案例 3-4　危机管理中的生命为重原则:
1978 年意大利莫罗绑架事件**[①]

1978 年 3 月 16 日清晨,意大利发生了总理莫罗被 4 名"红色旅"成员绑架的骇人事件。绑架事件发生后,"红色旅"接二连三发出布告,提出诸种要求,但政府下决心不同恐怖分子谈判,拒绝了这些要求。意大利警察倾巢而动,开始了空前规模的大搜捕,政府后来又调动 5 万军队加入搜捕的行列。经过一个多月的搜捕,仍未找到莫罗总理的下落。5 月 11 日,人们在天民党总部附近发现了横陈街头的莫罗尸体。意大利当局在总理被劫持的情况下,不与恐怖分子接触,拒绝其谈判的要求,最终导致人质被害,显然是失策的。如果采取谈判的策略,软硬兼施,甚至作出有限让步,一面谈,一面摸清恐怖分子的底细,并寻机采取营救措施,后果肯定要比不谈判好。政府对恐怖分子接二连三的公告置之不理,从而使绑架者担心夜长梦多,产生了绝望情绪,最终对莫罗总理下了毒手。

---

5. 合法性原则

依法行使危机管理权是现代民主宪政原则的基本要求。危机事件属于非常规状态决策和非程序性问题,因此,在危机事件的应对过程中,政府危机管理权力运作的合法性就特别关键。危机情境下,政府虽然拥有了许多特殊权力,但不能误用、滥用危机管理权。而且,在一些涉外危机事件的处理中,由于各国法律不尽相同,而且很多危机事件还连着政治、经济、宗教和外交等各个方面的问题,处理起来就更要小心谨慎。

基于此,一方面各国针对紧急状态都健全法制,提高依法办事的质量。

[①] 高厚满.外国军警处置突发事件选评.北京:解放军出版社,1992,15~16

有的国家制定了对付各种公共紧急状态的统一《紧急状态法》，如土耳其、加拿大等国；另一方面，各国在实际运作中都要求参与危机应对的人员不可以操之过急，草率从事，尤其是在需要采取强攻、偷袭等武力手段时，必须及时请示报告，有的甚至需要向国家的最高领导层请示报告。

6. 科学性原则

政府危机应对中所谓的"科学原则"，主要是针对那些因工业技术而引起的灾害以及由自然灾害而造成的危机事件。其中，前者包括：危险物品、辐射事故、水坝决堤、资源短缺和大面积建筑物着火等；后者包括：干旱、海啸、森林大火、山崩、泥石流、雪崩、暴风雪、飓风、龙卷风、洪水和火山爆发等。对于这些危机事件，应对中一定要注意科学性、技术性，多征求特定技术领域内专家的意见，千万不能盲目蛮干。1986年发生在前苏联的切尔诺贝利电站核泄漏事故的例子就告诉我们，在应对核泄漏一类的危机事件中，要特别注意科学性，切忌盲目性。

案例 3-5　危机管理中的科技作用：
1986 年前苏联切尔诺贝利核泄漏事故[①]

1986 年 4 月 26 日，前苏联位于基辅附近的切尔诺贝利电站爆炸起火，发生了灾难性的核泄漏事故，这是自 1945 年美国原子弹袭击日本以来世界上最为严重的核灾难。事故发生后，当局先后派遣 36 万国防部和内务部所属的部队参加了灭火和消除核污染的工作。首当其冲的是内务部所属的消防部队，他们最先赶到事故现场，暴露在强辐射中开展灭火战斗。消防人员缺乏核泄漏方面的科学知识，同时也缺乏防护装备。所以，他们受的损失最大。在当时已死亡的 31 人中，绝大部分都是消防人员，还有很多消防人员受到了大剂量辐射，存在潜在的生命危险。当大批防化部队、工程部队和国土防空部队赶到现场以后，情况才有了好转。防化部队的人员，一方面懂得较多的防化、防核辐射方面的知识；另一方面，他们配备着较好防护装具。经过一个多星期的奋勇扑救，才将大火扑灭。

---

① 高厚满. 外国军警处置突发事件选评. 北京：解放军出版社，1992，164

7. 程序性原则

危机管理行为的实施,必须依据一定的评估标准和优先次序,确定现场控制及处理的工作程序。如果在法律上有明确的规定,则首先要遵照法律的规定实施;对于社会性危机,迅速有力地恢复正常秩序是首要的目标。因此,最先到达事故现场的救援人员,必须在简单的评估的基础上有所选择地抢救。除了应抢救受害人员的生命、保证人们最基本的生存条件外,其余的工作应该根据救援人员的实际救助能力,主要以经济为标准来区分轻重缓急,确定先抢救什么,后抢救什么。

**案例 3-6　危机管理中的优先次序：
1984 年英国乔治大楼火灾**[①]

1984 年 6 月,英国乔治大楼发生一场大火,这栋大楼是英国赫夫宁厄姆府邸宅的最主要部分,建筑特色和内部装饰杰出,楼内陈放着很有价值、极为珍贵的油画和家具,大楼东侧的一楼还有一个藏书相当丰富的图书馆。消防站长携大批消防队员和救援器材到达现场,他们首先实行火场侦察,有效地控制了火势沿走廊向大楼东侧和三楼发展。与此同时,为了抢救楼内存放的一些极有价值、极为珍贵的文物,他们派遣大批消防队员进入大楼搬运这些珍贵文物。位于大楼东侧的一楼图书馆,由于消防队员的奋力抢救,从而避免了重大损失。此次灭火使得乔治大楼的 80% 得以保全,免遭火灾的危害。乔治大楼的此次急救消防工作中消防队员熟练、勇敢扑救的精神,以及他们临危不惧、有条不紊、全力抢救搬运珍贵文物的救灾措施安排,给人们留下了极为深刻的印象。

---

8. 适度性原则

危机的处理难免会在不同程度上破坏社会的稳定和人民的生命财产安全,因此,我们谨慎、适度地行使危机管理权,以期将这种破坏和利益损失降到最低程度。为此,无论在处理自然灾害引起的危机,还是社会性危机,我们都必须有效甄别主要危害物,采取有效措施,对于一些群体性突发事件,应对时要把握争取多数、孤立少数的原则,区分不同情况,严格把握政策界

---

① 高厚满.外国军警处置突发事件选评.北京:解放军出版社,1992,159～160

限。特别是在处理一些暴力型的突发事件过程中,火力的使用要把握火候,掌握尺度,一般以制服对方、解除其抵抗能力为限度。

> **案例 3-7 危机管理中的尺度权衡:**
> **1974 年法国克莱尔沃监狱暴动**①
>
> 1974 年 7 月 19 日,法国克莱尔沃监狱 300 多名囚犯发生暴动,控制了监狱。法国国家宪兵干预队长率领七名突击队员赶到监狱后,用夜视仪对闹事囚犯进行了观察,然后安排四名射手各就各位,瞄准正在搬运砖瓦还击警察进攻的囚犯,并火速向上级要求派直升飞机前来支援。在处置暴乱的过程中,宪兵干预队使用火力时非常注意把握火候,瞄准的目标仅仅是搬运石头的囚犯,被击中的部位是肩膀和大腿,主要使用的是非杀伤性武器——催泪弹,最终较为温和地平息了此次监狱暴乱。

国家紧急事务管理机构

政府面临的危机是一种综合意义上的多元化危机,而不单纯是我们通常所理解的政府职位人事架构方面的政治性危机;同时,政府面临的危机也不是最广泛意义上的社会危机,社会危机有长期性、结构性或隐性的危机,也有临时性、个别性和显性的危机,我们所说的政府面临的危机与长期性、结构性或隐性的社会危机有密切的联系,但政府危机管理研究界更多关注的是政府所面临的在时间、物资、信息和其他资源匮乏情况下的一些会危及公民或整个社会安全、秩序、自由等价值的突发性紧急事件。

面对层出不穷的危机事件,最为关键的就是成立一个权威的高效核心协调机构,专门应对各种各样的自然灾害和人为事故。目前世界上有的国家成立了处理各种紧急事务的国家紧急事务管理机构,如美国的联邦紧急事务管理署,该署负责处理包括自然灾害和社会动乱以及战争在内的一切紧急事务。可以断言,在完善的危机管理系统的运作中,政府部门必须要有发挥着重要协调作用的专门的核心决策机构,发挥危机预警和快速反应的作用;同时,政府应当建设和完善整体的危机管理体系,实现其高效运作。

---

① 高厚满.外国军警处置突发事件选评.北京:解放军出版社,1992,121~123

1. 预警机制和快速反应机制

由于我国紧急事务立法分散,加上管理体制分散,缺少统一的国家级紧急事务管理机构,在客观上就造成了对每年度或者更远的时间内可能产生的各种危机事件缺乏宏观性的总体考虑,对一些明显可能成为危机事件的问题缺少事先详细的预警分析,很难做到防患于未然。也正由于我国在国家层面上缺少发挥着重要协调作用的专门的核心决策、协调机构,致使危机事件发生前政府往往很难做到准确预警和监控,危机发生后则无法做出迅速回应,及时应对,有效控制危机局势。[①]

(1) 预警与监控机制

由于我国目前没有统一的国家紧急事务管理机构,不能把危机的前期控制过程纳入政府长远的战略目标、规划与日常管理中;而且,政府也没有从国家安全和国家利益的高度制定反危机战略,导致政府很难发现危机发生之前特定潜伏期的种种外部表征,而在危机爆发后处理过程中政府往往"临阵磨枪",仓促上阵,形成撞击式的被动反应模式。

如果我们在制度上成立了以对紧急事务进行预警监控和快速反应的专门机构,科学地、定量地、实施地诊断、监测社会稳定的总体状态变化,预测社会稳定的动态演化趋势,预警社会稳定的临界突破,提供社会稳定的处理对策,构建一个完整的识别国家稳定总体态势的指挥系统,那么,诸如一些重大国家关系的走向对我国可能产生的重大危机事件、股市崩盘对社会稳定的影响、重大城市发生严重自然灾害(如大洪水、大地震)等问题,都是可以通过危机预警和快速反应机制来加以防范的。

(2) 快速反应机制

预警和监控系统的作用毕竟有限,它只能对那些已经表现出一定征兆的社会因素加以控制,有些危机事件前期的表征也很难观察,或者是完全是不可能进行预测和监控的,因此,单纯依靠危机预警和监控机制并不能保证社会的长治久安。

危机一旦发生,时间因素极为关键,对于政府的危机管理和决策者来说,头等大事就是果断采取措施,动用各种所需的社会资源,迅速控制危机局势,尽快恢复社会秩序,这也是危机管理快速反应机制的客观要求。然而,我国目前对紧急事务的快速反应机制也不能完全适应应付处理危机事

---

① 有关危机预警机制和快速反应机制的分析,可参考:莫纪宏. 建立国家对紧急事务预警和快速反应机制."社会变革中突发事件应急管理"专家研讨会讨论稿. 北京:2001-11-26

件的要求,主要表现为:各方面的危机管理部门相互独立、"各自为政",导致政府对单项危机事件的快速反应能力比较强(如社会治安、交通、医疗等),而对需要各种资源协同运作的复合型危机事件的快速反应机制就显得效率比较低。另外,我国目前还没有完全建立起处理不同危机事件之间的协调机制(包括等级协调机制和无等级协调机制),上下级政府间、政府不同职能部门间在应对危机时的职责未能从立法的角度加以明晰,人为干预的现象较为严重,一旦需要动用各方资源的重大危机爆发,或是多种危机事件并发,可能会使政府在处理危机事件中的政策不能很好地加以协调,从而严重地影响政府处理紧急事务的效率。[1]

2. 政府危机管理体制及其运作

由于危机事件现实的或潜在的突发性和危害性,政府必须将危机管理纳入到日常的管理和运作中,使之成为政府日常管理的重要组成部分,而不能仅仅当作是临时性的应急任务。要实现上述目标,政府必须建立危机事件的预警机制和快速反应机制,而机制的有效实现必须以一个职能明确、责权分明、组织健全、运行灵活、统一高效的危机管理体制为依托,用法制化的手段明晰政府各职能部门各自的职责,以实现危机应对时这些部门间高效的协同运作。

按照政府各组织在危机管理中发挥的作用,参与危机管理过程的直接与否,可以将危机管理体制及其运作分解为五大系统:指挥决策机构、职能组织体系、信息/参谋咨询组织体系、综合协调部门和辅助部门。[2] 我们将在下面介绍其中的四大系统,而考虑到"危机管理的综合协调部门系统"对建立我国现代危机管理的特殊意义,随后我们将做专门的探讨。

(1) 指挥决策机构

指挥决策系统在危机管理中居于核心地位,实质上体现了国家最高政治精英层的战略决策效能和危机应变能力,它可以为常设机构,也可以是临时性机构。正如世界著名的政策科学家叶海尔·德罗尔(Yehezkel Dror)在《逆境中的政策制定》一书中所说的那样,"危机应对(危机决策)对许多国家具有极大的现实重要性,对所有国家则具有潜在的至关重要性。危机越是普遍或命,有效的危机应对就显得关键。危机中作出的决策非常重要

---

[1] 关于目前我国危机管理体制建设中的协调机制问题,请参看本章第四部分"危机管理中的协调机制"。
[2] 胡宁生主编.中国政府形象战略.北京:中共中央党校出版社,1999,1239~1249

而且大多数不可逆转。"①指挥决策系统承担的职责为:"保证国家安全、制定危机防范、危机状态控制的目标、原则和选择危机对抗行动、对抗方案等重大职能",②这就使得该系统不仅成为政府反危机战略的制订者,同时也扮演危机管理的核心决策者和指挥者的角色。

目前西方发达国家都依据各自的国情和国力,建立了适应本国国情的国家安全决策机制和危机应对体制。比如,英国早在1904年就建立了"帝国防务委员会",成员包括首相、枢密院院长、陆军大臣、海军大臣等文职官员,还有海军司令、陆军总司令、陆海军情报部长等。根据《法兰西共和国宪法》第15条等有关规定,法国政府建立了由总统领导,由外交、内政、国防、财政等部长组成的"最高国防委员会"。日本的内阁政府中设立有"国防会议"以及"内阁综合安全保障委员会",德国联邦政府内设置了"联邦安全委员会"(又称"特别阁僚委员会")。最有影响、最具特色的当属美国的"国家安全委员会"。

就世界各国的普遍情况而言,危机管理指挥决策体系一般由各级政府的核心成员组成:在中央政府,由国家首脑、最高行政首长以及最高军事首长等组成;在地方政府,由地方政府首长、有关部门、当地驻军和人民武装部队的负责人组成。而在我国的实际运作中,政治局、中央军事委员会、国务院依法拥有对全国或某一地区危机形势的指挥决策权力。

(2) 危机管理的职能组织体系

危机管理的职能组织体系主要是指"主管国家安全事务,直接负责危机防范、危机检测和危机控制的主要职能部门或机构","它们依据决策指挥中心的方针、政策,具体主管、执行某一方面的危机管理事务"。③ 危机管理职能部门由于承担着大量日常的危机预防和突发性危机快速应对的责任,成为危机管理体制中的骨干和中坚力量,相当于危机管理的直接行动力量。

西方发达国家都比较重视危机管理职能部门的建设:一方面,它们充分重视和发展各职能部门的信息、通讯工作,及时排除矛盾纠纷;另一方面,它们致力于消除科层制的种种弊端,加强各职能部门间的协调、沟通和联系,以便能够快速应对危机事件,分析、预警危机事态下一步发展的可能性。比

---

① 转引自:北京太平洋国际战略研究所.应对危机——美国国家安全决策机制·序言.北京:时事出版社,2001,2
② 胡宁生主编.中国政府形象战略.北京:中共中央党校出版社,1999,1240
③ 胡宁生主编.中国政府形象战略.北京:中共中央党校出版社,1999,1242

如,美国联邦应急法案就把美国27个联邦政府部门及机构(包括美国红十字会)各自的职责加以细化,针对不同的危机事件以及危机事态的不同阶段,分别由不同的政府职能部门和机构牵头负责,而相应的辅助、支持机构也都用法制化的手段加以确定,比如:农业部主要负责消防、食品两项紧急事务;国防部主要负责公共工程一项紧急事务;能源部主要负责能源一项紧急事务等。①

目前,我国在中央层级上直接履行有关危机管理职能的组织有:军队、外交部、国防部、公安部、国家安全部、劳动与社会保障部、民政部、国务院国家信访局、国务院国家安全生产监督管理局、国务院宗教事务局、国家民族事务委员会、国务院文化管理机构、国务院政府值班室以及地震、防洪抗旱指挥部等。在地方层级,则是由上级垂直领导的相关职能部门对辖区内可能发生的危机问题进行预警、监控和应对,并将正在或将来可能出现的重大危机局势及时上报中央政府。

(3) 危机管理的辅助部门

危机管理辅助部门主要是指政府系统内那些"自身拥有特殊的专业技能、业务范围,特定的资源、设备和能力,主管着特殊的事务,担负着紧急事务应对中的某些特殊任务"②的职能部门,它们相当于危机管理的后勤系统,并不直接具有危机管理的职能,而是协同危机管理职能部门的危机应对工作,提供危机管理过程所需的各种服务。

一般而言,承担危机管理辅助部门职能的组织和机构主要包括以下行业和业务主管部门:交通、通讯、公共工程、信息、商业、物资支持、卫生和医疗服务、搜索和救援、财政、经贸、红十字会、银行、保险公司、审计部门等。这些辅助部门主要是在国家或区域紧急状态下,根据危机事态发展的需要,在国家危机管理综合协调部门的统一调度下,迅速组织和调集人力、物力和财力,支援危机应对工作。在诸如美国"9·11"恐怖袭击这样重大的危机事件中,实际上危机管理辅助部门发挥的作用是相当大的,比如:运送大量的装备和物资,保证受灾地区民众的生活;积极参与各种实际救助行动,有效地保障受灾地区的灾民的生命和财产安全,减少灾害损失;接受国内外的各种援助,用于灾区受灾时的救助和灾后的恢复重建工作;灾后恢复期进行保险理赔,帮助企业和公众尽快恢复正常生产、生活;对危机管理中的各种救援物资、款项的使用进行审计、监督,保证专款专用,提高物资、资金的使用

---

① 关于美国联邦应急法案的具体内容,请参见本书第5章第一节。
② 胡宁生主编.中国政府形象战略.北京:中共中央党校出版社,1999,1248~1249

效率等。

(4) 危机管理的信息、参谋咨询组织体系

危机管理的时机把握和快速应对,需要应急指挥决策中心具备及时、有效的灾害信息,这就不仅有赖于危机管理职能组织体系和辅助部门的信息来源,而且必须依赖于政府甚至民间的信息、参谋咨询系统的工作和服务。只有这样,才能形成危机决策过程中不同角色之间的良性互动关系,特别是发挥危机管理专家的积极作用,形成不同危机中专家与决策者之间一定程度的分工和相互协作关系。

这样的危机管理信息、参谋咨询组织体系包括以下三种组织结构:行政性的决策信息、咨询机构,半官方的政策研究、咨询机构,民间的政策研究、咨询机构。① 当然,在日常的危机管理预警和监控中,也应当发挥这些指挥决策的"外脑"的积极功能,建设危机事件案例库,培育危机管理专家和"智囊团"。

实际上,从学科发展的脉络来看,危机管理的发展、进步,是和学术界的努力分不开的。自从 20 世纪 60 年代初危机管理理论在国际学术领域作为一门独立学科出现,受到各国政府的重视,并设立专门的研究机构,如美国的行政管理协会的危机管理分会,欧洲瑞典的"危机管理研究与培训中心"(CRISMART, Crisis Management Research and Training)。学术界通过对古巴导弹危机、疯牛病等各类历史危机事件进行总结,并结合社会学中的社会冲突理论、心理学中的认知失调理论、经济科学里的发展经济学、制度经济学等,从不同角度深入分析,为完善今后的危机管理体系提供理论指导。

相比较而言,我国是近几年在现实的触动下才开始对危机管理有所引入,自身的研究十分匮乏,不仅半官方的政策研究、咨询机构,民间的政策研究、咨询机构在危机管理中的作用有限,就是行政性的决策信息、咨询机构发挥作用的形式也有待于进一步加强。因此,各级政府部门要尽快推动有关危机管理研究,特别是要和相关的科研部门进行通力合作,选择实际案例,建立各类危机事件的案例库,从理论总结到实践操作全方位寻求符合我国国情、政情的解决方案。对于西方国家众多历史实例尤其要深入剖析,对诸如美国"9·11"事件的考察中,要着重观察总结发达国家的政府是如何采取各种有效的危机应对措施的,从不同角度跟踪收集,为我所用。

---

① 胡宁生主编.中国政府形象战略.北京:中共中央党校出版社,1999,1245~1247

3. 统一的危机管理综合协调部门

以上列举的是与危机管理相关的种种组织结构体系,但如何把这些层级关系、功能结构不同的部门、机构有序整合,保证在危机状态下能够高效地协调各职能部门的联系和协作,以尽快控制危机局势,恢复社会秩序,除了要建立诸如美国国家安全委员会之类的具有会商决策功能的综合体系之外,还应该有一个常设的、权威的、具有独立地位的、凌驾于上述各职能部门和机构之上的综合协调部门。

这样的综合协调部门也应该实行超事业部制,直接隶属于国家最高的行政首脑,向其汇报工作,提出政策建议,并对其负责。由这样的危机管理综合协调部门作为危机管理的专门部门和核心协调部门,使其在整个危机应对中处于核心的领导地位,有利于保证各职能部门之间的高效的协同运作,这样就可以避免很多因相互间扯皮、推诿而延误战机、影响危机救助的事例。

如前所述,目前很多西方发达国家(如美国、英国、法国、日本等)都建立了最高国家安全决策机构和危机应对的专门机构。实际上,即使没有建立这类高级别的专门的危机管理机构,政府重要部门内往往设立了由行政首长直接主管并负责协调国家综合力量的部门或委员会。比如,澳大利亚国防部下设的"自然灾害局",以色列国防部下设的"经济防卫厅"等。上述机构尽管在形式上有所不同,但在其体制内都已"囊括和涵盖了包括国家安全和危机的界定、预警、智囊参谋、决策和执行等机制和相应的部门","体制内的人、财、物也都有相当充分的保证"。[1] 特别是美国,不仅在实际运作中,在国家层面上建立了美国国家安全委员会,而且还建立了常设性的危机管理综合协调部门——美国联邦紧急事务管理署。

目前,我国不仅在地方各级层面上大多没有设立统一的危机管理综合协调部门,而且在国家层面上没有建立具有会商决策功能的综合体系和常设性的危机管理综合协调部门,也没有在国家安全的高度上制定长期的反危机战略和应急计划。仅有的几个已经或正在建设"城市应急联动中心"的城市(如南宁、深圳、广州等),因为在国家层面没有类似可以指导的机构,在实际运作中都遇到了各种各样的难题。

有鉴于此,我们认为,当务之急是应当建立一个处理危机事务的政府协调机构,该机构独立设置,隶属于政府机构系列,机构的日常工作就是定期

---

[1] 北京太平洋国际战略研究所.应对危机——美国国家安全决策机制·前言.北京:时事出版社,2001,5

召集有关专家就某一领域中当年度或者是更长的时间内可能产生的危机事件进行预警分析,同时,该机构还应当建立年度重大危机事件会商制度,向中央政治局和重要的国家机构提出相应的对策和建议。一旦危机事件发生,随即应当转为国务院处理有关紧急事务的具体指挥和协调机构,针对已经发生的突发事件和紧急事务权威地分配各种资源,在灾害的预防和受灾区的重建方面发挥协调有关部门的核心作用。

在条件成熟时,也可以参照目前我国很多城市建设的"城市应急联动中心"的建设构想,将目前分散在政府各部门中的处理各类危机事件的职能集中到紧急事务管理机构。①

危机管理中的协调机制

根据我们对现实的初步观察和研究,中国目前危机处理系统当中的最大问题是部门协调机制。其中既包含横向部门间的协调问题,也包含纵向部门间的协调问题,两者的问题都比较突出。

就分类而言,政府危机处理系统中的决策协调机制问题,包括等级协调机制和无等级协调机制两大类。前者是指政府内部有等级区分的机构之间的协调机制(主要体现为上下级政府间的协调机制),它主要是以明确的上下级关系为核心的政府机构的命令式解决方式;后者指政府内外不涉及等级关系问题而主要涉及信息沟通等方面问题的协调机制,如内部信息传递机制、公众沟通机制以及横向部门沟通机制等,它主要是以信息沟通为核心的解决方式,部门及各方主体之间并无明确的上下级关系,而是平等相待。

我们国家当务之急是要建立完善的危机管理系统,其中首先是要建立一套完善的决策协调机制——包括无等级协调机制和等级协调机制。只有这样,才能把危机事件对公共利益的损害程度降低到最小,从根本上改革和完善我国现有的公共治理结构,尽快实现善治。

1. 无等级协调机制

我国现阶段,面对危机,政府行政部门内部及政府与危机管理各方主体资源之间往往各自为政,缺乏危机综合协调决策机制,决策常常由各个部门及其领导单独做出,很难实现系统协同。我们在前面谈论政府应对危机的

---

① 莫纪宏.建立国家对紧急事务预警和快速反应机制."社会变革中突发事件应急管理"专家研讨会讨论稿.北京,2001-11-26

"协调"原则时,曾举了"兰州冷漠铁警阻止 120 急救 受伤老妪失血过多身亡"的例子。现实中同样的情况时常发生,2001 年 7 月广州就发生了"110"社会联动竟遭推诿的事件:一位市民打电话向"110"求助,可当"110"值班人员将联动指令转向有关部门时,竟然转了 14 次都没能解决问题![1] 在实际生活中,诸如接听 110 报警服务台转办的案件时互相推诿、敷衍塞责的,也不仅仅是个别的现象。2000 年震惊全国的"禹州枪杀案"导致三死两伤,禹州警方接警出警拖延推诿、严重贻误战机,负有不可推卸的责任。[2]

无等级协调问题在我国城市危机应对中就表现得更为明显。与我国整个社会进入危机频发时期的现状类似,我国各大城市目前各种危机事件不断,发生的频率急剧加快。然而,与我国城市突发事件频发不相适应的是我国现阶段的城市应急管理系统的欠缺。以交通事故为例,目前,我国城市急救系统尚不完善,一些交通事故伤员得不到及时抢救,或因对伤员急救、搬运的方法不当造成伤情加重甚至死亡,加大了交通事故的损害程度。

1999 年 4 月,朱镕基总理在参观美国芝加哥 911 城市应急指挥调度中心时指出:911 应急系统是一个城市现代化的标志,这种运用高科技管理城市的办法值得中国借鉴。也正如此,2002 年 3 月初,公安部、卫生部联合下发处理交通事故快速抢救新机制的通知,要求 2002 年 6 月底前,在全国实行 110 报警服务台、122 交通事故报警服务台、120 急救电话三者之间交通事故信息相互通报和反馈制度,切实提高交通事故信息传递、现场急救和急救运转等方面综合反应能力,逐步实现公安机关与急救中心(站)或卫生行政部门指定的医院同时接警,同步出动,快速反应的交通事故紧急抢救联动机制。新的交通事故快速抢救机制明确规定,对管辖不明的交通事故案件,由最先发现和接到报案的公安交通管理部门及时赶赴现场,抢救伤员并立案调查。管辖确定后,移交主管部门处理。对于推诿、搪塞、延误抢救时间,造成严重后果的,应追究有关责任人员的责任。各级卫生行政主管部门要加强对辖区内医疗机构的管理,严格督导医疗机构贯彻落实"首诊负责制度"。严禁医疗机构以"不能及时提供抢救费用"为名推诿、搪塞、延误伤员的抢救时间。[3]

目前,我国很多城市都在进行城市应急联动的尝试和努力。所谓城市

---

[1] 新快报,2001-07-11
[2] 王宏业,关国锋. 警方姗姗来迟"禹州枪杀案"又出新闻. 新浪网"河南禹州惊天大血案"专题 http://dailynews.sina.com.cn/china/yuzhou/index.shtml,2000-07-07
[3] 郭贝. 我国将建立交通事故快速抢救机制. 公安部新闻 http://www.mps.gov.cn/webpage/shownews.asp?id=265&biaoshi=bitGreatNews,2002-03-11

应急服务联动，就是政府协调指挥各相关部门，向公众提供社会紧急救助服务的联合行动。具体而言，就是整个城市采用统一的报警号码，建立一个统一的社会联动中心，将公安、消防、交警、急救、防洪、防震、公共事业、民防等政府职能部门纳入一个统一的城市应急指挥调度中心，用于公众报告紧急事件和紧急求助。在南宁市城市应急联动中心调研中我们发现，各职能部门之间应急联动，能高效利用有限的社会资源，提高政府快速应对紧急事件和抗风险的能力，为市民提供更快捷的紧急救助服务的有效方式。广东佛山市的社会联动建设实践的成效也说明了这一点：佛山市以"110"为中枢指挥，26个部门社会援助联动（涉及供电、供水、卫生、燃气、环卫、工商、民政等，基本上涵盖了治安管理、社会服务、城市管理的方方面面）以来——即从2000年7月24日到2002年3月11日——接报"120"求助5 605起，挽救生命1 961人；接报"110"求助医疗救护5 802起，挽救生命2 007人；其中，交通事故救助主要拨打"110"，家庭医疗救助拨打"120"为主，两者总量约占同期社会救助总量的1/3。①

2. 等级协调机制

等级协调机制主要是指上下级政府间在危机应对时的协同运作，充分保证下情上达，上级政策得以贯彻执行。由于各种危机事件往往都始发于地方，因此，应对危机事件的关键之一就是要求中央、省、市、县、乡（镇）等各级政府之间信息畅通，协同配合，共同解决危机。然而在我国现实运作中，下级政府往往存在虚假治理的行为倾向，而且这已经成为下级政府通常的选择，这方面的案例比比皆是，仅举几例：2000年11月23日，山西省临汾地区临汾市河底乡北方星集团公司所属毛（又叫西沟）煤矿发生特大瓦斯爆炸事故，当场井下死亡29人，总共死亡30人，向国家煤矿安全监察局上报死亡16人；2002年6月22日，山西省繁峙县义兴寨金矿发生了井下爆炸事故，死亡37人，有关事故责任人在事故发生后，隐报瞒报，销尸灭迹，而在事发后的第二天，繁峙县政府做出的调查结论却是40人在井下作业，2死4伤，另外的34人安全撤离；2001年7月17日发生的锡都广西南丹县的矿厂透水特大事故后当地政府的所作所为就更令我们深思了。

其实，以上所列举的都是造成重大人员伤亡的特大事故，既然国家有明文规定，就理应遵照执行，但为什么各个地方都普遍选择不上报或是虚报的方式以隐瞒事故真相？我们将在案例研究中具体深入分析震惊世人的南丹

---

① 佛山3个号码联动26个部门　铃声一响八方伸来救助援手.羊城晚报，2002-03-24

事件,以说明危机治理过程中等级协调的选择困境。①

以上讨论说明,我们不仅要关注单一层面上作为社会公共事务管理者的政府的决策,更重要的要研究中央政府和地方政府在有关问题上的协同。正如在奥尼尔观察(O'Neil's Observation)中就已经指出 All politics is local(所有的政治问题都是地方的),②中国目前各种危机的产生及应急处理绝大部分是起源于地方的。从国内的现实运作来看,在处理相应危机的原则上,首先是行政属地负责原则,相关突发事件的处理一般都要求行为者的户籍所在政府或部门负责全部或善后的处理。应对各种危机,虽然中央及各省、直辖市和自治区等上级政府要提供宏观政策上的指导,但是政策实施的是否到位、能否高效主要还是依赖于地方政府的具体执行。此时广大人民作为政策的受众,对于政府作用和效能的判断,将主要来源于地方政府的执行效果。

从现实的观察来看,大量的危机事件从事件的萌芽发展成为重大危机,往往不是中央政府的宏观决策有误,更多的情况是在地方各级政府的处理中,各类既定政策的理解和执行产生了严重的偏离,或执行过于粗暴、简单,或出于地区利益,不予执行及变相实施,造成民怨的逐步积累。事实上很多事件的原因就在于各级地方政府有所偏颇的强制性经济、行政措施,给当地居民或其他辖区带来了严重的侵害。例如农村问题中的移民安置问题,地方国有企业的改制和管理者腐败以及有关邪教人员的教育转化、群众集体上访人员的处理问题。从这些事例中,我们不难发现地方政府在中间的关键性作用,这一点在南丹事件中的体现则是更为突出。

对于如此现状,可行的应对原则是:从根本上要为地方政府的行为选择创造一定的参与约束和激励相容约束,即提供相应的正向激励。具体来说,首先,要建立有效的行为鉴别机制,上级政府能够对下级政府的治理行为给予准确的识别,以提高虚假治理的识别率和造假成本;更为重要的是,要切实加重虚假治理的惩罚性成本,以降低虚假治理的期望收益。当然降低良好治理成本也是关键路径,但它能否降低将是一个长期性的系统工程,有待于社会治理结构、政治经济体制建设的协调发展。与此同时,要认识到任何委托人希望的效用最大化都只能通过代理人的效用最大化行为实现,因此要确实尊重地方权益,进行科学、合理地分权。

---

① 关于南丹事件委托—代理模型更为详细的分析,见:薛澜,张强. 选择中的制度困境——危机管理中的政府行为选择分析. 清华大学发展研究通讯,2001(25),2001-09-20

② William L. Waugh. Living with Hazards Dealing With Disasters. An Introduction to Emergency Management,New York:M. E. Sharpe, Inc. ,2000

3.2 危机中的媒体作用

在现代信息社会中,大众传媒在塑造公众价值观念、强化公众意识、反映和引导社会舆论等诸多方面发挥着巨大的作用。可以毫不夸张地说,媒体的社会传播效果直接影响着一国政府管理的能力和绩效,直接影响着一个社会的政治稳定和经济发展。因而,探讨媒体在现实社会生活中的运行方式和影响效果,已经成为国内外学者共同关注的一个焦点问题。

我国目前处于剧烈的社会变革中,近年来各种危机事件频发,直接影响社会的稳定和经济的发展,构成我国政府管理必须面对的重要挑战。媒体应对危机事件要求协调媒体与危机管理者之间的关系,实现两者之间对信息资源控制和占有的良性互动,然而我国现实的危机管理却往往忽略或曲解媒体的运作过程和社会功能,近期发生的江西万载爆炸事件、天津艾滋病扎针事件等都是很典型的实例。本节结合 2001 年底发生的江西万载"12·30"爆炸事件进行实证分析,阐述危机管理中媒体政策的选择策略,并在借鉴美国危机管理体系中对媒体的定位和有效运用的基础上,提出我国危机管理中有效发挥媒体作用的相应对策。

**案例 3-8　危机管理中的媒体政策：
2002 年江西万载爆炸事件**[①]

2001 年 12 月 30 日 9 时 45 分,江西省万载县黄茅镇攀达烟花制造有限公司发生特大爆炸事故(文中简称为"万载事件"),一时间成为社会和媒体关注的焦点。

事故发生后,各家媒体的报道和官方公布的事件伤亡数字大相径庭。事发当天,万载有关部门向媒体公布了事故伤亡人数:死 9 人,伤 60 余人,立刻引起一些媒体的强烈质疑。媒体报道死亡人数 20~30 人不等。有媒体甚至使用了"隐瞒死亡人数天怒人怨"带有巨大社会轰动性的惊人标题。

1 月 2 日,万载官方公布新的伤亡数字:共死亡 14 人(2 男,12 女),因伤住院 61 人(包括 31 日在现场发现的一名幸存者)。此后,不断有媒体对此次事故的死亡人数提出质疑与猜测,社会上甚至风传万载爆炸事故死亡了 100 多人。1 月 7 日,湖南《三湘都市报》首先公布了"21 人死

[①] 文中有关万载爆炸事故及其相关报道的描述主要引自新浪网专题新闻和人民网的相关报道。

亡名单",名单中死者的姓名、性别、年龄及所在的车间、村组等十分详尽,事故的社会影响也波及得越来越广。

联合调查组经过实地核查、取证,于10日公布了调查结果:死亡人数仍为14人,但另有2人失踪,部分媒体公布的"21人死亡名单"严重失实。1月11日,新华社独家公布了万载县委办公室1月10日提供的爆炸事故死亡(失踪)人员名单。至此,关于万载事件伤亡人数的争端暂告一段落。

除了死亡人数,万载事件的另一个焦点是事故原因。1月2日,爆炸事件被当地政府定性为"意外事故",原因是装药工操作失误。很多媒体对官方的定性提出质疑,《华商报》引用了有关专业人士对万载特大爆炸被定性为意外事故所提出的异议,报道称"熟练工如何犯低级错误?死人怎么能开口?业内人士称爆炸不可能是意外事故"。1月7日《北京青年报》以《业内称不可能是意外,江西万载爆炸案定性遭质疑》为标题转载这一信息。有关事故原因的争端,也在一定程度上给社会造成巨大的负面辐射效应。

在这次爆炸事件的处理和应对过程中,媒体和地方政府出现严重分歧,双方产生了较为严重的对立和冲突情绪。爆炸事故发生后,地方政府抗拒舆论监督并殴打新闻记者,记者的人身权、采访权和知情权都无法得到保障。从《中国青年报》登载的《"封锁"与"反封锁"新闻战》及追踪报道、《济南时报》刊登的《记者采访遭遇暴力》,以及诸如《现场采访仍被"管制",江西万载严密封锁爆炸消息》等媒体报道可以看出这种态势。地方领导为封锁、控制信息,不惜动用警力对记者围、追、堵、截,甚至非法拘禁记者,阻止记者采访,而部分媒体为扩大影响,大肆渲染,夸张扭曲事件真相或根据小道消息,听到什么报什么,造成极坏的社会影响效果。

从以上对事件的有关描述可以看出,官方公布的死亡数字应该说是比较准确的,真正夸张和严重失实报道的是少部分媒体。而造成媒体报道失误的很重要的原因就在于有关部门对新闻记者采访设置重重障碍,权威新闻源缺失,无法核实。因此,在突发性危机事件的报道和平时的危机教育宣传上,各级政府如何主动寻求与媒体的合作便成为危机管理中媒体政策的重要命题。在2002年1月16日国家安全生产监督管理局举行的新闻发布会上,国家安全生产监督管理局局长张宝明强调:安全生产事故的报道原则上要求"不炒作、不渲染、应有利于社会的安定团结";对事故的现场报道、伤亡人数、处理情况应遵循统一调度;到达事故现场的记者的新闻稿件应经事故调查组主要负责人和宣传部门的审阅;对安全生产事故的报道要充分发挥中央主流媒体的监督作用。

媒体的运行逻辑和社会功能

在当代,随着传播媒介逐渐多元化的发展,特别是互联网成为新的传播媒体后,信息传播媒介的结构和功能发生了很大的变化,呈现覆盖率高、传播信息量大、影响面广、冲击力强等特点。对大众传媒的运行逻辑和社会功能的研究也经历了一个发展的过程。传播学的四大先驱之一的哈罗德·拉斯维尔分析研究并提出了媒体传播过程的五大要素,即著名的5W公式:谁(Who)、说什么(Say What)、通过什么渠道(In What Channel)、对谁说(To Whom)、带来什么效果(With What Effect)。在此基础上,拉斯维尔概括出大众传播的三项社会功能:环境监视、协调社会各部分的关联以适应环境的变化、社会文化世代相传。查尔斯·赖特在此基础上增加了第四项功能——娱乐。①

作为信息的过滤器,媒体会按照媒体机构的舆论倾向和报道方针,通过信息的选择和处理机制,最终提炼和公开报道某些社会事件。媒体传播的扩散过程,使得媒体报道具有放大作用和潜在的社会效应,传输过程中信息可能变形、失真。在对传播效果的研究中,议程设置论(也称"议程安排论",Agenda Setting)和"沉默的螺旋"理论认为:大众倾向于关注和思考传媒所注意的那些问题,并按照大众传媒给各个问题确定的重要性次序,分配自己的注意力,媒体只要通过预先有意识、有选择的安排和设计就能调动受众的注意力,影响舆论,左右大众的思想和观点,达到传播者预期的效果;同时,大众观念的形成过程中的社会整合作用,形成公共观念的压力和社会控制力,使得社会个体成员出于获得某种形式的组织承认和社会认可而降低社会参与度和理性思考的能力②。因此,现代化的大众传媒在促进效率和便捷的同时,传媒的麻醉作用又进一步加剧了当代社会多元与差异主体之间的"交往匮乏症",导致公众对公共生活的参与度低,对公共政策与公共机构认同度低,进而产生所谓的公共合法性危机。

---

① 关于这一发展过程更为详细的资料,参见:李彬.传播学引论.北京:新华出版社,1998,137~141

② 关于"议程设置"论和"沉默的螺旋"理论的描述,请参见 Everett M. Rogers、James W. Dearing、Linda L. Swanson、David L. Swanson、Elisabeth Noelle-Neumann 等人的阐述,常昌富、李依倩编选,关世杰等译.大众传播学:影响研究范式.中国社会科学出版社,2000。该理论的具体应用则可以参看2001年西方主流媒体对中美撞击事件、江西方林小学爆炸案和石家庄爆炸案的报道等诸多案例。

在现在的信息社会,这种现象表现愈发突出。除了为政治服务,现代媒体同样谋求自身利益的最大化,特别是在媒介经营发展朝企业化、市场化和商业化方向发展的今天,媒体的行为日益呈现较强的商业性,甚或出现竞争混乱、无序和传播内容庸俗化的倾向。特别是以网络为代表的第四媒体的出现,更是突破了传统大众传媒让受众被动接受信息、单向联系的局限,实现了受众驱动式传播,双向、互动的交流方式使得受众在信息传播系统中逐渐占据主动。为争取话语权,媒体会利用一切信息载体,用善于表现的传播方式和富有号召力的传播内容,不断拓展在社会公共生活中的话语空间以更多地吸引大众的注意力。

就政府和媒体之间的关系而言,世界上各个国家大众传播媒介通常情况下都是作为公共部门存在,信息传播权力也是公共权力的一部分。媒体所具有的强烈的社会公共色彩,使得它承担着舆论导向和稳定社会的职责,成为社会心理状态的指示器。作为政策主体的一个组成部分和政府与社会之间的中介,媒体有可能成为政府、政党和其他利益群体的宣传工具,但由于对社会事件报道的主动权,报道的内容、方式及效果都被媒体掌握和控制,如何协调与媒体之间的协同运作,增强政府利用媒体进行社会整合的能力,便成为需要关注的命题。特别是在社会突发性危机事件的处理和应对中,由于报道内容的特殊性和信息传播带来的巨大社会扩散效果,更需要危机管理者与媒体作深入的沟通、协调和合作,构建两者之间的良性互动关系。

危机管理中的媒体政策

媒体作为公共传播机构,对维系社会秩序具有义不容辞的责任,它的主要功能就是从社会管理的角度对大家所关心的问题予以一个媒介化的表现,诸如政治热点、经济态势、市场走向、科技教育、生态环境、社会治安、公共卫生、文化动态、军事安全等问题。特别是我国现阶段处于"经济转轨、社会转型"的关键时期,"非稳定状态"的危机事故频发。因此,各种新的政治安全、经济发展和社会稳定的事件应成为媒体报道的经常性话题。如果社会公众的观念经常处于无序和混沌状态,整个社会的公共舆论就会失去一个赖以维系的中心,差异性社会主体之间的对立和冲突也就势成必然。

因此,对于危机潜在的社会传染效应,要求危机管理主体必须采取相应的社会沟通、社会动员的措施,唤起社会对危机管理主体应对危机所作努力的认可和支持。社会传染理论很好地解释了对危机事件报道的潜在社会扩散效应,"危机问题、目标与行为越引起人们的普遍关注时,人群越容易受到感染,而参与运动的可能性则越大。在人群越聚集的地方和组织内,人们相互影响和传染的几率越大,危机的参与者可能越多"。① 在危机管理的三个阶段,即危机潜伏期的事前管理阶段、危机爆发期的危机过程管理阶段、危机恢复重建期的事后管理阶段,危机管理主体都应当完善良性的危机沟通系统,主动寻求与媒体的合作,建立与媒体之间畅通的交流通道。

1. 危机潜伏期

在危机全面爆发之前的特定潜伏时期,一些引发公众不满、冲突和对抗的社会问题已在孕育和形成,具有某些外部表征,诸如大规模的群众上访、示威游行以及小规模的暴力行动等。这就需要危机管理体系中的预警和检测系统在收集相关的信息资源的基础上,多方面、多角度作出初步的反应。在这个过程中媒体的反映和报道就是公众很重要的一个信息来源渠道。

同时,通过媒体在民众日常生活中对危机意识的宣传和非正式教育,在全社会确立一种信仰支持系统,形成一致的社会舆论和大众共有的危机共识,对于危机的避免和尽快解决都有着重要意义。通过强化全社会的危机意识,预防和监测危机的出现和发生,不仅有利于危机爆发后形成社会公众的支持倾向,还能强化政府的政策评估与预测系统,改善政府政策的回应手段及措施,进而统一社会价值观念,整合社会有序能力,提高社会抗逆水平。如1999年造成严重社会影响的"法轮功"事件,从最初邪教组织成员冲击天津报社到2000年4月25日围攻中南海,危机事态逐步扩大。此次事件在给了全社会一个反思科学、反思科普的契机的同时,也反证了媒体日常宣传教育的重要功能。

2. 危机爆发期

危机的爆发,造成的财产损失、人员的伤亡和对公众信心的破坏,严重影响社会秩序,使社会变革目标和公共政策发生变异和蜕化。而且,危机的爆发和发展进程充满突发性和震撼性的特征,因而成为媒体关注的焦点。但对危机事件不恰当的报道,往往带来强烈的社会负面影响。因此,要有针对性地通过和媒体对话、宣传、引导,大力发动社会新闻媒体的传播、聚合功能,迅速通过多渠道获得信息并对其加以分析综合,向社会公众阐明政府危

---

① 胡宁生主编.中国政府形象战略.北京:中共中央党校出版社,1999,1198

机管理行为的意义、指导思想和现实条件下所采取的各种措施的必要性,阐述政府的有关政策,获得社会大众对危机管理主体所作努力的支持。

危机管理中的媒体政策就是要主动寻求与作为信息传播载体的媒体合作,通过媒体这一中介和载体进行及时、有效的信息传导,使危机信息比例合理化,避免诱发潜在危机,同时避免过度强调危机管理中的不确定性和不可回避性,加强危机管理主体和社会民众的沟通。

根据学者的研究以及实践工作者的经验、教训,危机事件发生后的危机应对中的媒体政策应当坚持如下几项原则。[①]

第一,时间第一,争取舆论主动权,争取最快、最新信息由此发布。

为控制危机事态、稳定社会秩序、避免社会恐慌,危机管理主体首先必须快速应急,对危机事件有目的地选择信息源和信息传播渠道,有效地控制新闻传播的导向性,防止媒体为抢独家头条新闻或提高刊物的知名度,发表刺激危机局势的新闻消息,激化危机事态。同时,还要防止媒体传导不正确、不全面的消息,误导社会民众,或加剧公众的社会恐惧心理,为危机的顺利解决设置障碍。特别是在应对与国家在国际格局中的发展相关的国际关系型的危机事件时,诸如以美国为首的北约轰炸我驻南斯拉夫大使馆事件、中美撞机事件、中日农产品贸易摩擦事件,以及我国打击东突恐怖势力活动,涉及很强的政治敏感性,把握舆论宣传的主动权就显得极为关键。

第二,言行一致,确立信息沟通的可信度和权威性。

对于危机信息的发布,危机管理者必须掌握指导性原则,发挥媒体的信息传输和舆论导向功能,稳定民众心理,引导公众选择正确的行为,正确对待各种突发性危机事件。在疏通主渠道的同时,还要特别注意防止各类谣言和小道消息的蔓延,控制其传播的范围和渠道,消除其破坏性作用。

危机状态下,社会秩序失稳,公众的心理承受能力较低,对事态的臆想和猜测很容易降低他们对政府政策、行为的信任度和支持率。为尽快争取民众的支持和恢复政府的公信力,危机管理者必须言行一致,用事实真相说明谣言的破坏作用和谣言散播者的不良用心,并用自身的行动证明管理主体所传播信息的准确性。诸如此次"万载事件",社会谣传和媒体报道失实,与事发3天时间里万载方面公布的"9人死亡"的数字都不曾有过变化有

[①] 以下关于危机管理中的媒体政策的看法,得益于清华大学公共管理学院和中国行政管理学会2001年11月26日联合召开的"社会变革中突发事件应急管理"专家研讨会上诸位专家、学者、危机管理实践工作者的发言;同时参考:胡宁生主编.中国政府形象战略.北京:中共中央党校出版社,1999,1264~1269

关,这些数字是怎么调查出来的?数字没有变化是否正常?又说明了什么?这就是社会和媒体的关注焦点。发布"21人死亡名单"的《三湘都市报》记者张志强事后也谈到,如果不是质疑9人数字和14人数字的真实程度,他不会去逐一调查死亡人数。

第三,明确危机事务发言人及规则的信息发表渠道。

危机形势的发展进程是个动态的、变化的过程,管理主体不可能掌握和控制所有的事态发展信息。因而,首先要求管理者就危机事务设置新闻发言人,不断向社会公众和新闻媒体说明危机发展的状况,唤起社会对危机管理行为的支持。美国著名的危机管理专家库姆斯(Coombs)在其出版的专著里专门阐述了危机发言人和媒体打交道时的任务、应该具备的知识和相应的技能(参见表3-1)。

表 3-1 危机发言人的任务、应该具备的知识和相应的技能

任 务	知 识	技 能
在镜头面前表现自然	理解准确传递信息的重要性	强的信息传递技能
有效回答问题	理解长时间停顿的危险性 掌握有效倾听的步骤 理解"无可奉告"的危险性 理解和记者争论的危险性	快速思考 有效倾听 别的言语替代"无可奉告" 压力下保持冷静
清晰表述危机信息	理解和专业术语有关的问题 理解回应的必要性	能避免使用专业术语 组织回应
能处理复杂问题	理解复杂问题的特性	能确认复杂问题 能要求对方重复问题 有技巧地处理复杂问题 质疑不准确信息 解释有些问题不能回答 评价复合性问题的回答正确性 应对复合问题

资料来源:W. Timothy Coombs, Ongoing Crisis Communication: Planning, Managing, and Responding, London: SAGE Publications, Inc., 1999, 65

同时,由于危机管理中的媒体政策涉及很强的信息传递功能,为确保信息的连续性和准确性,在向公众媒体沟通信息时,一定要及时向本组织内部和有关各方及时通报信息,以便对外界社会和媒体保持危机信息的一致和连续。另外,还应根据危机事态确定是否需要设置多个发言人或发言辅助成员,预防万一,保证信息的适时更新和危机信息的准确发布。

第四,危机发言人必须与最高决策层有直接沟通,本人有权参与决策。

危机情况下,记者下意识地认为他们得到的信息是不准确的,因而,媒体会寻求来源较为权威的信息,在正常途径不能获取的情况下,他们就会竭尽所能地寻找甚至编造各种没有事实根据的消息。因此,危机事务发言人作为危机状态下组织对危机事态的观点、意见的代表者,在整个危机管理计划中担当重要的专业化功能,其言行必须具备很强的说服力和权威性。

危机发言人,必须作为危机管理小组的重要成员之一,必须参与危机管理的全过程,尽可能多的知晓危机事态的方方面面,有权随时与组织最高决策层取得联系,明确组织对危机事态的控制进展,了解组织最高决策层对各类危机信息传播的态度,确定哪些信息需要公开、哪些属于保密内容不能公开。

第五,恰当处理和"敌对"媒体的关系。

在很多危机事件情况下,危机管理主体往往把媒体当作敌人。在危机爆发后,个别地方政府、执法机关对危机事件遮遮掩掩,甚或滥用行政权力封杀媒体,不仅延误救援、无视民情,还造成社会上流言四起。在危机信息发布的时候也采取和媒体对峙的态度,或者经常使用"无可奉告"之类的外交辞令。实际上,无论危机管理者是否表态,媒体都会报道危机事件。而且,为了有机会参加记者招待会和发言提问,媒体记者往往要等很长时间。因此,危机管理者应采取积极的态度与媒体合作,尽快将事实真相和对事件的看法清楚地呈现给公众,这才有利于危机事件的解决。

在召开记者招待会和信息发布会的时候,危机发言人必须掌握应对媒体的必要技巧。这些技巧主要包括:快速思考,有效倾听,积极回应,避免长时间停顿和使用太强的专业术语,特别是在压力下要保持冷静,有技巧地处理复杂问题,质疑和纠正不正确的信息,解释有关此次危机的个别问题不能回答的原因等。

3. 危机恢复重建期

作为社会变革和政治发展的一部分,危机对于一个理性的、有活力的政府而言,能够成为公共政策改进和完善的外部动力,调整公共政策的导向与价值选择。尽管从绝对意义上来说,危机对社会的负面影响远大于其特殊的正面社会功能,甚或导致社会结构的解体(如大规模的战争),但恰当地应对危机事件和有效地宣传危机管理绩效,对社会结构的调整和校正都有着潜在的积极意义。正如 L. 科塞(Coser)所阐释的那样:作为社会安全阀机制和调整规范适应新环境的激发器,危机事件激发了新的规范、规则和制度的建立,强化对社会生活的参与,使已经变化了的社会条件相对应的社会关系的调整成为可能。①

因此,危机事件解决后,危机管理主体在尽快恢复社会结构和功能,重建社会秩序同时,要有效地利用媒体发动全社会对危机事件进行冷静的理性思考,作多侧面多层次的分析,挖掘危机事件的原因,寻求今后避免此类危机事件和改进社会政策的办法。如对于1998年长江全流域性水灾和北京市2000年几次严重的沙尘暴危害,媒体在播报水灾和沙尘暴危害现状的同时,还邀请专家、学者、社会人士,从不同层次不同角度对此类现象和人的行为进行全面的反映和理性的反思,使社会大众在获得了信息的同时,更重要的是对日益严重的洪水灾害和沙尘暴现象进行思索,唤醒了全社会的环保意识,引发了一场全国范围意义深远的环保活动,取得了很好的社会传播效果。

以下我们将以美国"9·11"事件为例,分析美国危机管理中的媒体政策。

完备的美国危机管理体系实质上可分为协同运作的两类:危机事件的事后管理和危机事件的前期管理,前者主要体现为紧急事务管理功能,后者则为执法功能。相应的,危机管理中的媒体政策,在危机管理的不同过程,体现为不同的特征。

在危机/灾难运作过程中,及时、准确的重要公共信息对公众和大众传媒的发布构成美国危机管理体系的重要部分。美国危机管理体系对信息的管理,涉及两大职能:信息与计划职能和公共事务支持职能,前者主要为危机管理通讯提供技术支持,后者则主要是与社会大众和媒体打交道。设置这两大职能的目的是保证危机状态下准确、连续、及时、易懂的信息得以发布,确保公众对政府危机管理应对绩效和对社会秩序快速、有效恢复持有信心。

在美国危机管理体系中,主要由危机管理的牵头机构(危机爆发前期为联邦调查局(FBI),直到司法部长把牵头机构的职责交至联邦紧急事务管理署)负责选择合适的危机事务发言人,就危机事态向媒体和公众发布信息。同时,根据危机事态的发展,由相关联邦机构公共事务官员组成的危机联合信息中心(JIC, Joint Information Center)也将很快建立,这是危机管理信息发布的权威机构,在此之前信息发布则由 FBI 的战略信息和运作中心(SIOC, Strategic Information & Operation Center)负责。"9·11"恐怖

---

① [美]L.科塞.社会冲突的功能.孙立平等译.北京:华夏出版社,1989,114,137

事件发生后,CNN中心对公众关闭,有关此次危机的任何信息,就由联合信息中心掌握和控制。特别要注意的是,联合信息中心地址的选取必须便于媒体的集中,同时鼓励中央和地方政府、自愿者组织以及私人机构参与和共享联合信息中心的各种资源。

后期灾难救援和恢复阶段,作为牵头机构的联邦紧急事务管理署(FEMA)分派紧急事务信息和媒体事务官负责发布灾难应对、恢复和减缓的相关信息,这些信息的来源包括联邦紧急事务管理署、州政府、地方政府以及志愿机构、私人组织等。紧急事务信息和媒体事务官的主要任务是:提供准确、及时的危机信息和媒体一道发布准确、建设性的新闻报道;监控新闻发布,确保重要的危机信息得以传达;确认危机应对和恢复工作中潜在的各种问题;纠正媒体错误或不正确的信息报道等。

当然,在日常的危机预警中,美国也特别重视媒体的积极作用,通过日常的情景训练、灾情演习等推动整个社会的危机意识。"9·11"恐怖事件中美国社会整体表现出的内在有序和恢复能力,不仅仅来源于危机管理体系的法治化程度,也取决于美国政府对全民危机教育的重视和对民众的心理与实际应对能力训练,这其中媒体的贡献具有重要意义。

我们通过观察美国媒体对此次"9·11"事件的报道可以看到,灾难发生时美国危机管理是如何及时有效地利用媒体,将重要的信息告知民众和社会,取得良好的社会传播效果的:

9月11日,美国各大媒体锁住现场,为观众发布第一时间的报道。

9月12日,美国各大报纸纷纷对纽约和华盛顿连遭恐怖袭击一事发表评论,称这次事件虽然暴露了美国在新型威胁面前的弱点,但是美国有能力应付阴险的恐怖袭击。

- 《华盛顿邮报》:无论是谁策划了此次恐怖袭击,这个敌人都准备了周密的计划和大规模的行动,"这个敌人已经证明,他有能力突破美国本土的防御。"该报还称,美国必须加强对此类意外袭击的防御能力,"如果要应付未来的挑战,美国必须在符合美国价值观的基础上,加强防御能力、提高情报水平,不仅仅是对驻外大使馆和军事基地,国内机场和其他一些民用设施也必须受到更好的保护。美国社会和政府一直尊重国民自由,美国决不允许恐怖分子改变这一点。"
- 《洛杉矶时报》:"即便是曼哈顿浓烟滚滚,华盛顿尘土飞扬,我们这个强国只是在大风中摇了一下。建筑物虽然倒塌,民主依然站立。"
- 《洛杉矶时报》:"美国人民纷纷来到血站,积极地、自愿地为那些受伤的人献血,让自己的血流在受伤的同胞身体中。我们要告诉那个未知的敌人,虽然美国人民经常意见不统一,但是一旦面临压力,美国人民就会十分团结,你打一个美国人,就等于打了所有美国人。"

"这一天将改变美国,就像1915年露斯坦尼亚号被炸和1941年珍珠港事件后,美国重新对自己进行定位。星期二的袭击也将改变美国。"

- 《亚利桑那共和报》:"美国本土幸运地逃脱了两次世界大战带来的毁坏。但是现在,美国却成了一个容易受到伤害的土地。60年前,日本轰炸了我们沉睡的珍珠港,当时的美国人就是放松了警惕,当世界陷入危险之中时,美国人却在睡觉。当被惊醒时,他们才召集军队,启动工厂机器,开动轮船。而就在今天,我们这一代也听到了召唤。这次,我们的敌人却与上次不同,他更加狡猾,更加难以琢磨,更加难以找到。但是,他终究会被抓住,他将知道,惊醒的美国人民会是一个难以对付的、凶猛可怕的力量。"

- 《休斯敦时报》:美国不能独自对付国际恐怖主义,"就像二战时打败法西斯主义一样,美国需要同世界上所有自由、民主、文明的坚定力量一起行动。不论星期二恐怖活动的凶手到底是谁,我们都要和盟友一起打败他"。

以上是对这个危机的确认和控制,美国媒体帮助群众共同确认美国现在面临着恐怖主义的袭击,打击恐怖主义是当前的头等大事,其他一切矛盾都降为次要矛盾。"我们被袭击了,我们需要团结对外"是媒体对外的统一的声音。在这种情况下,危机得到确认,并得到初步的控制,国内没有引起较大的混乱,民心得以稳定,社会体系得以正常运作,美国媒体与政府达到了空前的团结,这也为下一步的危机管理打下良好的基础。

可以看出,美国的媒体在报道"9·11"事件以及后续事件时,首先是让受众感觉到他们的报道是及时、公正、准确的。大量的现场报道、专家的评说使得受众完全可以依赖这样一个媒体系统来得到他们想得到的各种信息,甚至是引导。当这样一种信任建立后,政府在和媒体达到默契,通过媒体渗透政府的意向,也就是水到渠成了,这实质上是一种变相的"议程设置"。

需要强调的另外一点是,事件发生没过多久,数家媒体就聚焦在现场,真实地跟踪报道,观众能及时地了解信息,他们无需去打听,无需去猜测,观众就能通过媒体了解第一手的现场情况。他们看到很多人伤亡,同时他们也留意到许多警察和消防队员不顾安危冲进大厦,无意中,政府的形象就树立了起来。

美国政府在"9·11"事件中通过权威的信息发布渠道,不仅出色地完成了危机的管理,而且树立了政府形象,巩固了政府权威,在危机管理中受益。如事件发生后,联邦紧急事务管理署不仅协调指导各联邦政府机构,也特别重视对民众的援助,在网站发布国情通告等官方信息的同时,还专门提供一些针对民众的援助,如向父母亲提供如何向孩子解释这次灾难的建议;联邦调查局开通专门网站和提供有关罹难者和幸存者消息的免费热线;经过联邦政府或当地政府批准的专门性的合法、可靠的网站,将为人们提供包括各种基金和美国红十字会以及其他一些合法慈善团体的信息,了解他们的具体情况,知晓为遇难者进行募捐的方法。

良性关系的构建

由于危机事件内容的特殊性,特别是涉及那些造成重大人员伤亡和财产损失的重大事件,报道稍有不当,可能就会引发社会不稳定因素。因此,我国媒体的报道采取了特别谨慎的态度。前面介绍的"万载事件"本身并没什么特别之处,之所以引起社会的强烈关注,很重要的就在于事件中当地政府封锁信息而媒体则负面报道。当地政府官员想极力控制危机信息的传播范围和影响力度,而部分媒体则质疑当地政府的官方说法和追求对事件真相的了解,这就发生了危机状态下政府和媒体之间的信息控制权之争。

有学者研究指出:新中国成立 50 多年来,我国危机事件报道遵循着一条特殊的发展轨道,以 80 年代初为界分为前后两个阶段,前阶段的主要特点是以"人"为本位,追求教化层面的意义;后阶段转向以"事"为本位,追求信息层面的价值。[①]我们认为,现阶段,我国危机管理中的媒体政策受现行的法律规范、政治体制和各种因素、条件的制约,存在如下两大问题。

其一,我国媒体是党和政府的喉舌,以"政治家办报、企业家经营"和"事业单位、企业化管理"为特征,[②]因而,以抗灾救灾夺取胜利为例。事件报道时媒体是与党和政府站在同一视角的,但从另一方面来说,在现有的制度背景下,上级政府对下级政府基本无法进行实时实效的绩效鉴别,地方政府的最优选择就是采取虚假治理,如何确保新闻媒体能够真实地反映现实中存

---

① 孙发友.从"人本位"到"事本位"——我国灾害报道观念变化分析.现代传播,2001(2)
② 刘宏.中国传媒的双重角色:冲突与互补.当代传播,2000(2)

在的这些问题,是新闻工作者面临的挑战。因而,有些灾害发生地的政府为自己开脱责任和逃避法律制裁,阻挠媒体公正介入事件报道,不让公众了解危机事件真相。近几年发生的对烟台海难、陕西榆林爆炸事件、广西南丹"7·17"特大透水事故的报道就是典型的例子。① 甚至对有些危机事件的及时、有效报道竟被领导视为违反"新闻纪律"。如1998年8月8日《中国青年报》刊发了对长江九江段四号闸附近绝堤的报道,受到领导严厉批评,直至国务院总理朱镕基亲临九江视察讲话不能向群众隐瞒灾情,局面方得以改观。②

其二,危机事件的报道中部分媒体出于对商业利益的追逐,利用监督机制不健全的漏洞,热衷于炒作危机事件。为扩大社会辐射面和影响力,这些媒体人为制造热点、炒作新闻,不惜版面地过度刊载会带来强烈的社会负面影响的事件。如通过各种媒体传播在社会流传较广的各种谣言(如2000年底在社会流传甚广的艾滋病患者扎针事件),夸大各种重大灾难事故中人员的伤亡情况(如"万载事件"中部分媒体对爆炸事故中伤亡人员的夸张、失实报道),都造成很坏的社会影响。

根据我们前面的分析,结合"万载事件"案例,就危机管理中的媒体政策,我们可以得出一定的基本应对原则:根本上要为媒体对危机事件的公正介入创造一定的准入机制,对媒体的危机报道实施适当的监管,实现两者之间信息平台的良性互动。当然制度层面的变革将是一个长期性的系统工程,有待于社会公共治理结构、政治经济体制建设的协调发展。

结合我国的政治体制改革实际,近期的实际改革措施建议如下:

第一,加强信息披露透明度,创造媒体公正介入的秩序。

在当前腐败问题比较严重、特大事故频繁、市场经济秩序混乱的状况下,媒体承担着关键的监督职能。社会应该有一种信息披露透明化的公正机制,我国在这方面却只有原则上的规定,因而,首要的治理变革是要创造一种让媒体公正介入危机事件的秩序,保持适度的新闻自由度,让公众了解事件真相,完善社会的自我修复机制。如果媒体的报道失实,可以通过法律或行政方式加以纠正,除非有关部门认定要报道的东西需要保密,可以进行某种限制,其余内容则尽可能地公开。

第二,通过媒体加大社会危机意识教育,增强社会抗逆水平。

---

① 实际上,尽管南丹特大透水事故、陕西榆林爆炸真相最终大白于天下,跟媒体所作的努力是分不开的,但我们同时应看到:这些事件事发当初之所以未能让社会知晓,很主要的一个原因就是当地政府曾有效地控制地方媒体,封锁媒体对这些事件的报道。

② 欧阳明.人民利益重于天.新闻与信息传播,2000年夏季号

形成完善的危机管理体系,首要的是必须在全社会树立正确的危机意识,未雨绸缪,这就有赖于充分发挥媒体的信息传播和社会扩散功能。每一次危机爆发后,都要公正甄别事件诱因,举一反三,吸取教训,最大限度地杜绝和减少灾难、事故的再次发生。同时,运用现代先进媒体技术支撑,通过学校教育、公务员培训、社会情景演习等,提高社会的整体危机应对能力和灾害恢复能力。

第三,完善危机信息管理的联动机制。

危机管理中信息往往是决定性的关键,无论是灾情汇集、灾情判研、求援指挥,乃至个人亲友安危,都是不可或缺的。因此,危机管理不仅要畅通内部沟通渠道,同时要注重建立一个对媒体质询进行引导和作出反应的可行性战略,实现整个社会资源的协同运作。对协调响应、警报、预警、紧急事务通讯以及紧急事务信息的公众广播,无论是危机态势上达,还是公之于众,都要实现不同信息部门的协同、联动,确保危机信息比例合理化。

第四,加强媒体素养教育,增进民众对媒体信息的识别能力。

随着电视、互联网的扩张,人们接触和享用媒体信息资源的机会和时间都在增加。针对媒体信息混杂、无序的现状,教育界应在小学、中学乃至大学,开设系统化的媒介素养教育课程,或在有关学科中增加媒介素养教育的内容,适时训练培养民众特别是青少年的媒介批判意识,使其能够辨别和抵御媒体的不良影响,增进他们的危机信息识别功能。

第五,为地方政府的政策选择创造有效的激励约束机制。

危机管理中地方政府对于媒体的态度,实质上是地方政府的一个政策选择问题。因此,必须创造一种有效的激励约束机制,使得地方政府有动力实现良好治理,这就要改革各级政府的绩效考核体系,增加综合性社会发展要求,减少单纯的指标性要求;加快民主法治制度的建设,加强新闻舆论监督,利用网络技术等手段,切实实现各级政府运作的公开化、程序化、透明化,扩大公民的政治参与,树立统一的"以民众为中心"的理念。

3.3 危机中的应对网络

毫无疑问,政府在危机事件的预警、监控和快速反应的过程中,发挥着积极的主导作用,但仅仅依靠政府的力量却是很难做到危机应对的高效、快速、协调、灵活的。因此,我们在强调政府部门危机管理的快速反应性、责任性、透明性和合法性等原则的同时,也要运用公共治理理论,实现政府危机管理系统当中的参与主体的多元性,管理规范上的法律性与公民自觉合作的道德性相结合,管理方式上的合法性与道德性相互补充,管理程序上公正、民主和效率的统一等目标,运用上述这些原则的目的就是最大可能地吸纳各种社会力量、调动各种社会资源共同应对危机,形成社会整体的危机应对网络。

政府部门

危机事件是对公共安全构成的最直接的威胁,而政府作为公共服务的提供者和公共事务的管理者,它必然要承担危机管理的职责;而且,政府拥有大量的社会资源,这就使得它在整个危机管理过程中起着主力军的核心作用。同样的道理,危机管理综合协调部门也主要应该由政府投资建设、管理使用。

在高度逆境中制定正确的危机决策,并能迅速调集资源,组织实施,控制危机局面,这些无疑是对政府现有管理体制和各项管理水平的全面考验,能够集中体现出"政府组织结构是否具有完整性与灵活性,公务人员是否具备良好的职业素质与管理能力,以及行政系统应对突变、制度创新与开拓进取的能力"。[①]从这个意义上讲,政府要具备危机管理的能力和效力,必须从以下两个方面着手:一方面,常规决策中的制度构建必须从危机事件以及非常规决策过程中吸取有益经验与教训,在日常的公共决策中,要采取科学民主的决策方式,以修正调整常规性决策,标本兼治,在源头上降低危机事件的发生可能;另一方面,必须确立政府的危机管理战略,在应急的非常规决策中制定行之有效有的放矢的危机管理计划并及时总结,培养政府机构人员的危机意识,明确危机管理的目标和方向,以便使政府在遭遇突发性危机事件时能够头脑清醒,具备应急防范能力和心理承受能力,快速应对,有效控制危机局势。

从具体的组织形式而言,政府的危机应对网络包括横向政府职能部门间的关系,以及纵向上下级政府间的关系,前者属于无等级协调问题,后者则是等级协调问题。对于如何构建一个高效的政府危机应对协调机制,我们在前面的章节有过比较详细的探讨,主要目的是希望建立政府内部纵向垂直协调管理、横向相互沟通交流、信息资源和社会资源共享、指挥协调高效、组织机构完备的全国范围的政府危机应对网络。当然,在更广泛的意义上,政府的危机应对网络还应当包括政府与外界的联系和沟通,建立与不同

[①] 胡宁生主编.中国政府形象战略.北京:中共中央党校出版社,1999,1164

社会组织之间的互动协同机制,比如:培育民众的危机意识,训练他们的危机应对的基本技能,危机发生后做好和公众的公共沟通工作和社区合作,就社区的危机防范、危机信息传递以及危机救助等内容进行协商—规范;与各国以及国际组织合作,争取国际资源的救助;与学术界交流,推进危机管理学科研究建设等。

非政府组织

作为社会的自组织体系,非政府组织(NGO)具有众多促进社会发展的功能。比如:推动政策制定的公正性,协助弱势团体及一般大众,落实及促进社会公共利益,监督政府公共政策的实施;整合民间社会资源,倡导社会改革运动,推动公益活动事业;推动公民参与,唤醒公民意识及塑造公民文化;促进社会整合,满足人类的高级需求等。基于此,现代非政府组织在争取来自政府的各种支持,积极吸引政府参加项目的同时,往往也参加政策的有关项目活动,参与社会决策,为政府提供政策性公共服务,监督和评估政府行为。特别是,现代非政府组织一般都有一系列的组织保障,实现其既定的角色和功能,而且,由于非政府组织具有较强的使命感,它们往往通过具体的行动策略和行为方式参与社会事务和公共政策过程,展现其社会影响力。其策略和方式主要有:组织公益行动、呼吁公众参与、倡导社会议题、发动宣传教育等;参与公共政策的过程主要有:政策倡导、游说、舆论、自力救济(互助)、竞选、策略联盟等。

总之,非政府组织往往积极寻求政府政策环境、资源等发展条件,在健全自律和监督机制的基础上,建立与政府的沟通、互动与协作机制,推动公共政策的变革。同时,政府在职能转变的过程中,也可以转移部分职能让非政府组织承担。

1. 非政府组织在危机管理中的作用

在危机管理领域,由于政府自身在资源禀赋、人员结构、组织体系等方面存在各种先天性的局限性。因此,在危机管理方面,不管是在危机事件发生后的灾害救助阶段,还是在前期的危机预警、监控阶段,都应当大力发挥非政府组织和民间社会结合紧密、公益性强等特点,积极吸纳非政府组织加入危机管理的行列。比如,1994年3月经政府批准成立的我国第一个群众性民间环保团体——中国文化书院·绿色文化分院(习称"自然之友",Friends of Nature),以"开展群众性环境教育、倡导绿色文明、建立和传播具有中国特色的绿色文化、促进中国的环保事业"为宗旨,通过各种专题活动、出版物、大众传媒向社会,特别是广大青少年进行环境教育,传播绿色意识,提高了全民族的环保意识,使环境保护成为全体社会成员共同的责任和使命,在公众中树立人与自然和谐共处的新型文化观念和生活方式,而这些行动从长期来看,可以有效地减少由于自然灾害造成的各种突发性危机事件的发生。

2002年6月,我国发生严重水灾,除引致大量的人命伤亡、房屋损坏及农田被淹外,部分地区的交通及通讯网络亦受影响而中断。香港红十字会公布了七份《中国水灾灾情报告》——这七个报告分别为:6月13日"香港红十字会派员前往国内水灾灾区"、6月14日"香港红十字会全力协助赈济国内水灾灾民";6月16日"洪水虽退灾情仍在,红十字会加紧救灾行动"、6月17日"香港红十字会拨款一百万支持国内灾区,呼吁市民踊跃捐款"、6月19日"香港红十字会动用120万款物紧急救助内地水灾灾民"、6月25日"国际红十字会呼吁援助港币2600万元,香港红十字会再派员往内地水灾灾区考察"以及6月29日"七月恐持续大雨,红十字会紧急支持"——从中我们可以看到国际红十字会、中国红十字会,特别是香港红十字会救助中国大陆2002年水灾赈灾所采取的各种措施和所作的各种努力。这些措施大致包括:派员前往灾区进行视察、评估灾情,以了解灾区的实际需要;运送紧急救灾物资(如口粮、帐篷、衣被和消毒剂等)到灾区赈济灾民,以解燃眉之急;筹集大笔的救援捐款;派出多支医疗队为灾民免费治病等。这些都说明非政府组织在突发性危机事件应急管理中发挥的重要作用。[①]

从《香港红十字会中国水灾灾情报告》罗列的众多数据和描述的活生生事例,我们看到了红十字会作为一个非政府组织在发生特大灾害时紧急救助过程中发挥的巨大作用。实际上,非政府组织在危机管理中的不可或缺的重要作用,不仅体现在危机事件已经发生后所采取的减灾、救灾和灾后的各项恢复重建活动中,也同样体现在危机意识的社会宣传、危机萌芽状态的预警和监控等各个阶段。

有学者更是把解决社会危机和社会控制的出路的重任交到了社会组织特别是非政府组织发展的肩上。他们展望:在不可能出现重大的社会革命的背景下,"单纯的反危机未必能奏效,反而可能导致新的集权;单纯的政治体制改革也未必能解决问题,除非改革为社会组织和社会运动的发展开辟

---

① 香港红十字会中国水灾灾情报告.香港红十字会网站 http://www.redcross.org.hk/,2002-08-26

真正的空间,即落实'小政府、大社会'的政治许诺和法律架构"。① 可以说,社会组织特别是非政府组织作为社会运动的载体,它们的发展不仅有利于推动社会运动对社会体制的建设,而且可以充当有效的社会控制中介,在国家与社会之间、国家与个人之间、社会转型的稳定和发展间起到良好的缓冲作用。

2. 政府与非政府组织参与应急管理的异同

当然,政府与非政府组织本身性质存在较大的差异:政府是公共权力的代表机构,具有高度权威性,而非政府组织却是以非政府性、非营利性和奉献性为典型特征。因此,在具体参与危机管理的目标、资源调动、决策过程、危机管理权限等许多方面都存在较大差异。香港乐施会(Oxfam Hong Kong)作为一个在国际上很有知名度的独立的发展和救济机构,曾经从其自身的灾害管理策略与经验出发,阐述了非政府组织与非政府组织参与应急管理的异同,很有借鉴意义。② 结合乐施会的阐述,我们大致从应急目标、应急时是否保持中立性、应急地点、应急时的行政决策过程、资源调动以及应急手段等几个方面出发,比较两者参与应急管理的异同(参见表3-2)。

表3-2 政府与非政府组织参与应急管理的异同一览

比较内容	政　府	非政府组织
应急目标	• 保障公民的生命财产安全 • 维护法纪 • 维护社会秩序 • 若为冲突事故,则可能包括维护国家安全	保障受灾人群的基本权利
中立性	如果政府为其中的冲突一方,则政府参与应急管理不具备中立性	一般而言中立(不分种族、国籍、宗教、性别、政治面貌等),并按实际需要提供援助
工作地点	管辖区域	一般比政府小得多,按本身网络、政策、资源等而定

---

① 吴强.社会危机与社会控制.中国研究,2002(2)
② 颜菁菁.政府与非政府组织参与应急管理的异同."社会变革中突发事件应急管理"专家研讨会讨论稿,北京,2001-11-26

续表

比较内容	政　府	非政府组织
行政决策过程	视中央和地方权责划分而定	在问责与效率之间取平衡，强调独立志愿人员的参与
资源调动	从政府财政支出	部分机构有储备资源可作周转，但一般也需要尽快筹集、募捐专项资金
应急手段	若为暴力性或特别重大的危机事件，政府可能动用军队、警察等暴力机器	• 人员派遣 • 物资援助 • 募集资金 • 心理援助

从上表所列出的比较内容可以看出，在具体的某一项灾害应急管理过程中，政府和非政府组织由于各自拥有不同的资源、组织和社会优势，参与危机事件应急管理的目标、地点、时间、方式、内容以及具体效果等都存在各自不同的特点。因此，作为两类各具特色的社会组织，政府与非政府组织两者之间应当相互配合，加强沟通，协同运作——不仅是危机事件发生后参与应急管理时是这样，在危机事件的预警和监控方面同样需要两者之间的通力配合。

营利组织

与非政府组织一样，它们也都是危机管理过程中不可或缺的重要组成部分。之所以强调营利组织参与突发性危机管理的重要性，是基于以下几个方面的原因：

第一，很多突发性危机事件往往发生的地点就是在某一营利组织所管辖的区域，这时营利组织作为危机事件的第一目击者和第一应急者，在做好和政府及相关职能部门的信息通报的同时，理应自己首先组织抢险救灾工作。

第二，重大的突发性危机事件发生后，受灾地区的营利组织作为灾害的直接利益相关者，他们自身的危机管理素质和抗逆水平的高低直接关系到能够有效减少灾害带来的生命和财产损失，而受灾地区以外的私人组织作为社会资源的一个重要构成部分，在必要的时候，他们也应当积极通过各种方式为灾区提供各种资金、物资、技术设备，乃至人员等各方面的帮助。

总的来说，在危机管理活动的各个阶段，不仅是政府的危机预警、监控机制和快速反应机制的建设和运转,而且在日常的社会危机意识的培养、民众技能的训练以及灾后的恢复重建工作中,都需要各种类型的营利组织的积极配合。

1. 营利组织作为危机第一应急者的情况

一般而言,因特定的自然灾害和工业技术而引起的突发事件很多往往都首先发生在营利组织所管辖的领域——前者如火灾、交通事故等,后者如危险物品、辐射事故、水坝决堤等。以我国近几年发生火灾的情况为例,总体上仍然呈上升态势,而且特大火灾死亡人数小作坊和私企等居多。据统计,1998年至2001年,全国共发生一次死亡10人以上的火灾34起,死亡861人。在最近四年里,有72起特大火灾发生在商场、饭店、歌舞厅、网吧等公众聚集场所,造成死亡564人、伤175人,直接损失3.2亿元。四年里,个体、营利企业以及租赁、承包的小作坊发生的特大火灾起数、死亡、受伤人数、直接财产损失,分别占火灾总数的29.1%、62.4%、25.5%和29.8%。同时城乡居民家庭火灾数量上升,而非消防重点单位火灾统计的四项数据比重点防火单位分别多4~20倍。令人担忧的是,2001年全国公众聚集场所专项治理中发现的火灾隐患,至今还有30余万处整改难度较大的尚未得到整改。随着用电、用火、用气、用油领域的不断扩大,应用于日常生活和建筑装修方面的新型可燃材料的不断出现,火灾隐患还在不断增多。[①]

再比如,我国煤矿工业近几年频频发生特大、重大安全事故。我国是全世界煤产量最高的国家,也是安全记录最差的国家——中国煤产量占全世界的1/4,但煤工业死亡人数占全世界的4/5。根据中国国家安全生产监督管理局提供的情况,2002年7月1日至7日,工矿企业发生伤亡事故47起,死亡170人。其中,重大事故15起,死亡61人;特大事故4起,死亡77人。重大事故中:煤矿企业8起,死亡34人;非煤矿山企业2起,死亡7人;非矿山企业5起,死亡20人;特大事故4起,死亡77人(煤矿企业)。其中,有不少未经政府有关部门核发"四证"的小煤矿,在不具备基本安全生产条件的情况下,冒险生产,造成特大事故,如白山市江源县松树镇富强煤矿在经省政府验收后,没有核发四证的情况下,置白山办事处不准生产的决定于不顾,私自恢复生产,造成39人死亡。此外,一些地区汛期连降大雨,一些小煤矿缺乏防洪和防透水的意识,在水文地质情况不清的情况下,没有采取探放水措施,引发事故,如陕西省渭南市韩城市桑树坪镇胡岭村西沟煤矿

---

① 近几年特大火灾死亡人数小作坊和私企等居多.人民公安报,2002-06-27

由于没有探放水,穿透老空,引发特大透水事故。

营利组织作为灾害发生的现场第一目击者,首先必须承担起突发事件应急管理的职责,在开展抢险救灾工作的同时及时向相关政府部门通报灾害及事故情况,直至政府及其相关职能部门赶到现场后,把指挥应急权交由它们负责。但现实中我们的很多营利组织在灾害发生后,不仅不能很好地组织抢救工作,也不能把灾害、事故的有关信息及时向政府部门通报,更为糟糕的是,他们往往隐瞒事故真相,暗地里自作主张地采取和死亡家属"私了"的解决办法。如2002年繁峙金矿"6·22"特大爆炸事故的非法矿主,为达到隐瞒事实真相的目的,藏匿、转移、焚烧尸体,而且破坏现场,把事故发生的井口用200多车垃圾废弃物填平,矿主还花钱进行了"私了",致使调查取证非常困难。

2. 危机不是发生在营利组织的辖地,但营利组织必须提供紧急救助的情况

危机状态作为一种非常规的社会秩序,其危害性波及的范围有可能延伸至整个社会。因此,政府在调动所掌管的各种公共物资和资源进行突发性危机管理活动外,有可能还得动用各种营利组织的资源,支持政府危机管理活动的需要。这些资源一般包括某些特定的行业,比如:商业银行、保险公司、通讯公司、医药公司等。这些行业组织在危机管理中提供特定的技术设备和各种资源,承担特定的支持政府危机管理行为的职能,比如,保险公司在危机发生后要实施保险理赔,促使企业法人和公民迅速恢复正常生产、生活。

案例3-9　危机管理中的营利组织:
2002年我国"5·7"空难[①]

2002年5月7日,北方航空公司的CJ6136班机不幸在大连失事,机上共有乘客103人,机组人员9人,全部遇难。"5·7"空难发生后,国内各家保险公司积极行动,中国人民、中国人寿、平安、太平洋、新华、泰康等保险公司对此次事件反应迅速、理赔积极。

- "5·7"空难发生后,承保该架民航客机的中国人民保险公司立即决定向北方航空公司预付赔款200万美元。

---

① "5·7"空难——保险业总动员.中国证券报,2002-05-13

- 中国再保险公司不仅承担了失事客机机身险20%的法定分保,共计209.8万美元,还承担乘客购买的航意险赔偿额的20%。
- 中国人寿保险公司立即启动公司紧急应对系统,为客户提供迅速、高效、优质的保险服务,紧急成立空难理赔、查勘应对小组,综合协调,统一指挥有关理赔、查勘、服务、慰问等有关事宜,与遇难者家属取得联系,立即将赔款送到他们手中,大连分公司还作出了捐助10万元人民币用于该次空难事故的救援工作的决定。
- 空难发生后半小时,中国平安保险大连分公司便迅速成立了事故临时应急处理小组,理赔部的4名事故处理人员赶到现场,成为本次事故惟一介入救援行动的保险企业。
- 太平洋保险开通事件处理绿色通道,启动急难救助程序,保证以最迅速最便捷的方式处理此次空难事件的各项事宜。
- 新华人寿力争第一时间快速理赔,根据该公司的理赔快速反应机制,统一协作,迅速反应,完成理赔工作,与遇难者家属取得联系。
- 泰康人寿成立空难紧急处理小组,并与保监会、北京市保险同业协会、民航总局、同业公司等保持密切联系,并通过网络随时掌握最新消息。在大连,泰康人寿大连分公司在总公司的领导下成立了"紧急理赔小组",力争以最快的速度投入善后处理工作。

当然,出于维护正常的宪法和法律秩序的需要,在危机状态下政府有时需要暂时关闭、停顿一部分私人部门和组织,如可能要求航空公司的飞机禁止飞行,或是部分交通线路实施管制等。比如,2002年6月16日"蓝极速"网吧发生特大火灾事故后,北京市立即紧急部署防火安全,开展全面防火安全大检查,所有网吧自事发当日起停业整顿,为期1个季度。① 政府所采取的这些危机管理措施,其正确制定和有效执行都有赖于相关营利部门的积极配合。

3. 营利组织日常的危机应对教育

危机管理是个持续的过程,它不仅需要危机管理人员在危机事件业发生后采取各种应对行动,更需要培养日常的危机意识和危机应对能力——

---

① 北京紧急部署防火安全　所有网吧今起停业整顿.新浪网新闻 http://news.sina.com.cn/c/2002-06-16/1533606853.html,2002-06-16

这种意识和能力的培养同样适用于营利组织和组织内的每一个成员。

由于危机状态是一种偏离正常发展轨道的非均衡状态，组织常规的工作方式和工作程序已不能奏效，必须使用紧急手段才能应付危机的压力，使组织功能得以维持。因此，各营利组织首先必须采取有效的防范措施，识别那些可能成为新危机的导火索以及可能引发更大范围内的突发事件的各种危险信号，进而排除隐患，尽可能从根源上杜绝危机事件的发生。但目前很多营利组织在这方面尚有较大差距。

2002年7月4日广州市公安消防局公布了10个存在消防隐患的公共娱乐场所名单，这些娱乐场所均不符合国家最新规范要求。国家规定：歌舞厅、录像厅、夜总会、卡拉OK厅、桑拿浴室、网吧等歌舞娱乐放映游艺场所宜设置在一、二级建筑内的首层、二层或三层的靠外墙部位，而这些娱乐场所均设在四楼以上，且单厅面积超过200平方米，存在消防隐患。[①]

北京市各种文化娱乐场所中也同样存在无证照非法经营现象突出、安全消防隐患突出、场所安全保卫制度不落实、措施不完善等问题。全市目前有各类文化娱乐场所7 000余家。2002年6月16日"蓝极速"网吧大火后，市公安、文化、工商、商委等部门联合检查了以网吧、洗浴、发廊和文化娱乐场所为主的场所近3万余家，其他场所1万余家，其中共查处无证照或证照不全、存在安全隐患、卖淫嫖娼、赌博等问题的场所4 000余家，这些场所中，501家无证照场所被取缔，1 100余家证照不齐的场所被责令停业，1 300余家存在安全隐患的场所被停业整顿、1 100余家被责令限期整改。[②]

不仅是北京，目前全国各地的网吧普遍缺乏逃生通道，网吧业主安全意识较差。北京"蓝极速"网吧特大火灾事故发生后，各地迅速组织对网吧行业的消防安全检查，对存在违法违章行为的"问题网吧"进行依法查处。截至6月底，全国共组织消防安全检查组1.5万多个，检查单位38.8万多家，依法督促整改火灾隐患22.2万多处，全国共有6 287家非法设置、经营的歌厅、舞厅、录像厅、电子游戏厅等公众娱乐场所被依法取缔，有1.1万家公众聚集场所因存在重大火灾隐患被依法责令停业整改，有11.4万家存在火灾隐患的单位被责令限期整改。各地还检查加油站6.5万多家，依法取缔了2 261家不符合城镇消防安全布局、防火间距达不到国家标准要求的加油站。[③]

---

① 广州十娱乐场所存在隐患.南方日报，2002-07-05
② 北京市警方半月查处4 000家娱乐场所.京华时报，2002-07-05
③ 全国1.4万多"问题网吧"被依法查处.南阳日报，2002-07-29

当然,以上谈及的更多的是通过外在的强制手段预防突发性危机事件发生的可能性,更为关键的是营利组织自身必须自觉地把防范危机工作放在极其重要的位置上。营利组织依法经营、遵守各项安全法规同时加强日常的安全管理工作,及时排除灾害隐患,减少危机发生的可能性。不仅如此,各营利组织特别是那些位于公众聚集场所的组织必须训练成员的危机应对技能,使他们必须具备一定的危机防范能力,以及危机状态下的疏导公众、实施灾害救助的能力,保证万一组织内发生意外的危机事件时,人员能及时撤离和得到有效救护,减少各种灾害所带来的人员伤亡和财产损失。

社会公众

危机事件不仅是对政府能力的挑战,更是对社会整体能力的综合考验。在通常情况下,社会公众是突发性危机事件直接威胁的对象,也可以称他们为直接的"受灾体"。此时,公众的生命和财产安全便成为政府危机管理最为重要的内容,而公众自身的危机意识、危机预防能力和危机应对水平便成为决定政府危机管理质量的重要因素。

1. 脆弱性与危机教育

实际上,某一特定的危机事件最终究竟能在多大程度上对公众的生命和财产安全构成威胁,除了危机事件本身的(灾害体、灾害源)的潜在危险外,另外的一个重要影响因素就是社会公众(受灾体)抵御灾变的能力(或称之为"脆弱性")。它们之间的关联性正如下面关系链所表现的那样:①

$$\frac{危险事故}{(灾害源)} + 脆弱环节 = \frac{灾害}{(受灾体)}$$

潜在危险 + 脆弱性/能力 = 灾害风险

关系链中的危险事故及其可能带来的潜在危险,主要包括:由自然因素引起的事故(如地震、冰雹、暴雨等)、由人为因素引起的事故(如战争、冲突、火警等)和由混合因素引起的事故(环境退化、滑坡泥石流、洪水)等。而脆弱性/能力则主要体现为以下几个因素:物质方面(如经济能力、房屋结构、地理位置等)、组织方面(如通信系统、疏散及救援计划等)、态度方面(如态度积极/消极、警觉性等)。就社会公众能在多大程度上抵御和承受灾

---

① 颜菁菁.政府与非政府组织参与应急管理的异同."社会变革中突发事件应急管理"专家研讨会讨论稿,北京,2001-11-26

变而言，主要与灾变根源、背后的制约因素和现实的不安全状况相关。

诸如美国9·11"事件中美国社会整体的内在有序和恢复能力，不仅仅来源于美国专门的危机综合协调部门的法治化程度，也取决于政府对全民危机教育的重视。针对诸如地震、人防、洪水、台风、冰雹、火灾以及核电厂、反劫机、反恐怖活动等突发性危机事件适当进行救灾反应演习，能够训练民众在危机撤离和救援中很好的心理素质和处理能力，这就形成比较强的社会整体危机应对能力，进而往往能使得救灾和医疗抢险非常及时，大大减少损失。比如，加拿大紧急预案周是每年的国家活动，通过政府和其他紧急预案社团组织的合作，在每年三月的第一周举行，目的是增强公众对紧急预案的关注。在地方组织的引导下，参与各方包括紧急响应者、志愿者组织、非政府组织、大众媒体和教育机构。①

2. 危机训练

作为政府反危机战略的内容，在统一社会价值观念，整合社会有序能力，提高社会抗逆水平，健全社会道德约束的同时，政府要更加积极有效地通过社会宣传、员工培训、学校教育、社会演习等各种方法和手段，最大可能地吸纳社会公众参与危机管理活动，增进社会整体的危机应对能力。比如，广西南宁市2001年6月的防洪社会大演习对7月抗洪救灾的积极作用就说明了有针对性地实施社会模拟训练、培育公众危机意识、训练公众危机应对能力的重要意义。

**案例3-10　公众的危机应对能力：
2001年南宁市防洪演习**②

2001年6月27日，33年未遇大洪水的南宁城区，一场全民皆兵、军警民齐动的防洪演习拉开帷幕。2001年南宁市一进入汛期就经历了两次洪峰，南宁多年来没发生过大洪水，该年发生大洪水的几率很大，而南宁市民防大汛、抗大灾的意识已经淡薄。为此，南宁市政府针对这些情况部署了这次演习。演习假想了三种险情：管涌、决口、破堤分洪。这次演习南宁市政府投入资金43万元，直接参加演习的警民约600人，参加单位21个，并筹措了冲锋舟等一批抢险物资和设备。虽然南宁市目前已建成排涝泵站13座，但未雨绸缪，防患未然，不管南宁该年是否会

---

① 参见：加拿大紧急预案周网址 http://www.emergencypreparednessweek.ca/
② 南宁军警民防洪大演习.人民日报·华南新闻,2001-06-28

遇上洪水,通过防洪演习全市人民都要做好充分的防大汛、抗大灾的准备,把可能造成的损失降到最低限度。

巧合的是,演习刚过,危机就发生了。从7月4日开始,"榴莲"和"尤特"两次台风接连袭击华南地区,南宁市遭遇了近百年来最大的一次洪涝灾害,正是由于前几天的社会抗洪演习,使得在面临这么重大的灾难面前,百万市民生活安详如常,水、电供应正常,公共交通正常运行,各家银行给市民提供着正常的服务,电影院等娱乐场所照样开放,街头报刊亭、小卖部没有因洪水的来临而关闭,在南宁市区看不出洪水对市民生活造成的不便。[①]

3. 危机动员

如上所述,我们必须重视全民的危机管理教育:一方面,尽快开展在公务人员中的危机应对情景训练,这一点可以结合目前正在大力推动的公共管理硕士(MPA)专业学校教育的推广;另一方面,对普通民众开展危机应对教育,了解各种灾难发生的科学过程,掌握一定自我保护的方法,增强危机应对能力。

对于社会公众而言,还必须建立公共安全和保障计划,以便保证在整个国家或是国家的局部某一区域发生重大的危机事件的时候,有足够的储备资源可以使用。比如,新加坡的民防志愿者有5万多人,一旦国家发生灾难或战争,民防志愿者就可转为一个全职民防职员和国家公务员。在接受基本的民防技术培训后,民防志愿者根据他们所在地区编成若干小组——新加坡的每个区域有其自己对口的民防志愿者小组——所有活动由一名民防执行委员协调。通过公共安全和保障计划,民防执行委员还帮助建立一个民防志愿者网络,以处理有关紧急事务、自救。在有火灾隐患的地区,让大家了解支持消防安全条例。[②] 当然,危机发生后,民众也通过募捐、充当志愿者等方式为受灾地区输送抗灾救灾所必须的大量的人员、资金、技术设备以及其他灾害所需的各种物资。

---

① 黄革.面对严峻的抗洪形势　南宁市民生活如常. http://news.163.com/editor/ 010710_ 225777.html,2000-07-10
② 参见:新加坡民防部队和民防志愿者网 http://www.mfb.sh.cn/zhuantijujiao/hot-zu22.asp

国际资源

今天,危机的原因和结果往往是世界性的。随着全球经济一体化趋势和信息技术的发展,世界成为一个"地球村",国际交往日益增强,国家与国家之间的距离越来越小,这也对现有的各国独立的政府危机管理职能提出严峻挑战,因此,加强全球合作、利用国际力量应对各种全球危机也就显得极为必要了。

1. 跨国界应对危机

总结各国政府面对的很多危机,其起因和后果往往都具有国际性,如区域冲突和战争、偷渡、国际性的贩毒及劫机等跨国界危机以及如沙尘暴、酸雨等危害各国安全的自然灾害,这些危机事件的有效应对活动都需要各国的合作和一些国家组织。实际上2001年"9·11"恐怖袭击事件,美国政府也正是在其他国家的合作下,才迅速确认恐怖分子并立即开展搜索恐怖分子的行动。

另一方面,在一国发生重大灾难的时候,通过国际人道主义救援,输送大批灾区急需的医疗、食品、技术人员以及别的重要物资,可以有效地缓和灾害发生国的危机应对压力。特别是在一些国家应对重大的洪灾、地震、火灾等活动中,这种国际性的应急救援力量的作用表现的更为明显。比如,我国云南省1996年发生大地震后,接收到了大量国际性的紧急救助资金和物资,这些资金和物质对抗灾减灾、渡过难关和灾后的恢复重建工作都起到了极为重要的推动作用。

案例 3-11　危机中的国际救助:1996 年云南丽江大地震[①]

1996 年 2 月 3 日 19 时 45 分,我国云南省丽江地区发生里氏 7.0 级大地震,震情波及宁蒗县 16 个乡镇,造成直接经济损失 4 亿多元。地震发生后,宁蒗县收到国内大量救灾资金和物资外,还接收到了香港乐施会、荷兰、瑞典、泰国和香港爱民会的紧急救灾援助,这些外援项目实施情况如下:

[①] 宁蒗彝族自治县"2·3"地震外援项目实施情况通报. http://www.yunnan.com.cn/dt/nl_win/2.3dz/dz.htm,2000-08-17

- 香港乐施会捐款近70万元人民币,用于紧急救灾援助。该项目经香港乐施会昆明办事处到实地考察,并与云南省民政厅和宁蒗县政府协商,一致同意把援金投入到重灾区龙通行政村民房搬迁与重建。宁蒗县政府按照"三方"达成的备忘录,及时成立了乐施会项目领导小组,认真组织项目的实施和管理。现龙通行政村203户灾民已全部进行了异地安置,解决了他们的住房、耕地、道路、水利、学校等问题。
  - 荷兰政府通过联合国开发计划署向宁蒗县提供58 136美元用了紧急救灾援助。宁蒗县用救援资金购买150 456公斤大米分发给西布河、拉伯、金棉三个重灾乡,受益人数达5 015人。
- 瑞典政府通过联合国开发计划署向宁蒗县提供48 530美元用于紧急救灾援助。宁蒗县已把救援资金安排给西布河、西川、拉伯三个重灾乡的灾民搭建临时住房,共搭建简易棚4 399间,受益人数达6 205人。
- 香港爱民会捐赠10万美元用于紧急救灾援助。宁蒗县已把捐赠款用于两个项目:一是安排50万元人民币用于沿江重灾小学搭建20所临时教室和学生寝室24间660平方米,入宿学生294人;二是安排32.8万元人民币为特重灾区西布河、拉伯及边远中学购棉被4 340床。
- 泰国政府捐赠泰国大米1 000袋,方便面60箱,罐头60箱,腌菜罐头60箱。宁蒗县把这些捐赠物资如数安排给灾民,渡过了难关。

因此,在危机的应对过程中,通过全球合作,效果很明显:一方面,各国间可以获得更多的谅解,有效消除危机,恢复社会秩序,重建文明的世界;另一方面,通过各国协同努力,可以提高各国危机救治效率、降低救治成本。

2. 全球危机应对合作机制

但是,在世界各国协同应对各种危机事件中存在一个建立怎样的全球危机应对合作机制的问题,尤其是在哪些机构应该扮演主要角色和应该采取怎样的措施方面容易产生分歧。

在当今国际社会中,具有一定历史和权威地位的联合国应该扮演并发挥这样的角色,也就是说,全球危机应对合作可以在联合国的框架内展开。

首先,联合国作为一个全球性国际组织,成立时间较早,致力于全球和平与安全、经济与社会发展,获得绝大多数国家的认同,它的决策在全球范围内具有较强的权威性,而其他区域组织,或者不具备全球性,或者难以获得绝大多数国家的承认。

其次,联合国及其下属机构(如世界粮食计划署、联合国国际原子能总署、粮食及农业组织、联合国开发计划署、联合国难民事务高级专员办事处、人道主义事务协调厅等)曾经在各种危机处理中发挥过积极作用。比如,20世纪80年代末,联合国将1990—1999年定为"国际减灾十年",并成立了"联合国国际减灾委员会",有效地加强了全球范围内开展防灾救灾的对外交流与合作,推动了世界各国的防灾救灾行动的开展;联合国粮农组织目前实施了几项紧急情况和早期恢复计划,目前正在65个国家和地区开展210个紧急项目,加强了对自然灾害和人为紧急情况做出的反应,有效地缓解了这些危机对各国民众生计的威胁。2001年"9·11"事件发生后,美国也是通过联合国与全球绝大多数国家建立共同反对恐怖主义的行动。

其三,联合国在其直系范围之外与其他国际组织在保持着牢固的伙伴关系,其危机应对模式已经开始形成并日趋完善。比如,联合国维持和平行动、联合国救援行动、贝雷帽行动等均开展得卓有成效,其他全球性国际组织也已经适应联合国的各种危机应对模式,积极参与联合国的各种危机救援行动。如国际红十字会、世界银行、世界卫生组织、国际农业开发基金等国际组织的救援行动往往与联合国的救援行动密切配合。[1]

3.4 危机中的法律原则

我们在前面的章节里讨论了建立有效的国家对紧急事务的预警和快速反应机制对于政府危机管理的重要意义,它能够最大程度地限制和避免危机事件给人民的生命和财产、政府正常的管理活动和社会的基本秩序所造成的危害。实际上,预警和快速反应机制的建设仅仅是危机管理所采取的主要措施和对策的一个方面,危机管理更重要的是要制定相关的法律,统一规定政府在处理紧急事务中的职权和职责,确定依法对抗紧急状态的法治原则。因此,本节将探讨危机管理中的法律原则问题,特别是其中涉及我国

---

[1] 叶国文.预警和救治:从"9·11"事件看政府危机管理.国际论坛,2002(3)

现代危机管理体制建设中与法律原则相关的众多问题。

我们首先简要地了解国家的法律生活与危机事件的互动关系，说明现实中国家立法、执法和司法活动的某些缺陷可能导致危机事件的发生，从而表明发挥法律对社会危机状态的防范和矫正功能的重要意义。紧接着，我们将重点从立法角度介绍对公共紧急状态和危机事件的对抗手段，探讨我国实际运作中分散立法的现状给政府危机管理带来的各种各样的困难。最后，我们还将讨论危机状态下的政府的危机管理权和公民权保障问题，力求把危机管理纳入法制化轨道，以保证政府在法律规定的范围内行使危机管理权，并使这种权力得到社会和公众的有效监督。

危机中的法律问题

处理突发事件是一种非程序化决策。正如在本书第四章从决策过程分析现代危机管理的构建时所阐释的那样，非常规决策中所涉及的社会危机很多往往是由于日常的常规决策中的不公正、不民主、不及时等带来的对社会公民的潜在影响所造成的。而无论是国家的立法、执法活动还是司法活动，要是如果操作失误或者处理不当，都有可能引发社会危机事件的发生。

就现实的观察而言，由于国家的法律活动而导致社会性危机事件发生的，主要有以下几种情况。

1. 立法的缺陷导致的危机潜在因素

在立法的活动中，如何最大可能地吸纳公众对机关法律条文的意见和建议，保证法规出台的民主化、科学化，保证立法产生的法规的公平性、公正性，便成为立法工作者需要重点关注的问题，稍有不慎，就有可能引发因公众对政策不满而导致的社会危机。我国现实生活中也经常可以观察到由于国家相关法律出台没有充分考虑到社会影响面而引发的突发性危机事件。为此，我国近几年在公共决策方面也应大力推广听证制度[①]等形式，吸纳政策受众积极参与公共政策的制定过程。

2. 违法的"行政执法"导致的危机事件

行政执法涉及社会中的各个领域，关系到法人、社会组织和公民个人的

[①] 所谓听证制度，就是政府组织在做出直接涉及公众或公民利益的公共决策时，应当听取利害关系人、社会各方及有关专家的意见，以实现良好治理的一种必要的规范性程序设计。

切身利益,但现实中有关行政执法的内容有些没有统一而公开的标准。因此,在行政执法的工作中,如何严格依据有关法律法规的原则和规范,贯彻执行公开、公平、公正的精神,建立健全行政执法责任制度,做到主体合法、行为合法、程序合法、形式合法,达到执法主体权限明确、责任明确、任务明确、手段明确、处罚尺度明确,就成为执法机关和执法者需要注意的方面。和立法的缺陷有可能导致突发性危机事件一样,执法活动中的种种弊病也有可能带来整个社会的振荡和波动。

**案例 3-12 危机管理中的法律问题——违法行政行为:
2002 年豫东虞城县"教育捐资款"上访事件**[①]**和
2001 年村民状告山东省青州市环保局行政失职案**[②]

2002 年 4 月豫东虞城县沙集乡也发生了一起因"教育捐资款"引发的上访告状事件。沙集乡政府规定:1999 年和 2000 年度师范毕业生要交教师上岗费才给安排工作,正规院校毕业的交 1 万元,非正规院校(指职中、电大等)毕业的交 1.1 万元,乡政府共计收了 50 万元左右。由于当地的农民年人均纯收入仅有 1 800 多元,这笔被冠以"教育捐资款"的上岗费对农民家庭来说无疑是一笔大数字。70 名毕业生有 49 人东挪西借交上了钱,还有 21 人因没有钱无法参加工作,有的学生被迫外出打工,不少学生家长联合起来上访告状,造成一定的社会震动和社会负面效应。

村民状告山东省青州市环保局行政失职案

2001 年 4 月 5 日发生了一起由 23 名深受环境污染之苦的村民,联名状告山东省青州市环保局行政失职案。山东省青州市庙子镇西坡村 23 名村民到青州法院起诉,状告青州市环保局对处于该村村南水库边河滩地里的一处非法炼油厂造成环境污染一事,没有认真履行其法定职责,致使村民利益受到严重侵害。该炼油厂曾于 1999 年 6 月份发生原油泄漏事件,污染了该村水源,致使无法饮用。村民将这个情况反映到青州市环保局后,环保局派人到现场进行了察看,当时表态要取缔该非法炼油厂,但却一直未作进一步处理,造成部分村民多次上访。2000 年 8 月 11 日夜间,该炼油厂释放出的有毒气体导致本村 100 多人不同程

[①] 朱广智.虞城:教师上岗先交费 少了一万莫教书.检察日报,2002-04-08
[②] 刘建华,芳君.非法炼油厂邻村而建 受害村民联名告状.中国环境报,2001-06-27

度中毒,其中23人中毒较为严重,不得不打针吃药;中毒最厉害的两名村民被迫住院治疗,其他的人则有不同程度的不适感。次日,部分村民便把中毒情况报告了镇派出所及该镇政府领导,派出所民警到现场对有关情况进行了了解,随后镇政府将此情况向市环保局作了报告。环保局于8月13日到西坡村查看现场后,再次表态要将此炼油厂予以取缔,并责令该厂负责人清除炼油厂污染源,但事后环保局仍未采取果断措施。此后,该村村民多次找环保局讨要"说法"。事隔近半年后,环保局通过镇政府将炼油厂负责人写的一份保证书复印件发给有关村民。2001年2月27日,环保局有关领导到镇政府,称对此案的赔偿事宜要作调解处理,在环保局主持下村民与炼油厂初步达成了损害赔偿协议,但村民走到半路上不知何故又被环保局工作人员追上将调解书要了回去,村民的赔偿一直未能兑现。为此,23名村民联名起诉环保局,请求法院依法判令环保局履行法定职责,清理现场,消除隐患,确保安全,并对受害人做出赔偿。

出于强化行政执法的监督机制,在更高程度上确保行政机关做出正确、公平的处罚决定,有利于行政争议的妥善解决,以及进一步改善行政机关的社会形象,减少因行政违法的"执法"活动导致的突发事件发生的可能性的目的,我国于1996年建立了行政处罚听证行政制度,明确执法听证过程中公开透明的行政程序,具体由我国《行政处罚法》明确规定,适用于正式听证。

3. 司法权被滥用的"司法"活动导致的危机事件

从结果是否公平、过程是否正当和司法内外体制是否合理三个角度进行考察,目前有可能引发突发性危机事件的司法活动表现为以下三个方面[①]:第一,司法腐败,即司法结果的不公,既有司法机关及司法人员因知识欠缺而导致的过失误判(即渎职),又有司法机关及司法人员道德低下而故意为之的徇私舞弊、枉法裁判;第二,司法专横,即司法行为在过程和程序上不开放、不民主,单纯追求实体真实而不顾程序正义,体现为诉讼参与人的合法权利被践踏如刑讯逼供、暴力取证、不审而判、先判后审、不容辩护、限制上诉、虐待被监管人等;第三,司法软弱,即司法机关或者司法人员应当履

---

① 李永红. 司法不公的表现. 中国法治网 http://www.sinolaw.net.cn/wszh/liyonghong/lyh09.htm

行职权而不履行,如对公民或者法人提起的民事诉讼以无法律依据为由拒绝受理,导致纠纷不能解决、权利不能救济,再如由于地方保护主义的干涉,使一些损害国家利益无损地方利益的案件得不到处理,使秩序无法维护。原因是司法的不独立导致司法受制于法外因素的干扰,即慑于行政权力和其他社会力量的压力而放弃职守,如不协助甚至阻止外地法院执行涉及本地利益的合法判决(俗称"地方保护主义")。

中央电视台"社会经纬"栏目曾报道乌鲁木齐市出租车司机王伟因虚假病历和法医错误鉴定被误判4年的案件。《中国青年报》2002年5月15日也曾报道"两次被误判死刑"的一个案例:家住黑龙江牡丹江市温春镇的王有恩因一起"杀人碎尸"案,经黑龙江省市两级人民法院历时6年零1个月的审理,分别被判处两次死刑、一次死缓,其妻米巧玲也因包庇罪被判处有期徒刑5年。两人在合计被错误关押3881天后,省高院宣布王、米无罪释放。1999年甘肃省更是发生了一起全国罕见的严重违法司法事件。

案例 3-13　危机管理中的法律问题——司法不当:1998 年甘肃酒泉地区中院的误判事件[①]

1998年12月15日甘肃酒泉地区中院在一份判决书中,认定由甘肃省人大常委会制定公布的《甘肃省产品质量监督管理条例》有悖国法,不能作为实施行政处罚的依据。1999年7月1日甘肃省人大召开主任会议,听取案情,认为酒泉地区中院判决书"严重侵犯了宪法中地方组织法赋予地方人大及常委会的立法权,超越审判权限,直接损害了地方性法规的严肃性",并认定"这是一起全国罕见的审判机关在审判中的严重违法司法事件",在甘肃省人大督促下,甘肃省高院9月1日作出行政判决,撤销了酒泉地区中院的错误判决。

---

4. 某些社会群体不懂法或抗法导致的危机事件

由于经济转轨的过程中,一些利益关系没有得到合理的协调和平衡,还没有形成良好的市场环境和市场秩序,执法环境不良、地方保护主义严重、公民法律意识淡薄,一段时期以来,不法分子暴力抗拒执法、暴力抗拒管理、暴力抗拒监督的事件屡有发生。法官、检察官、警察、行政执法人员等在执

[①] 王宏.甘肃发生全国罕见的严重违法司法事件.武汉晚报,2000-10-28

行公务时,常常受到围攻、殴打,一些执法人员甚至在暴力抗法事件中献出了自己的生命。据最高人民法院统计,从1999年7月到2000年11月,全国法院执法过程中发生暴力抗法事件249次,384名法官被打伤。目前,暴力抗法呈现出一些新的特点:由个体抗法发展为群体围攻;由语言威胁发展为动用凶器;由突发事件发展为事先预谋;由群众抗法发展为由地方干部带头抗法。不仅法院法官的执法遭到暴力抵抗,其他执法部门执法过程中也同样时常如此。

**案例3-14　危机管理中的法律问题——暴力抗法:
2001年四川成都暴力抗法事件[①]和湖北孝感市
烟草专卖局稽查队执法遭围攻事件[②]**

2001年2月28日下午,四川成都市龙泉驿区法院6名法官为执行史元亮、江友泉分别申请执行朱某欠款纠纷案来到朱某处。由于朱某仍然拒不履行还款义务,执行人员决定对朱所有的农用车采取强制扣押措施。朱某却以行驶证在其妹妹那里为由拒绝交出。执行法警找到朱妹希望能配合法院工作,但她态度蛮横,辱骂干警并叫嚷:"我就是不拿,看你们敢怎样",并将双手伸出喊道:"你们把我铐起来嘛。"执行人员对她做工作,她置之不理。当两名法警准备将其带离时,朱妹突然对2人拳打脚踢,将两位法警的脸部、手背多处抓伤。龙泉驿区法院依法对兄妹俩作出了司法拘留10天的决定。

湖北孝感市烟草专卖局稽查队执法遭围攻

2001年2月18日,根据举报,湖北孝感市孝南区烟草专卖局稽查队20余名执法人员,会同孝南公安分局两民警赶到肖港镇保丰村一居民家中,依法查获香烟422条。当稽查人员将香烟装进稽查车时,3名自称是货主的人煽动不明真相的50余名群众围攻并打伤执法人员。混乱中,有人砸毁执法车玻璃,查获的150条香烟被抢走。

更令人担心的是,由于地方保护主义的影响,一些地方往往将暴力抗法者拘留之后随即放掉,或对该移送司法机关追究刑事责任者放纵不办。在全国法院1999年7月至2000年11月执行中抓获的401名暴力抗法者中,被追究刑事责任的只有41人,仅占总数的10.2%。

---

① 暴力抗法　法理不容.人民日报,2001-03-26
② 湖北发生暴力抗法事件　50余人围攻执法人员.中国新闻社,2001-02-22

我国危机立法现状

从以上的讨论可知,国家的法律生活与危机事件是密切相连的,立法、执法和司法活动的缺陷,往往都有可能导致极具社会破坏性的突发性危机事件的发生。因此,这就给我们危机管理中的法治建设提出了一个重要的命题:如何发挥法律对社会无序状态或是紧急状态的防范和矫正功能?从我国实际情况来看:我国目前对公共紧急状态的对抗手段比较分散,从立法角度来看,我国先后制定了对付社会动乱的《戒严法》,对付重大自然灾害的《防震减灾法》、《防洪法》和《消防法》等。不过,这些法律本身具有很强的独立性,部门管理色彩很重,在突发性危机事件的应对上也存在协调等多方面的问题。

1.《戒严法》

戒严是针对紧急危险局势而采取的一种手段。具体讲,所谓戒严,就是"针对国内出现的由于内部或外部原因引起的极其严重的暴力行动,在正常宪法和法律手段难以维护秩序的情况下,为了迅速恢复正常的宪法和法律秩序,最大限度地减少人民生命财产地损失,所采取的紧迫而且严厉的对抗手段"。[①] 在世界各国,通过立法形式确定戒严事项已成为一种普遍的趋势,有些国家通过宪法授予总统相当广泛的紧急处置权;有些国家如我国和韩国则制定了专门的戒严法;有些国家如美国虽然没有明确的法律规定,但政府可以宣布紧急状态和戒严。

总的来说,《戒严法》主要针对诸如发生战争、动乱、大规模的暴力冲突等某种较为严重的紧急危机事态,在正常手段不能够维护宪法、法律和社会秩序时,国家采取军事手段为主、正常宪法和法律手段为辅的方针和原则应对重大的突发性危机事件。我国国务院曾于 1989 年根据 1988 年 4 月 12 日第七届全国人民代表大会第一次会议通过的我国宪法,发布了两次戒严令:一次是为了制止一小撮民族分裂分子在西藏拉萨策动的骚乱,国务院于 3 月初在拉萨宣布了戒严令,这个戒严令实行了一年多,戒严令是在当时主张独立的大规模抗议期间实行的,那次抗议行动包括与安全部队发生暴力对抗;另一次是 5 月 20 日为了制止社会动乱和反革命暴乱,北京市政府正式发布对北京市部分地区的戒严令。

---

① 胡宁生主编.中国政府形象战略.北京:中共中央党校出版社,1999,1298

2.《防震减灾法》

地震属于由自然灾害造成的突发性危机事件,诸如1976年7月28日在唐山发生的大地震死亡242 769人,重伤16 485人,成为世界地震史上最悲惨的一页。地震的突然性和灾难性,使人谈震色变。因此,"为了防御与减轻地震灾害,保护人民生命和财产安全,保障社会主义建设顺利进行",1997年12月29日国家主席签署了"中华人民共和国主席令第九十四号"发布第八届全国人民代表大会常务委员会第二十九次会议通过的《中华人民共和国防震减灾法》。此项《防震减灾法》共分为七章:"总则"、"地震监测预报"、"地震灾害预防"、"地震应急"、"震后救灾与重建"、"法律责任"和"附则"。

总体上而言,《中华人民共和国防震减灾法》就是对地震这一特殊的自然灾害及其可能造成的危机事件的预警和监控、快速应对中各部门的职能分工和法律授权、灾害应对的运作流程以及相关的法律责任做了法制化的规定。

3.《防洪法》

与地震类似,洪水特别是特大洪涝灾害也是属于由自然灾害造成的突发性危机事件。相信我国1998年洪灾读者都还记忆犹新,由于洪水量极大、涉及范围广、持续时间长,洪涝灾害非常严重。据统计,全国共有29个省(区、市)遭受了不同程度的洪涝灾害,受灾面积3.18亿亩,成灾面积1.96亿亩,受灾人口2.23亿人,死亡3 004人(其中长江流域1 320人),倒塌房屋497万间,估算直接经济损失1 666亿元。江西、湖南、湖北、黑龙江、内蒙古和吉林等省(区)受灾最重。

现行的《中华人民共和国防洪法》1997年8月29日由第八届全国人民代表大会常务委员会第二十七次会议通过,1997年8月29日国家主席签署"中华人民共和国主席令第八十八号号令",自1998年1月1日起施行。《防洪法》的规定大体上跟《防震减灾法》类似,分为八章:"总则"、"防洪规划"、"治理与防护"、"防洪区和防洪工程设施的管理"、"防汛抗洪"、"保障措施"、"法律责任"和"附则"。总体上就是要针对防治洪水,防御、减轻洪涝灾害,制定"全面规划、统筹兼顾、预防为主、综合治理、局部利益服从全局利益"的原则,用法制化的方式明确洪水灾害的预警、识别、应急以及灾后恢复等各个阶段基本的运作流程。

4.《消防法》

火灾也是容易引发突发性危机事件的灾害之一,给人民群众的生命和财产安全带来巨大威胁,是事关人民群众生命的特大灾难。如 2000 年洛阳东都商厦发生震惊全国的"12·25"特大火灾,这起事故共夺走了 309 人的生命。需要注意的是,火灾有可能和地震、洪水一样是由自然灾害造成的危机事件(森林大伙),也有可能是由人为因素引发的(人为纵火)。前者如 1990 年发生的兴安岭大火;后者如 2002 年发生的"6·16"北京"蓝极速"网吧纵火案:两名少年因与"蓝极速"网吧的服务员发生纠纷,起意报复,案发前于火灾现场附近的加油站购买 1.8 升汽油,蓄意纵火,最终导致这场 25 人死亡的特大人为火灾。

现行的《中华人民共和国消防法》于 1998 年 4 月 29 日由第九届全国人民代表大会常务委员会第二次会议通过,1998 年国家主席签署"中华人民共和国主席令第四号"公布此项法律,自 1998 年 9 月 1 日起施行。和前面介绍的《防震减灾法》和《防洪法》类似,《消防法》的制定主要是为了"预防火灾和减少火灾危害,保护公民人身、公共财产和公民财产的安全,维护公共安全",也就是为了应对火灾这一可能引发突发性危机事件的特定的灾害源。《消防法》共包括"总则"、"火灾预防"、"消防组织"、"灭火救援"、"法律责任"和"附则"六章,总体上就是针对火灾这一特定灾害提出法制化的预防和应对原则。

不过,全国人大常委会执法检查组在关于检查《中华人民共和国消防法》实施情况的报告中,提出将修改消防法列入立法计划的建议。[①] 他们认为,妨碍消防法实施的主要问题有:公安消防警力严重短缺,社会消防力量有所削弱;城市公共消防基础设施建设欠账较多;公众消防意识淡薄,有些单位和个人违法经营、违章作业。特别是法制不够完备,措施不够有力。消防法在消防安全管理方面规定的行政措施多,经济措施少;强调公安消防部队作用的规定多,对其他专职消防队和社会力量参与消防工作的规定少;规定了行政处罚,但缺乏具体、明确的程序和强制措施;有的处罚条款相互矛盾,给违法者留下空子;一些规定过于原则,不易操作。因此,必须修改消防法,进一步完善与社会主义市场经济体制相适应的消防法律体系。

当然,以上提及的仅仅是国家层面上应对突发性危机事件的四项法律,实际上,针对不同的危机种类我们国家基本上都制定了各行业、各部门各自

---

① 全国人大常委会执法检查组建议尽快修改消防法.人民公安报,2002-06-27

独立的应对性法律、法规,如针对国家安全的《国家安全法》、针对社会治安的《公安法》和《治安管理处罚条例》、针对交通问题的《交通法》、针对民政部门的《民政事务法》、针对工商管理的《工商行政管理法》等。可以说,无论是对付社会动乱的部门也好,应对重大自然灾害的部门也好,基本上每一个职能部门都制定有自己相应的一项法律,或是法规,这些法律独立性强,部门管理色彩严重。而且如此众多且庞杂的法规体系,使得政府在处理突发性危机事件的时候,职权和职责很难统一规定。因此,从总体上来看,我国目前在突发性危机事件的应对和处理过程中,没有确立统一的依法对抗这些突发性危机事件的法治原则。

法治与危机管理

从上文分析的情况来看:一方面,我们现实的国家法律生活与危机事件之间是密切相连的关系,国家任何的立法、执法和司法活动中的缺陷,以及诸如暴力抗法等行为都有可能导致突发性危机事件的发生,这就有待于我们进一步发挥法律对社会无序状态的防范和矫正功能;另一方面,从立法角度而言,我国目前制定的各项法律往往本身具有很强的独立性,部门管理色彩严重,很难真正起到保证政府不同职能部门之间在应对危机时的协同运作。基于此,我们认为,目前最紧迫的工作是从国家安全的高度制定统一的应对突发性紧急状态的法律,通过立法方式规范处理各种突发性危机事件的程序。第二,根据我们前面对我国危机管理机构分散、独立、缺乏一个高效的综合协调部门的现状的分析,在建立这个全国统一的危机管理综合协调部门的过程当中,必须用法制化方式明确机构的性质、职能、权限、运作流程以及资金来源等。第三,除去对危机管理综合协调部门的立法规定,从更广泛的意义而言,必须对危机状态下的政府危机管理权力,特别是公民权的保障给以法制化的规定。

1. 统一应对突发性紧急状态的法律

以法律手段来处理与突发性紧急状态有关的公共紧急事务,是世界各国普遍采取的措施和对策。有的国家(如土耳其、加拿大等国)制定了对付各种公共紧急状态的统一的《紧急状态法》。通过制定和实施《紧急状态法》作为危机应对的基本行动纲领,统一规定政府在危机管理中职权和职责,确定依法对抗危机事件的法治原则,不仅有利于增强政府处理危机事件的能力,使得政府对突发性危机事件事先能有一个充分的估计,做好应急准备,防止事到临头惊惶失措,失去最佳应对策略;而且,它还有利于最大限度地维护政府在公共紧急状态时期的合法性和权威性。

因此,我们建议国家能把涉及危机管理的不同部门各自独立的应对法律加以归纳、汇总,尽快出台一部全国统一的、居于核心权威地位的《紧急状态法》,通过立法手段确立不同职能部门之间应对危机的法治原则,改变我国目前实际运作中应对危机事件时,各项法律的部门色彩太浓的现实。实际上,包括很多专家学者、人大代表等也都就立法解决突发性危机事件问题提出不少建议,比如,针对近年来因劳动争议而引发的突发事件日益增多的现实,2002年"两会"期间魏光爱等33名代表提出了"关于通过立法规范处理群体性突发事件的程序的议案",建议尽快地建立劳动关系的预警机制,通过立法或政策的制定,规范处理的程序和办法,及时化解矛盾,解决争端。①

2. 通过立法确立综合协调部门的法律地位

为进一步提高处置突发性危机事件的能力和城市管理水平,深化和规范社会服务联合行动工作,目前我国已有不少城市将建立应急中心纳入政府的重要议事日程,这是将来组建国家综合应急机构的第一步。毋庸置疑的是,这些机构必须高度权威性,确保在发生突发性危机事件时能够调动各方面的资源实施救援,要做到这一点,最为关键的任务是必须通过全国性立法工作由相关法律法规明确规定这些应急中心的机构设置、职能地位、权力责任以及经费来源等内容。

权威的法律支持是一个机构良好开展工作的关键,对于应急中心来说,同样如此。比如,我国110报警服务台经常受到各种非法干扰,非警务的接警量占到40%~60%,而我国针对110工作的法规只有公安部门制定的《110报警服务台工作规范》。因此,为了确保公安机关110工作的健康发展,目前公安部正组织人员准备成立"110法"(暂定名),就"110"立法工作开展调研,为制定"110法"做前期准备工作。目前各地已成立的应急中心建设过程中,由于没有全国性的立法工作、没有相关的法律法规对一些适用全国的基本原则加以规定,各级地方政府基本上是在不违背基本原则的前提下,因地制宜地通过地方立法对这些方面加以规范,如南宁市政府2002年4月18日印发《南宁市社会应急联动规定(试行)》的通知,深圳市政府于1998年9月正式颁布实施《深圳市处置突发事件工作总预案》。下一步待

---

① 关于通过立法规范处理群体性突发事件的程序的议案. 中国人大新闻摘报 http://www.npc-news.com.cn/gb/paper289/1/class028900003/hwz 204776.htm,2002-04-01

条件成熟以后,可以考虑通过全国性的立法工作,确保应急中心的建设能够得到法律上的有效支持,但这些工作需要国务院办公厅、公安部、国家计委、中编办、民政部、劳动和社会保障部、建设部、信息产业部、卫生部、国家工商总局、国家电力总公司、国务院法制办等相关组织机构的协调运作。

3. 危机状态与公民权保障

我们在前面的分析中更多地强调了危机状态下的政府权力,由于危机状态具有高度危险性的、破坏性,为了恢复正常的宪法和法律秩序,最大限度地减少民众的生命和财产损失,法律必须赋予政府危机管理权,这种权力甚至包括政府在极端状态下实施的戒严、军管、宵禁、中止某些法定权利等行为。但是,政府在依法行使危机管理权时首先必须遵守合法性原则,必须在法律规定的权限范围内行事,不能随意宣布国家或局部地区处于紧急状态,误用、滥用法定权力。与此相对应的是,民众也可以通过法律对政府的权力进行限制,对政府的危机管理行为进行监督,以防止政府恣意侵犯公众权利。

世界上一些国家的宪法和法律以及一些国际性公约中都不同程度确立了危机状态下公民权(在西方社会常常使用的是"人权"概念)的最低标准。[①]于1976年1月30日生效的联合国《公民及政治权利国际公约》,于1953年9月3日生效的《欧洲人权公约》,以及1969年11月22日制定的《美洲人权公约》,就规定了在危机状态下也不得剥夺公民的基本权利。这些基本权利包括:生命权、人道待遇、不受奴役的自由、不受由追溯法律的约束的思想、信念和宗教的自由等。1984年,国际法协会通过并公布了《国际法协会危机状态下人权准则巴黎最低标准》,为各国制定、调整危机状态的法律提出了指导性的准则,通过规定实施危机状态和行使危机管理权的基本条件、各种应遵循的基本原则以及各种监督措施,企望防止政府滥用危机管理权,最低限度地保障危机状态下公民的权利。

我国目前的一些应对突发性危机事件的法律,在规定政府的危机管理权限的同时,也对公民的基本权利有些零星的大致规定,如《戒严法》第二十九条规定:"戒严执勤人员应当遵守法律、法规和执勤规则,服从命令,履行职责,尊重当地民族风俗习惯,不得侵犯和损害公民的合法权益。"在制定全国性的统一的《紧急状态法》以后,应当有一些适用于全国的基本原则,对危机状态下公民的权利加以明确规定,以保证政府的危机管理权得以合法行使并被有效监督。

---

① 胡宁生主编.中国政府形象战略.北京:中共中央党校出版社,1999,1308~1309

第4章

现代危机管理体系构建
——决策过程分析[①]

  公共决策体系,在任何社会的公共治理结构中都处于核心的地位。公共决策体系包括和平时期常规状态下的程序化决策和危机时期非常规状态下的非程序化决策两个方面(罗伯特·希斯概括为"危机事前决策"和"危机事后决策"两种模式)。危机情境下特殊的决策问题与决策环境,会给决策者造成高度紧张和压力,决策者必须采取特殊的决策方法和艺术。文章首先在比较常规决策和危机决策这两种不同的决策模式的基础上(包括决策的价值取向、约束条件、决策程序以及决策后果等),指出了危机决策的特点;接着,阐释危机决策运作流程和危机决策中的协调问题;最后,文章提出了危机决策的几种主要方法。通过对危机决策过程的分析,我们得出了本章内容的核心观点:有效的危机管理体系构筑在一个制度化的治理结构中,危机管理体系与公共治理结构之间相辅相成,单纯的危机管理作用有限,国家的长治久安根本上还是取决于我国公共治理结构的制度变革。

[①] 彭宗超确定了本章的框架结构和纲目,并在该章成文过程中提出了很好的修改意见,特致谢意。

4.1 常规决策与危机决策

从决策的内容划分,公共决策可以分为程序式的常规决策和非程序式的危机决策两种。由于两种不同的决策模式面对的是不同的决策问题,处于不同的决策环境,因此,它们在决策的价值取向、约束条件、决策程序以及决策后果等方面都存在巨大的差异。危机的突发性、紧急性及其所造成的不确定前景,给决策者带来了高度的紧张和压力,危机决策是一种非程序化决策,它要求在相当有限的时间里作出重大决策和反应。

危机决策的界定与特点

危机决策是与常规决策相对应的非常规决策状态。我们知道,危机具有突发性、破坏性和无序性的特点,危机发生之前潜伏期焦点问题的形成和聚集,使组织所面临的环境达到了一个临界状态,而组织应对危机的成效直接影响到组织系统是处于崩溃、维持原状还是进行良性变革。[①] 因此,非常规决策经常遇到的紧急性或危机性事件处理是任何国家政府都必须认真对待的重要问题,它甚至比任何常规性决策都更能考验一个国家政府的治理结构和治理能力。

1. 危机决策的研究历史

有关一般危机决策处理、谈判理论的书籍,以及危机个案研究,自20世纪50年代以来,都已相继问世,可独立作为一门学科或一项专题来研究。特别是有关危机决策的研究越来越受学术界重视,并且日益重视行为科学和实证研究。[②]

在五六十年代,比较著名的有理查德·斯奈德(Richard Snyder)的外交决策模式,格伦·D. 佩姬(Glenn D. Paige)和查尔斯·赫尔曼(Charles F. Hermann)的韩战决策和古巴导弹危机决策的比较研究,以及后来格雷厄姆·T. 阿里森(Graham T. Allison)从内政观点研究古巴导弹危机。七八十年代则开始走向危机处理和危机谈判的研究,以格伦·斯奈德

---

① 参见图1-2:社会稳定预警系统原理图,以及本书第1章相关的阐释。
② 有关危机决策的研究历史,可以参考:洪秀菊. 危机决策·处理·谈判:美伊人质危机个案. 台北:商鼎文化出版社,1999,13~20

(Glenn Snyder)最受瞩目。

1962年古巴导弹危机是危机研究的转折点,自此"危机"普遍受到世人重视,推动了政府、研究机构和学术界的携手合作。同时,早期对危机的研究,通常做计量、类比分析,测试变项之间的相关度,后来加强了对研究概念、通则、模型、理论的建构的研究。比如,阿里森对古巴导弹危机的研究,建立了三种模式:(1)理性行为模式;(2)官僚组织过程模式;(3)部会政治运作模式。赫尔曼和布来狄从200个假设中建立了四种模式:(1)个人压力模式;(2)组织反应模式;(3)敌对互动模式;(4)成本计算模式。再比如,对于美伊人质危机事件,也有从危机决策、危机处理、危机谈判等不同角度讨论的书籍不断推出。

2. 危机决策的界定

危机的不确定性和事态的进展使冲突双方的即时决策效能成为一个关键性,甚至是决定性的力量,不同的冲突决策结构、决策过程、决策路径可能导致截然相反的结局。在危机状态下,冲突双方的核心价值,即决策单元最优先的目标受到严重威胁,博弈双方必须通过非程序化决策采取明确应对挑战的具体措施。因此,对于危机决策问题的探讨也就成为危机管理研究领域的一个热点和焦点性的问题。那么,首先就是明确危机和决策之间的关系,也就是界定什么是危机决策。

我们首先回顾并总结许多学者从不同角度的对危机和决策之间关系的理解和判断,并试图从组织管理的角度做出危机决策。

- 危机应对实质可以定义为一种决策情势。在此情境中,决策者认定的重大安全和核心价值观念受到严重威胁或挑战,突发意外事件以及不确定前景造成了高度的紧张和压力,为使组织在危机中得以生存,并将危机所造成的损害限制在最低限度内,决策者在相当有限的时间里所作出的重要决策和反应。[①]
- 危机管理的本质是:它需要一个既使用权威又使用民主的决策程序,在此环境下激发反应者作出一个富有弹性但又极具力度的决定。管理能力就是在及时决策和民主参与之间寻求平衡,以及在目标层层分解、责任到人和全体员工齐心协力向统一的核心目标冲刺之间寻求平衡。这种平衡最明显的基本方法是在缩减与准备阶段

---

① 北京太平洋国际战略研究所.应对危机:美国国家安全决策机制•序言.北京:时事出版社,2001.4

(危机事前阶段)让员工及各组织、团体参与到计划中来。通过对危机反应、恢复计划的有效参与,在危机反应与恢复过程中就能实现协作,各团体也就能接受指挥。这一分析阐明了危机管理的一个核心问题——在一个分散无序、嘈杂混乱的环境中作出及时适宜的决策。①

- (危机)指挥决策系统是在危机管理中居于核心地位的权威组织体系。它承担着保证国家安全、制定危机防范、危机状态控制的目标、原则和选择危机对抗行动、对抗方案等重大职能。②

归纳以上观点,可以通俗地说:危机决策就是要求组织(决策单位和人员)在有限的时间、资源、人力等约束条件下完成应对危机的具体措施,即在一旦出现预料之外的某种紧急情况下,为了不错失良机,而打破常规,省去决策中某些"繁文缛节",以尽快的速度做出应急决策。因此,危机决策是一次性的非例行的决策活动。

3. 危机决策的特点

从决策的角度分析,危机的构成一般需要具备三个要素:第一,决策问题的发生、发展具有突然性、急剧性,需要决策者当机立断;第二,可供决策者利用的时间和信息等资源非常有限;第三,事态的发展危及决策单位、决策者的根本利益,但决策的后果很难预料。因此,危机决策是一种特殊类型的决策,危机事件的实质,是非程序化决策问题。

由于决策背景和决策问题的特殊性,和常规决策相比,危机决策的特点大致可以归纳为以下几个方面:

(1) 目标取向不同

危机的发生,具有突发性和紧急性的特征,而且危机事态的恶化会对组织带来很难预料的严重后果。因此,危机状态下,决策的首要目标是控制危机事态的蔓延,把危机控制在一定的范围内,最大可能地保护民众的生命和财产安全。这就要求政府危机决策具有快速、高效的特点,也就相应地要求把危机管理权力高度集中于决策者手中,以便决策者能够随机决断。在这种情况下,危机事态的突发性、严峻性和高时效性,使得决策者根本不可能有充分的时间和条件发扬民主,广泛征求意见,决策民主化在事实上受到各种客观条件的很大限制,而且民主协商很可能导致延误决策时机,导致灾难

---

① [澳]罗伯特·希斯. 危机管理. 王成,宋炳辉,金瑛译. 北京:中信出版社,2001,259
② 胡宁生主编. 中国政府形象战略. 北京:中共中央党校出版社,1999,1240

性的后果。与之相反的是,常规决策通常要求广泛、充分的民主,并采用民主的典型手段——少数服从多数,因而,组织在常规决策中经常采取讨论、协商、民意调查、投票等各种规范性程序,经过较长时期的探讨,最终就某一社会问题达成一致。在这一过程中,不同的声音可以自由表达。

危机决策和常规决策在目标取向上的不同,能用研究型分析(researched analysis)和快速分析(quick analysis)两个术语来说明——前者接近我们所说的常规决策,而后者则是和我们讨论的危机决策类似。这两者之间的目标是有区别的:研究型分析是相当程式化的,它寻求问题背后的真相和非直觉的甚至是反直觉的解决方案,研究型分析者对分析的复杂性、精确性都印象深刻;快速分析的目标则更为实在,旨在很好地向公共决策者做简单的建议以便他们不会在主要问题上犯错误。因此,研究性决策存在探索的常规步骤和已为人们所接受的科学行为标准,而快速决策则是相对无章可循的,只能是"就地取材"的"应景之作"。①

因此,不同领域、不同性质的决策,其民主的使用范围和程度各不相同。大体来说,常规决策强调民主的原则,决策权力比较分散,民意得以充分体现,决策者在充分民主协商的基础上定夺最后的决策方案;相反的,危机决策强调快速的原则,决策权力高度集中,决策者主要依靠自己的智慧和胆略,审时度势,随机决断。

(2) 约束条件不同

由于常规决策和危机决策所处的情境不一样,常规决策所面临的外界环境相对确定,并可以通过民意调查、协商讨论等各种方式提前对组织所面临的决策环境进行评估,这样真正做决策的时候就有的放矢。相反的,危机的突发性和不确定性,造成了高度的紧张和压力,这就要求政府危机决策具有权变性。

由于组织所处的外在环境变动急剧,同时人类理性有限,无法完全掌握信息,所以对于事物状态和发展也就无法进行精确估量,不确定性由此产生。密利肯(Milliken)依决策者主观感觉,将不确定性区分为:①状态的不确定;②影响的不确定;③反应的不确定。② 这些决策情境的不确定,导致政府必须根据事态的发展,实行权变式决策,特别是在危机情境下,这种不

---

① [美]卡尔·帕顿,大卫·沙维奇. 政策分析和规划的初步方法. 孙兰芝,胡启生等译. 北京:华夏出版社,2001,5

② Milliken. Three Types of Perceived Uncertainty about the Environment: State, Effect, and Response Uncertainty. Academy of Management Review, 1987, 12(1): 133~143

确定性尤为明显。

大体说来,组织在危机状态下的决策面临的约束条件主要包括以下内容:

第一,时间紧迫。

常规决策中,正式的决策方案出台之前,决策者往往可以有充足的时间对所制定的决策草案进行反复的修正。比如,我国公安部制定的《公安机关110报警服务台工作规范》在正式出台前,作为决策者的公安部决定从2002年6月20日至7月20日,用一个月的时间,将《公安机关110报警服务台工作规范(征求意见稿)》通过公安部网站(www.mps.gov.cn)向社会公布,广泛征求意见,公众可登陆公安部网站发表意见、建议及对110报警服务工作的看法。[①]

而在危机状态下,危机的紧迫性,要求政府决策具有果断性。政府决策者对于危机的处理,只有有限的反应时间,因为事件的突然爆发,迫使决策者必须以有限的资源和信息为基础作出决策。比如,1979年美国三里岛核电站泄漏事故发生时,宾州州长必须作出三里岛居民是否撤离现场的决定。虽然快速决策可能会影响到政府决策的质量,但如果政府决策不果断,它将会带来更为消极的后果。1992年印度遇到独立以来最为严重的一次宗教冲突——印度教和穆斯林的寺庙之争时,政府处理不够及时果断,导致全国规模的骚乱,严重影响了印度政府形象。1979—1981年美国卡特总统对美伊人质危机的处理以及2001年日本首相森喜朗对美国核潜艇撞沉日本"爱媛"号渔业实习船事故的应对,都是由于危机决策不够及时而导致民众和舆论的普遍批评。

因此,不确定状态下政府进行危机决策,决策者应当掌握时间第一的原则,具有应对各种危机应有的敏锐的洞察力,恰当估计形势,快速应变,及时疏导,果断地依法处理,有效控制危机状态的区域,谨防事态扩大,将危机消除在始发阶段,制止危机状态的蔓延。

第二,信息有限。

常规决策时,决策者对社会问题的认识相对来说是全面的和深刻的,决策者可以通过民主协商的方式尽可能地了解政策受众的意见,决策者团体内部也可以进行充分的讨论和辩论,甚至还可以采取追踪决策的方法对原有的决策方案进行修改。特别是随着新技术和电子计算机的运用,现代管

---

① 公安部通过互联网向社会征求对110报警服务台工作规范的意见. 新浪网新闻 http://tech.sh.sina.com.cn/it2/2002-06-19/121679.shtml,2002-06-20

理信息系统的规范运用使得决策者在作出最终决定之前可以对决策草案进行详细的分析。比如,人口问题是我国面临的严重问题之一。正确的人口政策,需要定量研究的支持。我国科技人员经过大量的分析研究,完成了大量的工作:建立了人口系统的控制模型;开展了我国人口长远目标的研究;非定长人口和人口指数精确计算的研究;人口系统参数估计和分析方法研究等。有关这方面的研究成果为党和政府制定人口政策和人口规划提出了科学根据,成为中国人口研究的一个"重要的有价值的里程碑"。[1]

但是,在危机状态下,正如赫伯特·西蒙(Herbert Simon)其《行政行为》(1947)一书中"有限理性"模式所指出的那样:

①决策者事实上并不具有相关决策状况的所有信息;②决策者处理信息的能力有限;③决策者在有了相关决策状况的简单印象后就行动;④决策者的选择行为受所得信息的实质和先后次序的影响。因此,人类虽企图以完全理性的方式来决策,但因知识及能力上的限制,其最多是以有限理性来从事满意方案的选择而已。

大体而言,危机决策信息的有限性主要表现为以下三个方面:

首先,信息不完全。危机状态下,由于危机事态发展本身的随机性和不确定性,很多危机信息是随着危机事态的发展而演变的,因此,决策者需要适时更新危机信息。但是,在危机情境下,由于时间的紧迫性,决策者不可能在非常有限的时间内掌握和控制所有的事态发展信息。比如,2001年美国"9·11"恐怖袭击事件发生后,目击者可以确定的是,纽约和华盛顿的主要建筑物接连遭到袭击,但究竟是哪个恐怖主义分子策划了这起事件?恐怖分子下一步可能的袭击目标是什么?恐怖袭击中死亡、失踪和伤亡人员的具体数目和情况如何?等等,这些对决策者来说极其重要的信息在事发当时是不可能完全获悉的。

其次,信息不及时。由于危机事态发展的急剧变化性,而且,危机信息要从事发现场传输到危机指挥决策机构,中间还得经历好几个组织的中介运作,因此,最高决策者对危机信息的掌握和控制就会有滞后。比如,2001年2月10日发生了美国核潜艇撞沉日本"爱媛"号渔业实习船的事件,事件发生的时间是当天上午8时45分左右,但日本首相森喜朗10时40分左右才接到关于沉船事故的第一次报告;1987年12月20日,菲律宾发生了两船相撞的特大海难事故,事故发生8个小时以后,菲律宾政府才获悉海难的噩耗。

---

[1] 贺仲雄,王伟.决策科学:从最优到满意.重庆:重庆出版社,1988,33~34

最后,信息不准确。危机决策作为一个过程,具有一系列相对固定的程序,即发现问题、确定目标、拟定方案、评估选优以及决策的执行和监督等5个基本步骤,整个过程就是一个信息输入输出的过程。但在信息的反馈和处理过程中,信息极容易失真,其正确性和有效性很难得以保证。不仅如此,由于危机监督系统群龙无首,没有形成强有力的监督网络,因而危机发生后各种谣言和小道消息也容易在社会流传,这一点在2001年底的江西万载的"12·30"爆炸事件中表现得极为彻底。

第三,人力资源紧缺。

危机状态下,由于时间紧迫,而且有关决策问题的信息和可供决策者选择的备选方案都极其有限,因此,决策者往往要承受巨大的决策压力,在一定程度上必须依靠自己的直觉判断做决策,这就要求决策者要具有更高的心理素质。这些心理素质的基本要求包括:胆大心细、果断坚决和极强的自制力。相反,胆小怕事、优柔寡断、感情冲动则是危机决策者致命的性格缺陷。[1] 也就是说,在很大程度上,政府危机决策的水平就是决策者素质的表现,而且这种素质体现在决策过程的各个阶段和方面。

因此,危机决策中,人力资源紧缺的第一个表现就是高水平决策者的缺乏。特别是在危机情境下,因某些特殊的决策环境组合,会使决策团体的内在群体压力(in-group pressures)升高,而使此决策团体的心智效能、检验真实的能力及道德判断受到破坏,此种情境即是"群体盲思"。[2] 危机决策中"群体盲思"的出现,影响到对决策问题、备选方案的考查,影响到决策信息的收集与处理,影响到决策者对权变性计划的正确拟订,从而影响到政府危机决策的质量。

人力资源紧缺的第二个表现是危机决策中专业技术人才的缺乏。当代组织决策牵涉面很广,组织不可能对决策涉及的每个方面、每项技术要求都有充分了解。一些技术性很强的危机(如核泄漏、有害物品、恐怖主义等),受决策者个人及群体的先天条件与环境的制约限制,只有在咨询特定专业领域的专家"智囊团"的意见后方能做决策。我国目前的政策决策系统中咨询系统机构不健全,信息系统薄弱,还没有建立或没有健全信息网络系统。这种情况比如,1986年4月26日发生在前苏联基辅附近的切尔诺贝利核

---

[1] 江行学. 空城计与危机决策. 决策科学,1996(2),11~12

[2] Janis. Groupthink: Psychological Studies of Policy Decision and Fiascoec. Boston, Massachusetts: Houghton Mifflin, 1982, 9. 转引自:邓飞,吴金群. 论危机情境下的政府决策. 学术论坛,1999(6),49~53

电站爆炸事故,最先赶到事故现场的消防部队暴露在强辐射中,缺少核泄漏方面的科学知识,同时缺少防护装备,人员损失很大,直到大批防化部队赶到事故现场后情况才有了好转。

第四,技术支持稀缺。

新技术的发展,使得常规决策日益朝着技术化、自动化、程序化的方向发展。比如,电子计算机的使用,已经使得过去属于决策者工作范围内的那些常规的程序化决策制定和数据处理,迅速实现了高度自动化;随着我们愈来愈多地将运筹学工具用于以前靠判断力的决策,使程序化决策的领域迅速扩大;计算机已将数学技术的使用能力扩展到一些很大的计算设备解决的问题上,并且通过提供新的模拟技术已进一步将可程序化的决策范围加以扩大;将量变决策的数学中的技术与各办公室的数据处理技术结合起来,为具体地贯彻上述决策所使用,逐步实现办公自动化等。①

同样的,危机情境下,决策者为实现控制危机事态的蔓延,有效救助民众的生命和财产安全的目标,必须具备一定的专业技术设备——如交通工具、通讯设施、计算机辅助系统等等——作为实施快速决策的支持平台。但是,危机发生后,这些专业技术设备往往也告失灵,这就给组织的决策工作带来很大的困难。不少重要系统的事故和计算机软件质量不佳直接相关。1996年6月4日欧洲宇航局发射的阿丽亚娜5号火箭爆炸事件就是软件错误招来横祸的突出事例。此外,海湾战争导弹对抗时,误炸本国军营;美国东部及巴西全国大面积停电以及德国电话计费系统失灵,引起公众抗议等诸多大事故的罪魁祸首都是计算机软件。

(3) 决策程序不同

决策程序是决策规律的概括和总结,决策科学化有赖于决策程序化。但是,决策程序化是对一般决策的一般要求,常规决策和危机决策作为两种不同类型的决策,其决策程序具有不同的特点,必须灵活把握,不可生搬硬套。

常规决策遵循特定的例行程序和标准化的操作规程,具备特定的过程,并有历史的习惯、经验可供决策者借鉴。常规决策时组织结构规定了一套关于组织的哪些成员将对哪些类型的决策负责设想和预断,标准化的操作程序使得整个决策过程遵循特定的行为模式。当然,政府的常规决策还可以通过允许企业组织和其他社会团体参与决策制定过程,增强民众参与民主化过程的意识;同时,政府应当建立一个公开的工作反馈机制,包括立法

---

① 贺仲雄,王伟. 决策科学:从最优到满意. 重庆:重庆出版社,1988,287~313

听证会、定期检查组、公民建议组织以及社会与政府之间的其他交流渠道。

危机决策属于典型的非程序性决策,危机状态的特殊性,要求危机决策的程序在不损害决策的合理性的前提下适当简化,这种决策过程可以非程序化到使它们表现为新颖、无结构,具有不寻常影响的程度。处理这类问题没有灵丹妙药,因为这类问题在过去尚未发生过,或因为其确切的性质和结构上捉摸不定,或因为其十分重要而需要用"现裁现做"的方式加以处理。由于危机决策程序简化,有关决策问题的时间、信息、备选方案、人力资源等极其有限,决策者对仅有的信息和备选方案的认识也是部分理性的。因此,危机决策者需要在一定程度上依靠自己的判断来做决策——这种判断是由经验、洞察力和直觉来决定的——有时决策者的判断对决策方案的选择可能起到决定性的作用,因此,危机决策者是需要一定的创新精神的。

学者把决策制定中采用的不同技术作为区分常规决策(程序性决策)和危机决策(非常规决策)的主要依据,并把传统式和现代式的决策制定技术做了对比,这对我们理解两种不同类型的决策程序很有借鉴意义(参见表4-1)。

表4-1 常规决策和危机决策类型比较一览

决策类型	类型特点	决策制定技术	
		传统式	现代式
常规决策	程序化的:常规性、反复性决策,组织为处理上述决策而研究制定的特定过程	1. 习惯 2. 事务性常规工作:标准操作规程 3. 组织结构:普通可能性,此目标系统,明确规定的信息通道	1. 运筹学,数学分析,模型,电子计算机模拟 2. 电子数据处理
危机决策	非程序化的:单射式,结构不良,新的政策性决策,用通用问题解决过程处理的	1. 判断、直觉和创造 2. 概测法 3. 管理者的遴选和培训	探索式问题解决技术,适用于: 1. 培训人类决策制定者 2. 编制探索式计算机程序

资料来源:贺仲雄,王伟. 决策科学:从最优到满意. 重庆:重庆出版社,1988,219

(4) 决策效果不同

综合不同政府部门和学者的看法,决策效果的评估应当包括如下主要内容:效率、效益、可获得性(availability,所提供的服务的量和类型)、公众知晓程度（即政策受众对这些决策的了解程度）、服务范围（即所提供的服务能够满足客观要求）、可预测性、民主控制、公平性等。

由于常规决策的过程中对各种备选方案的筛选经历一个民主规范的程序，各种不同的意见和观点可以自由交锋、辩论，因此，对最终决策方案的选择之前的草案讨论阶段的准备工作是极其充分的。不仅如此，由于常规决策所处的决策环境和政策执行环境具有相当的确定性，决策者也可以依托可控可调的组织结构，采用各种措施促进决策方案的顺利执行（参见图 4-1）：一方面，决策者可以利用各种先进技术对决策效果进行预测和监控，分析决策执行过程中可能碰到的各种约束条件；另一方面，决策者可以建立完备的信息网络系统和决策监督系统，形成强有力的监督网络，减少信息在公文旅行中失真的情况。因此，总的说来，常规决策方案执行以后的效果是可预期的。

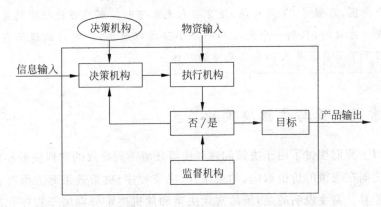

图 4-1　常规决策可控可调组织结构同态信息系统原理图
资料来源：贺仲雄，王伟.决策科学：从最优到满意.重庆：重庆出版社,1988,50

而在危机情境下，由于决策问题和决策背景的特殊性，危机事态的发展不以人的意志为转移，具有剧变性、突然性，因此，组织的决策者只能是在有限的时间内和高强度的压力下迅速作出相对满意的决策方案。决策者在这一过程中不可能经过深思熟虑的理性思维的推断和研判，只能是利用自己的经验、智慧和对现实危机态势的体察而作出判断。因此，这种非程序性决策实质是一种模糊决策和非预期决策，决策方案实施的具体效果如何？决策方案执行过程中是否会变形、走样？决策方案执行后对决策受众会有哪些影响？对于这些问题，决策者没有时间充分考虑，整个决策过程受激烈的情感因素的影响，其结果也很难预料。比如，1985 年 5 月 13 日美国姆邬教灾难事件就是由于事态的发展和决策者的期望效果不吻合而造成的。

> **案例 4-1　危机管理与非程序性决策：**
> **1985 年美国姆邬教灾难事件**①
>
> 　　姆邬教是美国东部费城的一个黑人教派。早在 1978 年该教派就曾经和当局发生冲突，导致一名警官死亡，该组织的九名成员也以杀人罪被判入狱。七年之后，即 1985 年 5 月 13 日，该组织再度和警方对峙，双方相持不下。经过一番开火、灌水以及爆炸物的攻击，警方仍然未能把守在一栋加固的房子里面的教徒驱逐出来。于是军方用直升机往房子的屋顶上扔下一颗塑料炸弹，引起了一场意外的大火。而警察局长和消防局长以为火势可以控制，不会蔓延。没想到熊熊烈火迅即失控，席卷三个街区，吞噬了 61 间房屋，使 250 人无家可归。那座教徒把守的房子已成一片火海，只剩一个大人和一个小孩得以逃生，在灾后的现场灰烬中留下了 7 具成年人和 5 具儿童的尸体。

常规决策与危机决策的关系

　　以上我们探讨了由于决策问题和决策环境不同导致的常规决策和危机决策之间在决策的价值取向、约束条件、决策程序、决策效果等方面存在的重大差异。需要说明的是，虽然常规决策和危机决策分别属于程序化决策和非程序化决策两种不同的决策类型，但是，它们并非是截然不同的两类决策。"我们不要机械地把它们看成非此即彼的两种事物，而应该考虑在两者之间有一段连续的过渡状态。从模糊数学的观点来看，可用隶属函数来衡量一种决策方法是更接近于程序化的，还是更接近于非程序化的，而'程序化决策'和'非程序化决策'这两个词，也只是一种标志而已。"②

　　我们下面以《北京市严格限制养犬的规定》决策方案的出台为例，详细地说明常规决策的具体运作流程与决策特点。

---

① 姆邬教灾难事件始末．见：竺乾威，马国良．西方公共行政案例．上海：复旦大学出版社，2002，234～264
② 贺仲雄，王伟．决策科学：从最优到满意．重庆：重庆出版社，1988，288

案例 4-2　程序性决策例示：
1994 年《北京市严格限制养犬的规定》的出台[①]

- 90 年代初，北京市"狗祸"成了社会问题，宠物犬带来了严重的负效应。
- 1994 年 4 月北京市十届人大二次会议上，占出席会议代表人数 59.4% 的 476 位代表，集中了广大群众的意见和要求，提出了限养和禁养议案。不少人大代表在提出议案期间，就进行了大量的调查研究工作。
- 北京市人民政府十分重视群众的意见，在广泛认真调查研究的基础上，参照了国内外相关的法规和政策，在北京市人大常委会的十二次会议上，北京市政府推出了《北京市严格限制养犬的规定（草案）》提交常委会讨论。在实际讨论中，常委们对若干细节问题争执不下，北京市十届人民代表大会常务委员会决定广泛征求市民意见，再作决定。
- 1994 年 10 月 17 日北京市人大常委会发出公告，将《北京市严格限制养犬的规定（草案）》修改稿登报公布，广泛征求市民意见，同时要求各区县、乡镇人民政府和街道办事处，要采取座谈会等多种形式征集意见。市人大常委会办公厅、市人民政府办公厅分别设立意见征集组，负责收集意见。征求意见的时间截止到 1994 年 11 月 10 日。
- 报纸、电台公布了《规定（草案修改稿）》后，全市 18 个区（县）共召开座谈会 5 332 个，共有 154 307 人直接对草案修改稿发表看法和意见，间接关心和议论此事的人更多。其中，对规定草案表示赞成的有 132 467 人，占 85.8%；主张完全禁养的有 15 974 人，占 10.4%；认为不宜立法或持否定态度的有 5 689 人，占 3.8%。参与讨论人数之多，规模之大，范围之广都是空前的。
- 1994 年 11 月 29 日，北京市十届常委人大常委会举行十四次会议，会议不仅有市人大代表和 18 个区（县）人大常委会主任列席参加，而且还有新闻媒介的记者们参加，人们就议案再次展开辩论。按照多数市民的意愿，以及国家有关法律和政策，到会的常委会委员，以举手

[①] 陈庆云. 公共政策分析. 北京：中国经济出版社，1996，325~337

表决的方式,一致通过修改后的限养规定,并决定于 1995 年 5 月 1 日起开始实施。
- 《规定》正式执行后,北京市为此做了大量的准备工作:公安部门首先对干警进行上岗培训;北京电台与电视台联合举办了关于限养犬方面的咨询活动;各街道办事处和居民委员会准备了许多相关的宣传材料,把宣传工作做到家喻户晓,承担起应尽的责任;市政府法制办的负责人,就养犬者如何办理养犬等级的手续与注意事项,给市民详细地进行了介绍。

从《北京市严格限制养犬的规定》的出台过程可以看出,常规决策遵循较为确定的模式和过程,具体操作中具有一定的规律性可循。所举的案例中,无论是社会问题的出现、决策目标的定位、政府规定(草案)的出台、市民意见的征集、立法机构的审议,还是实施结果与评价,都体现了一项常规决策程序化、规范化,甚至是制度化的全面过程。

常规决策和非常规决策之间这种紧密的内在关联度也是可以在现实中观察得到的,两者之间的关系主要表现为以下互动的两个方面:

1. 危机决策的前提:常规决策的失效

危机决策这种非例行活动往往与程序化的常规决策的具体执行效果密切相关。比如,1999 年以来,我国各类事故时有发生,特别是出现一些重大、特大事故,引起党中央、国务院的高度重视。这些事故发生的重要原因,一是由于有的地区、部门和单位对安全生产和防范安全事故工作重视不够,存在"重生产、轻安全"的情况;二是有法不依,有章不循,执法不严,违法不究。一些地方非法生产经营严重、安全管理混乱、安全监督薄弱,甚至有的人徇私舞弊、贪赃枉法,搞权钱交易。管理不到位,严重的官僚主义或失职、渎职极容易酿成社会影响大、性质恶劣的事故。为此,"要加强管理,常抓不懈,严格执行有关规定和要求,真正把各项制度落到实处,做到有章必循,执法必严,违法必究","要在安全检查的基础上,不断健全和完善有关法律法规和规章制度,强化日常管理,使安全生产和防范安全事故工作逐步走上法制化、规范化轨道"。①

---

① 这是吴邦国副总理在党中央、国务院 2000 年 4 月 7 日在京召开的"加强安全生产 防范安全事故"电视电话会议上的讲话,详情参见:吴邦国谈安全生产. http://www.setc.gov.cn/jjyx/setc_jjyx_main_58.htm,2000-04-07

我们在本书前文曾详细地阐释了我国转型期危机事件产生的诱因环境，从中可以得出以下结论：我国转型期危机种种诱因的存在，与我们国家发展、社会制度、个体发展都是密切相关的，无论是突发性事件的应对，还是完善的危机管理系统的构建都是个长期的过程。

2. 危机决策的效果：常规决策的完善

虽然危机决策所涉及的社会危机事件很多往往是由于日常的常规决策中的不公正、不民主、不及时等带来的对社会公民的潜在影响所造成的，但是，常规决策中的制度构建也必须从危机事件以及非常规决策过程中吸取有益经验与教训。

常规决策是一种例行决策，是日常工作中经常需要解决的一般性决策，其特点是，有一定反复性和固定的结构，在决策方法上已经定型化了。决策者可以凭借经验按照例行规章和程序去做出决定，不必每次都做新的决策。这些经验、规定、标准操作规程、完善的组织结构等等，都需要决策者针对发生的每一次危机事件，甄别诱因，吸取教训，革新组织建设。比如，2002年北京"蓝极速"网吧"6·16"特大火灾事故发生后，各地迅速组织对网吧行业的消防安全检查，对存在违法违章行为的"问题网吧"进行依法查处。这些消防安全检查的开展，极大地降低了全国各地网吧发生各种类型的危机事件的可能性。

因此，要实现危机决策的高效，必须在快速的场景决策和决策体系的整体性完善之间寻求平衡。在日常的公共决策中，我们要采取科学民主的决策方式，在源头上降低危机事件的发生可能；要在应急的非常规决策中制定行之有效、有的放矢的危机管理计划，并及时总结，以修正调整常规性决策，标本兼治。正如以林德布洛姆（Charles E. Lindblom）为代表的渐进决策模式认为：决策是一个信息和各项资源不完备状况下的渐进调适的过程。

渐进决策模式强调对政策作持续的、渐进式的修改，它是以现行的计划、政策及已有的经验为基础，致力于增删或修正现行计划，而不是全盘检视各项政策方案，这跟我们所强调的要更为重视危机事前决策的观点是完全一致的。渐进决策比激进决策更有利于控制政策活动中的不确定性，因为前者比后者有较多关于系统行为的知识和信息可资利用。因此，组织必须建立一个富有弹性的、适应性很强的组织机构，使得组织和决策者每经过一次危机事件，就能产生组织内员工、团队的互动参与，不断"试错"，通过危机事前决策的渐进调适，避免危机事件中出现匆忙、慌乱之类的情形。

危机情境下，迅速决策往往只能是由集权组织中的一部分决策者通过运用权威来完成，只能有很少人能直接参与决策，但是，大多数的危机却不是一个人或一部分人所能解决的,更多的情况是需要来自于不同组织、团队的人们之间的共同努力、协作反应。因此,无论是渐进决策模型中的多元主义,还是精英主义,给我们进行危机决策最大的启发其实就是如何扩大民众通过各种渠道参与决策的范围,这实质涉及危机决策的科学化和民主化问题,正如罗伯特·希斯所强调的,"危机管理需要一个既使用权威又使用民主的决策程序,在此环境中激发反应者作出一个富有弹性但又极有力度的决定"。[①]

总而言之,单纯的危机管理体系的形成并不能保证社会的全然无忧,危机管理的最佳途径是优化程序性决策从而有效避免危机的发生,国家和社会的长治久安根本上还是取决于公共治理结构的优化。[②]

危机决策阶段划分

对于常规决策和危机决策两者之间休戚相关的关联性,澳大利亚危机管理问题专家罗伯特·希斯(Rebert Heath)从另一个角度加以阐述。罗伯特·希斯直接把危机管理决策划分为两种模式——危机事前决策模式和危机事中决策模式,并对上述两种不同的危机决策模式各自的运作程序做了描述。[③]

1. 危机事前决策

罗伯特·希斯认为,危机事前决策要多方参与。在时间允许、信息充分的情况下,应当通过集体决策、评估以作出最优的决策,这种决策包括以下八个步骤:

① 确认决策面临的问题:因为预期情境与实际情况之间总有差距,决策者在决策之初都会遇到一个显而易见的问题,所以他们必须清醒地认识到问题的存在;

② 确认决策标准和"事实":对决策的主张及约束的明确分析能够明了决策的内容以及标准,从而作出决策,所以决策者不仅要寻求各种可能的标准,还有对其相应的结果进行评估;

[①] [澳]罗伯特·希斯. 危机管理. 王成,宋炳辉,金瑛译. 北京:中信出版社,2001,259

[②] 张强,钟开斌. 危机管理与中国公共治理结构改革. 清华大学第二届"公共政策与管理"国际研讨会论文,北京,2002-05-18

[③] 以下内容介绍参考:[澳]罗伯特·希斯. 危机管理. 王成,宋炳辉,金瑛译. 北京:中信出版社,2001,259~275

③ 决定评估标准、方式、权重:为保持系统性和连贯性,每一标准的权重和含义应通用于计划决策方案及其备选方案中;权重值可以是任何数字,关键是某一标准在诸多标准中的相对地位;

④ 发展备选方案:完成某一任务总有许多方法,因此决策者可以通过集思广益的头脑风暴法以及正式、非正式的专业咨询,形成所有可能的备选方案,寻求更多的选择和方法,努力使"预料之外"变为"意料之中";

⑤ 分析备选方案:一旦大多数完整的替代方案形成,决策者就需要评估它们各自对有效解决问题的贡献;

⑥ 选择一个备选方案:累积决策模式产生的最高分数,便是最好的选择,因此这一步决策者的工作就是从替代方案和选择中挑选出最优备选方案;

⑦ 执行备选方案:决策者向那些受到影响以及围绕决策采取行动的人们传达决策结果,同时检验并评估决策制定程序以及决策的影响;

⑧ 评估决策程序以及决策结果的影响:决策者需要重温产生决策结果的过程和决策的影响,以提高决策水平。

2. 危机事中决策

上述介绍的危机事前决策的运作程序,类似于常规决策过程中一个完整的标准化的操作规范,这种决策模式是基于决策者的理性思考产生的。但是,正如我们在本节前半部分分析危机决策的特点时所指出的那样:在危机情境下,时间有限,信息不完全或不确定,成本很可能上升或不可预测,对资源的需求也可能超过现有储备,决策者也有可能出现失误。例如,布雷姆(Brehmer)提出了决策者在危机下可能发生的三种错误:目标不确定(从一个目标转向了另一个目标)、以点带面(以牺牲其他目标为代价集中于一个目标)和拒绝现实(不做任何决策)。[①]

基于此种情况,罗伯特·希斯提出了区别于危机事前决策的另一种决策模式——危机事中决策模式:在真实的决策环境中,理性非常有限,纷繁复杂的方案、层出不穷的问题和头绪杂乱的决策往往交织在一起,组织文化会扭曲决策者的看法,以至于出现盲点;现实中,决策更可能是跳跃式理性思维的集合,决策者更倾向于构建简单模式而不是复杂模式;很多情况下,决策者会制定"满意的"或是"次优"的决策。

---

① 转引自:[澳]罗伯特·希斯. 危机管理. 王成,宋炳辉,金瑛译. 北京:中信出版社,2001,269

值得借鉴的是,罗伯特·希斯还介绍了一些理论家和研究者所提出的"最优"的决策方法,这包括:克莱因(1993)针对危机事发的真实环境的"自然决策环境"(NDM, Natural Decision-Making Environments),弗雷德里克(1995)和克莱因(1993)针对决策者如何恰当地行动过程的"识别启动决策方法"(RPD, Recognition Primed Decision making)。

4.2 危机决策的流程分析

实际情况中的危机决策经常建立在信息残缺不全的基础上,许多重要的信息短缺,决策者也可能会遭受心理反应的困扰,这也会导致决策的混乱。因此,危机情境下的高度紧张、压力与危机中的决策者"主观判断式"的意识毫无疑问地会影响到危机决策的制定。因此,我们需要研究的问题,是如何尽可能地从各种组织日常运作中所发生的众多危机案例中寻找普遍的规律和原则,最大限度地减少危机决策中的随意性、非程序化和例外原则的滥用。

危机决策的流程

我们通常认为危机决策是无章可循、毫无规律可言的,它是危机决策者在高度紧张和压力下依靠自己的直觉、经验和智慧而在相当有限的时间内快速作出重大决策和反应。但实际上,危机决策也不是完全没有规律可循的。下面我们就以危机决策的流程分析来探讨如何改进危机决策过程,虽然危机情境下和常规状态下各种约束条件差异甚远。

1. 决策流程

对于各种决策的运作流程,目前已有一套系统化的程序以及能用于处理当今各种社会问题的决策分析方法,不同的专家、学者对于解决各种决策问题的过程模式,大致可以列举成以下几种:
- 彼德·F.杜拉克列举了有效决策方法的五个要素:确立了问题的实质,是否确属"常态",是否只有建立一种规则或原则的决策才能解决;确实找出解决问题所需的规范,换句话说,应找出问题的"边界条件";应仔细思考确能满足规范的正确途径,然后再考虑必要的妥协、适应及让步事项,以期待决策者能被接受;决策方案应同时兼顾其能执行的方法;注意在执行的过程中,搜集"回馈"资料,以印证决策的适用性及有效性。①
- 拉里切夫提出了抉择问题的一般方法和合理程序:确定精确的行动步骤;考虑目标和手段;对问题决策备选方案进行挑选和深入研究;尽可能地对备选方案做出合理选择。②
- 贺仲雄、王伟提出了决策的一般程序:调查研究、提出问题;系统分析、确定目标;收集信息、科学预测;制订方案、进行对策;全面比较、评价方案;总体权衡、最后决策;执行决策、控制反馈。③
- 卡尔·帕顿和大卫·沙维奇提出了政策抉择的理性模式:界定问题;建立评估标准;认定可选择方案;评估可选择方案;选定偏好的政策;执行偏好的政策。④
- 罗伯特·希斯提出了危机情境下达到最优决策的八个步骤(详见危机事前决策的讨论)。

任何一个健全的决策程序应该是一个科学的系统,而且每一步骤都要有科学的涵义,相互间又是有机的联系。从以上不同说法可以看出,国内外专家、学者之间对于决策的一般运作流程的认识并没有大的差别。简单而言,可以将危机决策流程划分为危机决策的问题界定、目标设定、方案规划、方案选择以及绩效评估等几个阶段。至于对决策流程更为详细的分析,可以参照学者总结的健全的科学决策程序图(参见图4-2)。

2. 危机决策流程的约束条件

如果按照上述健全的科学决策的运作流程进行决策,那么,决策会趋向完美,但很多时候这种程式化的规范操作往往只能是"空中楼阁",因为在实际操作中决策者总会碰到各种各样的特殊困境,而且,在真实的决策环境中,作为决策者本身也是"有限理性"的,他不可能完全用理性思维进行决策判断。那么,危机情境下,究竟存在哪些决策约束条件,限制了决策者对这些科学决策流程的准确运用呢?

---

① [美]彼德·F. 杜拉克. 有效的管理者. 第三版. 许是祥译. 北京:中华企业管理发展中心,1978
② [苏]O. H. 拉里切夫. 决策的科学与艺术. 刁习生等译. 北京:科学出版社,1988
③ 贺仲雄,王伟.决策科学:从最优到满意. 重庆:重庆出版社,1988
④ [美]卡尔·帕顿,大卫·沙维奇. 政策分析和规划的初步方法. 孙兰芝,胡启生等译. 北京:华夏出版社,2001

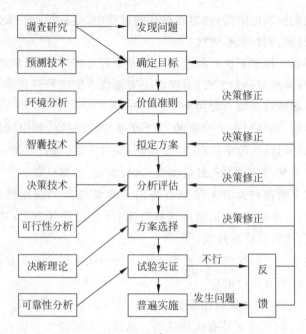

图 4-2 科学决策流程图

资料来源:贺仲雄,王伟.决策科学:从最优到满意.重庆:重庆出版社,1988,51~62

我们在探讨危机决策和常规决策的不同特点的时候,曾对危机情境下的决策者所面临的约束条件进行了粗略的阐述——这些约束条件包括:时间紧迫、信息有限、人力资源紧缺以及技术支持稀缺等,我们还对危机情境下决策者的目标取向、决策程序以及决策效果等进行了简单的类比,从中探寻了危机决策的特性所在,但这些讨论都是较为粗浅的。大体而言,危机管理领域对决策流程中各种约束条件的研究,产生了以下几大决策模型:第一,认知式决策规则(Cognitive Decision Rules)——强调决策者认知危机情境的局限性,诸如可供决策者思考的时间有限、组织收集信息的渠道较少等,这类似于罗伯特·希斯所说的"有限理性"决策模式;第二,附属式决策规则(Affiliative Decision Rules)——强调危机情境下组织内外人际关系对决策者行为的影响,正如维持或增强他们在组织内的权力、地位,获得更多的社会支持等;第三,自我满足和激励规则(Self-Serving and Emotive Rules)——强调个人的动机、需求、利益对组织决策者进行决策的影响,决策者进行决策时往往更多地考虑个人的利益而不是组织的利益。欧文·贾尼斯(Irving L. Janis)在总结以上各种决策模式的基础上,提出了各项重要决策流程的约束模型(The Constraints Model of Policymaking Process)。

欧文·贾尼斯分析了决策中的各项制约条件,包括上面提到的决策者情境认知的缺陷、对各种附属关系的依赖以及以自我为中心的"自利主义",进而针对不同的约束环境提出了相应的应对策略(参见表4-2)。

表4-2 重大决策的主要约束条件及其应对策略

约束类型	认 知	附属关系	自我满足
具体内容	• 时间有限 • 信息搜索和评估可用的资源紧缺 • 多重任务 • 决策问题极其复杂、令人困惑 • 缺少可靠的知识 • 思维惯性	• 决策者需要维持: 权力 地位 补偿 社会支持 • 决策者需要使新政策在组织内获得认可	• 严重的个人动机,如:欲望、需求和名望 • 个人情绪的变化,如:发怒、高兴 • 决策冲突的情绪压力
应对策略	认知式决策规则	附属式决策规则	利己主义式决策规则
具体内容	• 可得性 • 满足性 • 类推 • 综合聚焦 • 操作性编码	• 避免惩罚 • 人员配备的认可度 • 权力斗争中培养"高人一等"的作风 • 思想库:保持组织协调性	• 强化个人:"决策中我起什么作用?" • 让愤怒得到报复 • 大胆:"我行的!" • 高兴:做完它! • 避免过度防御:延迟、逃脱、自满 • 避免问题蔓延至超高难度决策:"迅速控制局势!"

资料来源:Irving L. Janis. Crucial Decisions: Leadership in Policymaking and Crisis Management. New York: the Free Press, a Division of Macmillan, Inc., 1989, 149

在分析了以上各种约束条件对决策的重要影响后,欧文·贾尼斯提出了一个模型,用于说明这些形形色色的约束条件对于决策——尤其是危机决策——的心理效应,约束模型中从常规决策到危机决策,各个层次泾渭分明,实质也体现了我们在前文所说的常规决策和危机决策之间的密不可分的关联度(参见图4-3)。

需要注意的是,在欧文·贾尼斯所提出的决策流程的约束模型中,最为复杂的就是一些严重性问题的处理,其主要表现形式就是我们所讨论的危机决策。针对这类特殊问题的决策,欧文·贾尼斯又提出了决策者具体操作的四大步骤——比我们前面所讨论的决策流程更为周到,并对其中每一步骤的约束条件和注意事项进行了详细的分析和深入的探讨(参见图4-4)。

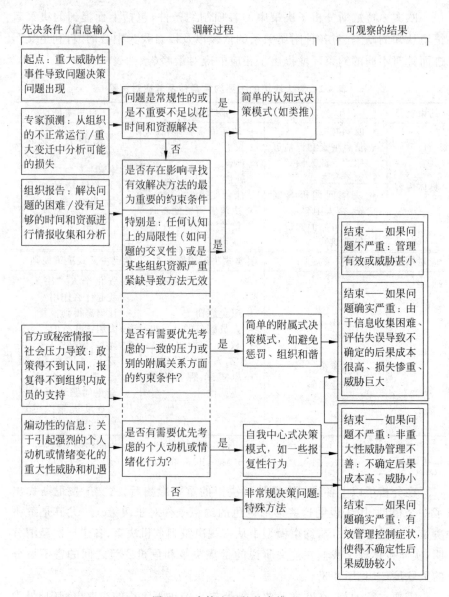

图 4-3 决策流程的约束模型

资料来源：Irving L. Janis. Crucial Decisions：Leadership in Policymaking and Crisis Management. New York：the Free Press, A Division of Macmillan, Inc., 1989, 153~158

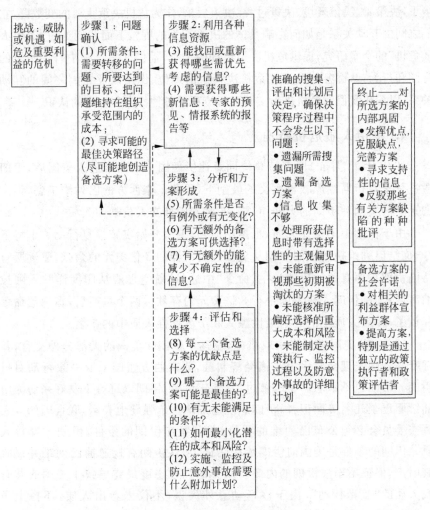

图 4-4 重大决策、危机决策的主要步骤

资料来源：Irving L. Janis, Crucial Decisions: Leadership in Policymaking and Crisis Management. New York: the Free Press, A Division of Macmillan, Inc., 1989, 89~96

实例分析：美伊人质危机

以上我们对危机决策的发展历史、特点和常规决策之间的关系、运行模式、现实流程以及决策的约束条件等进行了详尽的介绍和分析，但对这些内容的探讨都局限于理论的层面。那么，在现实的危机决策中，决策者到底通过什么样的机制，来对特定的危机决策产生重大影响的呢？在特定的危机情

境下,决策者、决策环境、决策过程、决策后果,作为危机决策重要的变数群,它们之间的互动关系是如何影响具体的决策行为的呢?下面我们通过"美伊人质危机"的个案研究,提供危机决策过程的全貌,提供这一过程中有关角色的意图和行为,掌握各种关系在危机决策中的地位、作用以及它们之间的互动关系,以深化我们对危机决策实际运行流程及各种特点和规律的认识。①

1. 美伊人质危机概况

1979年11月4日,卡特总统同意让伊朗国王巴列维进入美国后,伊朗激进分子在伊斯兰原教旨主义的鼓励下,推翻了亲西方的巴列维王朝,强占德黑兰的美国驻伊朗的大使馆,将66名美国外交人员劫为人质。

由于伊朗拒不交还人质,也拒绝谈判,美国开始实施报复行动。卡特下令,冻结巴列维执政期间伊朗从美国购买武器的3亿美元的余款;驱逐所有持同伊朗护照有关的伊朗学生;命令"中途号"航空母舰从印度洋驶入阿拉伯海域;冻结伊朗人在美国银行8亿美元的存款。两个星期后,霍梅尼命令释放了66名人质中的8名男性黑人和7名女性人质中的5名。

12月初,美国进一步采取措施,驱逐了伊朗驻美国的大部分外交官,并呼吁联合国安理会对伊朗实施经济制裁,要求西方盟国采取一致行动对付伊朗。伊朗也不示弱。圣诞节过后,新年伊始,伊朗以进行不友好采访为由陆续驱逐了几名美国记者,伊朗总统巴尼萨德尔强硬地表示,联合国的5人调查委员会必须公布巴列维的罪行,美国答应伊朗的条件,伊朗才释放人质。伊朗的条件是美国向伊朗承认错误,承认伊朗有权逮捕巴列维并没收其财产,保证不干涉伊朗的内政。双方的强硬态度最终导致了美国武装营救人质的"蓝光行动",由于该行动意外失误,不仅未救出人质,还搭上了5名美国军人的性命,使得卡特政府不得不与伊朗重新谈判。1981年1月20日,52名美国外交官被围困了444天后获得释放,美伊人质危机告一段落。

当然,从1979年11月4日到1981年1月20日共444天的时间里,美伊人质危机事件,也会是一连串的因果关系、危机决策、危机处理、危机谈判的过程(参见图4-5)。从决策的层面分析,在美伊人质危机决策的过程中,决策目标、决策机构、决策环境和决策策略都处于急剧变化、高潮迭起的动态过程中,我们下面对此案例的分析就主要从以上几个方面展开。

---

① 以下对"美伊人质危机"案例的介绍和分析,参考:洪秀菊. 危机决策·处理·谈判:美伊人质危机个案. 台北:商鼎文化出版社,1999

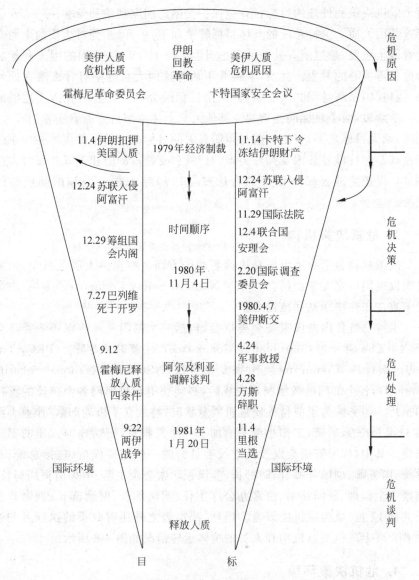

图 4-5 美伊人质危机演变图

资料来源：洪秀菊. 危机决策·处理·谈判：美伊人质危机个案. 台北：商鼎文化出版社,1999,24

2. 危机决策目标

危机情境下,决策者所面临的目标往往是多元的,不仅包括解决问题,还包括组织的近程、中程和远程的目标。人质危机一开始,卡特总统就确定两个危机决策和处理的目标:第一,保护美国的国家利益和荣誉;第二,安全释放美国人质。卡特总统的具体目标转换如下:一开始,他将人质的生命安全看得很重要,超过所有其他的考虑;同年12月28日,美国的国家利益成为他只需关心的对象。其实,卡特并不认为这两大目标中有什么潜在的冲突,他将"国家利益"和"人质生命"两个目标融合为一,因此,在人质危机的每一个阶段,两个目标同受重视。其他人对上述两个目标的看法差别较大。同时,两大目标之下,引出一些与伊朗有关的目标群:(1)维护美国在中东的利益;(2)保持世界各国友邦对美国的信赖和支持;(3)防止苏联扩张势力范围;(4)保护美国公民在伊朗的合法权益;(5)寻求联合国和国际法院的支持。

3. 危机决策机构

决策机构包括决策组织和决策者两个方面。在美伊人质危机中,决策组织以美国国家安全委员会(NSC, National Safety Committee)为主,决策者偏重在布热津斯基和范锡之争。

卡特总统任内的国家安全委员会,包括三个部门——特别协调委员会(SCC, The Special Coordinating Committee)、政策审议委员会(PRC, The Policy Review Committee)、国家安全会议(NSC, The National Security Council),各个部门的政策制定完成后,必须获得行政部门各个单位的支持和执行。国务院为了应付人质危机紧急状况,特成立了机动部队/作业小组(a task force),后来,工作小组又增加了一个简报室,密切地与人质的家属联络。其中,国家安全会议及其附设委员会的一些重要成员(包括总统、副总统、国务卿、副国务卿、国防部长、参谋长联席会议主席、中央情报局局长、国家安全助理、新闻秘书、白宫办公厅主任、司法部长、财政部长、副财政部长共计13位)成为危机决策者。当然,决策者之外还有政策的执行者和谈判者。以上危机决策机构和人员的整体运转情况如图4-6所示。

4. 危机决策环境

决策环境分为运作的环境和心理的环境,而此次美伊人质危机又可以分为外部环境和内部环境,即国际环境和国内环境两个方面。危机环境与危机决策机构、危机决策策略等的变化和转折息息相关。

(1) 国际环境:在国际方面,伊朗的野蛮恐怖的非法行为,激起全世界各国的公愤。从国际系统、苏联战略系统、中东区域关系、伊朗政治情况等层层国际变数进行剖析美国制定政策的背景,也可发现此次人质危机和卡

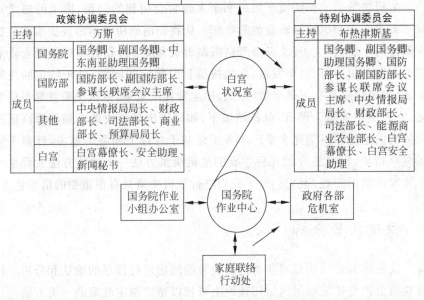

图 4-6　美伊人质危机中美国决策组织关系图

资料来源：洪秀菊.危机决策·处理·谈判：美伊人质危机个案.台北：商鼎文化出版社,1999,164～168

特政府的全球战略平衡有关。

(2)国内环境：美伊人质危机卡特政府所面临的国内环境包括：大众传媒、国会、美国总统大选和人质家庭联络行动团(FLAG,Family Liaison Action Group)等几个方面,他们全力支持卡特政府。

5. 危机决策策略

卡特决策目标是美国国家利益和人质生命同时并重,决策环境也影响美国外交政策。外交多于战略,主观客观情势研判,令卡特政府规划出的人质危机策略比较偏向于非暴力和不干预。大体说来,卡特政府所采取的美伊人质危机的决策策略包括如下几种：经济制裁、联合国安全理事会、国际法院、军事救援。

军事救援失败后,此次美伊人质危机最终于 1981 年 1 月 20 日经由阿尔及利亚调解谈判成功而宣告结束。

4.3 危机决策的主要方法

危机决策是危机情境下组织和个人经常会碰到的问题,决策的质量直接关系着个人和组织行动效能的好坏。从我们前面所举的常规决策和危机决策的两个案例(关于《北京市严格限制养犬规定》的分析和对美伊人质危机的个案分析)对比后会发现:危机决策针对特定的问题,处于特定的决策环境,决策后果具有不确定性,因此,比起常规决策来,危机决策就显得更为复杂,也更为关键。那么,危机情境下,如何做出最佳决策?如何提高危机决策的民主化和科学化水平?本节正是基于对以上问题的思考,针对不同的危机情境,简单地介绍几种主要的危机决策方法——这些方法大都来源于常规决策的实践,但它们对于我们进行危机决策具有很重要的借鉴意义。

快速决策分析

决策的首要问题是对所将进行决策的问题进行详尽的确认和分析。快速决策分析是指能够迅速运用理论上可赖以帮助制定政策的一类方法。这个方法最先由卡尔·帕顿(Carl V. Patton)和大卫·沙维奇(David S. Sawicki)在研究地方交通问题时提出。[①]

1. 方法的提出

卡尔·帕顿和大卫·沙维奇把政策制定过程划分为研究性分析和初步分析,他们认为,大学和思想库的研究人员得到相当多的资助,有相当长的时间并占有大量资料,有条件采用研究型方法(researched methods)对有关公共政策做专门研究,以"寻求问题背后的真相和非直觉的甚至反直觉的解决方案"。与此相反,现在各公共领域的决策者们经常面对许多重要的政策问题必须快速解决,对这类问题作分析并提供咨询意见的政策分析者和政策规划者要在很短的时间里,凭借少量的资金和有限的资料作出研究成

[①] 以下对快速决策方法的介绍主要参考:[美]卡尔·帕顿,大卫·沙维奇.政策分析和规划的初步方法.孙兰芝,胡启生等译.北京:华夏出版社,2001,1~20

果。这种分析"目标更实在,旨在很好地向公共决策者作简单的建议以便他们不会在主要问题上犯错误"。卡尔·帕顿和大卫·沙维奇将这种分析叫做"快速、初步分析",方法的选择必须考虑能在可利用的时间范围内有条不紊地解决各种决策问题,从而使政策分析者和政策规划者能够迅速地完成所承担的项目以帮助决策者制定好的政策。

危机决策需要在特殊决策环境下解决特殊的决策问题,危机的突发性、破坏性、无序性和不确定的决策前景造成了决策者高度的紧张和压力,为使组织在危机中得以生存,并将危机所造成的损害降到最低程度,决策者必须在有限的时间里迅速作出重大决策;同时,危机越重大,决策者就越需要在最短的时间内控制危机事态的蔓延。在这种情况下,快速、初步的决策分析方法就有了用武之地。特别是,危机决策往往由临时性决策单位作出,它们在作决定时所需要的时间常常是以"秒"、"分"、"小时",而不是以星期来计算的,因此,快速决策也就尤为必要了。

2. 方法的内容

卡尔·帕顿和大卫·沙维奇把快速、初步政策分析方法的过程区分为六个步骤:认定及细化问题、建立评估标准、确认备选政策、评估备选政策、展示和区分备选政策,以及监督和评估政策实施(参见图4-7)。这是这一过程中的主要步骤,但每步都能分成更小的部分,政策分析家们可以通过各种不同的路径来完成政策分析的这一过程,这是因为"所受的训练不同、分

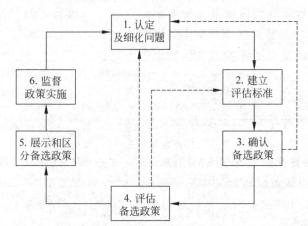

图4-7 快速、初步分析方法的基本过程

资料来源:[美]卡尔·帕顿,大卫·沙维奇.政策分析和规划的初步方法.孙兰芝,胡启生等译.北京:华夏出版社,2001,43~53

析能得到的时间不同、问题的复杂性不同、获得资源不同以及组织间的联系不同"。实际上,他们所谓的快速、初步分析方法,和我们前面在谈论决策研究的历史时所提到的"理性决策模式"和"有限理性"模式,以及在探讨危机决策流程时提到的几个模型和相关的定义,在基本的概念特征和操作过程等方面都有不谋而合之处。

卡尔·帕顿和大卫·沙维奇还配置了适用于整个分析过程的初步方法——这些方法不管是属于定性方法还是定量方法,都具有比较强的可操作性,而且大都简单易行,无论对于危机分析者还是决策者都具有重要的参考价值(参见表4-3)。

表4-3 快速决策分析过程中各步骤的初步方法

分析过程中的步骤	初 步 方 法
所有步骤	• 甄别和搜集资料 • 文献调查方法 • 政策信息访谈 • 快速调查 • 初步资料分析 • 传播分析
步骤1: 认定及细化问题	• 简单计算 • 快速决策分析 • 政治分析 • 产生有效的、可操作的规定 • 问题报告、入门分析
步骤2: 建立评估标准	• 技术可行性 • 经济和财政可能性 • 政治可行性 • 行政可操作性
步骤3: 确认备选方案	• 研究分析 • 非行为分析 • 快速调查 • 文献述评 • 理想现实世界经验的比较 • 被动的搜集和分类 • 分类的完善 • 类比、暗喻和群体生态法 • 头脑风暴法 • 与理想模式的比较 • 可行性操作 • 现有解决方案的修正
步骤4: 评估备选方案	• 外推法 • 理论预测 • 直觉预测 • 折扣分析 • 传感性分析 • 快速决策分析 • 政治可行性分析 • 实施分析 • 脚本写作
步骤5: 展示/区分备选方案	• 成对比较 • 满意 • 排列顺序 • 非支配性备选方案法 • 等价备选方案法 • 标准备选方案法 • 矩阵展示系统 • 教本写作
步骤6: 监督/评估政策实施	• 前后对比 • 有为与无为的实验对比 • 实际与预期的比较 • 实验模型 • 半实验模型 • 成本取向法

资料来源:[美]卡尔·帕顿,大卫·沙维奇.政策分析和规划的初步方法.孙兰芝,胡启生等译.北京:华夏出版社,2001,55

专家紧急咨询法

"有限理性决策"模式告诉我们：危机情境下，决策者并不具有有关决策状况的所有信息——诸如危机状态的规模、形式、强度、发展趋向，认清危机状态的导因和根源；他们处理信息的能力有限，危机情境下某些特殊的环境组合会使决策团体的内在群体压力升高，以致出现"群体盲思"，严重影响危机决策的质量。为保证决策者对决策问题、备选方案的考查，对信息的收集与处理以及对权变性计划的拟订，危机决策者必须充分利用各种类型的"外脑"，充分发挥智囊机构的作用。

1. 智囊机构与事前专家库的建设

现代危机决策的智囊机构，是属于一种软科学研究机构。一般来说，它是由一些具有专门知识的专家、学者按照一定的目标或方式组成的专门输出智力成果的机构，它包括危机管理的各种信息、参谋咨询组织体系。根据智囊机构的性质可以把危机管理中发挥决策"外脑"功能的智囊组织机构分为以下三类：[①]

- 行政性的决策信息、咨询机构：它们在党政组织序列中，隶属于各级党委和政府及其下属部门的从事信息收集、政策研究的机关；
- 半官方的政策研究、咨询机构：它们以独立的、介于官方和民间之间的、客观分析政策为目标的研究机构；
- 民间的政策研究、咨询机构：它们包括一些协会的研究组织、公司、大学的研究所等。

第二次世界大战以后，为了满足对各种复杂决策备选方案进行分析时所产生的客观需要，各类咨询机构应运而生。第一家咨询公司就是当时赫赫有名的兰德公司，成立于1948年11月，该公司在40年代曾为美国空军部门完成了一系列堪称楷模的研究工作。1954年以后，又相继出现了拉默·伍德里奇公司、斯坦福研究所、郝德森研究所等机构。在整个战后一段时期，全球各国咨询机构的数量逐年稳步增长。在最为著名的美国咨询机构之中，除了兰德公司之外，还有美国企业研究所、布鲁金斯学会以及面向企业的麦肯锡公司等。1972年日本神户大学设立了系统工程学科；随后出现了由美国、苏联、日本、加拿大、捷克、法国、联邦德国等17国参加的国际应

[①] 胡宁生主编．中国国家形象战略．北京：中共中央党校出版社，1999，1246～1247

用系统分析研究所,这些都是决策科学的专门研究机构。此外,诸如德国汉堡经济研究所和基尔世界经济研究所等,都扮演政府决策的"思想库"的角色,为国家和各界的决策提供了重要的咨询。[①]

当代组织的各项决策牵涉面很广,组织不可能对决策涉及的每个方面、每项技术要求都有充分了解。特别是在危机发生时,组织更应该集思广益,充分发挥智囊机构的作用。一方面,智囊机构由于其工作性质的缘故,经常遇到大量复杂的问题,并对解决这些问题的各种途径不断进行观察,逐渐地积累分析复杂问题的宝贵经验和探求答案的某种方法;另一方面,在分析复杂问题时,智囊机构同该组织传统做法无关,也不会十分因循守旧,它们作为第三者和旁观者的独立意见是十分宝贵的,这些建议通常容易引起组织领导者的重视。总而言之,现代智囊机构对组织决策——特别是政府决策——的基本功能主要有:

- 收集信息,进行科学预测,充当政府的"望远镜";
- 拟定方案,进行综合分析和评价,充当政府的"外脑";
- 跟踪检查,提高反馈信息,充当政府的"耳目";
- 独立调查,公开甄别事件诱因,充当政府的"监督员";
- 培训、储备和交流人才,充当政府决策人才的储存机构。

智囊机构若要在危机情境下发挥充分的作用,必须在平时就做好各项研究工作,模拟危机情境,理清对策思路,否则对政府有效处理危机是毫无裨益的。也正因为如此,政府及其他决策组织必须在危机事发前搞好专家库和智囊团的建设,做好"思想库"的储备工作,这样危机爆发时方能有的放矢,忙而不乱。

2. 专家预测与紧急咨询

组织在平时建设好各类专家库和智囊团后,就可以积极地发挥它们作为政府决策"思想库"的积极作用了。

首先是发挥智囊团的危机预警作用,为危机决策提供信息。决策者可以组织各领域的专家,运用他们专业方面的知识和经验,根据预测对象的外界环境(社会环境和自然环境),通过直观归纳,对预测对象的过去、现在的状况、变化发展的过程,进行综合分析与研究,预测社会变迁中危机发生的领域、可能性、频率和强度,帮助政府制定反危机的战略规划和应急计划,使

---

① [苏]拉里切夫. 决策的科学与艺术. 刁习生,沈庆鉴,林盛通译. 北京:科学出版社,1988,10;鲍宗豪. 决策文化论·导论. 上海:上海三联书店,1997,4~5

政府的危机决策和管理建立在科学的基础之上。这方面的著名例子有:美国兰德公司对"朝鲜战争"问题的预测,对"人造地球卫星事件"的预测,以及美国的郝德森研究所、日本德野村综合研究所、英国的国家战略研究所,都对未来的发展作出过令人满意的预测。①

其次,更为重要的是,在危机真正发生的时候决策者必须在基于这些"思想库"拥有的专业技能的基础上,充分发挥他们的积极作用。智囊机构一般都拥有一支专业化的政策分析队伍,具有一整套政策研究的科学方法,将政策研究引入专业化、规模化的轨道——对于一些技术复杂或是专业领域色彩很强的复杂的决策问题,智囊机构的作用就体现得更为明显。1979年9月7日温州氯气中毒事件就说明危机情境下缺少专家的紧急咨询会带来怎样严重的后果。

案例 4-3　危机管理中的专业技能:
1979 年温州氯气中毒事件②

1979年9月7日下午1时55分,温州电化厂发生液氯钢瓶爆炸事件,大量液氯气化并迅速扩散,共有32个居民区和6个生产队受到污染,1208人受到氯气危害,779人中毒。该市的11个医疗单位都加入到对患者救治工作中,但普遍缺乏中毒救治经验。临近省市组织了90余位医务人员组成12支医疗队陆续到达现场,参加了抢救工作。当时温州没有职业中毒防治机构,没有专职医生,各医院都缺乏氯气中毒的抢救知识。短时间内,上千名中毒患者被送到各个医院,医务人员没有思想准备,抢救药品、器械不足,工作秩序混乱,治疗效果较差,在短短几个小时内就有几十名中毒病人死亡。经过从中央到地方的各级行政和技术人员组织的专门的指挥部协调救援工作后,厂区周围人员全部疏散,共有8万人撤离了危险区。本次事故共死亡59人,其中现场死亡18人,另外41人均为氯气中毒死亡。

需要注意的是,决策者在利用专家预测和智囊机构紧急咨询的过程中,一方面,智囊机构要相对独立地进行工作,敢于同政府唱"对台戏";另一方面,政府决策者决不能放弃其独立抉择的权力,不能让智囊机构代替决策,而是要加强对这些智囊机构的领导或指导。

---

① 鲍宗豪.决策文化论.上海:上海三联书店,1997,295～306
② 事件回顾:温州氯气中毒事件.中国预防医学科学院中毒控制中心工作简报,2000(2)

4.4 中国危机决策现状及改进

以上我们较多地从理论层面描述危机决策的特点、运作流程、决策方法等内容,特别是其中我们介绍的几种危机决策模型,对亟待建立危机管理体系的转型期的我国来说,提供了一个轮廓性的可供参考的背景框架,具有一定现实指导意义。本节我们将结合我国危机决策的实际运作情况,剖析其中存在的种种困境及其导致这些困境产生的各方面的原因,进而在借鉴前文所述的理论模型的基础上,对我国危机管理体系建设过程中如何提高危机决策的效能提供相关的政策建议。

我国危机决策的现状

全球化和信息化对行政组织的决策、结构和运作方式都产生了巨大影响;尤其是信息化,更是改变了组织的决策进程、管理结构和运作方式。可以说,全球化和信息化的趋势对决策系统提出了新的要求,也对决策系统自身结构的调整和能力的提高创造了外部条件和动力因素。那么,处于转型期的我国政府,又该如何应对挑战,强化危机决策系统的地位和作用,增强危机决策系统的自主性,提高危机决策绩效呢?首先我们来分析我国危机决策现存的种种困境。[①]

1. 危机决策意识不强

按照罗伯特·希斯的分析,危机决策包括危机事前决策和危机事中决策两种模式,这就要不仅要求重视危机事件已经发生以后的决策,也要注重组织日常运作中的常规决策。而在我国危机决策的现实观察中,不仅是危机发生后组织很难做到在高度紧张和压力之下,在有限的时间内迅速作出重大决策,控制危机事态的蔓延;而且,各类决策者(主要是各级政府)也往往不能从发生的危机中吸取教训,举一反三,致使政府危机情境下决策时没有足够可支配的政策资源,包括财力、物力、人力、信息及其他各种资源,严重影响着决策资源的有效供给,影响和制约着决策系统的功能的正常发挥。2001年发生的四川宜宾金沙江南门大桥垮塌事件就说明了政府危机决策意识的重要性。

---

① 张超.全球化趋势与我国政策制定系统的改进.理论探讨,2001(3)

> **案例 4-4 危机管理中的危机意识：**
> **2001 年宜宾南门大桥垮塌事件**[①]
>
> 2001年11月7日，从四川南部宜宾进入云南的咽喉要道宜宾南门大桥(长江大桥)发生悬索及桥面断裂事故，桥两端同时塌陷，2人死亡2人受伤，造成交通及市外通讯中断。令人震惊的是，宜宾垮桥事故也已经不是第一次：1997年，穿城而过的岷江二桥先后垮了两次，致使内宜高速路延期建成；2000年，由政府立项、山东鲁能集团投资修建的连接南岸区与主城区的新金沙大桥刚开工不久(只建了两个桥墩)便停下来了。而更令人不可思议的是，南门大桥修好后10多年了，有关部门从未对大桥进行过检修；1999年綦江虹桥事件后，宜宾有关部门就对此桥进行过一次"体检"，当时被验收合格；同样是在1999年，宜宾一位记者曾对该桥的安全隐患做了一些报道，但没有引起有关部门的足够重视；而就在宜宾垮桥事故发生的四个月前，就已经发现大桥有裂缝，但当时有关部门却不检修，最终导致惨剧的发生。

因此，作为危机决策者的我国各级政府必须把危机决策和常规决策紧密结合起来，在组织的正常运转中以常规决策为主，危机决策为辅，加强日常管理中的疏导防范工作，防患于未然，进而从根本上改善我国的公共治理结构，从源头上遏制危机的发生。

2. 危机决策机构存在缺陷

目前，我国缺乏专门的专业化、规范化、制度化、高效的危机决策核心机构。不仅如此，由于传统计划经济体制的影响，权力和利益的部门化，也引起了决策的部门化，把决策变成维护本部门权力、谋取本部门利益的手段，从而影响了决策功能的有效发挥。模仿决策系统形成的等级制的信息系统，信息获取的环节过多，发生错误和失实的可能性也就加倍地增长了，这就不可避免地要起到歪曲信息的作用。体现在上下级危机协调机制方面，这就出现如广西南丹特大矿井透水事件、山西运城富源煤矿透水事故这样下级政府隐瞒事故真相，"报喜不报忧"、"捂盖子"、"浮夸虚报"、"欺上瞒下"的普遍现象。

[①] 郑直. 四个月前发现裂缝 追问宜宾垮桥事件. 北京青年报，2001-11-14

此外，我国各种类型的政策咨询机构（智囊机构）由于缺乏科学的、系统的政策理论和方法，以及对决策系统的过度依附，不注重深入实际拿出大量的时间和精力进行调查研究，也没有收集大量的危机事件建设"案例库"进行实证分析，导致"胸中无数决心大，情况不明办法多"的瞎参谋、瞎指挥现象的发生，未能为危机决策者提供各种专业知识、技能的咨询，也就不可能发挥它们作为智囊机构和"思想库"对于危机决策应有的作用和功能。

3. 危机决策的公开性和可预测性较差

目前，我国危机管理各部门之间缺乏统一的核心协调机构，在行政规定公布程序上目前也还缺乏统一有效的法律规则。以上现状就导致我国政府危机决策的透明度和公开化程度不够，影响政府危机决策的效能。比如，2001年年底京津地区发生"艾滋病扎针"事件后，社会上出现好几种对此事件原因的解释，但这几种说法没有得到任何证实；而面对此种情境，当地公安机关、卫生部门等有关部门均表示："还不到透露此事的时候。"在这种情况下，查证传闻的真实性成了很困难的事情。

危机决策的公开性差的另一个表现是危机决策时缺乏统一及时和权威的信息流通媒介支持系统，这就导致危机发生后各种报道和传说众说纷纭，各家媒体的报道和官方公布的事件伤亡数字可能大相径庭。更有甚者，地方政府往往抗拒舆论监督并殴打新闻记者，为封锁、控制信息，不惜动用警力对记者围、追、堵、截，甚至非法拘禁记者，阻止记者采访。① 在上述提到的"艾滋病扎针"事件中，对于为什么偏偏在天津出现这样的传闻，社会上就流传着三个不同的解释"版本"：一种说法是，有一个外地人在天津的医院看病、输血，结果感染上了艾滋病，为了报复，他叫来了一些同伴制造这起"扎针"事件；另一种说法是，河南的艾滋病患者大部分是卖血感染上的，而当年采血的一些车挂着天津的牌照，因此那些艾滋病人到天津来报复；还有一种说法是，河南的一些艾滋病人到北京的有关部门反映情况，要求社会不要遗弃他们，想得到进一步的关注，但他们受到了冷遇，为了引起社会的重视，他们就到天津制造了该事件。②

我国危机决策可预测性较差主要表现为决策的执行效果，"上有政策、下有对策"，上级政府出台的很多政策往往下级很难真正贯彻、执行，导致危

---

① 对于危机决策时信息流通媒介支持系统的阐述，请参看本书第三章"现代危机管理体系的构建——组织行为分析框架"第二节"危机中的媒体政策"的相关论述。
② 天津"艾滋患者持针扎人"事件调查. 南方周末，2002-01-24

机频频发生。比如,2002年5月4日,全国一天发生三起小煤矿特大事故,共死亡59人,即山西运城地区河津市富源煤矿(无证)透水事故,死亡21人;湖南娄底涟源市小煤矿煤与瓦斯突发事故,死亡15人;贵州毕节地区威宁县无证小煤矿瓦斯爆炸事故,死亡23人。① 国家一贯强调要加强安全生产,并出台了一系列政策、措施,并三令五申要求各地对这些小煤井、小煤矿进行关闭和整顿,但一些企业和地方仍然只重视指标,却忽视安全,忽视管理,安全生产制约机制出现了弱化的倾向,从而造成事故频发。决策不良的执行效果必然会影响人们的行为选择和资源的合理流动和配置,引起社会秩序的混乱,降低政策绩效。

4. 危机决策人员素质有待提高

危机决策是一个非常复杂的过程。危机情境下,高度的不确定性使得危机事态的发展处于转折关头,即时决策效能成为一个关键性,甚至是决定性的力量,这就要求决策者具有较高的素质和非凡的决策能力,比如:适应性、灵活性、权威性、自信心、协调能力等。

目前,我国很多危机决策人员素质较低,表现之一:这些决策者中的一部分从未接受基本的危机技能培训,缺乏起码的危机决策知识。据国家安全生产总局透漏,在2002年上半年的特大安全事故中,由于从业人员违反安全操作规程而造成安全事故,更严重的是有的决策者和危机救援人员甚至连基本的抢救知识都不具备。2002年7月吉林省白山市道兴小煤矿发生的一幕惨剧就证明了这点:7月1日上午9点,道兴小井发生冒顶事故,埋住5人,小井的有关人员立即组织抢救,但由于缺乏起码的抢救知识,措施采取不当,造成上层巷道中的积水泄露,抢救人员中又有16人被埋,最后21人全部遇难。②

危机决策人员素质较低的第二个表现是:在日常的常规决策中,他们不能从危机事件中吸取教训,导致类似的危机事件重复发生。比如,2000年3月江西省上栗县发生"3·11"烟花爆竹大爆炸事故,死亡33人。事故发生之后,县政府平均每三天便要发一个文件,但没有人真正抓深、抓细、抓落实、抓整改,结果,8月11日,同样的悲剧再次发生。③ 因此,危机决策者必

---

① 国家煤矿安全监察局通报10起煤矿安全生产事故。http://www.ah.gov.cn/zhxx/b7c17d33-8f99-11d6-9441-00d0b7c2228a.htm,2002-07-07
② 重、特大安全生产事故透视(1)——血的警告.中央电视台《焦点访谈》,2001-08-14
③ 刘学刚.安全生产何处觅.人民公安报,2001-03-15

须利用各种智囊机构和独立中介组织,公开甄别事件诱因,举一反三,提高危机事前决策的民主化和科学化水平,改善公共决策效能,从根源上杜绝类似危机的再次发生。

危机决策人员素质较低的第三个表现是:危机决策者结构单一、知识片面,缺乏综合型、复合型、高技能的危机决策人才。特别是全球化进程的加深,需要我们培养大量深刻理解国际经济、政治、法律和文化的人才,参与制定新的国际经济规则,而目前我国这方面的人才极其匮乏。

5. 危机决策工具缺乏创新

我们正处在决策过程的技术革命中,科技与社会进步带动决策手段和工具日益朝程序化、自动化、规范化的方向发展。我国危机决策工具缺乏创新的第一个表现就是:决策者不能有效利用各种先进的决策技术和方法,并在实践中灵活、合理地运用。比如:各种信息技术、人工智能技术以及运筹学、规划论、对策论、系统分析等决策技术和方法。在现代信息社会,我们不少决策者往往拘泥于传统的"拍脑袋"决策,单凭个人或少数人的阅历、知识和智慧进行决策,实际上还停留于一种经验水平的决策,难免会有失误。

危机决策工具缺乏创新的第二个表现是:危机决策者缺乏善用"外脑系统"的艺术,决策时往往带有强烈的个人感情色彩,固执己见,排斥或干预各类智囊机构对危机决策的参与,或是越俎代庖,或是求全责备。决策者这样做的结果是导致智囊机构具有相当程度的依附性,不可能相对独立地进行工作,很难提出不同看法、不同方案,或不敢直言相谏。

危机决策工具缺乏创新的第三个表现是:政策干预手段往往局限于依靠行政命令、行政指导等来实现,缺少法制化的规范;危机决策机构往往倾向于以简单化的方式处理复杂的互相依存的社会经济和生态问题。比如,近几年面对频发的安全生产事故,关键的举措是要出台相关的法律,依法明确政府和主管部门的责任,扭转当前多头管理、无人负责的局面;依法规范企业安全生产行为;依法处理事故的善后工作和责任追究。目前,我国已经或即将出台《中华人民共和国安全生产法》、《行政审批部门安全责任追究办法》等各项法律法规,相信对以法制化的方式规范危机决策涉及的各种问题是大有裨益的。

我国危机决策的改进

以上提及了我国危机决策现实运作中客观存在的一些问题,那么,接下来将要讨论的要点就是在一个日益全球化(特别是信息全球化)的社会里，针对我国危机决策中现存的种种困境，如何通过采取各项制度性的改革或是创新举措，改善我国危机决策现状，提高我国政府的危机决策效能，进而帮助实现我国现代危机管理体系的早日建立。[1]

1. 转变危机决策观念

随着全球化的发展，决策价值观的转变势在必行。大体说来，这些观念转变的具体内容包括：

- 事前决策观念：加强组织日常的民主化、科学化建设，预先建立有针对性的机构、制度、法规和体制，在情报搜集、信息预测、资源利用及权力行使等方面早做准备，以应付可能出现的危机。
- 效率至上观念：要在有限的时间内迅速作出危机决策，决策者必须解决危机决策的时滞问题，提高决策系统对环境的敏感性，增强对正在变化的环境的反应，并增强决策方案的预见性、防范性。
- 沟通交流观念：随着冲突型决策的增多，决策者要充分考虑到其他参与者策略决策的影响，利用各种时效性、互动性、容量大的现代信息技术，开展自愿、互动和横向的信息交流，追求双赢的决策。
- 技术创新观念：全球化条件下，创新过程的方法由线性向互动和系统的方向转变，危机决策同样讲究决策方法和决策艺术。因而，现代信息社会里，决策者必须提高决策的艺术性，增加决策方法的技术含量。

2. 优化危机决策组织机构

组织机构是危机决策所依托的平台，其重要性不言而喻。危机决策组织机构的优化，大体包括如下几个方面的内容：

- 建设危机决策制定、协调的核心机制：危机决策权应适度集中于综合性的核心协调机构，以提高决策系统的整合能力；同时，还要注意提高决策系统的协调和沟通能力。
- 强化危机决策智囊机构：各种类型的危机决策信息、参谋咨询组织体系应保持相对的独立性，为决策者提供及时、有效的有关危机演进脉络和发展前景信息传导，并思考多种决策方案供决策者选择。
- 提高地方政府决策能力：全球化趋势导致危机部分决策权向地方政

---

[1] 张超. 全球化趋势与我国政策制定系统的改进. 理论探讨, 2001(3)

府转移,从而对地方政府的危机决策能力提出更高的要求。针对危机决策中的协调机制问题,为地方政府的行为选择创造一定的参与约束和激励相容约束机制,即提供相应的正向激励。

3. 提高决策系统的创新能力

如今,信息技术发展日新月异,它不仅大大改变了人们的日常生活方式,而且也大大冲击着政府固有的运作方式、组织架构和办事流程。危机决策者也必须对这一挑战和机遇做出积极的回应。

- 知识基础设施的应用:决策者充分利用各级学校、培训机构、研究实验室、电信网络、图书馆、数据库等设施系统,完善决策研究的科学方法,将危机决策引入专门化、规模化的轨道。
- 充分利用信息技术:危机决策者要积极顺应科技发展,特别是信息技术发展和电子政府发展需要的过程,利用技术增进信息的搜集、储存、提取、分析和交流,提高危机决策的规范化、科学化和高效化程度。
- 创新决策方法:成立专门的独立组织机构,公开甄别危机诱因,建设危机事件"案例库",举一反三,吸取教训,最大限度地杜绝和减少类似灾难、事故的发生。并结合实际,为危机决策和管理提供新的方法。

4. 优化决策环境

危机决策的变革,与整个国家的发展、社会制度的变迁和个体的进步都是密切相关的,必须做好相关配套措施的建设。

- 法制环境的发展:加速决策的责任立法和决策程序的立法进程,用法制化的方式明确危机决策各方的责、权、利;加快新闻立法和信息披露机制建设,保持适度的新闻自由,创造媒体公正介入危机报道的秩序。
- 社会参与机制的完善:建立和完善听证制度、新闻监督制度,利用网络技术等手段,提高危机决策的公开化、程序化、透明化程度;培育非政府组织,加强基层民主建设,促进我国公共治理结构的完善。

第5章

国际借鉴
——体系、机构及个案

　　危机事件是对世界各国政府管理的重大挑战,应对危机事件最为关键的是以完善的危机管理体系实现整个社会资源的协同运作。在关注"9·11"事件所造成的举世冲击的同时,我们不难发现美国的危机管理系统在应对危机中体现的作用。因此,本章主要选择美国危机管理体系及其他国家有代表性的危机管理机构,分析它们的设置和运作机制,并重点结合美国"9·11"恐怖事件进行实证分析,细致地剖析美国现有的危机管理系统,具体将从运作机制、特别的机构设置、危机应对网络和社会危机应对能力四个方面进行阐述。本章系统、客观地分析和研究了世界各国危机管理体系的理论和实践,并着眼于中国危机管理体系建设最需要的主题。我们希望本章能为我国的危机管理实践部门更多地了解欧美危机管理体系建设提供一个大致的背景。同时,要从形态各异的危机事件中寻求一定的规律,这不仅仅需要我们将危机事件放入社会形态变迁的视野里进行理论上的思索,更重要的是需要结合实际中的典型案例作出细致、规范的个案分析,以得出具体应对之法。为此,本章最后还将介绍世界知名的危机管理研究组织 CRISMART (Crisis Management Research and Training)提供的有关案例。

5.1 体系剖析：美国经验

在面对层出不穷类型各异的危机事件时，政府的危机管理体系和能力将是降低危机损害的关键所在。美国的危机管理体系，正是构筑在整体治理能力的基础上，通过法制化的手段，将完备的危机应对计划、高效的核心协调机构、全面的危机应对网络和成熟的社会应对能力包容在体系中，这也在一定程度上体现出美国公共治理结构完善的特点。

现实点击："9·11"回顾

美国是当今世界惟一的超级大国，其经济、军事实力无人可敌。然而，它也成了恐怖分子袭击的主要目标。"9·11"事件的发生对美国乃至整个世界产生了巨大的影响，不仅直接影响了冷战后世界形势格局，而且给全球各国的政府管理带来了前所未有的挑战。

首先，美国国内的社会生活形态和基准理念受到重大影响和冲击。

以往美国人常说：美国是世界上最先进、最强大的国家，拥有最先进的武器和最发达的信息情报网络。也就是说，美国是世界上最安全的地方，没有什么对手能够与美国抗衡。广大的美国民众"真诚"地相信，当今的美国不仅提供了可供其他国家效法的模式，也提供了当代人类发展的希望。然而"9·11"事件的发生无疑给这种广泛传播而且根深蒂固的认知以沉重一击。[1] 袭击事件发生在美国最繁华的地区，它袭击了美国经济、政治、军事的象征物，使公众对美国社会安全产生极大的怀疑，它不仅打乱了原有的平和、悠闲的社会生活节奏，使整个社会突然弥漫着紧张和不安，有的地区甚至出现局部的混乱，在纽约、华盛顿等城市的主要交通要道和重要的建筑前，20多年来第一次出现全副武装的警察和国民警卫队士兵。2001年9月25日，研究公司Conference Board公布，美国的消费信心指数由8月份的114点大幅跌落到97.6点，为1990年以来最低水平。接二连三出现的炭疽病菌报告，引起了公众的白色恐慌，使得公众的心理接近崩溃的边缘。纽约大学医学院的精神病临床教授诺曼·萨斯曼说："眼下，全国人民普遍感到恐惧，大多数人平生第一次体验真正的恐惧。"[2]

---

[1] 王逸舟."9·11"综合症与新的国际安全态势.世界经济与政治，2001(11)
[2] 今日美国报，2001-10-16

如果说"9·11"事件是21世纪的珍珠港事件,那么它对当代美国的影响是什么?这个问题可以用9月22日《经济学家》杂志的一篇文章的开头语来回答:"对美国的袭击将永远地改变美国看待自己和看待世界的方式";也可以用9月17日美国CNN电视访谈节目的评论来回答:"过去美国人认为美国是世界,现在认识到美国是世界的一部分"。

"9·11"恐怖主义袭击甚至比珍珠港事件使美国更深切地感受到美国是世界的一部分。在历史上,美国毕竟可以凭借得天独厚的地理条件,使美国本土免于遭受第一、第二次世界大战战火的直接攻击,而相比之下,21世纪新形式的大规模恐怖主义袭击却不仅使两大洋丧失了安全屏障的意义,而且使美国高科技的现代化武器在瞬间完全失去了作用,把美国本土的重要建筑和无辜平民直接暴露在恐怖主义的攻击之下,并造成世界历史上以一天计遭受罕见惨重伤亡和经济损失的事件。《经济学家》杂志撰文评论,在此之前,"现代美国人从来没有学会在他们的国界内同恐怖主义或任何种类的敌对行动一起生活,1993年世界贸易中心的爆炸和1995年俄克拉荷马的爆炸都没有改变这种情况,甚至对珍珠港的袭击也远离美国本土"。现在,恐怖主义袭击的手法消除了国界的意义,在美国人的心目中世界由此变成了一个整体。

其次,美国经济遭受重创,并将全球经济也拖入深渊。

2001年11月中旬联合国发表的报告称,"9·11"事件造成的直接和间接损失高达2 000亿美元,相当于美国GDP的2%。据安邦集团研究总部紧急事态小组的研究,"9·11"袭击对全球经济所造成的损害将高达1万亿美元(相当于中国2000年的GDP)。

恐怖袭击对民航、保险、旅游、饭店等产业打击沉重,世界各国的航空公司因这次恐怖事件而面临巨大亏损,几天之内,全球12 000架商业飞机有4 000架被迫停飞,美国国内航空公司每天损失10亿美元,仅第一周全球航空业就减少收入100亿美元。据国际航空运输协会预测,此次事件带来的巨额损失与海湾战争时国际航空业遭受的重创不相上下。海湾战争结束以后长达4年的时间里,全球航空业遭受的损失总额达156亿美元,而美国航空业迄今为此已创下一周亏损40亿~100亿美元的历史纪录。仅仅一周内,欧洲航空业股票市值已蒸发了105亿欧元,下跌幅度达1/3。损失惨重的不仅仅是美国航空公司,欧洲、拉美及亚洲的航空业受到的影响也相继显现。"9·11"事件发生后,瑞士航空公司曾一度寻求债权保护才免于破产命运。在瑞士政府提供了2.81亿美元的援助贷款后,瑞航才恢复部分航线的运作。作为欧洲最大的航空公司——英国航空公司,在宣布将裁员7 000

人的消息不到一周的时间里又宣布裁员 5 200 人。正在重组以恢复元气的日本全日空航空公司又一次面临困境，恐怖事件给该公司带来的损失至少达 100 亿日元。而国际航线利润占总体 2/3 的日航空公司，每个月会有 100 亿日元利润亏空。

美国惨遭恐怖袭击后，包括欧洲在内的金融保险股溃不成军。据统计，世贸中心遭袭的保险赔偿额将高达 300 亿美元。保险公司必须赔偿世界贸易中心（双子楼保险额 45 亿美元）和周围建筑物的损失（1 英里以内财产的保险价值达 457 亿美元），以及大厦在修复或重建期间，业务受到影响的赔偿。世界两家最大的保险公司——慕尼黑保险公司和瑞士保险公司索赔数额开创了保险索赔史的先河，达 32 亿美元，比原先估计的翻了一番。

恐怖事件发生后，全球股市激烈动荡，经济损失巨大。一周内，纽约道-琼斯工业指数下跌 14.3%，为 1929 年经济大萧条以来的最大跌幅，根据 Wiltshire Associates 的资深股市分析师的估算，在复市后的 5 个交易日中，美国股市共计损失了 13 800 亿美元的财富。欧洲股票价格平均下降 6%，全球其他主要股票市场也有不同程度的下跌。欧洲最大的伦敦股市跌破 5 000 点大关，法兰克福股市则创三年来最低，巴黎股市 CAC40 种蓝筹股的平均价格指数跌幅达 7.39%。香港股市重挫 700 点，东京股市翌日开盘便跌破 10 000 点心理关口，以 9 989.34 报收。泰国政府则紧急磋商，暂时关闭了泰国股市。惊魂未定的投资者蜂拥抛售各类股票，恐慌心理使全球股市哀鸿遍野。与此同时，美国和全球经济增长速度严重下滑。专家估计，2001 年标准普尔指数 500 家公司的全年盈利将比 2000 年缩水 31%，可能会出现第二次世界大战后"最严重的下滑"。再一方面，恐怖袭击事件导致大量工人失业，一个月内，仅美国六大航空公司裁员已逾 10 万人，整体统计，2001 年 10 月份美国失业率上升到了 5.4%。

"9·11"事件加速了美国经济衰退的到来，欧洲、日本也都进入衰退，其影响将波及整个世界。世界经济自 1973 年第一次石油危机以来首次出现全面衰退，其严重性估计将超过 1997 年亚洲金融危机。

其三，政府的国家安全战略和危机管理体系面临挑战。

让美国民众不满的是，正当美国政府紧锣密鼓地准备部署卫星防御系统，欲拒敌于万里太空之外时，却没想到在自己腹地遭受重创。袭击者用的武器并不是美国卫星防御系统所要截击的洲际导弹，而是用再普通不过的小刀所劫持的本土民航班机。美国长期以来大力推动预防性防御及全球战略部署的概念，军方花费几十亿、几百亿美元来研制 NMD、TMD 等导弹防御系统，美国政府每年花费 300 亿美元用于情报工作，建立遍布全球的"天梯"监听系统,但是恐怖事件及其后出现的炭疽病菌病毒,不仅造成了大量的人员伤亡和经济损失,而且使得社会出现了全局性失稳,就连自1814年以来从未关闭过的美国众议院也第一次被迫关闭了一周。这说明,游戏规则已改变,美国政府亟待重新审视自身的国家安全战略,危机管理的意识与措施也应相应调整。

此次事件的发生显然有着深刻的历史背景,回顾10年来美国发生的恐怖事件及美国与恐怖组织、国家和地区的关系,尤其是美国在中东问题、两伊冲突、阿伊冲突等国际外交中采取的亲以色列主义及强硬政策,这些对"9·11"事件的发生有着不可忽视的影响。但事件的发生更暴露了其强大的躯体内在的脆弱之处。

美国的应急反应系统一向被世人认为较为完备,为什么在"9·11"事件中无法阻止核心地带的核心建筑物遭受重创?在这一事件中,美国反应效率确实极其低下,从罪犯劫机到撞击大楼的一个半小时的时间内毫无反应。但究其原因,并不是美国缺乏相应的反应硬件和机制,而是美国根本的防御战略上的失误。美国对战争冲突的认识还停留在国家之间的常规形式,原有的国防安全战略也仅限于全球性导弹系统,坚持两个战争战略以及以欧洲为战略重点。整个体系对非传统威胁不甚关注,预警体系也是针对来自境外的袭击,于是在本次国内非常规的恐怖袭击中不能发挥应有的作用。

原有防御战略的片面性,使得美国原有的危机管理体系在危机处理的初期阶段反应不够及时有效(美国国内的媒体报道目前也认为这次应对的失误主要是美国情报机构的监管无力以及FBI和CIA之间的协作不当,美国总统布什也于2002年6月4日在美国参众两院为调查"9·11"预警失职行为召开的首次听证会前指出"中央情报局和联邦调查局'9·11'事件发生前确实没能很好地合作"),但是在其后的处理中,救援的开展、各部门的协作还是体现出美国危机管理体系原有的完备性,在很短的时间内实现对现场局势的勘察与控制,并采取相关的配套措施如交通管制、股市停盘、政府各级官员的各阶段的适时公开反应,在财政上、军事上的应对措施迅速到位,这些使得灾难地区很快恢复社会秩序稳定。

我们只需简要回顾一下当时美国总统布什的一系列反应行为就可以感受到美国的危机管理系统的成熟。当时采取的措施可分成几个方面进行考量,一来为了维持国家体制正常运作,美国具有规范的总统权力的继承顺序:(1)总统(2)副总统(3)众议院院长(4)国防部长。如1963年肯尼迪总统于达拉斯遇刺身亡,副总统约翰逊迅速宣誓接任总统。1973年斯皮罗·T.格纽副总统因贪污下台,由众议院共和党领袖杰拉尔德·福特继任;后1974年尼克松因水门案下台,又由福特继任。在行动上确保总统、副总统不同时远离华府,如"9·11"当天布什总统在佛罗里达州萨拉索塔的艾玛布克小学为当地学童朗诵文章,当攻击情况发生时由副总统切尼坐镇指挥危机处理事宜。二来,在"9·11"当天布什政府发布几项紧急命令,以降低可能发生的冲击:(1)关闭整个联邦政府;(2)关闭国内机场,飞往美国的外国飞机,改降落加拿大机场;(3)证券市场无限期休市;(4)关闭墨西哥边界。在第一架喷气客机撞上纽约世界贸易中心时,美国就立即启动联邦应急计划(Federal Response Plan,文中简称为FRP),协调28个联邦机构以及美国红十字会的行动,协助地方与州政府应对国家紧急灾难。FRP启动后,布什总统命令发放联邦用于灾难的资源和物资,包括联邦人事的使用、设施、生命救助系统,发放食品、水、医疗和其他重要物资,明确交运急救物资至灾区的程序的责任分配。

除此之外,布什政府还注意社会信心的恢复和舆论的正确引导,在第一时间发表声明,阐明立场。与此同时,美国国内媒体的报道都非常理智,大多数媒体报道都是正面的,没有任何煽动民众情绪的非理性倾向。在事件发生后的三四天内,电视节目里就出现了主持人和专家同14~18岁青少年的座谈,其主旨是告诉青少年袭击美国的不是阿拉伯人,不是穆斯林,也不是某一个国家,而是恐怖主义者,美国人不应对前者产生仇恨。儿童的父母也都尽力不让自己的子女观看世界贸易中心遭恐怖主义者驾驶的飞机撞击的电视镜头,担心他们难以理解家长对复杂原因的解释,或对他们的心理产生不良影响。国家公共广播电台的访谈节目中每天都有听众要求人们一定要区分恐怖主义者和美国的少数族群,认识到后者同样是美国人,同样是受害者。

应该说,"9·11"事件的发生有着深刻的历史和外交背景,如果单单就其危机管理水平而言,美国的危机管理体系是比较完善的,特别是基于国家之间比较的角度看。在美国,日常的危机管理体系是构筑在整体治理能力的基础上,通过法制化的手段,将完备的危机应对计划、高效的核心协调机构、全面的危机应对网络和成熟的社会应对能力有机地融合到一起。

完备的危机应对计划

在应对危机的时候,最重要的是未雨绸缪,凡事"预则立,不预则废"。危机中的处理事务涉及的部门从安全、环境到军事、能源,几乎影响到所有的政府部门,因此,应对时的协同运作显得至关重要。在"9·11"事件发生后,美国联邦政府各个部门都迅捷有序地采取着不同的应对措施,相互交织却又有机协同,说明美国的危机管理体系的成熟不仅是在于几个关键部门的设置,更为重要的是从政府的立法角度对相关事务形成制度性的设计。

美国政府对此制定了纲目并举的操作计划,既有总体上的联邦应急计划,也有具体针对特殊性质危机的应对国内恐怖主义的运作纲要(Inter-agency Domestic Terrorism Concept Of Operations Plan,文中简称CONPLAN)。

1. 作为基本法的联邦应急计划(FRP)

联邦应急计划(FRP)最早发布于1992年,并在1999年4月进行新的修订,实质是对于罗伯·特斯坦福减灾和危机处理法案(The Robert T. Stafford Disaster Relief And Emergency Assistance Act)的具体执行。设置联邦应急计划的目的是为了协助各州政府、地方政府去应对已超出其有效处理能力的大灾难和突发事件,有效地实现救护生命、保护公众健康、安全和财产以及社区的重建等目标。该计划适用于任何重大的自然灾害、技术性灾害和紧急事件,如地震、风暴、洪水、火山爆发、辐射与有害物质泄漏等。如果灾害或紧急状态影响到国家安全时,将通过国家安全当局采取适当的措施。

FRP具体阐述了危机应对中的政策、计划设计的前提、运作纲要、应对和恢复行动,以及27个联邦政府部门——农业部(USDA)、商业部(DOC)、国防部(DOD)、教育部(DOEd)、能源部(DOE)、卫生与福利部(HHS)、住房及城市发展部(HUD)、内务部(DOI)、司法部(DOJ)、劳工部(DOL)、州管部(DOS)、交通部(DOT)、财政部(TREAS)、退伍军人事务部(VA)、国际发展署(AID)、红十字会(ARC)、环保署(EPA)、联邦协调中心(FCC)、联邦紧急事务管理署(FEMA)、综合管理服务部(GSA)、航天航空局(NASA)、国家通讯系统(NCS)、核武器监管委员会(NRC)、人事管理办公室(OPM)、小企业管理局(SBA)、田纳西流域管理局(TVA)和邮政局(USPS)——及机构各自的职责,总体上就是在总统宣布面对大的灾难或突发事件后整个联邦政府运作的执行纲要,去协同各部门实现高效、及时、连续的危机应对。

作为联邦27个部门及机构共同签署的具有法律约束的政府文件,FRP具体分成基础计划以及一系列的附件。这些附件包括:突发事件状态下的支持性职能说明附件(Emergency Support Function Annexes)、恢复性职能说明附件(Recovery Function Annex)、相关支持附件(Support Annexes)、特殊事件附件(Incident Annexes)(参见图5-1)。应急计划规定总的危机应对策略和原则为:联邦政府在后果管理中的作用就是帮助地方政府准备、计划、处理各项事故以及更好的恢复;FEMA支持包括管理监控、物流、通信和协调支持;FEMA将提供各种快速反应措施,让联邦政府的资源和应急信息官员能够迅速到位;在灾害发生后FEMA可以使用联邦响应计划动员政府的26个部门和美国红十字会。

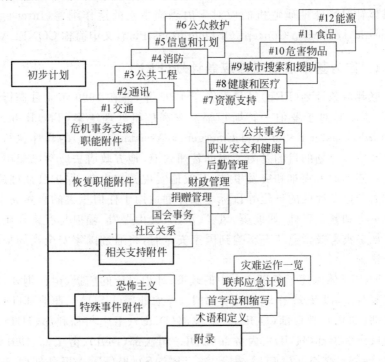

图 5-1 联邦应急计划（FRP）构成示意图

资料来源：http://www.fema.gov/pdf/rrr/frp/,美国联邦应急系统（FRP）,1999

FRP实际上涉及了以下几个核心的问题：[①]

第一，FRP什么时候可以启动？

在总统宣布的进入的大灾难和突发事件状态下,急需联邦支持,方可启动此联邦应急计划。其中例外的是,联邦危机管理机构——联邦紧急事务管理署（FEMA）有权在总统宣布之前调用一定的前期应对物资和人员去潜在受威胁的地区。如果存在对人员和财产的威胁事件,FEMA也可要求国防部提供军事上的支持。在进入紧急状态下,总统有权调用任何一个联邦机构去协助州及地方政府应对危机,这一权力也将授予给FEMA负责人、FEMA的地区分支机构负责人以及联邦联合办公室负责人。当然,各个相应的部门也拥有独立宣布进入相应局部紧急状态的职权,例如农业部宣布的大面积减产。

---

① 有关FRP更为详细的资料,请参见美国联邦紧急事务管理署（FEMA）1999年4月颁布的联邦应急计划（Federal Response Plan）。

第二,FRP的运作中哪些联邦资源可以调用?
- 一些特殊的专业队伍,诸如:损害的评估、突发状态下的公共沟通、医疗救护、城市搜寻和救援、紧急电力恢复、社区关系维护等;
- 一些支持性的应急设备,诸如:移动厨房、水净化设备、移动卫生间、帐篷等;
- 设立一些应急机构,诸如:灾害现场办公室、动员中心、灾后重建中心等。

第三,FRP的运作中可以得到什么样的联邦政府支持?

总体而言,危机事件发生后,联邦政府所提供的支持主要包括实时的减灾措施和突发事件处理所需的支持两大类。

① 实时的减灾措施。
- 最初的应对物资,诸如:包括食物、水、临时发动机等;
- 突发事件处理,诸如:清理废墟、打开紧急通道、提供住所饮食等。

② 为尽快恢复正常状态并减少未来损失的措施。
- 提供贷款和财政支持以便修复或重建受损房屋和个人财产;
- 提供拨款,配合长期的结构性或非结构性的减灾措施以修复、重建道路和公共建筑物;
- 提供技术上支持,以识别和利用减灾机会来降低未来损失;
- 提供其他相关服务,包括危机咨询服务、减税、法律服务、就业等。

对于以上提及的各种支持措施的采用,FRP的附属文件中都作出了详细的规定,决策者希望形成责权明晰的部门间协调机制,对于可能存在寻租①的决策机会也都给出相应的约束机制,例如对于使用应急资金或捐款采购相关设备FRP中都有着详尽的规定,由FEMA提供统一的类似政府采购的操作方式并加以监督。

第四,危机应对中的基本原则。

在基本计划里,对于如何应对此项计划针对的危机,相应的职权授予都作了详尽的规定,其中我们可以发现几项值得关注的基本原则。例如,对于危机的救援,是以州政府、地方政府为主,并以此为前提在联邦政府的协调下综合私人部门、志愿者组织、国际资源等一切力量形成一个统一的国家灾难/危机应对网络(参见图5-2);在危机处理中,首要的目标是救援、保护人

---

① 经济学里所谓"寻租",就是"用较低的贿赂成本获取较高的收益或超额利润"(缪勒语)。在市场经济条件下,常见的寻租活动有:(1)政府价格管制所产生的寻租;(2)政府的特许权所产生的寻租;(3)政府的关税和进口配额所产生的寻租;(4)政府定货所产生的寻租。寻租活动的主要形式是权钱交易,即经济主体为谋取不正当利益而对政府官员进行贿赂拉拢,使其做出有利于自己的公共政策。

身安全,除非直接影响到国家安全事务。另外法制化的原则处处得以体现,不仅是整个计划的前提来自于已有的国家法案,而且在规定具体的职能时,也注意与原有体系的搭接,形成有法必依、有章可循的整体制度框架。

第五,危机应对中的机构设置以及协同机制。

FRP之所以重要,在于它不仅明确了FEMA作为危机管理中的首要

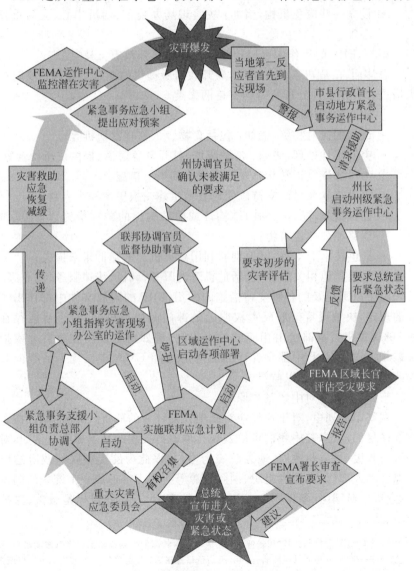

图 5-2　美国灾害处理流程示意图

资料来源:http://www.fema.gov/pdf/rrr/frp/,美国联邦应急系统(FRP)

协调管理部门,设立各种具体协同机构及方式,而且将联邦政府机构的资源具体划分为12个不同的应急支持功能,从交通、通讯、公共设施及工程、消防、信息与规划、公众救护、物资支持、健康和医疗服务、城市搜寻和救援、危险物资、食品、能源等12细项进行划分,对应每一个功能都指定了一个主要负责机构及若干辅助机构,制订了各机构的具体责任范围和响应步骤(参见表5-1)。响应计划由联邦政府的26个有关机构(包括所有的14个部)以及美国红十字会参加,由各机构的负责人联名签署。

表5-1 紧急事务支援职能分配矩阵表

机构＼职能	交通	通讯	公共工程	消防	信息计划	公众救护	资源支持	健康和医疗服务	城市搜援	危险物品	食品	能源
农业部	S	S	S	P	S	S	S	S	S	S	P	S
商业部		S	S	S	S		S			S		
国防部	S	S	P	S	S	S	S	S	S	S	S	S
教育部					S							
能源部					S					S		P
卫生与福利部		S		S	S		P	S	S	S		
住房及城市发展部					S							
内务部		S	S	S	S					S		S
司法部							S		S			
劳工部							S					
州管部	S									S		S
交通部	P				S		S		S			S
财政部	S				S							
退伍军人事务部								S				
国际发展署							S	S				
红十字会					S	P		S			S	
环保署			S	S				S		P	S	
联邦协调中心		S										
联邦紧急事务管理署	S	S			P	S	S			P		
综合服务管理局	S	S			S	S	P				S	
航空航天局					S		S		S			
国家通讯系统		P			S		S	S				S
核武器监管委员会					S					S		
人事管理办公室							S					
小企业管理局					S							
田那西流域管理局	S		S									S
邮政局	S					S		S				

注:P＝Primary Agency 牵头机构 负责该项紧急事务支援职能协调
　　S＝Support Agency 支持机构 负责支持牵头机构的运作
资料来源:http://www.fema.gov/pdf/rrr/frp/,美国联邦应急系统(FRP)

第5章　国际借鉴——体系、机构及个案

FRP 的实施程序是：一旦发生灾害，地方政府首先作出响应，进行自救；能力不足时请求州政府支援，州政府调动州内资源提供援助；当州政府的能力也不够时，州长可请求总统宣布重大灾害或紧急状态，以获联邦援助；总统依据《斯塔福特法》宣布重大灾害或紧急状态，并指定联邦协调官；联邦协调官与州协调官联合成立灾害现场办公室，在应急响应小组的协助下，实施应急支持功能，调动和提供联邦救灾资源；协调官协调不了的问题交由国家应急支持小组和国家灾难性灾害响应小组决定。应急行动所需的费用一般是由各部门或机构从各自的财政中支出，事后再通过联邦应急管理署实报实销。在特殊情况下，FEMA 可先行拨款，最后由联邦应急管理署通过白宫预算办公室向国会申请追加预算。

例如前文提到的美国"9·11"恐怖袭击事件中联邦应急计划 FRP 的启动，值得注意的是，FRP 主要针对的是危机已经发生后的行动机制，然而对于一些特殊的人为危机，例如类似"9·11"事件恐怖分子的袭击，如何识别危机的先兆，就需要联邦调查局(FBI)和中央情报局(CIA)等部门的运作支持，对此，美国政府于 2001 年 1 月发布了应对国内恐怖主义的部门间运作纲要(CONPLAN)。

2. 针对恐怖主义的 CONPLAN[①]

CONPLAN 是为了贯彻执行克林顿总统先后签发的关于美国反恐怖政策的 39 号和 62 号总统令(PDD—39 and PDD—62,Presidential Decision Directive,简称为 PDD)，给联邦、州及各地方政府提供一个如何应对在美国国内发生的恐怖事件及潜在的可能威胁的全面指导，尤其是针对涉及大规模杀伤武器(Weapons of Mass Destruction,简称为 WMD)的事件。1995年俄克拉荷马州联邦大楼和 1993 年世贸大楼遭受攻击，以及众所周知的东京地铁的沙林毒气事件和"9·11"事件，都使得美国国会更加重视恐怖分子使用大规模毁灭性武器对美国的攻击。美国政府的最开始的反应就是制定法律，即纳恩·卢格尔(Nunn-Luger)法及其后的相关法律，并在国内各个城市设立专项资金以训练各机构人员并提供相关的物质支持，这些支持包括：消防队、应急事故处理机构、警察、应急医疗中心(EMS,Emergency Medical Service)、医院等。

在 CONPLAN 这份文件中，我们可以看出美国的危机管理体系实质上

[①] 有关 CONPLAN 更为全面的资料，参见美国政府 2001 年 1 月颁布的 United States Goverment Interagency Domestic Terrorism Concept of Operations Plan。

分为协同运作的两类——危机事件的前期管理和事后的管理。

• 危机事件的前期管理

危机事件的前期管理主要体现的是法律执行功能，主要是对于预测、解决威胁或恐怖事件所需的资源的使用加以明确的规定。在恐怖事件中，危机事件的前期管理包括诸如情报、监视、战略运作、协调、辩论、调查等传统的法律执行目标，也包括诸如搜索、实施安全程序、调转和配置以及有限的去污等技术支持目标。当然，除去传统的法律执行目标，危机事件的前期管理的内容还包括确保公共健康和安全。

美国法律把避免和应对恐怖主义行为的权限授予联邦政府，根据事态的发展，联邦危机应对管理可以得到技术中心和立即采取行动的事后管理部门的支持。危机事件的前期管理，例如面对来自恐怖主义的危机，由联邦调查局(FBI)作为牵头机构(LFA— Lead Federal Agency)，指导各级联邦机构去分析各类威胁的实质，并加以监管，为实现有效的危机及事后管理提供恰当的咨询和技术资源支持。

• 事后的管理

事后管理主要体现为紧急事务管理功能，主要是保护公共健康和安全、恢复重要的政府服务、为受恐怖事件破坏的政府、工商界和个人提供紧急支持。在现实的或是潜在的恐怖事件中，事后的管理主要由联邦紧急事务管理署(FEMA)来运作，它将动用联邦应急计划(FRP)中的所有组织结构和资源。FEMA 的事后管理活动包括别的联邦运作计划中所规定的，诸如如何构建预测模型、建议采取哪些保护措施以及如何实施大规模去污净化行动等这些支持目标。

美国法律把应对恐怖主义的事后管理权限交由州和地方政府行使，联邦政府提供必要的支持。总体上来说，CONPAN 涉及的部门不像 FRP 那么的全面，主要涉及联邦调查局(FBI)、联邦紧急事务管理署(FEMA)、国防部(DOD)、能源部(DOE)、环保署(EPA)、卫生与福利部(DHHS)。在危机管理系统中各机构和部门的职能分工大致如图(整体的机构协作参见图 5-3)。

总统在议会的授权后具有军事和经济上的决策权。国家安全委员会负责总体的局势分析和部门协调。联邦调查局(FBI)作为牵头机构，在司法部(DOJ)的授权下，将指派联邦现场指挥(OSC, Federal on-Scene Commander)，确保各级联邦机构统一协作，直到司法部长将相应的职权交接到负责事后管理的牵头机构 FEMA。交接完成后，FEMA 作为事后管理的负责机构，这期间主要提供相关支持，并指派适当的官员参与联合运作，

图 5-3 CONPLAN 下的危机协同关系示意图

资料来源：United States Government Interagency Domestic Terrorism Concept of Operations Plan. http://www.fbi.gov/publications/conplan/conplan.pdf

如联合运作中心（JOC，Joint Operation Center）、联合信息中心（JIC，Joint Information Center）。

其他部门则按照法定的职责和权限各司其责，如国防部主要负责提供军事上的支持；能源部提供科技人员和设备以便应对其中可能涉及的核威胁及其他放射性威胁；环保署也是提供人员和设备处理应对可能涉及的大规模杀伤武器；卫生与福利部主要是应对恐怖事件可能造成的人员医疗方面的紧急状态。

与 CONPLAN 下各机构和部门的职能分工相适应的是，美国危机管理体系首先确保如何在危机状态下维持国家体制的正常运转，这一点可以从美国"9·11"恐怖袭击事件的应对中清晰地看出。

当然，以上提及的是国家层面上跨部门的两个最重要的危机应对计划。实际上，针对不同产业和部门面临的危机，会有着不同的应急计划，各部门的分工协作也会有所不同,例如联邦放射性危机事件应急计划(FRERP)、国家油类和危险品污染应对计划(NOHSPCP)等等。

危机管理中的核心机构

危机管理属于政府公共服务行为,要求各级政府、政府各职能部门之间高效、协同应对。从横向来看,危机管理系统实质上涉及到绝大多数的政府管理部门;从纵向来看,有上下级政府系统的紧急事务管理协同。在完善的危机管理系统的运作中,政府部门必须要有发挥着重要协调作用的专门的核心决策机构。上面所讲的美国政府制定的纲目并举的操作计划 FRP、CONPLAN、FRERP、NOHSPCP 等,虽然政府从立法角度对相关事务形成制度性的设计,但相关法规的实施和危机应对的具体运作还得依赖于具体的部门和机构。因此,美国危机管理体系的成熟不仅仅在于完备的危机管理计划,还在于它设置了几个关键的部门,统领整体社会资源的危机应对协同运作。

在美国危机管理机制的运作中,发挥着重要协调作用的核心机构主要有联邦紧急事务管理局(FEMA)、联邦调查局(FBI)、中央情报局(CIA)、国家安全委员会(NSC)以及一些辅助性研究机构。其中,FEMA 是联邦危机管理中的核心协调决策机构,另外的一些具体的危机应对部门,如联邦调查局(FBI)、中央情报局(CIA)以及一些辅助信息、研究及训练机构和项目,如美国 2000 年成立的全球灾难信息网络(GDIN),美国 FEMA 和美国全国反恐怖活动中心(ACCESS)曾经举行的面向美国高层领导人员危机处理特别是反恐怖活动的训练项目(TOPOFF)等,它们在危机应对时都发挥着关键作用,充当着社会应急联动的协调角色。

1. 联邦紧急事务管理署(FEMA) [①]

1979 年 3 月,震惊全球的"三里岛事件"发生后,美国总统吉米·卡特随即签发总统执行法案,组建一体化的应对灾难和危机的机构——联邦紧急事务管理署(FEMA),作为危机应对中事后管理的牵头机构。FEMA 的总部设在华盛顿,除在全国各地设有区域运作中心外,还有紧急事态援助中心以及 FEMA 训练中心,总共拥有 2500 多名全职员工和 5000 名后备人员。

---

① 文中有关联邦紧急事务管理署(FEMA)的资料主要来源于 http://www.fema.gov。

FEMA是一个直接向总统报告的专门负责灾害应急的独立机构,主要目的是通过包括减缓、预备、回应和恢复等手段在内的一整套危机处理程序,来协调各联邦部门、机构,以减少各种灾害引发的生命和财产损失,保护美国的国家重要基础设施。FEMA融合了许多分散的与灾害相关的职责,吸收合并了联邦保险办公室、国家防火办公室、国家气象服务计划、联邦救灾办公室等机构,并且民防工作也从国防部的民防署转到了FEMA。

　　FEMA的工作范围相当广泛,主要是负责联邦政府对大型灾害的预防、监测、响应、救援和恢复工作,涵盖了灾害发生的各阶段。因此FEMA的工作也可以概括为针对灾害的发生周期,建立和维护国家级的紧急事务管理系统。FEMA内部的机构设置充分反映了它的功能,部门根据灾害发生周期的减灾阶段、准备阶段、响应阶段、恢复阶段来设置。它在全国还常设10个区域办公室和2个地区办公室,每个区域办公室针对几个州,它们的工作是直接帮助各州开展救灾计划和减灾工作。经过二十余年来的蜕变与成长,FEMA目前已成为联邦政府处置紧急事务的最高管理机构,集成了从中央到地方的救灾体系,建立了一个统合军、警、消防、医疗、民间救难组织等单位的一体化指挥、调度体系,一遇重大灾害即可迅速动员一切资源,在第一时间内进行支援工作,将灾情损失降到最低。

　　作为危机管理中的核心协调决策机构,FEMA制定详细的战略计划作为该机构的行动纲领性文件,并明确这些战略计划的实施细则。在救助力量匹配方面,FEMA拥有紧急事务应急小组、紧急事务支援小组特别是经过专门训练的城市搜索和救援小组,用于应付处理灾难性的救助任务。同时,FEMA实行每天24小时不间断地运作,从20世纪90年代开始就有整体的联邦应对计划来综合协调这些行动,其中也有专门针对恐怖的部分,进行演习、培训,和相关的部门进行讨论以便确认每一部门的职责。特别需要注意的是,该署不仅仅是协调指导各联邦政府机构,也特别重视对民众的心理援助和法律救助。

　　FEMA的组织结构和职能在FRP、CONPLAN等文件中都有着明确而详尽的规定。作为事后管理的牵头机构,FEMA根据其法定的权威负责管理和协调州和地方政府处理任何联邦事后管理应对事项(具体职能情况请参见下图5-4)。

　　FEMA主要任务是后果管理。当一项影响到公众的健康、安全、财产的突然事故发生后,后果管理就是协调政府各部门以便更好地应对。联邦政府在后果管理中的作用就是帮助地方政府更好地处理这些事故。当然,根据危机事态的发展,FEMA的法定职能也不尽相同。在危机发生的前

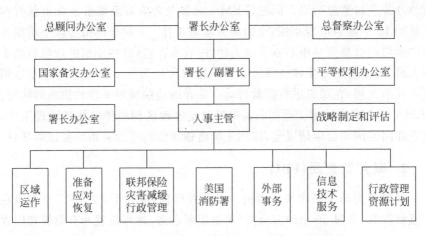

图 5-4　联邦紧急事务管理署(FEMA)功能结构示意图
资料来源：http://www.fema.gov

期，FEMA可以在没有总统授权的情况下凭有限的权力动用初始应急资源和应急小组，发布重要的命令和实施控制；根据危机事态的发展，它还可以向国防部要求调用其资源。总统宣布紧急状态后，危机应对处理的各项职责由FEMA署长、副署长、区域首长、联邦协调官协同地方官员共同实施。FEMA为FBI的战略和运作中心(SIOC)指派联络和顾问人员、负责联邦紧急事务支援小组(DEST)、联合运作中心(JOC)和联合信息中心(JIC)的调配问题。在危机事后管理中，FEMA负责协调行动、判断形势和发布公共信息的职能。

对于类似纽约"9·11"事件那样的危机，通常情况下，最及时的反应来自当地的机构，FEMA则是它们的后方，后者主要负责收集整理信息，并保持与前方的接触，了解需求，及时提供一切必要的支持。因此，不管对于纽约现场的人们还是华盛顿的官员们，都可以从FEMA获得综合的联邦相应支持。

在"9·11"事件的处理中，FEMA首先是一个统筹协调的机构，职责是受总统指挥来负责处理恐怖事件结果。"9·11"恐怖袭击事件发生后，FEMA立即开启了位于华盛顿的应急指挥中心(Emergency Operation Center)，该中心和联邦调查局的信息处理中心(Information Operation Center)紧密合作，处理各种可能和已经发生的危机。并在华盛顿Anacostia海军基地建立了动员中心，以协调民众的志愿救援工作。同时波士顿、纽约、费城、亚特兰大、芝加哥、旧金山、丹佛等10城市的FEMA地区应急办公室也紧急启动。同时，FEMA 动员专为应对恐怖份子攻击暴行而训练的 12 个紧急应变小组，全力展开救难工作——8 个都市搜救小组深入纽约倒塌的世界贸易中心双子星大楼，搜救幸存者（这些小组的成员包括工程人员，其他技术专家以及训练有素的搜救犬），另外 4 个紧急处理小组则派至五角大楼，在那里进行搜救行动。在开展这些减灾手段和措施的同时，FEMA 紧急要求美国工兵部队前来处理受害地区倒塌建筑物的清理工作，并立即向美国国会申请资金，以用于华盛顿和纽约等受灾地的救援等项目。

2. 联邦调查局(FBI)

联邦调查局是司法部所属的主要调查机构，成立于 1935 年，总部设在华盛顿特区，下属 56 个地方分局（根据犯罪态势、地理位置和有效管理因素在全国 56 个城市设定）、近 400 个办事处，以及 21 个国外联络所。FBI 还设有专业调查机构，包括两个地区计算机辅助中心和两个信息技术中心，为联邦调查局的调查与管理部门提供信息处理服务。FBI 拥有近些年来日臻完善的庞大的信息系统——国家犯罪信息中心，与联邦、州和地方各级刑事司法机构密切合作，全天候满足执法机构对重要信息的需要。

作为国家整体情报系统的一个组成部分，FBI 首要的职责是国内反情报活动，包括通过法律手段对敌对国家情报机构对美国进行的颠覆、破坏以及其他秘密情报活动进行侦察、识别，并加以阻止。对那些社会影响重大的案件，诸如集团犯罪和毒品、金融犯罪、暴力犯罪、恐怖活动和外国情报活动，联邦调查局应优先调查。[1]

FBI 的首要任务是危机管理，主要包括预防、排除或终结各种恐怖主义者的威胁和行动，追捕和检控各类犯罪分子。作为危机管理的牵头机构，FBI 的运作侧重于减灾和后勤管理两个方面（参见图 5-5）。根据危机事态的发展，其职能分工的具体流程如下：

首先，FBI 通过判断危机的事态从而确定联邦应急的性质和范围，在和司法部长、总统、国家安全委员会沟通后，指导别的相应的法律执行部门和机构（如 FEMA）提供判断危机事态的必要的支持，向各有关机构发布危机信息，在必要的情况下建议司法部长采取危机应急措施，后者再把信息传递给总统和国家安全委员会。

危机事件发生后，FBI 将担当联邦现场指挥的职责，确保全国联邦、州和地方当局在应对危机时的协调一致，直到司法部长把牵头机构的职责交

---

[1] 周振雄. 美国司法制度. 上海：上海三联书店, 2000, 127～132

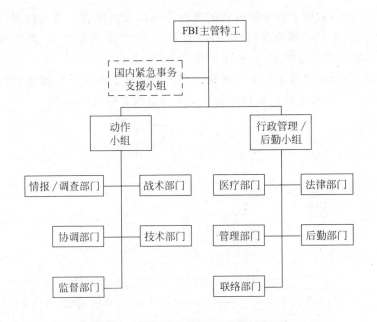

图 5-5 联邦调查局(FBI)运作示意图

资料来源：http://www.fema.gov/pdf/rrr/frp/，美国联邦应急系统(FRP)，1999

至 FEMA（参见图 5-6）。在得到准许的条件下，FBI 还将和 FEMA 一道组织和协调联合信息中心、联合运作中心、紧急事务应对小组、紧急事务支援小组，建立初始的联邦运作中心，派遣危机现场指挥官，向 FEMA 调派联络员和顾问人员，向联邦政府寻求支持等，确保各方机构协调一致应对危机（有关双方的协作，参见图 5-7）。

此次"9·11"恐怖事件，尽管在事发前没有任何察觉，但事件发生后 FBI 的工作却是很有效率的。FBI 在担负现场指挥的职责的同时立即开展有关爆炸事件的情报工作，这些情报工作包括：在因特网上开设了一个专门网站，用来搜集和劫机撞机恐怖事件有关的线索，司法部长阿什克罗夫特呼吁，如果任何人愿意提供有关线索，都可以登录该网站；在提示洛杉矶将是恐怖分子下一波攻击目标的同时，FBI 和移民规划局、美国司法部、监狱管理局和药品管理局等相关部门一道，出动在全国甚至国外的警员大规模调查这一恐怖事件，参与追查恐怖分子行动。

恐怖袭击事件发生后，FBI 很快就在调查两架客机在撞入世贸大楼前曾遭到劫持的消息。美国当地时间 9 月 12 日，FBI 找到了在匹兹堡坠毁客机上的"黑匣子"，并收集本·拉登可能与 11 日发生在美国的恐怖袭击事件有关的证据,查明了许多劫机者的身份。在世贸大厦和五角大楼遭袭击大约两天后,美国联邦调查局(FBI)共获得2400多条破案线索,并在波士顿市和佛罗里达州逮捕多人,初步确定共有24人直接参与了11日的劫机行动,最初的行动信号来自中东地区。FBI还公布了涉嫌劫机制造恐怖事件的19人名单,收集他们同拉登和其他恐怖组织有联系的证据。

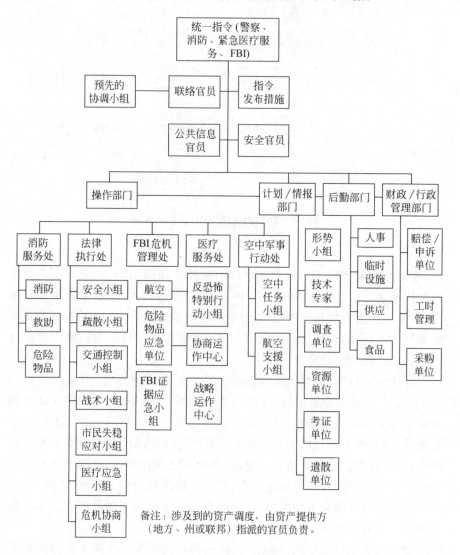

图5-6　危机现场指挥示意图

资料来源:http://www.fema.gov/pdf/rrr/frp/,美国联邦应急系统(FRP),1999

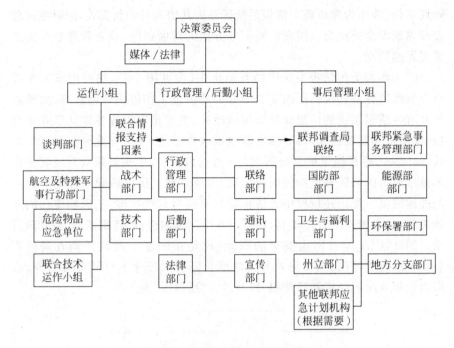

图 5-7 联合运作中心结构示意图

资料来源：http://www.fema.gov/pdf/rrr/frp/，美国联邦应急系统(FRP)，1999

3. 中央情报局(CIA)[①]

中央情报局是在美国战略情报局和中央情报服务社的基础上，根据 1947 年国家安全法建立的，是隶属国家安全委员会的独立机构。它的总部设在弗吉尼亚州的兰利，但在华盛顿地区却有其许多办公室和 3 000 多名雇员。中央情报局分为四个主要组成部分——管理处、行动处、科技处和情报处，每一部分由一名副局长领导，还有六个直接归局长和副局长领导的办公室：总审计办公室、总监办公室、审计员办公室、平等就业机会办公室、人事主任办公室、政策与计划主任办公室。

作为美国的最大情报机构，CIA 通过国家安全委员会直接向总统负责。在白宫有一个由总统亲自领导负责制定中央情报局政策、计划的特别小组，CIA 的正副局长由总统任命，参议院批准。CIA 的局长兼任中央情

---

① 有关中央情报局更为详细的资料，参见：[美] 约翰·兰尼拉格. 中央情报局. 潘中强等译. 中国社会科学出版社，1990

报局主任,并作为完成整个情报系统任务的其他人员的负责人,同时也是总统和国家安全委员会就国家情报事务方面的首席顾问,负责管理整个美国情报界的活动。

CIA 作为美国情报系统中的行动机构(参见图 5-8),除向国家安全委员会就政府各部和机构同国家安全有关的情报工作提供咨询意见,协调联邦政府各情报系统的情报和反情报活动外,主要是在世界各地从事收集情报、反情报和颠覆活动,研究和发展技术收集系统,并基于此种目的开发新技术。1981 年根据里根总统第 12333 号行政命令,中央情报局只要其工作不是针对美国公民和机构的国内活动,则可以在美国境内秘密搜集"重要"的外国情报。规定还授权中央情报局只要经过总统批准,不影响美国的政治进程、公众舆论或宣传工具,则可以在美国境内进行"特别活动"或隐蔽行动。因此,CIA 没有国内安全的职能(这是司法部下属联邦调查局的职能),也没有逮捕权,但在局长与司法部长同意的程序下可同 FBI 合作,在国内收集外国的情报和反情报,以及进行"反情报"的工作。

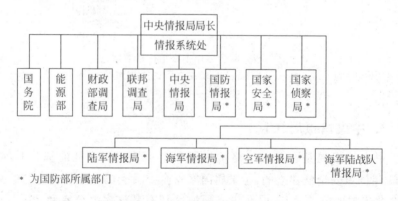

图 5-8　美国情报系统示意图

资料来源:http://www.fema.gov/pdf/rrr/frp/,美国联邦应急系统(FRP),1999

1947 年美国《安全条例》规定:中央情报局是总统执行办公室的一个独立机构,具有以下五种职能:
- 向国家安全委员会提供政府各部门和机构有关国家安全方面情报活动的情况;
- 向国家安全委员会提供协调政府各部门和机构有关国家安全方面的情报活动的建议;
- 联系和评价有关国家安全的情报,为政府内部适当传播情报,在适当的地点提供有用的机构和设施;

- 为现存情报机构的利益,从事共同关心的辅助服务,以便更有效、更集中地执行国家安全委员会的决定;
- 履行影响国家安全的有关情报的其他职能和义务,以便国家安全委员会能随时进行指导。

冷战后CIA重新确定了三大使命:努力掌握介入武器扩散和恐怖活动的国家情况;严密关注可能使美国感到不安的国家;努力协助政府确保美国企业在国外的安全。目前,中央情报局已成为美国从事情报分析、秘密人员情报搜集和隐蔽行动的重要政府机构。它对空中侦察系统的发展,如U-2、锁眼-11及"流纹岩"号卫星,起着重要的作用。

作为美国情报共同体的核心成员,CIA成为总统外事工作的得力助手和工具,在美国庞大的情报系统起中心协调作用,对国家的安全和外交政策的确定关系重大。"9·11"恐怖袭击事件发生后,在CIA的敦促之下,很快就有50多个国家的情报机关和警方拘捕或扣留了几百名怀疑和"9·11"事件或"基地"组织以及其他恐怖集团有关的可疑人员。

4. 国家安全委员会(NSC)[①]

成立于1947年的美国国家安全委员会(National Security Council,简称"NSC")是美国总统在国家安全方面的最高咨询机构和办事机构,是美国政府管理情报系统、制定对外政策、进行危机管理和危机应对的权威机构,也是美国政治与军事的神经网络中枢。

① 组织变迁

1947年7月美国总统杜鲁门根据美国《国家安全法》(National Security Act)创设了国家安全委员会。美国《国家安全法》的制定和国家安全委员会的创设,既是东西方军事政治对抗以及美苏关系进入"冷战"状态的直接产物,也是对"二战"期间美国国家安全政策制定程序混乱的一种现实反应,同时还是对罗斯福总统非正式的的管理方式与管理风格的一种法律矫正。

自1947年成立至今,国家安全委员会几经变迁,从最初作为总统纯粹的顾问、咨询性质的机构发展成为当今美国最有权力的总统办事机构之一,从最初作为对总统权力加以"制约"的机构被历届总统变为一个总统行使领导权的强大工具。其间的发展历程大体可以划分为以下四个阶段:

---

① 参见:北京太平洋国际战略研究所.应对危机:美国国家安全决策机制.北京:时事出版社,2001

第一阶段：国家安全委员会的诞生与初步发展（杜鲁门和艾森豪威尔时期）。按照1947年《国家安全法》的有关规定，国家安全委员会基本上是作为总统在制定对外政策、进行危机管理方面的顾问机构和咨询机构。在这一阶段，由于国家安全委员会人数很少，各项功能还很不发达，很不完善，作用也十分有限，总统还是依赖于传统的政府部门——国务院和国防部。

第二阶段：现代型国家安全委员会的定型（肯尼迪和约翰逊时期）。到了60年代早期，国家安全委员会不再仅仅是一个顾问班子，开始参与决策，表现为：第一，国家安全委员会官员成为总统的个人幕僚；第二，正式的国家安全委员会被机构间团体所替代，这些团体的成员均由总统决定任命；第三，国家安全事务特别助理成为关键的政府官员，负责管理机构间团体和协调政策程序，同时向总统提供建议和情报。

第三阶段：现代型国家安全委员会的转型与嬗变（尼克松、福特和卡特时期）。自尼克松总统时期，国家安全顾问开始获得了内阁阁员的地位，这一职位成为拥有实权的显赫职位，突出表现为：第一，国家安全顾问开始作为总统的发言人，并积极参与美国外交政策的实际运作；第二，在同级的其他对外政策中，国家安全顾问首屈一指；第三，为协助国家安全顾问工作，国家安全委员会机构的规模和影响力空前扩张，特别是基辛格和布热津斯基大搞秘密外交，取得一系列新突破。

第四阶段：可能朝"传统"的回归（布什和克林顿时期）。国家安全顾问的地位和作用达到国家安全委员会历史上最高峰的时候，也是美国公众和美国国会对国家安全顾问掌管国家安全政策大权的状况极为不满的时期，到布什和克林顿总统时期，国家安全顾问的地位和作用有所下降，国家安全委员会重新回到了其成立的初衷以及最初的样子上来。

② 组织结构

国家安全委员会的基础结构包括两个部分：一个是由总统的高级内阁成员组成的咨询委员会；另一个是配合其工作的小型秘书班子，这一班子通常是由一名文职行政秘书负责。

首先，从美国国家安全委员会的内设机构来看，一方面，从决策系统的角度观察，五大子系统（信息子系统、咨询子系统、决策子系统、执行子系统和反馈子系统）都已完备，而且，其中的信息子系统和咨询子系统还相当发达（通过国家安全委员会，两个子系统被整合为一），这是国家安全委员会有效决策的关键；另一方面，从"结构—功能"的角度考察，国家安全委员会的基础组织结构包括三个分支委员会——国家安全委员会部长级委员会、国家安全委员会副部长级委员会和国家安全委员会协调委员会。

其次，从国家安全委员会的人员构成来看，主要包括四个部分：法定成员（包括总统、副总统、国务卿和国防部长）、法定顾问（包括中央情报局局长和参谋长联席会议主席）、国家安全顾问（即国家安全事务助理）和国家安全委员会非法定成员（包括财政部长、行政管理预算局局长、总统科学顾问、经济顾问委员会主席、美国贸易代表办公室和美国常驻联合国代表）。当然，国家安全委员会的组成还应当包括一些日常的工作人员。

③ 组织功能

按照 1947 年美国《国家安全法》的规定，国家安全委员会的宗旨和任务为：就有关国内、外交和军事政策向总统提出建议，从而使各军种和其他政府部门更有效地进行合作；就与美国实际的和潜在的军事力量有关的美国的目标、义务和风险作出评价，从而能够向总统推荐可行的选择；考虑涉及与国家安全有关的政府部门共同关心的事务和政策，并向总统推荐可行的方案。

国家安全委员会作为总统与其国家安全顾问和内阁高级成员（国家安全委员会的法定成员）思考、研究和制定美国国家安全和外交政策问题的一个主要论坛，其法定职能可以划分为三个方面：一是向总统提供建议和意见；二是作为总统长期计划的工具（但实际中几乎从未实施过）；三是促进国家安全程序的协调和统一。当然，在实际运作中，国家安全委员会法定职能与其实际行使的职能具有一定的差距——它在从事高层决策制订工作、政策协调工作的同时，还进行了其法定职能以外的秘密"准政治军事活动"，如宣传和政治鼓动、经济战、颠覆敌对国家和集团、先发制人的直接行动等。

④ 运行机制

在现实的美国政治生活中，国家安全委员会对美国国家安全和国家利益政策产生重大影响，这些影响在其应对政治危机（如 1962 年古巴导弹危机）、军事危机（如 1990 年"沙漠盾牌"行动）以及突发性危机（如 1985 年"阿切尔·劳拉"号油轮被劫持事件）中都可以得到证实。[①]

虽然不同时期、不同美国总统的国家安全委员会在体制运行中具有不同的特点，但美国总统对于国家安全委员会的使用和管理往往是在两个层次上进行的：一是通过使用国家安全委员会工作班子及总统安全事务助理，形成一种正式的国家安全委员会机构间的运作程序；二是在总统最亲密的顾问之间的非正式的运作程序，形成典型的"精英决策"，这两个层次实际

---

① 关于此处提到的美国国家安全委员会应对危机的三个案例，其详情请参见：北京太平洋国际战略研究所.应对危机：美国国家安全决策机制.北京：时事出版社，2001，253～322

上也就是国家安全委员会体制的最一般程序的两种活动方式。就国家安全委员会的决策体制和决策模式而言,由于其作为决策班子具有一定的局限性,尼克松之后的历届美国总统都越来越依赖于国家安全顾问及其工作班子管理的以白宫为中心的决策程序,形成国家安全委员会一种相当封闭的典型的总统政治学决策模式。

全面的危机应对网络

"9·11"恐怖袭击事件发生后,美国全国进入战时状态,一小时内飞机净空、三军警戒、总统进入指挥位置,政府紧急出台多项措施应对紧急局面,有效地减少了灾难损失。在面临国家紧急状态或重大灾难时,美国危机管理体系之所以能够有机协调、高效运作,关键就在于它拥有全面的危机应对网络(参见图5-9)。该系统网络不仅包括上文所述的完备的危机应对计划和高效的核心机构,还包括志愿者组织、私人机构、国际资源以及完备的危机通讯等丰富资源。

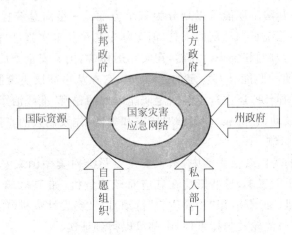

图 5-9 美国国家灾害应急网络图

资料来源：United States Government Interagency Domestic Terrorism Concept of Operations Plan. http://www.fbi.gov/publications/conplan/conplan.pdf

1. 政府(中央、州、地方各级)

基本上,美国危机管理体系为联邦和州的两级制。当危机发生后,联邦紧急事务管理署有充分的设备、补给及人员及时待命。当灾难的严重性超出地方处理能力时,州便可请求总统与联邦支援,由罗伯特·斯坦福法案(The Robert·T. Stafford)编列特别经费,经联邦紧急事务管理署评估鉴定后,由总统宣布为国家级灾难,联邦紧急事务管理署就灾情状况作出决策,编组联邦求援团队,协调部门,提供救灾资源,并随时通告大众灾情变化,在应急救灾的同时,亦规划修正未来防灾方向及策略。总体上说,在美国,以联邦紧急事务管理署为危机管理中的核心协调机构,进行灾难的计划和协调。

从横向来看,危机管理系统实质上涉及到绝大多数的国家管理部门。如前所述,FRP明晰了危机管理中各联邦政府部门与机构的相关职能,12项细分的职能都设有主要机构和辅助机构。同时,总统、国会、联邦机构之间在应对危机时的协同关系也都有明确规定。

从纵向来看,美国有上下级政府系统的紧急事务管理,紧急事务管理已经成为一种职业,国家以立法形式要求各州、县、市设有相应机构,每个部门或单位都指定具体人员负责,而且持证上岗,充分保证下情上达。对紧急事务响应负有重要责任的州级紧急事务管理办公室在灾难期间是本州的协调指挥机构,一旦灾难发生,州级紧急事务行动开始工作,州长动员并部署本州的工作人员、设备及其他资源到灾区以支持地方政府,该部分的具体操作通过911应急指挥系统(中心)实现。

美国上述机制形成了纵向垂直协调管理、横向相互沟通交流、信息资源和社会资源充分共享、指挥协调高效、组织机构完备、覆盖全国范围的危机应对网络系统。当然,政府还建立了完善的捐募及发放系统,以有效汇集救灾资源,并将赈灾物资及时送达灾民手中,让有心投入救灾赈灾的社会各阶层人士可以方便地找到捐赠途径,同时让救灾资源作最有效的统筹分配。

在美国政府列出的对于"9·11"事件的政府反应中,我们可以发现几乎所有的美国联邦政府部门,涉及的应对事务种类是全方位的,从整体的国情的发布、FEMA、求助方式,到救援物资的发放等各种事宜。在"9·11"事件发生后,参众两议院14日一致通过一项决议,授权布什在及时和国会协商的情况下采取军事行动。参议院还通过了总额高达400亿美元的紧急拨款法案,用于粉碎恐怖主义活动和重建灾区及其他援助用途。同时,"9·11"危机发生后美国全球军事基地、核电厂等也处于高度戒备状态,整体协作有序。

2. 志愿者组织

美国危机管理体系建设特别注重建立民间社区灾难联防体系,通过各种措施吸纳民间社区参与危机管理:一是制定各级救灾组织、指挥体系、作业标准流程及质量要求与奖惩规定,并善用民间组织及社区救灾力量;二是实施民间人力的调度,通过广播呼吁民间的土木技师、结构技师、建筑师、医师护士等专业人士投入第一线救灾工作;三是动员民间慈善团体参与赈灾工作,结合民间资源力量,成立民间赈灾联盟;四是动员民间宗教系统,由基层民政系统邀集地方教堂、寺庙的领导人成立服务小组,有效调查灾民需求,并建立发放资源的渠道。

当然,当危机事件发生时,FEMA作为对公共安全和财产负有责任的紧急事务管理机构、志愿机构、工商企业、执法部门以及其他团体的联系中心和领导机构,政府系统的紧急事务管理同样离不开众多社会团体和民间组织的支持。

特别是紧急事故中有关医疗和生命安全方面的救助,自愿者组织的作用显得尤为重要。"9·11"事件发生后,美国卫生与福利部(HHS)火速成立全国医疗紧急系统的抢救工作,动员7000多名医疗职工,80个救灾小组全面出动。美国红十字会(ARC)也开展和参与了一系列的救援活动,在纽约建立了12个庇护所,其中10个向公众开放,2个分别向消防队员和警察的家庭人员开放;在新泽西州建立了15个庇护所,在阿灵顿设立了两个;并建立了家庭援助中心,开设咨询电话,帮助公众寻找家属下落;美国红十字会在纽约和华盛顿两个城市建立了急救小组和运尸小组。此外美国红十字会还提供了大量的救灾物资,在22个州的机场随时待命运往灾区,组织精神医生给救援人员和公众提供咨询和帮助。社区血源中心全国协会也与军方联系,向纽约市各大医院紧急输送了大量的血源。

据美国国家广播公司报道,纽约和华盛顿以外地区的美国人也纷纷伸出援手,各地捐血站外大排长龙,人人争相挽袖捐血。纽约各地已有数千名志愿人员加入救难行列,许多商店打开大门,免费赠送手电筒、饮水和食物,和任何救难和避难人员需要的物品。由于公共运输系统停摆,许多人只得步行回家,有车的人都会主动让人搭车,甚至自动自发地组织车队去接送困在路上的人。

3. 私人机构

危机很可能波及的是整个社会,危机管理将动用一切可以利用的社会资源,作为私人机构的组织,诸如私立医院、保险公司、银行以及别的商业组织,同样在危机应对网络中发挥重要作用。

在"9·11"事件发生后,美国政府按照联邦航空管理局的命令,全美机场停止飞机起降,美国全国所有机场宣布关闭,同时保留所有进入跑道,以接纳降落的飞机。高层大楼人员被紧急疏散,重要旅游胜地均被关闭。同时,由于"9·11"事件的重创让美国股市无限期休市,而世界金融中心更是陷入恐慌,因而,美国政府采取的金融应急措施要求华尔街股市全面停市,美国联邦储备局向其他银行提供现金,并表示会维持正常工作,以防止出现资金挤兑现象。

4. 国际资源

在今天,危机的原因和结果往往是世界性的,所以,"在对危机的处理上;尽管世界各国存在着地域上和意识形态上的差异,但反应是相似的"。①因此,在面对诸如世界恐怖主义活动之类的危机事件时,国际社会如何采取行动来对付和避免?这是整个国际社会应加以注意和解决的。在当今世界经济一体化、社会信息网络化的背景下,随着危机发生波及的范围愈来愈广,复杂性越来越强,危机管理就需要从更高的层次,以更务实和有效的策略,寻求包括各国政府和国际组织在内的国际资源的大力合作、协助和支持,建立有效的全球危机救治合作机制。

在危机的应对中,通过全球合作,一方面全球不同主权国家间可以获得更多的谅解,有效消除危机,恢复社会秩序,重建和平、文明的世界。另一方面可以通过全球资源共享,提高危机救治效率、降低救治成本。

"9·11"恐怖袭击事件中,美国国务院承担了国际援助联络处的工作,正是在其他国家的合作下,美国政府迅速确认恐怖分子并立即开展搜索恐怖分子的行动。事件发生后,美授权美国在世界各地的使、领馆关闭,要求各国政府对美国驻外机构加强戒备,并督促这些机构采取一切必要的安全措施,时刻防备突发的事件。在美国传出恐怖袭击事件后,国际刑警组织美国中央局发文向"国际刑警组织"(International Criminal Police Organization,简称ICPO)各会员国中央局求援,希望能提供这次攻击事件相关情报。电文中请各国暂勿电询本案相关细节,如有进一步资料,会另行提供。世界各国和各类组织纷纷发表意见,采取措施加强美国在当地机构的安全防备,取得共同打击恐怖主义的意见。世界石油组织也确保石油供应和油价的稳定。此外,恐怖事件同样涉及世界各地保险公司的赔偿等问题。

5. 危机通讯管理

这里所说的危机通讯包括两方面的含义,一是危机管理技术层面的通讯,即以最先进的技术确保灾害发生时有关信息充分交流,另一种是危机发生后如何做好和社会及公众的沟通问题。之所以把危机通讯管理单独列出

---

① [美]R. J. 斯蒂尔曼. 公共行政学. 李方等译. 北京:中国社会科学出版社,1989,184

进行分析,是充分考虑到通讯这一环节在整个危机管理中的独特地位和重要作用。

危机管理中信息往往是决定性的关键因素,无论是灾情汇集、灾情研判、求援指挥,乃至个人安危,都是不可或缺的。美国著名的危机管理专家蒂莫西·库姆斯(W. Timothy Coombs)曾就建立有效的危机通讯管理进行了深入的探讨。[①] 然而,与危机信息的重要意义相对应的是,危机发生时商业通讯系统也告失灵。基于此,FEMA与联勤总部达成特别协议,成立全套电子化的波音747为空中指挥的通讯中心。同时,开发提供各种电脑软件(如网络上可以直接下载预估洪水位的软件),评估预测灾变损失,并积极运用信息网络等最新科技。在整个危机管理网络中,作为地方应急的州级紧急事务管理办公室的日常行为就体现为对协调响应、警报、预警、紧急事务通讯以及紧急事务信息的公众广播等。

而在危机管理的公共沟通建设上,我们在前文曾经讨论过一些基本的原则:诸如要掌握舆论导向作用,争取舆论主动权;确立信息沟通的可信度与权威性;明确一个发言人及规则的信息发表渠道;危机发言人与最高决策层有直接沟通,有权参与决策等;在和媒体的交流中,危机媒体管理要力争做媒体的盟友和合作者;遵循时间第一和均衡的原则,做到言行一致等等。这些原则在美国危机管理体系应对"9·11"恐怖袭击事件中得以充分地体现。

"9·11"事件发生后,美国CNN中心对公众关闭,有关此次危机的任何信息,由联合信息中心掌握和控制。美国的各种媒体实时跟踪报道恐怖袭击事件和救援的情况,对救援行动宣传和实时信息发布起到了重要作用。其中尤以网络媒体特别突出,各大门户、新闻网站对恐怖袭击事件予以实时关注和报道,使民众迅速了解了事态的进展以及救援的情况,同时有的网站还进行了查找失踪人员、网上募捐、征集志愿者、呼吁献血等有益的活动。美国的政府门户网站(www.firstgov.gov)在此时起到了权威信息发布的作用,设置了美国响应恐怖事件的专题,列出了所有联邦政府机构应对恐怖事件的对策措施的链接,点击后可进入各联邦政府机构关于应对恐怖事件的专题内容。以FEMA的网站为例,FEMA在事件发生后立即在其网站首页设置了专题栏目,第一时间发布了启动联邦应急响应计划的消息,随后不断发布其组织指挥应急救援工作的动态,其他提供应急救援力量的机构和组织的网站也都有大量本部门针对恐怖袭击事件所采取的措施以及最新的救援情况报道。再加上许多的民间机构有关志愿行动和捐助的网站,针

---

① Coombs W. Timothy. Ognoing Crisis Communication: Planning, Managing, and Responding. London: SAGE Publications, Inc., 1999

对"9·11"恐怖袭击事件的信息发布网站可谓既多又全。

社会应对能力

危机管理实质是对一国社会应对能力的综合考验。在这次的"9·11"事件中,美国市民在人员撤离和救援中也表现出很好的心理素质和处理能力。尽管"9·11"事件造成了重大的人员伤亡和财产损失,但美国的社会和生活秩序很快就恢复正常。事件发生后两天,美国决定重开航班;华盛顿地区的美国联邦政府机构也同样决定于9月13日全面恢复正常办公。美国社会整体表现出的内在有序和恢复能力,不仅仅来源于法治化程度,也取决于美国政府对全民危机教育的重视。

1. 民众的心理与实际应对能力

形成完善的危机管理体系,首要是必须在全社会树立正确的危机意识。在美国,紧急事务管理已经发展成为一门新学科,在灾难防治与紧急应变上发挥着极大的功效。早在1967年,美国联邦政府规定911是全国统一且惟一的报警号码。当总统宣布为灾区后,百姓可直接使用免费电话申请救助,如住房方面的租赁协助、临时居所或紧急修缮费;低息房屋贷款,以弥补财产损失未保险部分;对无力偿还的重度损失,可申请个人及家庭救济金;另外尚有灾难引起的心理咨询(如亲友伤亡等)、失业救助及法律协助等。

FEMA不仅协调指导各联邦政府机构,也特别重视对民众的援助。如在这次"9·11"事件中,FEMA在网站发布国情通告等官方信息的同时,还专门提供一些针对民众的援助,如给父母亲提供如何向孩子解释这次灾难的建议;专业的心理咨询机构及时对灾民进行心理辅导,安抚灾民情绪及进行心理治疗。

针对应对危机,美国总统的特别申明是:"每一个美国人都要知道,当他们生命财产受到威胁时,国家会倾全力保护他们。"在遭到前所未有的"9·11"恐怖攻击时,总统布什让全美国和全世界看到他人身安全无虞。在返回白宫途中,布什总统还分别在路易斯安那州和内布拉斯加州空军基地做短暂的停留,表达哀痛之意并誓言采取还击。事件发生后,布什总统立即发表四次讲话——第一次发表讲话的时间距离事发仅45分钟——希望全国人民团结一道共度危机,表明美国政府保护本国人民、打击恐怖主义的信心和决心。布什总统的夫人也到红十字会捐血并呼吁美国国民慷慨捐血,以应付未来的血荒。所采取的这些措施不仅让布什总统从一位政治领袖转型为凝聚全国统一力量与统一心理的象征,也极大地安抚和稳定了民心,鼓舞了民众应对灾变的心理和士气。

因此,在整个恐怖袭击事件中,美国人民在灾难中表现出勇敢、镇定和极强的承受力、凝聚力。

2. 日常的情景训练

在应对危机的时候,最重要的是未雨绸缪,提前做好预案,正因如此,在政府公务人员中开展危机应对情景训练就显得很有必要。FEMA 在平时针对恐怖的部分,进行演习、培训,和相关的部门进行讨论,以便确认每一部门的职责,避免灾难发生时在政府和机构之间发生争执。

州紧急事务管理办公室承担管理和培训的职责,培训课程的设置能使州和地方防御各种灾难,并尽可能地完成备灾工作,对各种灾难进行响应,以及从各种灾难中恢复到正常状态。针对各地区恐怖行动的特点,美军特种作战部队每年都进行相应课目的反恐怖训练,内容包括地区威胁与恐怖分子的活动情况,恐怖主义的历史与恐怖分子的心理、射击、驾驶等防恐怖措施,飞机、车辆、人员和物资安全以及被扣为人质时的生存方法。1989 年 8 月的旧金山大地震中,正是因为 6 个星期前进行了一次上千人的地震救灾反应演习,使得救灾和医疗抢险非常及时,大大减少损失。

此次"9·11"事件发生后,美国加强防恐怖训练,制定具体行动原则。目前,美国已经确定在 120 个人口密集的城市开展防恐怖训练,重点是防范类似于东京地铁毒气袭击那种使用大规模杀伤性武器的恐怖事件。在城市的反恐怖训练中,政府主要帮助训练反恐怖行动特别行动队、警察、医疗救护人员,改进城市防恐怖的指挥控制与通信系统,并进行多种模拟练习。[①]

3. 自学习、自适应性

危机管理不仅仅包括危机前的信号检测、危机避免、危机准备以及危机事件发生后的危机认知、危机控制和组织恢复过程,它还包括危机后的诸多相关事宜,最主要的就是吸取教训、从危机中获利。俗语"一朝被蛇咬,三年怕草绳"描述胆小怕事之心态,但从危机管理的角度来看,此心态却有其积极意义。对于危机事件,宁可信其有,不可信其无,对危机的防范,切切不可有丝毫侥幸心理,亡羊补牢,为时不晚。不论是政府部门、私人部门、志愿组织,还是普通社会大众,都应从每次的危机中吸取教训。

美国危机管理体系的构建,同样经历了一个从不完善到完善、指挥协调不顺畅、社会资源不能充分利用到运转协调、统一高效,不断学习、总结经

---

① 魏岳江,余长福. 美国被国际恐怖主义所困扰. 当代世界,2001(10)

验、增强适应能力的过程。经过如华盛顿州里奇兰附近的汉福核储备库于1944—1947年高剂量放射碘向空中泄露、1992年安德鲁飓风、1994年加州大地震、1994年纽约世界贸易中心的爆炸案等几次特大紧急事件的考验后，美国政府加大了对紧急事件救助的力度，从机构设置、舆论宣传、社会动员等诸多方面对危机进行系统、有效的管理。

此次"9·11"恐怖袭击事件后，美国政府在扩大对此次事件调查的同时，已开始在全国各地组织反恐怖主义特别行动小组，并迅速开展相关的善后组织和法规建设。美国司法部长阿什克罗夫特表示，他将命令联邦公诉人在每个区内组建反恐怖主义特别小组。他表示，政府已扩大对入境移民拘留审讯的权力。阿什克罗夫特说，这些新规定适用于目前因违反签证规定而被拘留的75人。"9·11"事件过后，美国政府和企业纷纷检讨各自的危机防范系统，采取紧急补救措施，如联邦政府下令全面提高国内航班的安全措施。

总的来说，在美国，危机管理理论作为一门独立的学科，是在对古巴导弹、疯牛病等各类历史危机事件进行总结的基础上，结合社会学中的社会冲突理论、心理学中的认知失调理论、经济科学里的发展经济学、制度经济学等从不同角度深入分析的过程中不断发展成熟的。对于普通社会民众来说，重要的也是开展危机应对教育，了解各种灾难发生的科学过程，掌握一定自我保护的方法，增强在各种危机状态下的危机应对能力，共同构建完善的危机管理体系。

5.2 机构介绍：多国实例

我们在前面主要介绍了美国危机管理体系的运作机制、结构特点以及911城市应急指挥系统的相关情况，毫无疑问，美国政府所建立的这些危机管理制度、机构、体系，以及正在酝酿的很多新的举措，对我国进行危机管理体系建设的探索大有裨益。当然，不同国家之间政治、经济、社会、文化和历史等各个方面均有很大的差异，美国的经验不能简单地照搬到中国，我们更应当注意普遍的危机管理体系建设经验和中国传统、国情的结合。也正是基于此种目的，我们在下面还将介绍世界各国（地区）所建立的不同的危机管理体系，特别是其中的一些机构，希望能通过对这些体系和机构的介绍，给我国危机管理实践部门更多地了解世界各国政府危机管理体系建设的理论和实践提供一个大致的背景。

需要说明的是，由于世界各国社会制度的不同，自然、地理条件的差异，以及工业技术水平发展的不平衡等原因，各国可能发生的危机事件的种类也就有所不同。相对应的,各国建立的危机管理体系的应对的重点也就有所差异,有的国家(如美国、英国、澳大利亚等)建立了综合性的危机管理协调部门,有的国家则是不同的政府职能部门各自建立以某种类型的危机事件——比如自然灾害、人为灾害等——为应急对象的危机管理部门。其实,就是危机管理体系较为完善的美国,由于需要应对的危机类型庞杂,也有不同的部门应对不同的特定危机。比如,有专门应对恐怖活动的特殊部门和措施,有以 FEMA(紧急事务管理署)为主的全国性的灾害防救体系,有执行防空作战任务的北美防空司令部等。因此,对世界各国(地区)危机管理体系和相关机构的介绍,也就各有特点和侧重。①

日本危机管理体系及结构②

从 20 世纪 90 年代中期开始,日本在原来的防灾管理体系上,建立了综合性的国家危机管理体系。危机管理成为国家和地方行政提供公共服务和判断政绩的一个重要内容,形成了"建设使国民安心、安全、安定的社会"的政治目标和行政基本理念。2001 年日本中央机构改组也充分体现了国家危机管理的重要性。

1. 日本危机管理的背景

在日本,所谓危机,是指国民的生命、身体或者财产受到重大的威胁和损害,或者出现非常可怕的紧急事态,其范围包括大规模的自然灾害、重大事故、重大事件和其他紧急事态。大规模灾害是指地震灾害、台风与水灾、火山灾害、雪灾等;重大事故是指船舶、列车、航空飞机等公共交通工具的事故、大规模的火灾、爆炸事故、剧毒品等大量泄漏和流出事故等;重大事件是暴动、恐慌、劫机船事件、大量杀伤型恐怖事件;其他紧急事态包括日本受到武力攻击、需要出动海上治安队和采取海上警备行动的事态、预测驻外日本人需要撤回避难的事态。除了国家的防卫之外,还有必须考虑实际上也应该采取对应措施的事情,如在初期阶段还不能判断是否受到外国武力攻击的时候,以及随着外国武力攻击出现暴动等其他形式的紧急事态。③

众所周知,日本是个地震、火山、台风、洪水等多灾害的国家,其防灾减

---

① 文章对世界各国(地区)危机管理体系的介绍,参考了上海民防网站 http://www.mfb.sh.cn/zhuantijujiao/hot-zai16.asp 的相关介绍。
② 有关日本危机管理体系和结构的资料,由清华大学公共管理学院高级访问学者顾林生博士提供,谨致谢意。
③ [日]佐藤敏信. 我国的危机管理. 日本感染症情报中心危机管理培训班讲演摘要,2001

灾体系相当发达。从20世纪90年代中期开始,日本政府注重国家危机管理,明显地从简单的防灾管理转向综合性的危机管理。其主要背景可以概括为国际政治环境发生变化、危机种类和手段多样化、国内重大危机事件发生和政府危机管理能力不足等三个方面。

第一,国际政治环境发生变化。日本战后的最大危机是防止以苏联为首的社会主义阵营的渗透,其防范主要根据日美安全保障条约,依靠美国的力量来进行。但是,自从"冷战"结束后,随着国际政治环境出现的新趋势,日本防止危机的对象和手法也不得不相应地进行变化,这就需要政府独立地建立一套危机管理机制,以便进行事先的信息收集和事后采取相应的应对措施。

第二,危机种类、范围和诱发危机的手段也发生了变化。过去所认识到的危机,主要表现为"冷战"形势下因意识形态对立而带来的战争危机和政权被颠覆的危机,其范围往往超过了一个国家,具有跨国性质。但是,"冷战"结束后,现在的战争危机主要是局部地区的冲突、民族冲突、宗教冲突。危机的种类除了战争危机之外,扩大到大规模的自然灾害、重大事故、重大事件、恐怖事件。由于日本经济发达,现代化程度高,人口和各种经济活动过分集中于城市,所以,一旦发生灾害,往往造成巨大的损失,甚至还可能产生各种类型的次生灾害,因此原有的管理体制不能适应新形势的需要。

第三,国内重大危机事件发生和政府危机管理能力不足,要求日本建立新型的危机管理体系和结构。在20世纪90年代,日本国内发生了多次重大危机事件,特别是1995年1月17日发生的阪神大地震,其死亡及去向不明者达6 433名,倒塌的房屋为104 900座。这是日本自1923年关东大地震(死亡142 807人)和1959年伊势湾台风灾害(死亡和失踪5 098人)以来,受损于自然灾害最多的一次,给日本的社会经济带来严重的打击。这是因为,自1959年伊势湾台风灾害发生后,日本防灾体制发生了根本的变化,1961年制定了《灾害对策基本法》,把"预防·应急·恢复重建"的防灾政策有机地联系起来,综合地进行防灾政策的制定和规划的编制及实施;把地震灾害、火山灾害、台风与水灾、雪灾、海啸、火灾、化学灾害等主要灾害的对策综合起来规划,形成以中央和地方政府为主体、民间和家庭参与的防灾体系;国土综合开发与防灾减灾相结合,把防灾专项规划纳入1962年的《第一次全国综合开发规划》(俗称"国土规划")中。这是日本防灾史上的第一次转折,即从单个灾种的防灾管理体系转向多灾种的"综合防灾管理体制"。1974年设立了国土厅,主管国土开发和防灾。①

---

① 顾林生.日本国土规划与防灾减灾的启示.城市与减灾,2003(1)

通过这样的体制建设和加大公共投资,自1959年以来的35年中,日本的灾害死亡人数没有超过230人。但是,被认为万无一失的防灾体制,在阪神大地震中却出现了严重的缺陷,即:内阁的危机管理能力不足,成熟社会的制度僵化,严格的法律制度缺乏灵活性,光靠行政救灾的"公救"力量有限。其中,特别是内阁即中央政府的危机管理能力,受到了社会的广泛批评。因为,当时阪神大地震发生4小时后,内阁才成立"紧急灾害对策本部",信息收集能力和总理府的领导指挥能力显然不够。还有,同年3月东京发生了地铁沙林放毒事件(死亡11人,受伤5 000多人),震撼世界。此外,1996年5月O-157大肠菌集体中毒事件、1997年1月俄罗斯油轮在日本海触礁发生的海洋污染事件、1998年和歌山市和新泻市出现的食物中毒等一系列事件,更加强了日本对危机管理的高度认识,推动日本进行体制上的变革。

2. 日本内阁危机管理体制的强化

自1995年阪神大地震后,日本的防灾管理体系出现了第二次转折,即从"综合防灾管理体制"转向"国家危机管理体制",而且,内阁危机管理体制的改革首当其冲。其主要变化可以概括为如下:(1)把防灾减灾工作上升到国家危机的层次,建立了为确保国家安全和国民生活安定、安心的国家危机管理体制,形成日常行政管理、危机管理、大规模的灾害管理的一套管理制度;(2)把完善危机管理体制这项工作作为政府行政改革和考核政府绩效的一个重要内容,加强行政长官指挥能力和现场办公能力以及部门之间的携手合作和资源、技术的整合;(3)重新立法,并对现存法律、制度、措施、规划等进行修改或整合,以此提高行政的综合管理能力。特别是把政府防灾减灾工作和政策的内容,从过去单纯、粗糙的预防和保护转变为强调防护、有效利用、协调环境相结合,平时的正常运作和危机管理相结合。在规划领域中,作为专项规划的防灾规划趋向于与其他非灾害性的社会经济发展规划进行综合编制和整合。防灾规划以及最近几年的部门危机管理规划,成为各种非灾害性的社会经济发展规划必须考虑的重要领域;(4)改革中央机构和组织形式,完善管理体制,将危机管理直接置于首相管辖之下;(5)改变以行政为中心的救灾体系,提出以行政、居民、民间企业、非政府组织、非营利团体、自愿者相互合作的"公救"、"共救"、"自救"体系;(6)加强科学研究,使用高技术危机管理信息系统,收集信息,在平时建立部门之间"勤报告"、"多联系"、"快协商"的信息沟通制度;(7)中央加强以政府危机管理和部门协调为主要内容的每年一度防灾训练。地方也根据当地的具体情况(多发灾种)加强防灾训练,特别是跨行政区的合同防灾训练。比如,首都圈的7个地方政府共同签署了"七都县市灾害相互援助协定",每年要针对如何开展相互支援进行演练;阪神地区的9个地方政府自1995年阪神大地震发生以来每年都进行协同防灾训练。还有,从去年开始,健康危机管理和防止恐怖活动成为防灾训练的新内容。

1996年2月,日本成立"内阁官房危机管理小组",由内政审议室等内阁官房(相当于中国的国务院办公厅)的6室派遣10人,在紧急时期配合正副官房长官采取对策。1996年5月,在总理官邸地下一楼,设立了内阁危机管理中心,正式名称为"内阁信息汇总中心"(日语称"内阁情报集约中心")。该中心与警察厅、消防厅、海上保安厅、防卫厅、气象厅的紧急传真直接连接,同时保持与国土厅的无线通信网络联系,实行24小时5班制。1996年9月开始,除了原来的外务省次官和内阁情报调查室每月1次的定期报告之外,增加了内阁安全保障室长的定期汇报。随后,为了发挥自卫队的危机管理能力,从1997年1月开始,从内阁安全保障室派遣现职的自卫官加入该中心。[①]

1997年5月1日,日本行政改革会议委员会递交了《行政改革中间整理》的报告,其中有"关于加强内阁危机管理机能的意见汇总"。[②] 该汇总报告对危机管理的基本认识为:(1)对于灾害、事故、事件等突发性紧急事态的处理,即所谓加强危机管理功能,政府应该把它作为整个行政问题去考虑,国民对此期望很高。(2)具体对策当然是属于各地方自治政府和各部委的职责。但是,在危机出现后极短的时间内,发挥行政的综合能力,是内阁的重要职责,也是国民能够亲眼看到政府努力的重要表现。(3)把"国民的安全和安心"作为基本原则,在初期阶段广泛地掌握"危机"信息和动向,根据事态推移有序地修改对策,用这样的观点加强内阁的危机管理功能。

同时,《行政改革中间整理》报告也提出了以下改革建议:(1)为了使内阁更有效地发挥作为整个政府的指挥塔作用,在内阁官房设置专门负责危机管理的副官房长官。其职责是:在危机突发时期,辅助总理大臣和官房长官;平时则构筑专家网络和研究各种危机对策,并站在内阁的立场检查和改善各个部委的危机管理体制。(2)在内阁官房厅里,建立辅助上述负责危机管理的副官房长官的行政办公体制。(3)关于处理突发性事态的基本方针,事先经过内阁会议通过,使总理大臣能够迅速指挥和监督各行政部门。(4)加强内阁收集、汇总、分析信息情报的能力以及内阁信息汇总中心的功能。

---

① [日]集英社. 内阁.情报·知识 imidas2003,2003
② [日]行政改革会议事务局. 行政改革中间整理,1997-05-01

根据以上行政改革会议的建议,1998年4月1日,日本政府在内阁官房里设立"内阁危机管理监",官职为副官房长官(相当大副大臣)。其职责为:在突发事件发生时期,(1)分析事件形势,做出第一判断;(2)迅速与有关部委联络进行综合协调,发布最初的应急措施;(3)辅助总理大臣和官房长官采取相应对策(但国防等属于政治上的判断除外)。在平常时期,(1)与国内外的专家形成联系网络;(2)研究、制定政府的各种危机管理对策;(3)站在内阁的立场检查和改善各个部委的危机管理体制。同时,日本政府在1998年4月9日把内阁安全保障室改组为"内阁安全保障与危机管理室",新增5人,包括室长在内,定员达33人。其中,由警察厅等中央机构派遣的职员11人主管危机管理行政业务。

2001年1月1日,日本改革重组中央机构,在危机管理和防灾管理上呈现以下特点:(1)在1998年的基础上,修改内阁法及其他组织法,加强总理的危机管理指挥权、内阁官房的综合协调权、危机管理机构和中央防灾减灾工作的地位和功能;(2)1998年改组的"内阁安全保障与危机管理室"由"内阁危机管理监"直接管辖,成为内阁官房直接管辖的五个室中的一个室;(3)提高内阁府的防灾决策能力和总理的指挥权,并把原来设在国土厅的防灾减灾工作的最高决策机构"中央防灾会议"设在内阁府,在内阁成员中新设了1名防灾担当大臣。"中央防灾会议"由首相任会长,防灾担当大臣以及其他所有大臣为委员。该会议主要负责制定和促进国家和大区地震、火山、台风与洪水、海啸等自然灾害、危险物引发的灾害、火灾等人为灾害的防灾基本规划的实施,对首相和和防灾担当大臣进行审议和提出建议、劝告。"中央防灾会议"下设干事会,"内阁危机管理监"任干事会的顾问。作为行政办事机构,在内阁府设立防灾管理机构,定员编制由原来的36人增到50人。[①](4)加强国防安全的最高决策机构"安全保障会议"的功能。(5)2002年4月建成新建首都官邸,用最新技术和设备装备,加强了建筑物本身的抗灾能力和防止危机突发能力,地下一层为危机管理中心,楼屋顶上可起降直升飞机,大门前喷水池在紧急时期可以排水作为直升飞机的起降台。该危机管理中心可以说是日本危机管理功能最先进的中心,具有同时处理两个以上危机事态的多功能系统、防止危机事态长期化的食品储备系统、防止信息泄漏和外人潜入的信息安全系统、防止断水、断电、断通信的储备系统,汇

---

① 林家彬.日本国土整治体系考察报告——防灾减灾篇.国务院发展研究中心考察报告,2002

总全国的各种危机管理信息的多媒体多渠道信息通信系统。①(6)形成国防安全保障—危机管理—防灾减灾的系统,既分工明确,又相互关联,合成一体。危机管理在国家安全保障与防灾减灾中间起着协调综合作用(日本危机管理体系以及机构详见图 5-10 及图 5-11)。

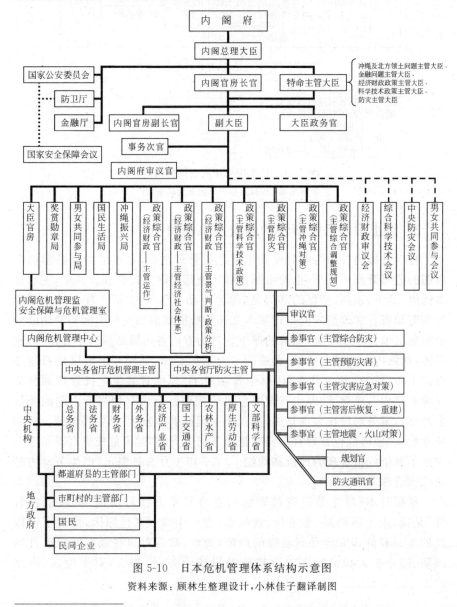

图 5-10　日本危机管理体系结构示意图
资料来源：顾林生整理设计,小林佳子翻译制图

---

① ［日］总理大臣官邸建设讨论委员会. 新官邸建设方针,1998-8-24

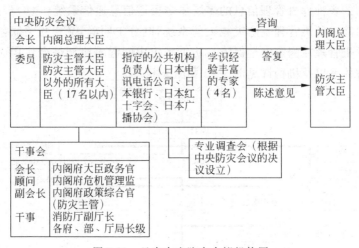

图 5-11　日本中央防灾会议机构图
资料来源：根据日本中央防灾会议主页。

3. 防止国内恐怖事件的健康危机管理

自以首相为首的内阁府率先加强危机管理之后，日本的中央各部门在内阁的危机管理体系下，也纷纷制定和实施部门的危机管理。其中，主管日本健康、卫生、福利、劳保的部门是"厚生劳动省"（2001年1月1日由厚生省和劳动省合并改组成的），正如本文开头所提到的国民的生命和健康的安全的危机事件不断发生，当时的厚生省认为省内各司局必须携手合作，形成一体，加强内部的横向联系，迅速采取合适的措施，共同开展健康危机管理行政工作。1997年1月9日，厚生省制定了"厚生省健康危机管理调整会议设置章程"，成立了"厚生省健康危机管理调整会议"（相当于中国的委员会制度），事务局设在大臣官房（相当于中国部委办公厅）厚生科学课。1998年专设立"健康危机管理官"，同时把事务局上升为"健康危机管理对策室"，加强了健康危机管理的地位和功能。1997年1月9日制定《厚生劳动省健康危机管理基本方针》。

根据日本《厚生劳动省健康危机管理基本方针》，所谓"健康危机管理"是指，由于医药品、感染症、饮料水、食物中毒或其他原因，出现了使国民的生命和健康安全受到威胁的局势，为此，政府对这些危害健康事件的预防、防止扩大和治疗而采取措施的行政业务。① 那么，对于地震、洪水

---

① ［日］千村浩（日本厚生劳动省大臣官房厚生科学课健康危机管理官）．我国的健康危机管理．日本感染症情报中心 2001 年危机管理培训班的讲演摘要，2001．

等《防灾对策基本法》规定的因灾害而发生的健康管理,由主管部门根据本部门制定的部门专项业务防灾减灾规划进行。主管日本健康卫生福利劳保的中央机构是"厚生劳动省"(2001年1月1日由厚生省和劳动省合并改组成)。

防止国内恐怖事件的健康危机管理是伴随着美国攻打伊拉克而采取的最新措施。自2003年3月20日开始,以美国为首的几个国家对伊拉克进行了武力攻击,世界局势变得紧张起来了。为此,日本政府在同一天召开临时内阁会议,通过了"内阁会议决定"(所有内阁成员必须签字同意),成立了伊拉克问题对策本部。为了防止恐怖活动袭击而导致国民的健康受到危害,日本厚生劳动省根据上述内阁决定,在同一天向所有地方政府47个都道府县的知县、政令指定城市市长、特别区区长转抄了"关于国内恐怖事件发生的对应措施"。就对付国内恐怖事件的措施,厚生劳动省在2002年10月29日发出了"关于国内恐怖事件对应措施"等各种文件。

该防恐怖措施总结了日本从1995年以来的国家危机管理和健康危机管理的经验和政策,内容相当全面,包括从危机管理的体制建设到各种类型危机的处理方式以及各种法规、基本方针、指南、规划等(具体参见表5-2)。从这里可以看到,日本的国家危机管理的部门落实已经相当到位了,部门的危机管理已经综合化和系统化了。

澳大利亚的应急管理中心

1974年2月,澳大利亚联邦议会批准成立"自然灾害组织"(NDO,Natural Disasters Organization),隶属国防部,承担民防、协调联邦政府对发生重大灾害的州和地方物资帮助以及提高地方政府应急管理能力的职责。在经历了1974年达尔文"特蕾西"飓风事故(Cyclone Tracy)、1983年维多利亚和澳大利亚南部的森林大火("Ash Wednesday" Bushfires)、1986年昆士兰州北部"威妮弗蕾德"飓风(Cyclone Winifred)、1990年新南威尔士中部和昆士兰州南部的大洪水、1993年维多利亚东北部的洪灾以及1994年新南威尔士的林区大火等几次重大危机事件之后,1993年1月1日,澳大利亚把"自然灾害组织"改名为澳大利亚应急管理中心(EMA,Emergency Management Australia),其领导部门也于2001年11月从国防部变为司法部(Attorney-General's Portfolio)。

表 5-2　日本关于国内恐怖事件发生的对应措施

采取对策的领域	防る事件发生的事前对付	法规、方针等制度依据	事件发生后的对应措施	法规、方针等制度依据
1. 急救医疗队及医药品的供给	①检查防灾发生的急救医疗体制（救灾中心医院和急救中心）；②检查和确认防备灾害的发生；③通信信息联络体系（广域灾害与急救医疗信息系统）；⑤储备防备灾害发生的医用药品；⑤确保药品等的安全供给；⑥有效使用医药品等健康危机管理实施要领。	①《医药品等供给和管理计划》（县）；②《医药品等健康危机管理实施要领》（国，2002年4月）。	①请求提供和把握与平常不同的重症患者等信息（国立医院、地方医院）；②劳动厚生省急救医疗机构的对应；③按"NBC恐怖事件发生时的对应"措施处理；④确保需紧急运送医药品的国内运送渠道畅通（输血用血液制剂等）。	①对付NBC恐怖事件当地有关机构合作模式》（国，2001年11月）。
2. 化学恐怖事件危机管理对应措施	①加强毒品和剧毒物的管理；②配备分析化学物质所需要的器材、去除感染设备、防护服等；③关于化学药剂的一般信息和对应要领等。	①《关于毒品和剧毒物管理》的保管管理》(1978年)；②《关于毒品和剧毒物管理的彻底合理保管管理》(1999年)；③《毒品和剧毒物取缔》。	①从日本中毒信息中心数据库得到治疗信息，按"NBC恐怖事件发生时的对应措施"采取对应措施，有效利用广域灾害急救医疗数据库，与消防系统合作。	①对付NBC恐怖事件当地有关机构合作模式》（国，2001年11月）。
3. 生物恐怖危机管理对应的应对措施	①加强病原微生物等的管理；②鼓励感染症发生动向监视跟踪调查和加强分析，有效适用厚生劳动省行政网络信息系统（WISH一新法的实施而进行感染症发生动向的监视跟踪调查的通知》(国，1999年)；③向居民和有关医疗研究所主页、动员感染症来源，为海外旅游者提供的感染症信息。	①《关于加强病原体微生物等》（国，2001年)；②《关于伴随着感染症新法的实施而进行感染症发生动向监视跟踪调查的通知》(国，1999年)；③《关于根据感染症知识法医生向都道府县知事上报的标准》（国，1999年)。	①发现异常时的对应措施（马上向保健所和国立感染症研究所汇报和提供信息，要求国家调查）；②发现异常感染症时的对应措施（治疗和防止蔓延汇报）；③加强对病原体的确认和检查（地方卫生研究所）；④关于有炭疽菌等感染危险的对应；⑤根据新感染症症状的诊断和医疗（厚生省主页；关于使用生物武器可能性感染）。	①《关于积极实施疫学调查》(国，1999年)；②《都道府县指定的感染症预防计划》（县）；③《关于指定感染症指定医疗机构的通知》（国，1999年)；《关于运送感染症患者手册》(1999年)；《关于1类、3类感染症处理》(1999年)；《关于有效炭疽菌等感染危险的处理》（地毒灾菌手册》(2001年)；⑤《感染症的确切的诊断和医疗指南》（国，1999年)；关于天然症的医疗指南》。

续表

采取对策的领域	防备事件发生的事前对付	法规、方针等制度依据	事件发生后的对应措施	法规、方针等制度依据
4. 自来水危机管理对应措施	①自来水设施的警备等（强化水源监视、净化水场和储水池等设施的警备）；②建立和完善信息收集和联系体系（设立市民联系窗口、建立紧急对应的指挥命令系统等）。		①根据饮料水健康危机管理实施要领，迅速采取措施，掌握水质异常情况，并速报国家。	①《饮料水健康危机管理实施要领》；②《关于饮料水健康危机管理的通知》（国，1997年）。
5. 食品危机管理对应措施	①对商店里陈列的食品事前对策；在流通中防止病因物质混入；在商店中防止病因物质混入。		①根据食物中毒处理要领和食物中毒调查手册，迅速采取对应措施，发现与平常中毒不一样事例，速报国家和地区保健所；有效使用日本中毒信息中心的中毒信息数据库。	
6. 关于确保地方的健康危机管理体制		①《关于促进地方保健对策的基本指针》（2002年）；②《关于地方健康危机管理——地方健康危机管理指南》。		①《关于促进地方保健对策的基本指针》（2002年）；②《关于地方健康危机管理——地方健康危机管理指南》。
7. 都道府县平时准备的机制和各种通知以及信息	①确认应该准备的资料和信息来源；②完善信息器材的配备；③定期培训和训练；④掌握有关地方政府的健康管理体制和部署；⑤再次确认联络体系。			除了以上之外，还有：都、道、府、县的制定（有的正在制定）关于制定水质污染事故健康危机管理实施规划（国）；有关地方政府的地区灾害对策（国）；原子能灾害对策手册；关于原子能辐射事故的紧急医疗措施；原子能设施等防灾对策。
8. 主管上述7个领域的厚生劳动省的各个课				

注：＂国＂表示该法规、方针是由国家制定的；＂县＂表示该法规、方针是由县级政府制定的。
资料来源：顾林生根据日本厚生劳动省＂关于国内恐怖事件发生的对应措施＂进行整理，2003-03-20

下面我们就对澳大利亚应急管理中心的职责及组织结构、任务与功能的相关情况做一个介绍。①

1. 职责及组织结构

澳大利亚应急管理中心的主要职责是依靠州与地方政府，在遭受自然灾害、技术灾害和人为灾害时，保护澳大利亚的生命与财产。在澳大利亚，联邦政府承诺协助州和地区发展它们自己的应急管理能力来保护所有的澳大利亚公民的生命及其财产安全。因而，澳大利亚应急管理中心主要负责日常管理协调功能，它还根据危机事态的发展以及受灾地区的请求，协调联邦政府给予发生重大灾害的州和地方以实物帮助。该组织通过包括预防、准备、应急以及恢复重建活动在内的全面手段，促进澳大利亚国家应急管理建议的实施。

澳大利亚应急管理中心与政府和外界联系紧密，它不仅与一些联邦主管当局、州与地区机构、当地政府和产业实体紧密合作，而且，与全世界的同类性质的机构保持密切联系；同时，作为国际开发署在澳大利亚代理机构（AusAID，Australian Agency for International Development），澳大利亚应急管理中心与南太平洋地区的国家有一种特殊的重要关系。

澳大利亚应急管理中心包括四个小组：计划与运作小组、开发小组、知识管理与商务小组以及教育与培训小组，各个小组的职责分工如下：

① 计划与运作小组（Planning and Operations Group）。
- 管理澳大利亚应急管理中心资助的灾害应急计划；
- 协调联邦政府对州、地方以及大洋洲地区国家的支持；
- 运行国家应急管理协调中心（National Emergency Management Coordination Centre）；
- 制订民防政策和计划；
- 应急管理通讯与信息系统的应用；
- 与州、地区和联邦政府部门一起负责制订防止天灾人祸对生命和财产造成损失的风险管理计划。

② 开发小组（Development Group）。
- 灾害预防与减灾战略的制订；
- 应急管理项目的规划（Emergency Management Projects Program）与安全社区奖（Safer Communities Awards）的管理；

---

① 详情请参见澳大利亚应急管理中心网站 http://www.ema.gov.au。

- 对于政府、产业和社区进行应急管理的宣传推广;
- 应急管理政策制订的协调。

③ 知识管理与商务小组(Knowledge Management & Business Group)。

促进应急管理过程中信息管理的最佳实践,州支持的项目的一揽子管理(包括公众教育规划、应急管理书籍的全国出版、组织宣传、预算管理、行政支持、公司绩效与公司报告、人力资源管理、公司政策制订、契约签定与管理、宣传推销、设备管理的协调、信息技术支持、图书馆服务以及一般管理支持)。

④ 教育与培训小组(Education and Training Group)。
- 教育与培训的开发与传播;
- 应急管理资格标准与课程的开发与维护;
- 应急管理研究和社区教育。

2. 任务与功能

澳大利亚应急管理中心的主要任务是减少澳大利亚及本地区的灾害冲击。该中心主要通过制订、协调并且支持有效的全国应急管理安排;向联邦机关、州、地方、产业和国际社会提供关于应急管理事务提供咨询;作为国际开发组织在澳大利亚代表机构,协助对大洋洲地区有关国家的应急管理。

具体说来,澳大利亚应急管理中心的核心功能包括危机发生时期和日常的应急管理两个方面。在灾害期间,中心协调联邦对于州和地区以及本地区的支持,而在日常的管理活动中则通过各种手段提升国家的应急管理能力,同时支持海外特别是与澳大利亚有关的地区的应急管理能力的开发。其中,中心提升国家的应急管理能力的手段主要有以下几项:
- 制订联邦和国家应急管理政策、计划和规划;
- 制订国家应急管理教育和培训课程与规划;
- 提供应急管理教育与培训;
- 建立和提供应急管理信息服务;
- 与州和地区一起树立和培养社区减灾观;
- 管理州支持的一揽子项目;
- 支援培养澳大利亚民防能力;
- 制订应急管理的原则与实践;
- 支持应急管理研究。

加拿大的关键基础设施保护与应急准备办公室

2001年2月5日,加拿大总理宣布建立关键基础设施保护与应急准备办公室(OCIPEP, Office of Critical Infrastructure Protection and Emergency Preparedness),隶属于加拿大国防部,并由国防部长出任该办公室的主任。办公室的职责包括加拿大已经存在的灾害预防功能,同时,该办公室将建立并使用一个综合性的方法以保护加拿大的关键基础设施。总体而言,该办公室已经成为确保国内灾害预防与安全的第一负责机构。

加拿大关键基础设施保护与应急准备办公室的主要职责和组织结构等情况大致如下:①

1. 主要职责

关键基础设施保护与应急准备办公室的职责包括相互交叉的两个方面:第一,为加拿大的关键性基础设施——包括能源及其使用、通信、服务、交通、安全和政府部门的关键部分——提供一个日益更新的、现代的和综合的保护途径,并居于全国性统领的地位;第二,确保公众在各种类型的突发性危机状态下生命和财产安全的第一负责机构。

在现代信息社会里,关键性基础设施是经济发展的支撑点,而且,它们日趋复杂,相互连接,并依赖于现代信息技术的发展和进步。关键性基础设施中的任何一个组成部分受到破坏的话,就会像"多米诺骨牌"那样,别的基础设施也深受其影响,并且给整个国家和民众带来严重的经济和社会后果。因此,保护加拿大的基础设施免于失误和人为破坏导致的损失是根本性的工作,只有这样才能保证加拿大人的健康、安全、社会保障、经济福利和政府机构的正常运转。基于此,关键基础设施保护与应急准备办公室将为这些工作提供全国性的领导。国防部长总负责,其他各部部长,特别是加拿大司法部长,作为公共安全的主要负责人,将与国防部长密切合作,确保这个新成立的办公室能够完成其目标。关键基础设施保护与应急准备办公室也要积极地介入省、海外领地、自治市以及私人机构、农村和组织的安全保障与灾害预防工作。

具体来说,关键基础设施保护与应急准备办公室的主要职责为:

---

① 详情请参见加拿大关键基础设施保护与应急准备办公室网站 http://www.ocipep-bpiepc.gc.ca。

- 与各私人部门、地方当局、海外领地,以及与一些重要的国际同类性质的机构(特别是美国的机构)建立伙伴关系;
- 促进加拿大关键基础设施的领导与员工之间的对话,并促进有关灾害威胁和脆弱性的信息的共享;
- 向联邦政府计算机事故分析和协调系统提供关键数据信息,并与联邦各职能部门一起合作,承担起保护信息系统和网络的职责;
- 提升其他合作领域,诸如提高警惕,加强教育和培训,推动和促进有关信息技术安全方面的研究,使国内灾害预防达到较高的水平。

2. 组织结构

关键基础设施保护与应急准备办公室是国防部领导下的文官组织。主要人员构成如下:
- 部长(Minister,国防部长兼);
- 副部长(Deputy Minister);
- 联合副部长(Associate Deputy Minister);
- 副部长助理(Assistant Deputy Minister);
- 项目总监(Director General,Programs):包括项目创新处、财政援助和计划处、研究和发展处、教育培训处;
- 外部关系和公共事务总监(Director General,External Relations and Public Affairs):包括公共事务处、国内合作处、国际合作处、魁北克地区处等十个地区处;
- 政策计划和准备总监(Director General,Policy):包括紧急事务管理政策处、关键基础设施处、战略管理处;
- 执行总监(Director General,Operations):包括威胁和事故分析处、关键计算机基础设施保护处、执行计划和支持处、关键基础设施地质和依存处、紧急事务运作中心;
- 社团服务高级总监(Senior Director,Corporate Services):包括财政和管理处、信息技术和无线通信处。

俄罗斯的特别情况部

俄罗斯的最优先考虑之一是建立能确保政治改革、经济改革和其他民主改革前进的环境。其主要任务是有效地抗击自然灾害和人为灾害。然而,在俄罗斯自然灾害频发的今天,这是一项非常艰难的使命。仅1994年上半年，俄罗斯就发生747起大的灾害，而1993年仅为565起。受害灾民超过2万人，其中死亡1 178人。近些年来，俄罗斯自然灾害、环境应急灾害、毒物渗漏和放射性应急灾害、人为灾害应急都在上升，而最主要的核电厂的灾害应急更是任务繁重。

为了更好地处理灾难引发的事故，叶利钦总统下令成立了俄罗斯联邦民防、应急和减灾部。遵照俄罗斯1994年1月10日发布总统令建立起来的这个部又称为特别情况部（Ministry of Extraordinary Situation）。有人认为，该部早在1990年12月27日就成立了。那时俄罗斯救援部队已建立，目的是在应急情况发生时作出快速而有效的响应。

特别情况部建立起来后，在管理人为灾害、无法控制的自然灾害以及事故的影响方面起到了重要作用。而人为自然灾难来自核设施、生物化学设施的管理不善、机械事故或者缺乏足够的安全制度。毋庸置疑，特别情况部在遏制影响俄罗斯境内外民众生命财产的紧急情况方面能起到关键作用。比如1986年切尔诺贝利核电站事故，表明他们生活在压缩的世界里，一方出现事故，另一方则也会遭殃。

下面我们介绍俄罗斯特别情况部的职能职责、组织机构以及应急准备和使用的一些相关情况。①

1. 特别情况部的职责

特别情况部位于莫斯科环路儿童世界和布尔很伊剧院之间，办公场地十分拥挤。1995年6月，特别情况部的展览橱窗展出了切尔诺贝利核事故中的救灾英模和受害者的图片，该展览称核事故造成3.5万人死亡（包括1 000名儿童），目前仍有80余万人受事故的影响。小小的展览提醒人们该部在未来遏制类似事件发生的重要性。

根据介绍，特别情况部负责如下使命：
- 在特别情况部的能力范围内提出有关州的政策问题的建议或倡议；
- 在俄罗斯联邦范围内管理民防、搜索和营救；
- 为俄罗斯州灾害管理系统制定职责，提供发展机遇；
- 指导旨在消除大规模灾难、突发灾祸和其他应急事故的后果的活动；进行特别的水底或海底活动；
- 监管分拨给政府的抗灾资金的使用；

---

① 详情请参见：http://www.emercom.gov.ru 及雄涛编译自 Timothy·L.Thomas《EMERCOM 俄罗斯应急小组》。

- 组织人员培训，指导俄罗斯灾害管理机构和部队应急救灾工作；
- 在特别情况部的能力范围内组织国际合作。

2. 特别情况部的组织机构

特别情况部由若干部门组成，这些部门主要包括：人口与领土保护司、灾难预防司、部队司、国际合作司、放射物及其他灾害救助司、科学与技术管理司等。各部门各司其职，分工明确，以国防合作司为例，它已经与德国、意大利、法国、瑞士、波兰、白俄罗斯、格鲁吉亚和哈萨克斯坦签订有合作的协定，还准备与蒙古、拉脱维亚、芬兰、亚美尼亚、摩尔达维亚、埃塞俄比亚签订有关协定。该司已经和联合国高级难民署签订有协议，并设法就与欧洲合作安全研究方面与北约签订有关协议。

特别情况部还下辖若干个委员会来协调某些任务，这些委员会主要包括：俄罗斯联邦森林灭火机构委员会、俄罗斯联邦抗洪救灾委员会、海洋及河流盆地水下救灾协调委员会、俄罗斯联邦营救执照管理委员会等。一旦需要，经联邦总理同意，特别情况部还可请内政部、国防部或者内卫部队给予协助。

特别情况部还有若干内部设施和机构，其中比较重要的有：
- 地区性中心：特别情况部的地区中心分散在莫斯科、圣·彼得堡、顿河罗斯托夫、萨马拉、叶卡塔琳娜堡、诺瓦西比斯克、契塔和卡巴洛夫斯克；
- 民防和应急司令部：许多地区、省、自治区、县和镇都设有民防和应急司令部；
- 指挥控制中心：这些指挥控制中心设在莫斯科和每个地区和州；
- 训练教育设施，包括一所民防学院，若干训练与方法中心，一所全俄罗斯民防科学研究院；一所全俄监控与实验控制中心。

特别需要注意的是，为加快应急速度，保证应急质量，特别情况部训练或添置了如下救灾力量和设备：
- 中央空中机动营救小组，这些机动小组配置航空器材，包括直升飞机和运输机（伊尔-76 和安-74），这些小组还参加过联合国人道主义的行动；
- 民防部队：这些部队包括驻扎在全国各地的军队的师或团；
- 搜索和营救服务分队：这种服务分队在各加盟共和国、州地区和省共有 30 个。

3. 特别情况部的应急准备和使用

俄罗斯联邦特别情况部的使命和美国联邦应急管理署和美国国民卫队救灾使命十分相似。1994年8月以来,特别情况部与美国加强了合作。俄罗斯减灾部长舍盖·绍古会见了美国大使托马斯·皮克林,讨论了两国地区防灾减灾的合作问题,并于1994年6月签订成立俄美防止工业事故和自然灾害联合委员会,俄美双方还就美国参加国际营救演习事宜进行了讨论。此后,北约的和平伙伴计划提出与俄罗斯特别情况部建立直接联系。

俄罗斯特别情况部自称是俄罗斯五大部之一(其他四个部为:国防部、外交部、反情报组织和对外情报组织)。特别情况部有时派遣一些小组到国外,他们的部队仅装备一些自卫小武器,没有辎重武器,该部战时没有任务,主要在和平时期活动。

特别情况部将俄罗斯划分9个地区,负责89个州的救灾活动。每个州设有减灾部的分支机构,共有5~6人组成。司令部往往设在有化学工厂的城镇,下辖中央搜索80个分队,分队约有200名队员组成。

特别情况部的设备大部分是从国外进口,有些设备是具有双重功能,比如:伊尔-76飞机既可用作人道主义援助,又可以在两小时内执行灭火使命。特别情况部拥有着各种类别的航空、工程、通信、交通、核子、生物和化学保护以及后方设备服务的设备。特别情况部下属的部队编为旅、团、营、连,共有约2.3万人,现在已新建一个快速反应的单位,服务人员将实行合同制。

目前,俄罗斯的民防机构正发生巨大变革,它从由军队控制逐步走向完全独立。在苏联解体时,除了指挥与控制系统外,所有民防机构设施全部移交减灾部管辖,但是国防部仍可以使用。除从老的民防部来的两三名民防人员外,该部又招募了1.6万名新的民防人员。该部有自己的新闻机构负责监控该部在公众中的形象,在新闻中心有台录像机一直监控了解事故现场。

救灾中心相对比较小,但是工作效率很高,负责维持与特别情况部有关的设施和协调机构。每个工作间有两至三部电话或者一台电脑连结。每个小单间上均贴有工作人员职责,从自然灾害(比如:地震、洪水、飓风、旱灾和冰冻等)到化学工业和电力工业应急事宜。

在萨哈村地震期间,救灾中心进行了快速反应的协调(发出通知后,到莫斯科第一架飞机飞出只用了12个小时)。在萨哈村地震灾难期间,特别情况部十分倚重于在地震前一个月在萨哈村举行抗震演习所取得的经验

（说明地震有预报，事先进行了很好的准备），而且还借鉴了日本阪神大地震的一些经验和教训，如特别情况部建立了工人8小时轮流工作制。

特别情况部所属单位进行演习与武器部队的演习十分相似。比如，1994年他们在卡巴蒂诺-巴尔卡利亚进行了抗自然灾害和人为灾害的演习。特别情况部所在单位还负责清理飞机失事现场、从也门共和国撤退俄罗斯公民等事宜。它还在坦桑尼亚和扎伊尔拉马丹难民营空运人道主义救援物资；在挪威海"共青号"核潜艇事故时组织救援活动；特别情况部还曾在南斯拉夫建立两支卡车运输队曾负责向前南斯拉夫运送救援物资。

瑞士的国家应急管理中心

瑞士国家应急管理中心（NEOC, National Emergency Operations Center），设立在苏黎世，是瑞士联邦应对各种类型的突发性危机事件的专门技术中心。下面对瑞士国家应急管理中心的组织结构、职责职能和运作网络等做一个简单的介绍。①

1. 组织结构

从1998年1月1日起，瑞士国家应急管理中心隶属联邦的群众防护和运动办公室（VBS, Federal Office for Defence, Civil Protection and Sport），并直接向总书记负责。

瑞士国家应急管理中心现有20名员工，他们都具有某一方面的技术或专长。除了常见的物理、化学、地理、测量、气象、能源和通讯专业技术人才，国家应急管理中心还拥有技术性很强的管理人才。20名员工中的55%拥有大学学历。其中，20人当中的11人属于备用人员，但国家应急管理中心全天候工作，可以连续一整天通过呼叫中心联系值班人员。在出现有关放射能的事故时，如果首要的职责在联邦政府，那么，更多的机构就会被启动，这些机构和国家应急管理中心一起，组成联邦放射能紧急中心（FEOR, Federal Emergency Organization Radioactivity）应对突发事件。在每年出现的300多起事故中，国家应急管理中心的人员一般要对所出现的意外情况进行评估，或是派遣技术专业人员参与其中的应对工作。

---

① 详情请参见瑞士国家应急管理中心网站 http://www.mfb.sh.cn。

2. 机构职责

国家应急管理中心的活动范围巨大，特别是在出现放射能事故领域。因为凡是涉及已经发生的或是潜在的放射能事故，其应对属于联邦政府的职责范围。这些突发性危机事件包含的内容从核电站事故——不管是国内的还是国外的，也不管是实验室发生的还是运输过程中发生的——到有关原子能武器的各种爆炸和事故，近些年核恐怖导致的各种威胁也越来越严重。

和放射能事故相反，有关化学物质的各种紧急事故的应对属于受影响的行政区域的职责范围。在这种情况下，国家应急管理中心主要配合化学部（Department of Chemistry）的专业技术人员，对那些超出灾害发生地的州疆界，或是国际性的突发事件进行协调。国家应急管理中心隶属化学部的三位备用专业技术人员除了承担这些危机事件发生时的特殊任务外，它们还建立和维护着和特定环境相关的各种危险物品信息数据库。

国家应急管理中心更广泛的应急领域包括应对水坝决堤、严重溢水以及由于人造卫星重返引起的各种危险等情况。

当这些突发性事件真的发生的时候，瑞士国家应急管理中心具体又是如何应对的呢？根据应对的危机种类不同，主要针对以下四种情况实施应急反应。

- 放射能增强：主要是通知政府部门，告示大众，说明应当立即采取的紧急管理措施和一些必要的保护措施，协调行动并进行数据评估；
- 化学物品引起的危险：设立万一事故发生的联络点，提供那些具有危险性和跟生态相关的物质的数据；
- 水坝决堤：告示公众，通知受灾地的州、联邦水资源管理处由于水坝决堤或是严重溢水引起的即将到来的威胁；
- 重返人造卫星及其影响：整理数据，万一重返人造卫星时及时告示政府部门和公众。

当然，国家应急管理中心的行动并不仅仅限于上面提到的几种类型的突发事件——这些突发事件每年大约发生300起。国家应急管理中心的人员还得负责国家应急管理中心所有系统的正常运转的维持和准备工作。此外，国家应急管理中心还经常发展一些新系统，测试一些紧急设备——这些活动往往都是在国家应急管理中心参与或是指挥一些训练活动时进行，实际上，国家应急管理中心每年都会参与这样的活动十几次。

3. 运作网络

瑞士国家应急管理中心的运作往往并不是独立进行的,而是通过直接的沟通渠道,和国家的一些部门、机构合作,如核电站、州警察指挥中心、瑞士广播公司的地方播音室等。目前,在国家应急管理中心和联邦委员会的运作部门之间已经建立了视频网络,以便将事件局势、信息和报告无延误地及时送达相关部门。

瑞士国家应急管理中心的运作网络分为国内和国际合作两个方面。在国内,国家应急管理中心为有效实现其救助目标,和许许多多的联邦机构、州政府、军队以及民防部门协作。其中,州一级的协作部门主要有:州指挥部、电源保护服务组织、民防组织、州实验室、警察和地方消防队;联邦一级的协作部门主要有:联邦健康办公室、联邦能源办公室、瑞士联邦核安全检查委员会、联邦民防办公室、联邦水资源和地质办公室、联邦环境森林和农业办公室以及联邦大臣等共10个部门。

瑞士国家应急管理中心最为重要的国际协作单位主要有:毗邻国家(如德国、法国、奥地利和意大利等)、维也纳国际原子能组织、欧盟以及国际核能组织。在签订双边协议的基础上,瑞士国家应急管理中心就通过毗邻国家的应急管理中心、维也纳国际原子能组织等和国际性的预警和信息系统连接在一起了。

5.3 个案研究——BB银行破产危机

1995年初,拉脱维亚遭遇了自独立后的第一次重大经济和社会动荡。波罗的海国家最大的商业银行——贝特加银行(Banka Baltija,以下简称BB银行)的破产案,在那一时期扮演了至关重要的角色。[1] 独立以来,拉脱维亚实施了一系列大刀阔斧的改革,然而经济指标的快速增长蒙蔽了政府官员,以至于他们完全没有察觉金融危机的征兆(这种情况在转型期国家普遍存在)。当时汇率稳定(1拉特=0.56美元),金融危机似乎并无滋生的可能。但事后分析表明,在1994年底金融危机的迹象就显露出来,银行系统安全稳健的虚幻假相消失了,政府不得不面对整个银行业和国民经济可能

---

[1] 该个案研究的资源来源自 Eric K. Stern and Dan Hansen. Crisis Management in a Transitional Society: the Latvian Experience (CRISMART: A Publication of the Crisis Management Europe Research Program, Volume 12), 1999, 260-296(其翻译和摘用得到了该组织负责人的许可)

崩溃的事实。

本案例旨在反映主要的商业银行如何走向破产；政府对个人的盲目信任如何加剧了金融危机的发展；相关官员如何处理危机、控制事态。然后，我们将讨论拉脱维亚是否已经建立起了防范未来金融危机的举措。

案例的写作结构如下：第一部分，介绍此次危机的相关背景资料；第二部分，给出危机发展的具体时间列表（1995年4月至6月）；第三部分，详细分析危机过程中的6个重要决策时段；第四部分，进行5个专题分析，并进行危机管理的一般讨论；第五部分，后记。

背景资料：转型期的拉脱维亚及其银行业

1. 转型期的拉脱维亚

拉脱维亚位于波罗的海东岸，南边、东南、东边和北边依次与立陶宛、白俄罗斯、俄罗斯、爱沙尼亚毗邻。1940年6月被苏军占领，8月5日加入苏联。1991年8月22日，拉脱维亚最高苏维埃宣布拉脱维亚共和国独立。同年9月6日苏联国务委员会承认其独立，9月17日加入联合国。1993年7月6日，拉脱维亚第五届议会通过决议，恢复1920年拉脱维亚通过的宪法。宪法规定，拉脱维亚为议会制国家。

拉脱维亚外交政策的主要目标是实现"回归欧洲"，希望通过加入北约和欧盟，保障自身的经济及安全利益。1994年初拉脱维亚加入了北约和平伙伴计划，并同欧盟签署了自由贸易协议。1995年2月加入欧洲委员会，同年6月成为欧盟联系成员国，并正式申请加入欧盟。

自独立以来，拉脱维亚进行了一系列迈向市场经济和民主政治的重大改革，成为波罗的海转轨国家的先锋。其改革计划的成果目前正在经济复苏、增长方面显现出来。但仍有一些因素使处于萌芽状态的复苏面临夭折的威胁。1995年所经历的严重的银行业危机使其银行系统结构变革的进程受到阻碍，并产生了不利的政治和经济上的影响。

2. 贝特加银行

贝特加银行是拉脱维亚最主要的商业银行，建立于1992年2月17日，创始人为Aleksandrs Lavents和Vladimirs Leskovs。Lavents家族通过其直接控制的几家公司掌控BB银行59%的股份，包括：Finnhold有限公司32%，Aktus有限公司11%，Latcarters有限公司11%，Imanta有限公司

5%(BB 银行的股份构成情况见图 5-12)。

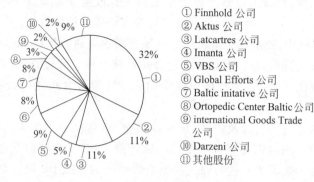

图 5-12　BB 银行的股份构成情况

　　1992 年 BB 银行和它最大的股东 Lavents 曾多次受到法律机构的审查。当年,Aleksandrs Lavents 的名字曾在立陶宛一起军火走私案中被提及。在安特卫普(比利时省份)注册的公司 M&S International NV 组织了海外 Scorpio 国际贸易公司与立陶宛内务部之间的武器交易,BB 银行充当了资金担保人和中转站。1993 年,Lavents 的名字再次与走私罪联系起来。尽管 Lavents 与犯罪集团的关系早已为法律机构得知,但却没有证据怀疑 BB 银行经营活动的合法性。

　　此外,国际审计公司 Cooper & Lybrand 在 BB 银行 1993 年审计报告中认为,银行的资产负债表与实际财务状况以及国际会计准则相符。在审计师乐观的结论下,BB 银行决定将法定资产由 2 500 万拉特提高至 3 250 万拉特,以帮助银行进一步发展。在计划经济向市场经济的转变中,BB 银行表现出良好的财务状况,而事实上 BB 银行存有大量的坏账损失,它良好的账面情况只是得益于当年的通货膨胀。

　　1994 年末,其他大中型银行财务状况变得不太稳定,银行合并列入政府高层的议程。那些所谓的比较值得信赖的银行被建议与那些生存有问题的银行合并。根据 BB 银行理事会主席 Lavents 声称,BB 银行将与 Centra Banka 以及 Depozitu Banka 合并;而作为交换,BB 银行将获得拉脱维亚海运代理公司的直接投资。在 1995 年初,保护 Depozitu Banka 银行至关重要,因为它是主要的清算中心(处理现金业务),一旦它宣布破产,整个现金运作系统就将受到威胁,政府对 BB 银行的信任由此可见一斑。1995 年 3~4 月 BB 银行与拉脱维亚海运代理公司签订协议:拉脱维亚海运代理公司在 BB 银行存入 44 100 万美元。实际上,一半的资金立即被悄然转入

Finnhold 公司（该公司由 Lavents 掌控，是 BB 银行最大的股东公司）。

BB 银行对拉脱维亚整个经济举足轻重。政府非常重视 BB 银行并将它的领导人 Lavents 视为一个有影响力并忠于国家的银行家。但资料同时表明：法律机构、政府和金融机构之间缺乏信息沟通；当 Lavents 被视为杰出的银行家的同时，银行存款来源的合法性被忽视。事后的调查表明，一些国际犯罪集团通过 BB 银行账户使他们的非法资金合法化（实现洗黑钱的目的）。

在这里还有必要提及的是，很多政治精英（包括总理本人）也在 BB 银行设有账户。同时需要强调的是，BB 银行是 1993 年选举前竞选运动中领导党派的最大赞助者。这种强大的影响说明了为什么 BB 银行财务问题尽管在 1994 年已被注意，却未得到重视。

3. 拉脱维亚银行业危机回顾

波罗的海国家继承了苏维埃的单一银行制度，在这种制度下，专业化的国有银行服务于特定的经济分支部门。改革后，拉脱维亚很快建立了以中央银行为核心的双重银行业体系，但是缺乏具有现代银行业实践经验或适当的法律、规章制度和监管框架方面的训练有素的人才。此外，还必须制定出一套战略以对苏维埃银行业体制的残余加以控制。同时，拉脱维亚必须面对双重挑战，即在鼓励新民营银行业部门的同时，保证以谨慎的方式实现经济增长。在银行业改革中，拉脱维亚的思路是：大批新银行的出现会迅速带来竞争，因而有必要压低储蓄和贷款利率，以向新兴民营部门提供必要的贷款支持。为了获得比现有金融机构更优惠更便宜的资金，许多新的民营银行由企业建立起来了。最初，几乎无人关注这种政策对银行的健全和监管会有什么影响。

造成 1995 年初银行业危机的原因很多，而其中一些系统性原因在构建这些金融体系的过程中就已经被埋入了。例如，正在下降的通货膨胀就是一个重要因素，它在挤干银行中介赚头的同时，还使借款人处境更加困难。在拉脱维亚，高获利性贸易融资机会逐渐减少以及普遍存在的管理不当和腐败为危机埋下了祸根，而危机的爆发则是由中央银行关于使用国际审计标准的原则对各银行普遍进行审计的要求所引起的。规章制度和监管不完善、会计工作不佳和税赋过度、贷款缺乏法律基础以及与金融技能不足和管理不当相联系的普遍存在的腐败可视为此次危机的根本原因。经济转轨和稳定化的压力和旋律也使银行的基本缺陷暴露出来了，这些因素在某种程度上是相互联系的。例如，转轨的环境使许多社会环节，包括银行业放开手脚去谋利。这些谋利行为有许多反映了企业家式的热情,有的则沦为非法的不道德活动。在某些情况下,银行规章制度和监管的欠缺对腐败行为起着激励作用。从中央计划经济向以市场为基础的制度的转轨还暴露出银行业部门和规章制度环境结构上的缺陷。紧缩的宏观经济政策框架为新兴银行业体系带来了不利的环境,银行、客户和银行监管者都不能监督和控制新政策环境内在的风险。

银行业危机在波罗的海国家最大的商业银行BB宣告破产时达到顶峰。而在1994年末大规模的小银行破产已经显露了危机迹象。考虑危机规模,可以确定的是:1995年的危机不仅直接关系到国家的货币和金融政策以及对信贷机构的监管,而且关系到社会安全系统。社会政治安全以及政治团体价值系统的潜在改变是1995年的一个重要问题,因为秋季的第六次议会选举即将到来。金融危机不仅加剧了社会紧张(转型期国家的一个特征),而且致使选举结果不可预见、经济增长的原计划无法实现。甚至可以断定,金融危机(至少是1995年的危机),相对减小了国内市场达到西方经济标准的可能性。根据国际政治理论,转型期国家平稳的市场被视为至关重要,因为只有一个组织良好的市场才能与欧洲市场实现平等的融合。

银行部门过度的快速发展是爆发银行业危机的一个因素。从小型金融机构发展为机制复杂的法人银行,管理人和所有者缺乏管理经验。国家对国民经济的这个分支的监管也跟不上它的发展速度。BB银行破产案提供了鲜活的例证——当最大的商业银行由一个家族控制,成为洗黑钱的机构和某些个人迅速致富的工具时,政府严重缺乏应对经验和行动方案。

当然,危机的爆发不仅是由于缺乏管理经验。导致银行业危机的一个经济原因是银行过低的清偿能力。

在1995年银行业危机中,2万多企业、20万~25万人受到影响。大规模的危机导致了企业总营业额的显著下降。据估计,那些宣布破产的信贷机构的总债务达到6500万拉特。考察从1991年到1995年拉脱维亚GDP的变化情况可以发现,自1994年开始的经济增长在1995年金融危机后立即下滑。

4. 拉脱维亚危机管理系统

自1990年5月4日宣布独立以来,拉脱维亚已经经历了多次严峻危机和紧急事件。新生的拉脱维亚共和国曾在1991年2月和8月悬于一线。当时与重建USSR的支持者之间的对峙达到了极点。1994年2月两个俄罗斯将军在里加(拉脱维亚首都)被非法拘禁,导致了对拉脱维亚的军事威胁。自然灾害同时期发生，例如洪水、森林火灾、氨泄漏等。

以上提及的案例支持这样一个对拉脱维亚形势全面分析的结论：它的居民没有安全感。因此，建立适当的处理紧急事件、解决危机的机制非常重要。在独立后的几年里，拉脱维亚未能成功建立一个有法律、制度、功能依托的现代危机管理系统。原因是多方面的：首先，国家防御系统在很大程度上是前苏联遗留下来的，必须尽快整改；同时，缺乏如何建立与西方民主原则相符的危机管理系统的知识；此外，拉脱维亚官方也应负有责任，它没有认识到建立这一体系的必要性和紧迫性，或者它过分关注于提高自己的影响力。时至今日，瑞典和其他国家及国际组织所提供的有关危机管理的帮助大部分尚未利用。这并不是指拉脱维亚完全没为紧急事件或危机作应对准备；很多工作已经完成，剩余的工作也将进一步开展。

案例的时间序列

1994 年末，尽管缺乏足够的证据，但关于 BB 银行财务困境的传闻已经在金融界和经济专家中流传开来。政府和拉脱维亚中央银行的议会议员最初都没有关注对 BB 银行是否仍具有正常经营能力的分析。中央银行的信贷机构监管部也没有对此提出任何置疑。第一次对 BB 银行财务状况的广泛关注发生在 1995 年 4 月，当时 BB 银行推迟公布它 1994 年的财务审计报告。各大报纸纷纷报道此事，但拉脱维亚中央银行和政府均未对此给予适当关注。

- 4 月：BB 银行的 1994 年财务审计报告（按规定应于 1995 年 4 月 1 日前提交）未能及时公布。
- 4 月 26 日：BB 银行向俄罗斯 InterTek 银行转账 8 000 万拉特。在这一交易中俄罗斯 InterTek 银行承诺以俄罗斯政府长期债券的形式偿还，该债券到期日为 2008 年，年利率 0.3%，而当时的市场名义利率为 29%。
- 5 月 5 日：拉脱维亚中央银行向政府提交关于 BB 银行财务问题的报告，政府未给予回应。
- 5 月 11 日：总理 Maris Gailis 接受记者采访并对拉脱维亚中央银行提交的报告发表评论时声称："政府将对国家的整个形势负责，政府不会允许整个银行系统的崩溃。"
- 5 月 15 日：财政部长 Andris Piebalgs 提出辞呈。
- 5 月 15～19 日：BB 银行从中央银行获得 270 万拉特的信用贷款。

中央银行行长承认这是中央银行向信贷机构提供的数额最大的一笔贷款。大额资金由 BB 银行转入海外公司账户；与此同时，官方声称没有证据表明 BB 银行在财务活动中存在可能的不法行为。

- 5 月 16 日：某早报报道了政府关于支持挽救 BB 银行的决定。据预测，政府能够拥有银行 50％的股份，将负责掌控整个银行系统的运转。
- 5 月 17 日：财政部长、中央银行行长和 BB 银行理事会主席共同发表声明，声称"拉脱维亚中央银行、BB 银行及财政部就合作达成一致意见，详细行动计划将在未来 7 天内作出"。
- 5 月 18 日：拉脱维亚议会决定召集非常会议以克服金融危机。
- 5 月 19 日：普通储户将存款从银行取出，挤兑队伍越来越长。
- 5 月 22 日：BB 银行向中央银行申请追加 200 万拉特贷款，遭拒绝。下午 2 点，BB 银行董事会决定停止所有银行交易。晚 7 点，中央银行行长 Einars Repse 宣布停止 BB 银行的经营活动，直到政府和 BB 银行达成协议。
- 5 月 23 日：政府和中央银行签署备忘录，他们将保障所有 BB 银行储户的存款安全，BB 银行的全部股份将移交国家成立一个信用基金。
- 5 月 24 日：对 BB 银行的临时审查结果公布。截至 1995 年 5 月，银行的财务赤字总计在 5 800 万至 19 600 万拉特之间。经官方证实，BB 银行已经向莫斯科 InterTek 银行出售了价值 8 300 万拉特的资产。BB 银行仍持有的资产总量为 1 200 万拉特。总理 Gailis 宣称政府已经掌握了 BB 银行经济欺诈行为的证据，金融犯罪调查业已同时展开。
- 5 月 25 日：政府、中央银行和 BB 银行达成协议，BB 银行全部股份抵押给中央银行，以保障不良资产的安全。
- 5 月 26 日：BB 新任行长承认自己对 BB 银行目前的资产价值所知甚少。
- 5 月 29 日：中央银行行长 Einars Repse、总检察长 Janis Skrastins、总理经济顾问 Eizens Cpurnieks 等人会晤。官方表示对 BB 银行前任管理者犯罪行为提起诉讼的可能性尚未予以讨论。
- 5 月 31 日：检察院收到来自政府和中央银行关于 BB 银行将价值 8 300 拉特的资产转入莫斯科 InterTek 银行的消息。同时，抗议 BB

银行前任理事会主席 Aleksandrs Lavents 和前任行长 Talis Freimanis 的声浪高涨。

- 6月2日：BB银行新任行长 Uldis Klauss 接到国际审计公司 Cooper&Lybrand 的审计结果。Klauss 承认银行资本实际已全部耗尽。
- 6月5日：Uldis Klauss 要求BB银行高级会计师通知客户立即取走5月23日后存入的账款。
- 6月15日：总理顾问 Uldis Osis 建议法庭宣布BB银行资不抵债。他承认政府许诺给BB银行股东两周时间制定银行重整计划是个错误。总理向大众重申，政府将保护存款者的利益，并对BB银行投资者给予补贴。
- 6月20日：BB银行股东向财政部提交银行重整建议，但财政部长认为这些建议不切实际。
- 6月27日：BB银行宣布资不抵债。经济法庭宣布拉脱维亚中央银行、BB银行及政府间的三方协议失效。据此，国家不再对BB银行的债权人负有法律责任。法庭认为，银行的重整计划不可行。
- 6月28日：总理 Maris Gailis 声明政府将继续履行其承诺，对存款者给予补贴，这将在8月和9月逐步进行。
- 6月29日：法庭果断支持总检察长关于逮捕BB前任理事会主席和前任行长的诉讼请求。

1995年12月11日，BB银行宣布完全破产。国际会计公司 Deloitte & Touch 开始清算工作。清算工作从前任理事会主席 Lavents 控股的海外公司入手。这些公司在BB银行宣布资不抵债前从BB银行获得了巨额资金。至1998年底，清算工作仅追回资金约1 800万拉特。对存款人的补偿工作仍在进行中。

在调查过程中，BB银行前任管理者的罪行不断被揭露。BB银行前任理事会主席 Lavents 和前任行长 Freimanis 被认为犯有以下罪行：故意引致银行破产，故意篡改和藏匿财务报表，建立虚假公司以获取贷款，巨额财产来源不明。经检察院统计，由于 Lavents 的行为造成的损失约11 200万拉特。对81名犯罪嫌疑人的审判于1997年初开始。因诸多原因，陪审团成员先后三次变化。至本案例写作时，尚未作出裁决。

自BB银行宣布资不抵债，其财务亏空总计达6 008 200万拉特。

危机决策时段

在本案例中,我们可以把危机发展过程分为6个决策时段,在这些时段,各参与者面临"我们现在该怎么做"的抉择,而这些抉择将影响事态的发展。此次危机是拉脱维亚1991年独立后第一次面对如此巨大的经济危机,政府高层对于处理此类严重问题尚无任何经验。

1. BB银行财务报告未能如期公布

可避免银行财务问题发展为国家经济危机的第一次机会出现在1995年4月初。根据法律,所有银行必须在每年4月1日前向中央银行提交上一财年年度报告。

在这一阶段,有三方参与者可作出决定性选择,他们是:
- 中央银行行长Einars Repse;
- 拉脱维亚银行信贷机构监管部部长Silvija Lejniece;
- 国际审计公司Cooper & Lybrand。

来自Cooper & Lybrand的审计师无法按时完成在BB银行的审计工作,此时他们面临两个选择:其一,将BB银行面临的问题通告给拉脱维亚中央银行;其二,等待完成报告修正工作。Cooper & Lybrand决定等待。审计公司有相关法律支持为自己的这种行为辩护:法律禁止审计公司在审计期间将获得的信息公之于众。另一方面,这种庇护犯罪行为的辩护是不充分的:这不仅仅是有关职业道德的决策,而且是关于是否忠于法律权威的决策。

为了更好地理解Cooper & Lybrand为什么选择后者,有必要提及它此前的行为。尽管年度报告必须在4月前提交,Cooper & Lybrand所负责的BB银行1993年审计报告仍被推迟至1994年8月31日公布。该报告把BB银行塑造成一个财务状况良好的信贷机构。

1995年的情形与1994年相似。1995年4月初,中央银行对公众关于BB银行可能存在财务问题的传闻置若罔闻,仍未对BB银行年报延期递交一事给予适当关注。

拉脱维亚中央银行行长本可以有一个机会预防或者至少是缓和危机的发展,尽管作为中央银行行长没有责任了解每个商业银行的具体情况和可能的财务问题。信贷机构监管部部长Silvija Lejniece此时扮演了极其重要的角色。是否等待最后的审计报告、是否追查审计报告未能按期提交的原因、是否分析 BB 银行真实的财务状况,这一系列的重大决策主要由 Silvija Lejniece 作出。同时需要作出的回答的问题是:BB 银行高层管理者及审计公司提交的称述是否真实?是否提请金融警察或检察院介入此案?(拉脱维亚法律赋予金融警察和检察院这两个机构在有疑问时可从任何银行获得一切必要资料的权利)

Lejniece 选择等待并避免采取任何激进的决策和行动。主要原因之一是中央银行缺乏关于 BB 银行财务状况的客观信息。1995 年 6 月,在预防犯罪行为会议上,Lejniece 解释:"尽管管制商业银行的行为必然需要对其进行审计,但是这事实上尚未开展。控制仅仅建立在由商业银行自己提供的年度报告基础上。"根据信贷机构监管部的建议,中央银行未与检察院取得联系,直至事态发展到毫无希望的境地。

中央银行行长 Repse 被迫作出决定:是采用中央银行一贯的策略,等待情况明了;还是采用积极的策略清整 BB 银行。可确定的是,Repse 决定的背后隐藏着一系列的复杂情况。首先,Repse 必须评估关于 BB 银行财务状况的传闻的可信度。另外,他的行为首先受政治状况的影响:自 1995 年,中央银行行长的任期有时间限制,若想寻求连任必须重新参加选举,候选人必须由议会通过。这意味着 Repse 必须考虑自己采取的行动可能得到怎样的反应。要更准确地判断 Repse 的选择,还必须考虑拉脱维亚不完善的法律基础。中央银行作为商业银行的监管者,但却只拥有有限的监控商业银行行为的权力。

总而言之,所有决策者在危机的这一发展阶段均未采取实质性行动,以帮助减小危机关涉范围及其对拉脱维亚经济整体的破坏性影响。

2. 政府发现 BB 银行的财务问题

第二个重要决策时点发生在拉脱维亚中央银行行长决定向政府报告 BB 银行可能的财务问题时。此时 Repse 已经掌握了 BB 银行财务状况的相关信息。他的结论得自基本财务规则以及 1994 年审计报表提供的信息。

财政部部长 Andris Piesbalgs 在这一阶段扮演了重要角色。他急需做出行政决定以解决拉脱维亚最大的商业银行所面临的问题,同时维持公众对其他银行的信心。Piesbalg 作出的具体决策,必须寻求这样一种平衡——国家不干涉商业银行运作的自由民主原则和确保公众对政府与银行的信任之间的平衡。

Piesbalgs 的行动可分为两个阶段。在 Repse 向政府提交报告后,Piesbalgs 避免采取实质性的行动,未提出任何可行性计划,而仅仅作出"BB

银行不会破产"的承诺(他的易受攻击的位置危如累卵,很大程度上影响了他的行为)。他没有提请法律界人士介入此事以寻求问题的解决之道,也没有强调中央银行应加强对 BB 银行的监控。

几天后,Piesbalgs 开始关注于平息大众的恐慌心理,这对他行为策略的变化产生了积极影响。Piesbalgs 提出辞呈,在他的辞职陈述中说:"到现在为止,我已经尽了一切努力防止预算危机。我认为自己已无能力担当此任。我力图妥协以寻求解决办法,但现在需要一个更强有力的领导者作出果断决策。"整个危机发展过程中,Piesbalgs 是惟一承认自己缺乏危机管理能力和恰当决策能力并提出辞呈的官员。

这一阶段第二个重要的官方决策者是总理 Maris Gailis。作为政府首脑,他必须同财政部长和中央银行行长共同努力提出问题的解决方案。Gailis 向公众承诺政府将对 BB 银行的所有存款人负责。这一声明力图保障国内经济安全,但事实上缺乏有效性——总理并未获得任何关于银行真实情况的具体信息,而不久之后践诺的失败则更加深了公众对政府的不信任。即将到来的选举可能是影响他行为的主要因素。

形势的发展显示,总检察长、内务部长已经采取了主动措施,同时传媒中对于 BB 银行可能破产的怀疑也逐渐得到证实。直到 BB 银行向莫斯科 InterTek 银行转账巨额资金一事被公之于众之前,没有官员采取有利的前瞻性策略,也没有官员声明为此次危机管理负责。至此,政府已经错过了减小危机规模的机会,而这原本能够通过有效、及时的决策实现。

3. 价值冲突:避免引发国家危机和公众暴乱

自政府发现 BB 银行问题至 BB 银行与 InterTek 银行之间的丑闻曝光并移交司法机关处理,历经了一个月。在这个阶段,决策者发现自己陷入了两难境地。他们必须在采用残酷的行动以防范金融危机的发生和采取措施以推进公众信任并消除他们对存款可能遭受损失的怀疑之间作出权衡。社会安全稳定对于即将到来的选举具有重要的政治意义,而提升公众对银行系统的信心也势在必行。

在这个充满犹豫不决的时段里,决策者们未能采取足够的措施对已经存在和正在发展的危机形势作出正确估计。政府没有建立任何强有力的财务监管机制,也没有建立任何以刑法为基础的问题解决机制。政府无视 BB 银行资不抵债的事实,而与 BB 银行、中央银行签订三方协议。在迅速调查 BB 银行的财务状况和简单地允许 BB 银行继续经营两者之间,中央银行选择了后者。在没有任何适当财务管制的情况下,BB 银行大量的剩余资金流向海外公司。

议会在这个月里的作用也需作出说明。议会有以下几种选择：开展政治调查并寻找责任人，或者参与危机管理并提供包括修改金融法律在内的可供选择的方案。在所有可供选择的方案中，反对党 Saiema 选择了最简单的一种——开展政治调查。这对于即将进行的选举确实意义非凡，因为反对党不会任犯何严重错误，而调查将有利于强调执政党所犯的错误。此外，政府意识到自己在危机中的有限能力，它以各种方式逃避与 Saiema 交流信息，并努力将议会议员排除在决策过程之外。

4. BB 银行与 InterTek 之间的交易被公布于众

各决策者对危机管理过程施加影响的另一个机会出现在 5 月 24 日，当时经官方证实，BB 银行将它绝大部分的资产转移到 InterTek 银行。此时，新的参与者介入危机管理过程，事态的发展前景更不明朗。

总检察长 Janis Skrastins 是新的参与者之一，他必须决定从 BB-InterTek 这一事件着手，还是从起诉 BB 银行前任管理者开始。Skrastins 选择对 BB 银行前任理事会主席和前任行长提起诉讼。检察院必须决定使用哪种对两个犯罪嫌疑人都合适的惩罚方式。Skrastins 迫于政治压力放弃逮捕两人。此时司法机构的行为不仅仅在打击犯罪领域极其重要，而且也在恢复公正中扮演了重要角色——通过制裁罪犯，公众对国家权威的信任得到某种程度的恢复。

第二个新的参与者是内务部长 Janis Adamsons。当 BB-InterTek 事件被官方证实，Adamsons 必须决定是否指示他管理下的安全机构与检察院合作，支持调查。6 月 2 日，Adamsons 声明对 Lavents 在此次事件中的罪行表示怀疑，并认为总检察长对 Lavents 的警方监控是不正当的。Adamsons 对媒体发表评论："判断 Lavents 是否尽了全力挽救银行是困难的，我不确定有人应当为此而被送入监狱。"评价 Adamsons 的行为，需要清楚的是作为内务部长他对 Lavents 的犯罪历史所知甚少，尽管 Adamsons 的行为在这一特定情境下显得有失公允。

中央银行行长作出了相应决策，于 5 月 22 日下令停止 BB 银行的一切经营活动。此时他的选择处于两难之中——是遵循政府不干涉银行运作的原则，还是采取旨在履行政府保护银行存户承诺的积极立场？Repse 采取了积极措施，任命他的顾问 Uldis Klauss 为 BB 银行代理行长。拉脱维亚中央银行和政府给 BB 银行股东数周时间提出 BB 银行重整计划。但推迟宣布 BB 银行破产并未对稳定形势有所帮助，相反，政府的"等待和观望"策略给了 BB 银行原董事和股东投机性机会,并引发了不合理的预期。

5. BB 银行宣布资不抵债

在政府承认已无力挽救 BB 银行后,迫切需要采取新的举措以清晰展现 BB 破产危机的前景和可能的解决方案。

中央银行行长在这个阶段对形势发展起了重要作用,他将 BB 银行的破产事件提交法庭审理。法庭面临两个选择:或者接受由 BB 银行新任行长 Uldis Klauss 提交的银行重整计划,或者宣布银行破产。法庭认为 Klauss 提交的重整计划不可行,宣布银行破产并委任新的管理者就破产事宜作准备。

司法机关的调查工作仍在进行中,并已经成为波罗的海国家规模最大的金融犯罪监管行动。在 BB 银行正式宣布破产后,拉脱维亚中央银行提出修改关于信贷机构监管的法律条文;与此同时,新任命的 BB 银行主管正在清算银行资产。

此时政府的抉择尤为艰难——政府必须决定采取什么行动,同时必须信守自己对银行存款人负责的承诺,尽管政府已经意识到这是不可能的。法庭已经明确宣布银行重整计划不可行,因此政府必须在大选之前归还储户部分存款,或者坦白承认对存款人负责的承诺是个错误,而在选举前的竞选运动中,这样的坦白无异于政治自杀。政府只能在预算赤字的基础上对储户提供补贴。事实上这一策略既没有解决危机,也没有提升公众对政府的信心。下届政府不得不面临银行系统乃至整个国家金融系统的危机,而最难解决的问题是政府的预算危机。

6. 如何处置责任人

接下来,重要的是决定如何处置责任人。中央银行行长面临这样的决策:留任中央银行信贷机构监管部部长,或者以 BB 银行事件处理不力的名义解除她的职务。Repse 选择了前者,并认为应当修正现有法律以加强中央银行对信贷机构的管理;免去 Lejniece 的职务是不理智的,因为事实上在危机发展过程中她已经认识到错误,并估计到银行为了转移破产危险而修改资产负债表的可能性。

"拉脱维亚道路"党(the Latvia's Way)也面临重大决策:如何对待财政部长(他在危机中提出辞呈而不是努力解决问题)、总理(他向大众开了空头支票,承诺银行将重新运营),以及同样出自该党的内务部长(他反对对 BB 银行两位前任领导实施监禁)。同时,"拉脱维亚道路"党作为议会中的大党,不得不为即将到来的选举作准备。财政部长 Piebalgs 被派驻爱沙尼亚担任大使,另外两位官员仍然活跃在国内政治舞台上。

在中央银行行长选举投票时,Saiema 各派系一致同意 Repse 连任中央银行行长。一旦 Saiema 承认 Repse 必须为所发生的事件负责,政府就不得不解散,因为在 Saiema 递交给政府第一份有关报告后,政府并未采取任何行动来避免危机的发展。

由法庭任命的 BB 银行清算者采取了一项出人意料的行动:向斯德哥尔摩法庭递交诉讼请求,追究国际审计公司 Cooper & Lybrand 的责任。清算者认为,Cooper & Lybrand 在 1993 年所做的 BB 的财务报表过于草率,这导致了相当可观的损失。他以造成 1.65 亿美元损失为由,对 Cooper & Lybrand 公司提起诉讼。该案至今尚未有结果。

专题分析

1. 危机的预警与缓解

在危机初现端倪之时,尚有很多可以排除或减轻危机对拉脱维亚社会经济影响的机会。而之所以未能把握这些机会,主要是由于缺乏有效的危机预警机制,未能及时发现危机征兆。

第一次解决危机的机会出现在 1994 年末,当时流传在金融界和经济专家中的关于 BB 银行可能存在财务问题的传闻未能引起主要决策者的关注。BB 银行可能存在财务问题的第一个迹象是 BB 银行推迟公布 1994 年的审计报告。未能对这些微妙的迹象作出反应,作为中央监管机构的中央银行应当对此负责。而正是由于对银行缺乏足够的监控导致了 8 000 万拉特资产由 BB 银行悄然转入 InterTek 银行,需要强调的是从这笔交易中,BB 银行仅得到以俄罗斯政府长期债券形式支付的回报承诺。

政府原本具有第二次减缓危机的机会。事态发展过程显示,如果政府在 5 月 5 日收到中央银行行长的报告后及时采取应对措施,很可能能够防止危机进一步深化。总理已经承认当时政府未重视这份报告,因为尽管了解银行的某些情况,但政府必须为维持 BB 银行稳定负责。此外,5 月中央银行仍同意拨给 BB 银行 2 700 万拉特贷款,这一事实表明,无论是中央银行还是政府都未对 BB 银行的财务状况有清楚的认识。

在危机的开端,关于 BB 银行存在财务问题的非官方传闻事实上加深了危机。这些传闻使得普通大众中流言四起,并引起了 BB 银行存款人的恐慌，人们纷纷从 BB 银行中将钱取出。这种大规模的挤兑行动更加恶化了 BB 银行的财务状况。总理关于政府将对维持 BB 银行稳定负责的声明显示出政府不懂得如何应对这一长期性危机，政府这种无根据的承诺引起了进一步的混乱。

另一个加深危机的因素是在危机过程中对 BB 银行的监控不充分。尽管中央银行于 5 月 10 日禁止 BB 银行出售资产，但在这个月里仍然有大量资金源源不断地从 BB 银行流入海外公司。尽管有种种对于 BB 银行管理层诡计的猜疑，BB 银行的高层仍然被允许处置银行资产。这种情况实际上加深了危机。

而最严重的一个错误是在危机的开始阶段未让检察院介入调查。在危机初期，对 BB 银行高层管理者行为合法性的调查未被重视，而这种调查原本可以为各种问题提供客观答案。如果开展了这种调查，2700 万拉特的贷款或许就不会提供给 BB 银行。

第三个加深危机的重要因素是议会（Saeima）采取的拖延和混乱的行动。议会召开非常会议以解决危机，这本是件令人高兴的事情，因为他们拥有广泛的媒体，将有助于避免进一步的恐慌并恢复公众的信心。但是与重建公众信心、表明政府已经控制局面相反，部长及其代理们暴露了他们在危机前的无能。事实上，这次会议反而加速了危机的发展。

分析危机发展的时间序列，可以发现危机的前 20 天对于危机管理是至关重要的。由于政府、议会乃至中央银行缺乏专业经验，使得危机发展如此激烈。

此外，在 BB 银行被关闭后的 10 天也是危机管理非常重要的时间段。通过分析可以发现：时间未被有效利用。直到 5 月 24 日，政府仍然没有让检察院介入此次调查。这意味着在这 10 天时间里，BB 银行破产背后的真实原因还没有被发现。

当检察院开始介入调查，中央银行信贷机构监管部与检察院两个机构的合作终于开始了。在这一阶段，这两个政治界和金融界精英的合作起到了重要作用。

同样，政府关于重整 BB 银行的诺言以负面作用宣告结束，因为这些不负责任的声明加深了公众对政府和金融系统的不信任。政府原本有机会避免公众对金融稳定的不信任，如果财政部长和总理能在危机的开始阶段清楚地宣布犯罪行为已经导致 BB 银行的崩溃，罪犯将受到指控，而不是给出空头支票——政府声称将找到合适的管理者接管 BB 银行，尽力为存款人

第 5 章　国际借鉴——体系、机构及个案

的利益服务。

综上所述,拉脱维亚高层决策者在面对金融危机时采取了消极策略。即将到来的选举至少可以部分解释他们这种避重就轻的倾向。一个不能忽略的因素是缺乏经验:无论是危机的征兆,还是它可能的结果,在决策者的思想中都没有得到重视。

2. 决策单元

根据危机管理过程,可以发现三个决策单元。决策单元划分的主要依据是:它们对真实信息的获取、对危机发展过程的影响、所面临的政治性困扰以及对于即将到来的选举的依赖程度。

第一组决策者包括总理、中央银行行长。将这两人分为一组,是因为中央银行行长的重新任命依赖于政府。当然,只有中央银行行长有权利直接决定是否停止商业银行的运营,但他也必须考虑经济和社会后果。因此,Repse 并非真正独立的决策者,因为他不得不考虑将来的职位。有必要指出的是,Repse 作为领导党成员和政府官员,他的决策必然要考虑即将到来的选举。两方面都使他回避激进的举措。这组行动者事实上推延了决策过程。中央银行官员 Lejniece、Klauss 均回避了具体措施,导致了政府的迟疑。

第二组决策者是国际审计公司 Cooper & Lybrand 以及国外金融顾问。在解决拉脱维亚国内问题时,他们的建议被高度重视。由于政府对国际审计公司的信任(至少在危机开端),主要决策者在没有获得 Cooper & Lybrand 最终审计报告前避免做出任何决定。似乎政府相信只有在阅读了审计师们的建议之后才能发现 BB 银行问题的真实原因并找到迅速解决问题的最好方法。由于 Cooper & Lybrand 未能按时提供完全的审计报告,政府和中央银行决定推迟进一步的举措。

第三组决策者是 BB 银行高层管理人员。他们利用大众媒体和关于恢复银行的不切实际的承诺,成功地避免了对 BB 银行财务账簿的彻底检查。BB 银行高层管理人员作出的看似令人信服的承诺成功地阻止了政府和中央银行采取任何激进的行动。

在危机开始阶段,检察院和警察被排除在决策过程之外,这主要是因为政府相信这家拉脱维亚最大的商业银行没有非法行为。另一个因素,是拉脱维亚金融界与政治界的勾结。

3. 问题建构

在危机发展过程中，危机形势的确切界定经历了多次改变。第一次对形势的界定是在拉脱维亚中央银行行长提交给政府的关于 BB 银行状况的报告中："BB 银行内部的一些问题"。政府决定等待并观望事态的发展。相关人士并未意识到 BB 银行情况的严重性。事态由猜疑逐步发展为真正的危机。

首先，政府在接受中央银行行长的报告后逃避采取行动。但当这一消息传入新闻媒体，政府被迫对 BB 银行可能存在的问题作出解释。当时政府并未获得关于 BB 银行财务状况的具体信息，由总理和财政部长作出的解释没有说服力。他们定义这种形势为"短期的清算问题"。由于在此时界定危机的严重性级别是不可能的，媒体和公众无从得到精确信息而不得不自己得出结论。公众认定此次危机是严重的，并纷纷从 BB 银行取走自己的存款。危机的各种迹象清楚的表明，在这种情况下，缺乏信服力的保障 BB 银行存款的承诺毫无用处；与此同时，恐慌进一步恶化了 BB 银行的财务状况。由于缺乏足够的信息，主要参与者都无法明确事态的发展前景。审计师和中央银行拥有部分信息，但审计师尚未完成他们的最终报告，而中央银行拒绝采取任何行动。审计师们拒绝对形势作出评价，因为他们认为自己对危机发展不负有直接责任。而政府也不愿描述事态的严重程度，因为中央银行应当避免介入商业银行的内部事务。当然，BB 银行高层管理者对财务状况有更详尽的理解，但他们利用这种形势最大化自己的利益，而不是最小化隐约逼近的危机可能产生的影响。他们认为公众的恐慌是不理智的，并埋怨报纸和他们的政治对手诱导公众。

BB 银行事件一直未被界定为"危机"，直到中央银行行长向政府提交报告的 10 天以后。这段时间，相关决策者避免使用"危机"一词，他们将事态界定为"BB 银行内部的严重问题"。拉脱维亚议会在非常会议中将事态描述为可能对拉脱维亚经济产生深刻影响的"严重的银行和金融系统危机"，首先将事态界定为一场"危机"，但他们并没有寻求实际的解决之道。议会避免采取迅速行动的主要原因在于即将到来的选举。对前景的悲观描述是他们的利益所在——这对于他们的前期选举策略以及平民口号非常有利。

在危机发展最初的几周时间里，主要决策者一直把形势描述为 BB 银行的内部事件和短期问题，而避免采用任何其他的定义。此时这一策略是可能的，因为公众对 BB 银行持有积极的看法并将其视为有值得尊敬的机构（这主要是因为 BB 银行广泛参与慈善活动）。

对事态的进一步界定是在官方证实价值 8 300 万拉特的资产被转售给其他商业银行之后。在这一事件后的一个星期里，检察院介入对 BB 银行财务状况的调查。此前，检察院被排除在危机管理系统之外，这一情况证实了在主要决策者之间缺乏团结协作的沟通渠道。总检察长认定 BB 银行高层管理者的行为触犯了法律；与此同时，来自政府和中央银行的相关人士表示 BB 银行的财务问题已无法解决。这种状况影响了拉脱维亚银行系统的形象，并且将对拉脱维亚国际形象产生负面影响，从而可能丧失潜在的国外投资者。

很显然，接受不断恶化的危机规模和实质才是真正的努力。从对 BB 银行内部问题的评估，重要的决策者最终认识到此次危机不仅仅将影响单个银行，而且也将影响国际社会对拉脱维亚的信任，以及国外投资者对拉脱维亚市场的信心。由于各种原因，决策者之间的信息传递存在某种程度的惰性，这使得对问题认识的转变变得缓慢。

4. 组织间的协作与冲突

通过分析危机管理过程可以发现，机构间协作也被各种问题所困扰。例如，部长和总理未向议会解释事态的发展，中央银行也没有向检察院提供任何信息。理论上而言，在危机发生的前夕，有关决策者应当动员一切力量来避免危机的扩展；但在 BB 银行事件中情况恰恰相反。在组织间没有关于双方所采取行动的直接冲突，在他们之间有某种程度的漠不关心。议会中的反对党员是惟一尝试获得真相的参与者，但这个群体也避免使用激进的处事方式。考虑到即将来临的大选，没有人愿意采取主动。

需要强调的是，BB 银行是拉脱维亚经济系统中强有力的一分子，这种地位使得在没有获得足够证据之前，中央银行和检察院的激进行动受到遏制。

获取关于危机发生原因的真实信息是危机管理所必需的。在这个案例中，缺乏交流和沟通加剧了决策者在选择危机管理策略时的无能。没有基本的策略，解决问题是不可能的。策略的缺乏造成了各机构协作失败的事实。没有人成为政治声望和公众信任的真正赢家。分析当地报纸发表的文章，中央银行因其强有力的货币政策而受到赞扬；而另一方面，中央银行又因其在监管商业银行问题上"被动的"中立态度而受到指责。在媒体中，检察院被称赞为此次危机处理中最成功最勤勉的一方，因为它确实是第一个敢于正式指出 BB 银行高层领导人非法行为的机构。没有任何其他机构得到类似的称赞。

5．危机中的沟通与交流

在整个危机的发展过程中,不同的决策团体和决策者之间的交流与沟通仅仅依赖于大众媒体的帮助。记者们以前从未面临过这样巨大的金融危机,因此在危机中他们仅仅成为一种沟通渠道而不是独立的分析者。传媒也给予大众与国家领导精英交流的机会。这种交流模式表明公众的利益被政府部分地考虑到,而这种方式的沟通显得如此开放和易于接近也仅仅是因为即将到来的选举。

通过分析政府行为以及总理的公众声明,可以发现某种进展。在危机的开始阶段,官员们承诺"政府将对事态发展负责"、"政府将保障存款人的利益";而随着事态的发展,政府转向沟通策略。为了表明政府与一般存款者休戚相关,许多官员声明他们不打算把存款从银行中取出。通过采用这种政治形式上的团结,官员们相信仍有可能避免危机的深化,但事实上他们并未获得充分的相关信息。政府不是努力对当前形势作出清楚解释,而是意图玩弄所谓的"团结"手腕。在用尽了这两个策略之后,政府才选择向大众表明它为解决危机所做的准备。在这一阶段,官员们仍然没有对他们的行为作出任何解释。他们仅仅选择一种专制的交流模式:不必解释形势和后果,而只要使公众确信他们具有解决问题的能力。

整体而言,沟通渠道缺乏有效性和专业性。信息以片断的形式传递,并且不能确保其正确性和真实性。这种交流方式无法在各决策参与者之间开展对话以寻求问题的解决之道。

后记

1995 年的 BB 银行破产案,是诱发拉脱维亚金融危机的直接原因。这次危机不仅深刻影响了该国经济的发展,而且对拉脱维亚与欧洲市场体系一体化的进程产生了重大影响。拉脱维亚给外界以国内市场不成熟、银行系统不稳定的印象,这影响了投资者的信心,并可能威胁拉脱维亚与欧洲的一体化进程。值得注意的是,官员们在努力调整金融危机的政治后果(国内和国际的)时采用的策略是恰当的,它排除了拉脱维亚对俄罗斯和其他国家的经济依赖。这种改善并不是因为政府看似建设性的政治举措,而是得益于 1995 年秋季政府和议会选举的结果。在几个月内,政治精英们从所谓的政治责任中解脱出来,尽管新政府的结构变化不大,但却得以从前一届政府的错误中脱离出来。从对外政策和国际声望来看(而不是从国家经济优先原则），这样的转变有利于拉脱维亚。

评价危机过程中相关官员的行为，他们无力阻止危机扩展的主要原因是缺乏信息和相应的行动。由于缺乏协作，相关官员希望从世界银行和欧洲重建与发展银行这样的国际组织获得咨询意见。然而在危机发展时期拉脱维亚并未获得这些曾经被承诺过的帮助，这也正是对拉脱维亚独立处理危机能力的一次严峻考验。必须承认，尽管采取了独立自主的决策，但这种独立仍是形式上的，因为面临选举的政治官员们首先依赖于他们的政党支持者。

分析危机处理过程，可以发现拉脱维亚的金融危机管理系统尚待完善。当然，拉脱维亚银行信贷机构监管部在这方面已经获得了根本性的进展。调查中不仅暴露了 BB 银行管理者的罪行，也引发了对国家相关立法不完善的讨论，例如缺乏处置非法财产的法律（不久，拉脱维亚制定了相关法律条文）此外，拉脱维亚还加入相应的国际协定并建立了监督机制，包括对可疑金融行为的控制和对非法攫取财产行为的预防。

直到 BB 银行非法行为被发现，有关信贷机构的法律才被制定并通过，该法律加大了拉脱维亚中央银行对商业银行监管的权力和责任范围。在 BB 银行宣布破产三年后，该法律条文被修改，更明确地界定了银行接收者在清算不明损失过程中的权力和责任。关于信贷机构欺诈、破产或任何违反信贷机构经营规则的犯罪条例被补充进相关法律。

整体评价法律机构在金融犯罪调查中和中央银行在监督商业银行中所获得的经验，可以发现在这一领域的显著进步。信息的交流机制实现了优化，并建立了一个特别专家事务所，以关注一切可能涉及洗黑钱的可疑事件。考虑到金融领域特别法律的真正转变（中央银行行长和法官被赋予更大的独立性），将来的危机可能在其萌芽阶段就能被预防，并有希望避免类似的事件发展为全国性的金融和经济危机。与 1995 年相比，宪法维护办公室（the Constitutional Defense Office）在过去的几年里，在对金融系统可能产生威胁的内外事务中发挥了越来越重要的作用。

通过分析信息交换机制和同级行政机构——中央银行和检察院之间的协作，可以发现在此领域没有显著进展。在拉脱维亚，行政上的磨合可能比创建一个危机管理系统并明确每个政府职能部门在特定领域的具体职责更为重要。能否克服银行危机，目前更为根本的问题是政治党派对有势力的金融团体的经济依赖。因为这样必然使得政府在处理金融危机时缺乏魄力，并将对国内的稳定和经济安全产生负面影响。

纵观复杂的危机形势，可以发现，这正是对于建立在拉脱维亚独立金融系统之上的官方协同作战、传递信息和评估危机确切规模能力的一次严峻考验。官员们未能同时成功履行这些职能,否则危机在开始阶段就不会扩展。同样,并非所有的决策都是经过深思熟虑的并与国家利益一致的。这种情况一方面突出了国家政策缺乏连贯性,另一方面凸现了决策个体的犹豫不决。尽管如此,在危机过后,相关法律得到适当修正,这对改善危机恢复系统作出了贡献。仍有待回答的问题是拉脱维亚全国范围内的危机恢复系统的有效性。

这样的形势表明危机管理不仅依赖于自身的逻辑判断能力,而且依赖于政治精英平衡自我利益和国家利益的能力。更进一步,危机评估的任何尝试都应当利用合法渠道以支持国家的利益,而不应该建立在个人关系(尤其是政治领域的个人关系)之上。

第6章

中国实践
——体系、机构及个案

在本书前面的章节里,我们从理论上探讨了现代危机管理体系构建的一些基本原则、相关的措施、方法以及国际经验。现实的观察分析表明:转型期的中国已经进入了一个危机频发的阶段,因此,建立现代危机管理体系刻不容缓。到目前为止,我们国家对于现代危机管理体系的建构处于摸索中,与之相对应的是,我们的观察和论述也只能从我国的具体实践着手,希望能从相关的体系建设、地方实践和个案研究中探讨我国现代危机管理体系构建的一般原则。为此,我们选择前几年发生的特大自然灾害——1998年特大洪灾为例,介绍此次水灾发生后我国政府的应急反应和灾害救助情况;并选取了中国第一套城市应急联动系统——南宁市城市应急联动系统,通过调研,了解其相关的组织结构、运作机制、所取得的成效以及建设、运行中碰到的种种困境,希望能为我国现代危机管理体系的建设和运行提供有益的借鉴。最后,我们还结合广西南丹特大透水事件的实例分析,一方面对本书的理论应用提供初步的示范,另一方面,也揭示出现代危机管理体系的构建是一项长期性的复杂的系统工程,它和整个社会的治理结构、政治经济体制建设的协调发展密切相关。

6.1 体系剖析：1998 年洪灾管理

1998 年我国气候异常，长江、松花江、珠江、闽江等主要江河发生了大洪水。长江洪水仅次于 1954 年，为 20 世纪全流域型第二位大洪水；松花江洪水为全流域在该世纪中第一位大洪水；珠江流域的西江洪水为该世纪第二位大洪水；闽江洪水为该世纪最大洪水。在党和政府的正确领导下，广大军民发扬"万众一心、众志成城，不怕困难、顽强拼搏，坚韧不拔、敢于胜利"的伟大抗洪精神，依靠新中国成立以来建设的防洪工程体系和改革开放以来形成的物质基础，抵御了洪水的袭击，保住了长江、松花江等大江大河大堤，保住了重要城市和主要交通干线，保住了人民群众的生命财产安全，最大限度地减轻了洪涝灾害造成的损失，取得了抗洪抢险救灾的全面胜利。洪水刚退，国家立即又就灾后重建、整治江湖和兴修水利作出了一系列重大部署。

本节正是通过对 1998 年水灾中国政府的应急反应和灾害救助情况的详细描述，剖析我国在防范和应对由自然灾害造成的危机时的组织机制、运作流程、实际成效，以及可能存在的各种问题，进而希望能在个案介绍的基础上，对我国现代危机管理体系的构建提供一个参考性的框架。[①]

1998 年洪灾描述

1998 年夏天，由于气候异常，中国大部分地区降雨明显偏多，部分地区出现持续强降雨，雨量成倍增加，致使长江流域发生继 1954 年以来又一次全流域性的大洪水，松花江、嫩江流域发生超历史记录的特大洪水，造成全国 1.8 亿人（次）受灾，因灾死亡 4 150 人，灾区 1 839.3 万群众受到洪水严重威胁；倒塌房屋 685 万间，损坏房屋 1 329.9 万间；农作物受灾 2 229.2 万公顷，成灾 1 378.5 万公顷，绝收 529.5 万公顷；水灾造成的直接经济损失 2 550.9 亿元。全国 29 个省（自治区、直辖市）程度不同受灾，其中江西、湖南、湖北等 11 个省（自治区、直辖市）受灾严重。

[①] 本节对于 1998 年水灾中国政府的应急反应和灾害救助内容的介绍，主要节选自：王振耀. 1998 年水灾中国政府的应急反应和灾害救助. 中国减灾. 1999,9(3)；中华人民共和国水利部. 中国 1998 年大洪水. 北京：中国水利水电出版社,1999

水灾管理体制及备灾

危机应对中的高效协调、运作有序,首先来自于法制化的手段规定灾害应急相关部门的职责、权限及相互间的协同关系;同时,危机管理中,预警监控系统的作用也极其重要。1998年我国特大水灾就是在该年2月份,相关部门商讨灾害预测问题,从而有效减少了灾害所带来的各种损失。

1. 运作机制

1998年特大水灾的灾害管理体制是中央政府直接指挥,统一部署,地方各级政府分级管理,各部门分工负责,军队积极参与,以地方为主,中央为辅。各职能部门之间的协同关系如图所示(图6-1)。

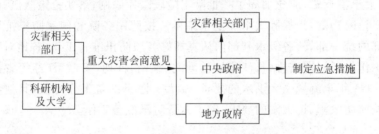

图 6-1 我国备灾运作机制示意图

资料来源:王振耀.1998年水灾中国政府的应急反应和灾害救助.中国减灾.1999,9(3)

2. 1998年水灾的灾前应急反应

1998年2月份,中国国际减灾十年委员会办公室组织中国科学院、中国气象局、水利科学院、国家地震局及中国地球物理学会天灾预测专业委员会的部分专家,商讨1998年汛期的重大灾害预测问题。会商认为,1998年夏季长江中下游可能发生较大水灾。

根据专家会商意见,中央和地方政府做出了以下安排:

- 组织修订大江大河洪水调度方案;
- 落实各项防洪预案;
- 完善灾害预警系统;
- 制订灾民紧急转移安置预案;
- 启动"全国救灾通讯网络";

- 组织抢险队伍；
- 加高加固堤防；
- 储备防汛抢险物资；
- 储备救灾物资，包括救灾专用帐篷、食品、药品和救生器材等；
- 强化培训一线灾害管理人员。

在1998年特大水灾发生之前，重大灾害会商意见得以充分表达，因此各方面的工作准备充分，部署全面。汛前，国家防汛抗旱总指挥部根据气象部门的预报提早作出了长江可能发生全流域型大洪水的判断；较往年提早一个月召开国家防汛抗旱总指挥部第一次会议，对防汛抗洪的各项准备工作，作出全面部署，提出明确要求；检查了大江大河特别是长江的防汛准备工作，督促落实各项措施；公布大江大河行政首长防汛责任制名单，加强社会舆论监督；组织修订印发了大江大河洪水调度方案，落实了各项防洪预案；加大汛前投资，应急加固了一批险工险段险库险闸；落实抢险队伍，储备了防汛抢险物资，为战胜洪水奠定了基础。按照国务院和国家防汛抗旱总指挥部的统一部署，各级水利部门认真抓好各项防汛准备工作，各地对防汛准备工作做了周密安排；长江流域的湖北、湖南、江西、安徽、江苏等省按照防御1954年全流域型大洪水的要求，加大了防汛准备工作力度，其他各省区也按照防大汛、抗大洪的要求，做了大量防汛准备工作。

应急反应

1998年特大水灾发生之后，马上就进入危机管理的第二阶段，即"危机事中"管理阶段。"事中管理"阶段要求危机应对各职能部门迅速采取各项应急措施，快速救助民众的生命和财产安全，有效地防范危机的深化和灾害的蔓延，以最大限度地减少多方面的损失。

1. 应急反应措施

（1）紧急转移灾民
- 发出灾害预警后，县政府通过广播、电视等多种手段不间断地向受洪水威胁的群众传达转移通知，包括转移方式、路线和安置地点等；
- 乡、村级基层组织和地方民政部门到转移区做耐心细致的解释、说明工作，组织广大灾民有组织、有秩序地撤离；
- 成立抢险救援队、水上医疗队、灾民安置队、巡逻治安队、水上清障队等紧急救助队伍，营救被洪水围困在土丘、屋顶、树上和落入水中的遇险群众。据统计,1998年紧急转移安置受洪水威胁的群众1 839.3万,最大限度地减少了人员伤亡。1998年因水灾死亡4 150人,这一数字略高于常年水平,远远小于1931年的14.5万人和1954年的3万多人,也小于1991年的7 300人。

(2) 实地评估

各级政府组建的灾害评估小组,迅速赶赴灾区,对灾情和灾区的需求做出全面评估。

(3) 灾民安置

采取多种方式,妥善安置紧急转移出来的灾民。

- 动员灾民投亲靠友;
- 由政府组织协调,在附近没有受灾的地区分散安置;
- 借用公房;
- 在大堤上搭建简易棚、救灾专用帐篷。

(4) 解决灾民的吃、穿困难

- 吃的方面:区别不同情况,做出分类安排:对安置在大坝上的灾民主要供应方便食品,如面包、馒头、方便面、饼干、饮用水、净水设备、净水药品、组织灾民打临时水井等;对分散安置的灾民每天每人发放2~3元,由原户主提供食宿;对于投亲靠友的采取一次性补助旅费和旅途中的饭费等。
- 穿的方面:主要靠发动社会捐赠解决。民政部组织北京、天津等13个省(市)紧急募集衣被,对口支援水灾重灾省(区、市)。在短短20天时间内,募集、调运各类衣物1亿多件。在天气转寒前,全部发放到灾民手中。

(5) 解决治病问题

- 派出大批医疗防疫队,巡回医疗,救治伤员;
- 在灾民集中安置区设置固定医疗点,发放防病治病药品;
- 组织灾民清洁居住环境,控制疾病发生;
- 利用广播、电视、报纸、宣传品等多种方式开展防病治病宣传,提高灾民防病治病意识;
- 组织跨省对口支援;
- 建立疫病监测报告制度。

(6) 组织发动救灾捐赠

随着灾情不断加重,灾区群众的生活困难也日益加剧,引起了全国各族人民、香港特别行政区各界人士、澳门同胞、台湾同胞和海外侨胞极大关心,纷纷要求捐款捐物,支援灾区,捐赠热情空前高涨。在这种情况下,中央政府决定发动救灾捐赠活动。8月23日,国务院责成民政部统一组织全国救灾捐赠工作,民政部迅即成立救灾捐赠领导小组,一场声势浩大的救灾捐赠活动在全国展开。

- 民政部、中华慈善总会、中国红十字会总会先后公布救灾捐赠账号;
- 中央及各级民政部门组建专门班子,24小时接收、管理、发放捐赠款物;
- 民政部与铁路、交通、民航、海关等部门密切合作,使救灾捐赠接收、入关、组织发运手续24小时内完成;
- 举办赈灾义演活动,掀起捐赠高潮:民政部、文化部联合举办"携手筑长城"大型赈灾义演,中华慈善总会、中国红十字会总会、中央电视台联合举办"万众一心"大型赈灾义演晚会;
- 通过联合国副秘书长向联合国系统通报中国灾情、呼吁国际援助。

2. 应急反应特点

1998年的抗洪斗争,是在国家的直接领导下进行的。中央明确提出了确保长江大堤安全、确保重要城市安全、确保人民生命安全的抗洪目标,作出了大规模调动人民解放军投入抗洪抢险,军民协同作战的重大决策。大体说来,1998年我国政府防汛抗洪所采取的各种措施具有如下几个特点:

(1) 统一指挥,正确决策

在整个抗洪抢险过程中,国家时刻关注汛情的发展,高度重视灾区群众的生命财产安全,直接领导抗洪斗争。8月7日,在长江抗洪的紧要关头,中央政治局常委召开会议,作出了《关于长江抗洪抢险工作的决定》,对抗洪工作进行了全面部署。党和国家主要领导人亲赴第一线指挥抗洪抢险救灾。为贯彻落实中央的决定,8月11日国家防汛抗旱总指挥部在湖北荆州召开特别会议,针对长江防汛极为严峻的形势,采取严防死守长江大堤的8条具体措施,要求各地加大巡堤查险力度,突击加高加固长江大堤,做好抢大险尤其是溃口性险情的准备,及时排除险情,及时补充抢险料物,合理部署和使用抗洪抢险力量,做好防洪科学调度。

(2) 军民联防,全力抢险

1998年大洪水,使长江、松花江相当一部分堤防超设计水位挡水,不断出现各类险情。在抗洪关键时刻,国家及时作出了大规模调动人民解放军投入抗洪抢险的重大决策。军队承担了急难险重的抗险任务,在防守洪湖江堤、抢堵九江决口、保卫大庆油田和哈尔滨市等一系列重大抗洪战役中,发挥了关键作用。据统计,1998年汛期,解放军、武警部队投入长江、松花江流域抗洪抢险的总兵力达36.24万人,有110多位将军、5 000多名师团干部参加了抗洪抢险,动用车辆56.67万台次,舟艇3.23万艘次,飞机和直升机2 241架次;全国参加抗洪抢险的干部群众在8月下旬达到高峰,共800多万人,其中长江流域670万人,东北地区110万人。

(3) 齐心协力,全民抗洪

全社会各行业、各部门坚持急事急办、特事特办,全力支援灾区做好抗洪救灾工作。国务院动用总理预备费,增拨抗洪抢险资金数十亿元。国家计委、经贸委、财政部、民政部及时下拨资金、物资;铁道部门安排抗洪救灾军用专列;民航系统安排抗洪抢险救灾飞行;交通部及时决定在长江中游江段实施封航;通信部门保证了防汛抗洪的通信畅通;电力部门保障了抗洪抢险的电力供应;公安部门大力加强灾区的社会治安工作;新闻宣传部门及时、全面地报道汛情和抗洪抢险情况;国家防汛抗旱总指挥部从全国各地紧急调拨了大量抢险物资。全国各族人民、香港特别行政区各界人士、澳门同胞、台湾同胞、海外侨胞,以及友好国家、国际机构、外国企业以及国外友好人士纷纷捐款捐物,支援抗洪救灾。

(4) 科学调度,科学抢险

在抗御1998年长江大洪水过程中,各级水利部门实时掌握并认真分析研究事态发展状况,及时提出指挥调度意见;气象部门及时作出天气预报,为指挥调度提供依据。水利、气象等方面的专家和工程技术人员对雨情、江河水情、大堤险情和防守情况进行科学分析和判断,及时提出建议和意见。国家防汛抗旱总指挥部和水利部先后派出30多个工作组和专家组,奔赴抗洪第一线进行指导。据统计,长江流域的抗洪抢险人员中共有各级工程技术人员5万多人。

(5) 依法防洪,严格执法

依法防洪在1998年抗洪斗争中发挥了很大作用。在1998年汛情紧急时刻,江西、湖南、湖北、江苏、安徽等省,依照《中华人民共和国防洪法》的规定,相继宣布进入紧急防汛期。黑龙江省宣布哈尔滨、齐齐哈尔、大庆等沿江市县进入紧急防汛期。各级防汛指挥部依法征用物料、交通工具等防汛抢险急需物资,清除江河行洪障碍,严肃惩处失职的防汛责任人。

(6) 及时做好救灾和卫生防疫工作,保障灾区人民生活

各级民政和卫生部门全力以赴做好工作,受灾群众得到了妥善安置,吃、穿、住、医等基本生活条件得到了保障,灾区群众的过冬生活也得到了妥善安排。卫生防疫工作取得了很大成绩,大灾之后没有出现大疫。受灾地

区传染病疫情总体呈平稳趋势,重点传染病得到有效控制。法定报告的26种甲、乙类传染病累计发病低于前5年的水平;病毒性肝炎、流行性出血热、乙型脑炎和疟疾发病数低于1997年;与灾害相关的皮炎、红眼病、肠炎等疾病得到了及时治疗。

灾后救助

大灾之后,百废待兴。中央政府根据全面规划、统筹兼顾、标本兼治、综合治理的原则,确定了"封山植树,退耕还林;平垸行洪,退田还湖;以工代赈,移民建镇;加固堤防,疏浚河湖"的灾后重建方针。在做好灾后重建长远规划的同时,也对灾民生活做出了妥善安排。

1. 帮助灾民抢建过冬住房

(1) 制定统一规划民政、建设、土地等部门按照因地制宜,经济实用,布局合理的原则,制定统一规划和重建方案,建设灾民新村。既改变了乡村面貌,也少占用了耕地。

(2) 提高房屋防灾抗灾水平,在选址上避开行蓄洪区及其他山地灾害威胁的地区;在条件允许情况下,尽量建设钢筋混凝土、砖木结构房屋,不重复建设土房。

(3) 多渠道筹措建房资金,通过政府救济、社会互助、邻里帮工帮料、以工代赈、自行借贷、政策优惠等多种途径解决。政府救济对象主要是受灾的特困户。

(4) 制定优惠政策

- 组织轻灾区和有关部门对口支援重灾区,从资金、技术、物资等方面对灾民建房给予支持;
- 简化手续,减免税费;
- 平抑物价;
- 协调有关部门,保障重建物资生产、运输,及时到位。

2. 解决灾民的吃粮问题

区别不同情况,采用不同方式解决灾民的吃粮问题:

(1) 对有自救能力,暂时无钱买粮的实行借粮;

(2) 对有经济来源,暂时无钱买粮的实行借销;

(3) 对钱粮双缺户可以在本省范围内组织非灾区干部群众捐粮,发动

群众互助互济;

(4) 对既无粮、又无钱的特困户必须给予政府救济。

据统计,在1998年抗洪救灾期间,中央政府下拨抗灾救灾资金83.3亿元及大批抗灾救灾物资,其中用于灾民生活救助的资金达41.1亿元。地方各级政府投入灾民生活安排资金27.9亿元,加上72.59亿元的救灾捐赠,总共用于灾民吃、穿、住、医的款物达141.5亿元。这些款物为帮助灾区群众度过难关奠定了坚实的物资基础。

通过各方面的共同努力,我们妥善转移安置了受洪水威胁的群众,保证了灾民的吃、穿、住、医等基本生活权益,灾区的恢复重建取得很大成绩,保证了灾区的社会稳定和经济发展,战胜了历史罕见的特大洪涝灾害,创造了救灾史上的奇迹。

灾后重建

1998年大洪水过后,国家对灾后重建、江湖治理和兴修水利工作极为重视。1998年10月,中国共产党十五届三中全会作出《中共中央关于农业和农村工作若干重大问题的决定》,要求进一步加强水利建设,坚持全面规划、统筹兼顾、标本兼治、综合治理,实行兴利除害结合、开源节流并重、防汛抗旱并举的方针。随后,国家下发了《关于灾后重建、整治江湖、兴修水利的若干意见》,对灾后水利建设作了全面部署。

灾后总结

关于防汛抗洪工作的具体经验,国家防汛抗旱总指挥部、水利部以及国家其他相关职能部门也作了认真总结。总体而言,透过1998年的抗洪救灾工作,我们可以得出以下几条经验:

1. 中央政府较好的协调机制

- 建立预警预报系统,科学预报;
- 掌握雨情、汛情、水情信息;
- 各部门信息共享;
- 制定抗洪抢险、应急反应和灾害救助决策;
- 调动军队;
- 协调各部门落实救灾资金和物资;

- 协调民间组织和社会团体投入救灾；
- 协调各技术专业向灾区提供技术支持,强化地方政策救灾责任；
- 明确灾害救助以地方为主,中央为辅；
- 建立首长负责制；
- 组织灾民紧急转移；
- 安置灾民；
- 协调各部门落实援助；
- 科学调度本区域人力、物力、财力；
- 组织灾民开展生产自救；
- 制定灾后重建规划。

2. 组织全民参与救灾

- 组织灾民参与抗洪抢险队伍；
- 调动军队参与救灾；
- 所有政府职能部门支持抗洪救灾；
- 社会团体、民间组织参与救灾；
- 志愿者参与救灾；
- 组织救灾捐赠。

从以上对1998年特大水灾中国政府的应急反应和灾害救助情况的详细描述,我们可以发现危机管理中以法制化的方式完善危机管理的组织机制、危机应对运作流程的必要性的重要意义。特别可喜的是,面对我国转型期危机频发的现状,目前,从中央到地方的我国各级政府,都意识到了构建现代化危机管理体系的重大现实意义。需要再次强调的是,现代危机管理的构建是一个系统性的工程,需要从组织机构的设置、运作机制的建设、危机意识的培养,乃至我国整个公共治理结构的改革等各个方面加以完善和改进,这将是一个漫长而艰难的过程。

6.2 机构介绍：南宁市城市应急联动中心

我国社会的快速发展,要求对治安、消防、抗洪、救险等众多突发事件紧急应对,这是一个复杂而庞大的工程,它需要政府的多个职能部门通过统一的通信与指挥平台,进行有效的分工与协同作战。

2001年11月11日,标志着我国城市管理进一步走向信息化的中国第一套城市应急联动系统在广西南宁投入试运行。为了系统地考察我国城市应急联动系统的建设现状,2002年7月27日至31日,课题组赴南宁市城市应急联动中心调研,与联动中心以及南宁市应急联动相关部门的负责同志进行了座谈,掌握了大量的第一手资料,以下是此次调研的总结。①

项目背景

城市应急服务联合行动,即采用统一的紧急服务号码,用于公众报告紧急事件或是寻求紧急求助。城市应急联动工程需要建立一个统一的城市应急指挥调度中心,包括集成的信息网络和通讯系统,以统一的接警中心和处警平台,将治安、消防、急救、交通等联动部门统一在一套完整的智能化信息处理与通讯方案之中。在社会应急联动系统建成后,市民的任何报警、急救、求助只需简单拨打同一个号码,在城市应急指挥调度中心实现统一接警后,通过集成的计算机辅助调度系统,根据实际情况调度相应的警力。

1. 美国911城市应急指挥调度中心介绍

在许多国家,社会应急联动系统已经成为城市公共事业建设的标准配置。1937年,英国首先使用3位数字的电话号码作为报警特服号码。1967年,美国联邦政府通过法案,启动911作为警察、消防、急救的统一服务号码。

美国911城市应急指挥调度中心实际承担着危机协调指挥中心的职能。一旦危机事件发生,各级政府紧急事务行动开始工作,行政长官动员并部署本区域的工作人员、技术设备及其他资源到灾区以支持地方政府的具体应对就是通过911应急指挥系统实现的。指挥中心的核心就是综合各种城市应急服务资源,统一报警、统一指挥、快速反应、资源共享、联合行动,为市民提供相应的紧急救援服务,为城市的公共安全提供强有力的保障。

美国911城市应急指挥调度中心机构设置和运作机制的主要有如下几个特点。

第一,常设的指挥机构。

美国911城市应急指挥调度系统已经列入国家机构系列,属于政府不可或缺的重要职能部门,由政府投资建设、管理和指挥使用,政府通过该系统向社会提供公共安全服务。同时,美国911应急指挥调度中心保证每周

---

① 彭宗超牵头负责南宁市案例的调研活动,并与钟开斌一起完成调研报告。此次调研活动得到了南宁市人民政府、南宁市城市应急联动中心、南宁市公安局以及南宁市其他应急联动单位的大力支持,特此感谢。

7天每天24小时,全天候地接收市民的求救呼叫,并根据实际的危机事件类型快速调度警车、消防车或救护车赶赴现场,或是将电话及相关信息及时转接到适当的公共机构。

第二,法制化的部门联动。

部门间的协同运作保证了911求助和报警电话能被迅速接听和处理,并调度最恰当的响应机构(警察、消防部门或紧急医疗服务)对紧急情况做出快速反应。快速反应缩短响应时间,大大降低心脏病死亡率、意外伤害事故和其他紧急医疗事故的死亡率。同时,它还使并不十分充足的紧急服务资源能更好地为公众服务,节约人力、财力,提高应急系统的维护水平等。

第三,统一的报警电话。

美国国会通过有关立法,规定使用911作为国家报警和求助特服电话号码。[①] 统一的报警号码不仅方便了市民求助,也使救援行动更迅速、更准确。美国有关部门的研究表明,在实施了911应急系统的地区,85%以上的市民都知道正确的号码,而那些警察、消防和急救都使用不同电话号码的地区,却只有36%～47%的市民了解在各种紧急情况发生时应拨打的号码。对于一个911应急指挥中心,911呼叫的比例一般为:与警察有关的呼叫约占85%、与医疗急救有关的呼叫约占8%、与消防有关的呼叫约占7%。

第四,有力的技术支持。

911应急指挥调度中心提供一个可靠的、高效率的把各种通信和信息网络联为一体的指挥系统,处理所有的求救电话,并根据实际情况,快速、准确地统一调度相应的警力,处理各种紧急和突发的情况。911应急指挥调度中心注重和高新技术企业的合作,采纳它们的最新技术。强有力的技术支持不仅能根据报警事件的类型自动提供资源调度的建议,快速、准确地调度相应单位联合采取救助行动,而且能自动识别报警人的电话号码及所在位置。因此,即使报警行为无法正常完成,911城市应急指挥调度中心也可以及时进行回呼、跟踪并采取有效的救援,这一点对于老幼病残等特殊人群的报警求助具有特别的意义。

2. 我国城市应急联动系统建设

目前,我国的城市应急管理工程已经引起了各级城市管理者的高度重视。例如,交通事故紧急抢救联动机制已经在全国范围内陆续建立。各大

---

① 与美国类似,英国使用号码为999,用以报告紧急情况的发生;在比利时,每个电话号局都设有一个紧急电话应答中心;瑞典为900,由一个SOS报警中心负责接收所有居民的报警和求助电话。

城市也相继建设起城市应急管理体系,并取得了显著成效,较有代表性的有:

(1) 深圳紧急事务管理体系①

深圳市高度重视、逐步完善了紧急事务管理体系建设的基础工作。一是成立了深圳市处置紧急事件委员会,明确办公室设在深圳市委、市政府总值班室。二是市政府于1998年9月正式颁布实施《深圳市处置突发时间工作预案》,为理顺各应急指挥机构之间的关系,统一、高效地处置紧急事件打下了基础。三是按照市政府的要求,对应急指挥建设中心进行了充分的调查研究,在反复论证的基础上提出总体方案。深圳市还对14个受理报警和求助的单位进行了为期半年的考察调研,并制定了指挥中心总体技术方案和可行性建议书。四是完成了市中心总体技术方案设计,投资项目计划已报市计划局审核批准。五是对拟建的应急指挥中心办公场所的设置布局进行了研究,确定在新建的市民中心设立应急指挥办公场所。

深圳市建立紧急事务管理体系,对各项资源进行了优化配置、合理组合、集中管理、充分利用,取得了投资少、见效快、成效大的整体效能。大体说来,深圳市建立紧急事务管理体系的建设,主要有以下几个特点:

第一,重视投入,加强硬件建设。全市各相关单位都投入了大量资金,建立了自己相对独立的应急指挥中心。深圳市还储备了大量先进的技术设备和技术手段,如通信、信息处理及传输技术等。

第二,健全组织机构,加强队伍建设。深圳市已经建立了较为完整的紧急事务管理体系,"深圳市处置紧急事件委员会"为深圳市处置紧急事件的最高层面;同时,各相关单位都设有专门机构和人员从事对该应急指挥中心的管理,如日常接警、处理、上报、统计和指挥中心的技术维护、培训等。

第三,加强制度建设,力求规范运作。深圳市从市政府到各职能部门,都建立了自己的管理制度。各部门根据《深圳市处置紧急事件工作总预案》都编制了各自的分预案。

(2) 广州110社会联动系统

广州市投入1.8亿元建设110联动信息系统,在2002年10月初步投入使用,110集火警、医疗急救、交通事故报警等社会求助于一体,快速调动,方便市民生活。该系统建成之后,覆盖了广州市行政区,彻底改变目前

---

① 本节对深圳市紧急事务管理体系的建设的介绍,资料主要来源:李桦.建立紧急事务管理体系的探索与实践."社会变革中突发事件应急管理"专家研讨会讨论稿,北京:2001-11-26。此外,感谢深圳市政府对本课题研究所提供的大力支持。

多个特服电话号码、多个社会应急服务中心并存的离散状况,节约社会资源,提高政府工作效率,使广州市的社会联动水平在本世纪前10年保持国际先进水平。

(3) 上海城市综合减灾体系

2002年4月1日起,上海市正式试行《上海市灾害事故应急处置总体预案》,通过减灾组织、减灾信息和减灾资源的整合,完善灾害应急指挥、保障和防范三个体系,建立城市灾害事故综合管理模式,实现对全市"测、报、防、抗、救、援"等减灾资源的统一组织和指挥,达到统一规划、科学配置、重点建设和合理调用的目的。新成立的上海减灾领导小组,由上海市政府及民防、公安、消防、信息等各职能部门组成。作为上海减灾领域的非常设领导机构,领导小组下设办公室、减灾专家委员会和救灾应急指挥中心。原有的抗震救灾、核化救援、防汛、防火、道路交通等5个市级抗灾救灾工作设领导机构,归并成为领导小组下的灾种协调管理机构。

在实现灾害信息资源共享方面,今年上海将建立基于GIS的覆盖全市的综合减灾信息平台、应急处置预案数据库和800兆无线集群网络应急联动系统,同时通过制定一系列规章措施,建立减灾信息的管理维护机制。

(4) 乌鲁木齐"110"和"120"社会联动

2001年9月,为提高应急情况下的快速反应能力和协同作战能力,乌鲁木齐"110"和"120"也实现社会联动,"120"通讯体系加入"110"通讯系统,指挥中心根据事态的发展及轻重缓急,合理地同步指挥调度"110"和"120"资源,使乌鲁木齐市处理重大灾害事故及突发事件的能力增强。

(5) 武汉城市应急管理联动

2002年,武汉城市应急管理实现初步联动。110联动服务电话涵盖了市民生活众多方面,包括了治安、供电、供水、供气、有线电视、电信、水务、城管、民政、公交、工商、医疗救助等。

3. 南宁市社会应急联动系统工程的发展历程

1998年,国家部署社会服务联合行动工作,希望能通过各部门的联合行动,最终建立起一套社会化的公共救助体系,改进我国匪警110、火警119、急救120、交警122等报警救助系统各成体系的状况。1999年4月,在朱镕基总理对美国进行国事访问期间,应邀访问摩托罗拉公司总部和芝加哥911中心,认为911应急联动系统是一个城市现代化的标志,这种运用高科技管理城市的办法值得中国借鉴。

南宁市全市现辖五个城区和邕宁、武鸣两个县,面积10 029平方公里,建成区面积116平方公里,人口295万人,市区人口137万人,突发事件应急任务比较重。因此,为了更好地服务市民,提高运用数字化、信息化综合管理城市和处理特殊、突发、应急、重大事件的快速反应能力,南宁市政府启动中国首套社会应急联动中心系统项目。

南宁市社会应急联动系统工程的发展历程如下:[①] 1999年10月,南宁市就城市应急联动系统的建设与摩托罗拉公司进行交流,并于2000年11月正式签约;2000年10月,国家计委对南宁市城市应急联动系统立项进行批复;广西壮族自治区计委、南宁市计委分别将城市应急联动项目列为2000、2001年自治区和南宁市重点建设项目。经过前期大量的可行性研究和筹备工作,2001年11月,南宁市城市应急联动系统试运行。

南宁市城市应急联动系统投入试运行后,经过修正和完善,各联动部门陆续切入,中心的应急联动工作逐步步入制度化和规范化的轨道。2002年6月,公安部向全国公安系统正式推广南宁市社会应急联动中心的社会应急联动工作。

- 2001年11月,联合国开发计划署(UNDP)与南宁市政府签署协议对社会应急联动系统实施智力援助;
- 2001年11月11日系统投入试运行,12345市长公开电话正式投入使用;
- 2002年3月18日,成功实现120医疗急救系统的切入;
- 3月21日,成功地实现122道路交通事故报警系统的切入;
- 4月1日,南宁市人民政府发布《南宁市社会应急联动系统试行规定》,5月1日起执行,成为我国第一个多部门、多警种应急联动法规;
- 4月6日,成功地实现119火警系统的切入;
- 4月20日,成功地实现公安110系统的切入。

运作机制

南宁市城市应急联动系统利用集成的数字化、网络化技术,将110报警服务台、119火警、122交通事故报警台及12345市长公开电话,纳入统一指

[①] 需要说明的是,我国社会应急联动系统建设的目标是建立"社会服务联动系统"和开展"社会服务联合行动",强调应急联动的服务范围是"整个社会",但目前限于我国实情,应急联动服务的范围一般只能辐射到"城市"这一级,这一点可以从"南宁市城市应急联动中心"这一名称看出。因此,本书对于"城市应急联动"和"社会应急联动"不作具体的区分。

挥高度系统,实现了跨部门、跨警区以及不同警种之间的统一指挥协调,使统一应急、联合行动成为现实。市民只要拨打110、119、120或122任何一个号码就能得到所需的救助服务,使报警和统一处警更加准确、快捷、高效,为统一特服号码做好了准备。

1. 联动单位

目前,南宁市城市应急联动系统的一期工程联动单位包括南宁市公安局110警务大队、120急救医疗中心、武警南宁市消防支队(负责火警119)、南宁市公安局交警支队以及负责市长公开电话的市信访局等,各单位的具体情况如下:

① 南宁市公安局

1991年设立南宁市公安局指挥中心,最初隶属于市公安局办公室,1996年11月由办公室分出,单独设立南宁市公安局指挥中心、110报警服务台、110警务大队。同年12月1日开通运行。110报警服务台开通后,承诺"有警必接、有警必处、有求必助、有难必帮、有险必救"。

1996年12月1日南宁市公安局成立巡警支队110警务大队,其主要任务是:适应新形势下维护社会治安稳定,快速有力的打击各类违法犯罪和对社会治安实施动态管理,进一步实现公安机关全心全意为人民服务的宗旨。其主要职责是:接受南宁市公安局110报警服务台下达的指令,每天24小时值班备勤,随时出警,处置各种报警求助,对接报的案件、事件、事故和求助进行前期处理。

② 120急救医疗中心

南宁市急救医疗中心成立于1986年9月,1998年8月经市政府同意并入南宁市第二人民医院,现设有江南、北湖两个急救站。

中心现在经过严格训练考核合格的专职人员42人,救护车6辆,配备有心电图机、呼吸机、半自动除颤器等先进的抢救设备。有先进"120"院前急救通信指挥调度系统,该系统具有来电显示、电子地图、语音提示、数字录音系统等功能。可同时受理三个呼救电话。

急救中心的主要任务是:负责全市的院前急救以及在首府举行各种大型活动的医疗保健。中心自成以来,急救业务量逐年增加,由开始的每月200余人次上升至现在的每月500多人次。

③ 武警南宁市消防支队

武警南宁市消防支队设有司令部、政治处、后勤处、防火监督处四大部门,特勤大队1个,大队2个,8个消防科,7个消防中队,机关16个科室。

④ 交警队伍

南宁市公安局交警支队于 1997 年 7 月 24 日正式挂牌成立南宁市公安局公路巡逻民警支队,实行两块牌一支队的新体制。支队下属 24 个正科级单位,11 个机关性质的科、所、校,13 个一线基层单位。协助管理 3 个正科机构,即交警支队机场大队、邕宁县交警大队、武鸣县交警大队。主管 1 个社会团体,即南宁市机动车驾驶员联合会。支队现在编民警 617 人,市辖县大队在编民警 114 人。

⑤ 市长热线

市长热线的受理范围包括:①对政府工作及其工作人员的批评、意见和建议;对该市改革开放、经济建设、市政建设、城市管理、农村工作等方面的意见和建议;对政府各部门工作职责、办事程序和政策规定的咨询、意见和建议;对直接影响群众生活的有关问题及突发事件的处理意见和建议;对社会生活中发生的属于需要政府方面解决的有关意见和建议等。

2. 运行体制

中共南宁市城市应急联动中心党委直属市委领导,联动中心在市政府的直接领导下,负责南宁市社会应急联动系统的运行、指挥、协调工作。正如我们阐述的那样,目前市委、市政府信访局、市公安局指挥中心、市公安消防支队、市公安局交警支队、市卫生局急救中心等单位派驻的领导、干警在市社会应急联动中心大厅实行 24 小时工作制,统一接警、统一处警,分别处理市民涉及市长公开电话 12345、匪警 110、火警 119、交警 122、急救 120 等的报警救助电话,这些联动单位之间整体的运作和协调机制如图 6-2 所示。

中共南宁市委、市政府按正处级事业单位设置社会应急联动中心机构。定员 169 人,其中:占编制的 83 人,包括管理干部、技术和专业人员以及部分接警员;110、120、119、122 等部门派驻部分接警员、出警员 86 人,不占编制,由联动中心和原建制单位双重管理。目前,联动中心正副主任 4 人,主任及负责行政、技术、市场的副主任占联动中心编制,负责警务的副主任由市公安局派出。

作为市政府直接领导下负责社会联动系统的整体协调和运转的组织机

---

① 详情可参考:中共南宁市委办公室、南宁市人民政府办公室《关于设置市长公开电话受理办公室有关事宜的通知》,南办发【2001】98 号,2001-11-01

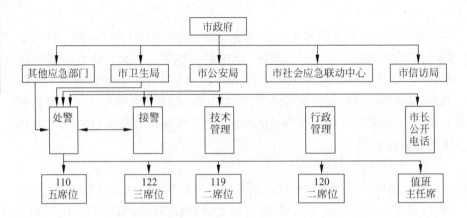

图 6-2　南宁市社会应急联动运行体制示意图
资料来源：南宁市城市应急联动中心，2002

构，南宁市城市应急联动中心的职能与职责主要包括如下几个方面：①

- 为市委、市政府领导提供高效指挥公安、消防、医疗急救及其他公共事业管理单位和具有应急、救助职能的单位协同处理特殊、突发、应急和重大事件的高科技手段和通讯保障；
- 中心在联动处警时，具有直接处置权、越级指挥权、联合行动指挥权、临时指定管辖权；
- 组织与社会应急联动系统有关的部门定期对本部门相应的软件、硬件进行维护，定期、无偿为社会应急联动系统的各种数据库、地理信息系统提供或更新数据；
- 利用社会应急联动系统先进的技术平台，向社会提供非紧急救助的其他服务。

3. 系统结构

南宁市城市应急联动系统的建成标志着中国城市在应急管理水平和信息化建设上的新突破。项目总投资约 1.7 亿元，由摩托罗拉（中国）电子有限公司提供技术总集成，中国国际工程咨询公司组织技术论证，国防科技大学提供技术支持，由南宁市社会应急联动中心组织国内有关单位开发研制

---

① 关于南宁市城市应急联动中心的职能与职责更为详细的内容，参见本章附录一：《南宁市社会应急联动规定（试行）》，南宁市人民政府，2002-04-18

系统软件。

目前，南宁市城市应急联动系统建设一座指挥中心大楼，建筑面积8 693平方米；内设接警中心、处警中心、市长公开电话受理办公室、首长指挥中心、计算机网络中心、通信中心、信息与通信实验室、设备机房等；在南宁市辖区的东、西、南、北、中各建一个800兆无线集群基站，配备一个800兆无线集群可移动基站，无限指挥信号可覆盖市辖区的全部联动目标；市公安、交通路口监控、消防、急救、公共事业的信息通过光缆接入中心大楼；开发了一套地理信息系统，可覆盖市辖区10 029平方公里，包含市辖区内公安、交警、消防、急救、防洪、护林防火、防震、人民防空、公共事业等不同部门统一指挥调度所需的信息；南宁市80多万门电话的三字段信息和应急资源可显示在该系统的电子地图上，实现所有的救助、投诉、报警电话在电子地图上准确定位和显示。

南宁市城市应急联动系统采用先进的信息技术，对各种分离的信息与通信资源进行完整的系统集成。同时，技术创新又催生出所需要的体制创新：联动中心塑造了与新技术相适应的行为主体，打破了条块分割的传统机制，建立了新型的运行模式。中心整体的系统结构如图6-3所示。

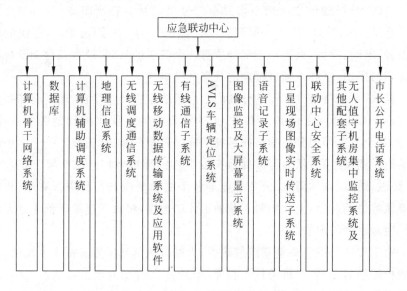

图6-3 南宁市社会应急联动系统结构图
资料来源：南宁市城市应急联动中心，2002

第6章 中国实践——体系、机构及个案

从上述系统结构图可以详细地看出，在技术系统方面，南宁城市应急联动系统由计算机骨干网络、数据库、计算机辅助调度系统、地理信息系统、无线调度通信系统、无线移动数据传输系统及应用软件、有线通信子系统、AVLS车辆定位系统、图像监控及大屏幕显示系统、语音记录子系统、卫星现场图像实时传送子系统、联动中心安全系统、无人值守机房集中监控系统、其他相关配套等14个子系统组成。摩托罗拉在对上述系统进行高度集成的基础上建立了统一的信息接收和处理平台。这个平台的建立推动了新运营模式和相关运行规则的形成，打破了原有多个应急指挥中心条块分割、各自为政的传统机制，以集中投资、统一管理的方式，实现了信息资源和通信手段的共享（参见图6-4）。

摩托罗拉公司承担建设的南宁市社会应急联动系统由有线通信子系统、无线集群调度通信子系统、移动数据传输子系统、有线调度子系统、无线调度子系统、计算机辅助调度子系统、地理信息子系统、卫星通信子系统、计算机骨干信息网络及数据库子系统、车载移动通信子系统、图像监控子系统等部分组成。系统建成后，将实现特服号码、信息系统以及管理系统三个主要方面的集成。

首先，系统的建立将南宁市原有的分离的社会特别服务号码，如火警119、匪警110、急救120、交通清障122等，统一为一个固定号码，市民的任何报警、求助、投诉，只需要记忆和拨打一个简单的号码，就可以得到政府相应部门的援助，提高了紧急援助的效率和准确性。

其次，系统将各个部门的分离的信息系统也进行了集成，使所有相关部门实现了真正意义上的信息共享，为达到资源的最优化配置创造了条件。此外，各个紧急部门分离的指挥系统同样得到全面集成，形成了一个全市统一的指挥调度中心，从而可以针对突发事件的类型，对公安、交警、消防、急救、防洪、防震、森林防火、公共事业等各个联动单位和警种进行有序、快速和高效的协调调度，大大加强了救助工作的力度，最大限度地降低了国家和人民生命财产的损失。

南宁市城市应急联动系统的建成，为城市应急救助服务提供了高效、统一的指挥平台；为公安机关打击犯罪、维护社会治安提供了新的有力手段；为政府提高处置各种突发事件的能力和服务市民的水平提供了高技术保障；为城市信息化建设打下了良好的基础。

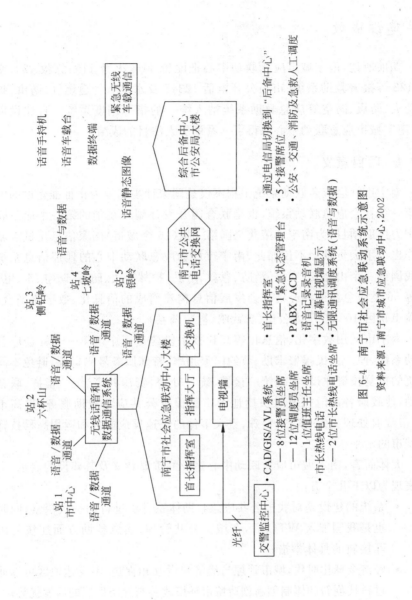

图 6-4 南宁市社会应急联动系统示意图

资料来源：南宁市城市应急联动中心，2002

第6章 中国实践——体系、机构及个案

建设成效

如前所述,南宁城市应急联动中心把匪警 110、火警 119、急救 120、交警 122 等报警救助系统、市长公开电话 12345 及水、电、管道燃气、防洪、护林防火、防震、防空等应急救助系统纳入统一的指挥调度系统。自建设以来,南宁城市应急联动中心取得了一系列引人注目的成绩。

1. 项目意义

南宁市社会应急联动系统工程不仅是国家计委迄今为止批准建设的中国第一套社会应急联动系统,也是联合国开发计划署在华的第一个应急联动智力援助项目,为南宁市荣获全国第一批(16 个城市)国家信息化试点城市作出了重大贡献。不仅如此,南宁市社会应急联动中心的地理信息系统是我国第一个由公安、交警、消防、急救、防洪、护林防火、防震、防空、水、电、气等 56 类应急救助和经济社会发展信息构建而成的信息化、数字化平台,覆盖市辖区 10 029 平方公里(含武鸣、邕宁两县)。

南宁市运用数字化、信息化等高科技手段建造了中国第一套社会应急联动系统,便于市民报警求助、节约国家频率、特殊服务号码资源,避免不同系统的重复投资建设,实现统一接警、统一处警、资源共享、统一指挥、联合行动,使政府各部门能及时快捷地为市民提供公共应急救助服务,提高市委、市政府处理突发、紧急、特殊、重大事件的快速反应能力和运用高科技管理城市的水平。

大体而言,南宁城市应急联动中心建设的重要意义及其建设的启示,主要表现为以下几个方面:

- 系统的建设是对我国公共应急救助体系进步进行的一次探索,同时也是我国加入 WTO 后,在城市公共管理、紧急救助方面加快与国际接轨的具体举措;
- 经济全球化时代,城市管理与经济建设互相促进,不发达地区可以通过科技创新和体制创新创造城市环境改善与经济发展的后发优势;
- 系统的建设,整合了包括公安、消防、急救、电信在内多部门多方面的资源,避免进一步的重复建设,为国家节约号码、频率等多种资源;
- 系统的建设,促进政府职能优化,保障市民的各类求助或报警能直接获得高效、便捷的救助服务,有效减少了以往公安 110 所承担的大量职责和权限之外的社会救助工作;

- 系统的建设是南宁城市数字化、信息化建设的主要组成部分,使每一个市民都能够切实感受到信息化给生活带来的实实在在的好处,成为塑造政府形象的民心工程;
- 系统的建设,使城市产生跨越式的发展,使各承担公共应急救助部门特别是公安装备水平上了一个新的档次,城市管理水平和基础设施水平上了新的台阶,同时也为下一步扩展其他城市管理、服务功能打下了良好的基础;
- 系统的建设,通过技术的创新,促进了体制的创新,塑造了与新技术相适应的行为主体,催生了新型的运行模式和运行规则。

2. 现实成效

南宁市在建设城市应急联动系统前后,各警种接警量情况发生了巨大的变化(参见表6-1)。目前,南宁城市应急联动中心平均每天接听报警求助电话约4 500个。自2002年4月20日至6月26日,应急联动系统已累计报警求助电话约25万个,处理市民的各类有效报警求助事件4万多件。

表6-1 南宁市城市应急联动系统建设前后各警种接警量的情况

报警台	原110	原122	原119	原120	应急联动中心
接警量(次/日)	600	80	20	100	平均2 700 峰值4 500

资料来源:南宁市城市应急联动中心,2002

虽然跟发达国家的大城市相比,南宁市城市应急联动中心的各项资源都极其有限,接警台数、处警台数都相距甚远(参见表6-2),但是,自南宁市城市应急联动中心建设以来,其成绩是有目共睹的,联动系统的建设最大限度地打击了各种犯罪活动,减少了国家和人民生命财产的损失。

表6-2 人口、接警量与联动中心席位数的关系

城 市	人口(万)	紧急呼叫数量(次/日)	接警台数	处警台数
美国芝加哥	290	13 000	45	44
美国旧金山	80	4 300	34	35
广西南宁	295	2 700	8	12

资料来源:美国芝加哥的数据由北京市公安局提供;美国旧金山的数据来自于南宁市城市应急联动中心考察材料;广西南宁的数据由南宁市城市应急联动中心提供。

南宁市社会应急联动系统的运行对国内外产生了深远的影响。从2001年11月至2002年5月底,党和国家领导人、中央及国务院有关部委办局、全国各省市党政军领导及美国、越南等国外代表团到应急联动中心考察、指导的人数达3 200多人次。

3. 二期工程设想

由于南宁市社会应急联动系统从2001年11月11日投入试运行、12345市长公开电话正式投入使用,到今年4月20日成功地实现120医疗急救系统、122道路交通事故报警系统、119火警系统以及公安110系统的切入为止,整个系统建设和运行的时间不长,处于探索之中。作为社会应急联动系统的一期工程,目前中心只实现了四个警种和市长公开电话的联合,很多社会公共应急服务项目有待进一步切入联动系统。

为此,南宁市社会应急联动系统目前正在设想和策划社会应急联动的二期工程,主要设计如下两个方面的内容:

(1) 公共事业应急救助体系

目前,南宁市社会应急联动系统的联动职能部门包括公安、消防、医疗急救,但是,政府部门还有很多其他公共事业管理单位和具有应急、救助职能的单位,政府也可能面临在上述联动单位职能范围之外的各种突发事件、特殊事件和重大灾难事件。比如,出现供水、供电、供气等公共设施出现险情或重大故障;发生重大环境污染事件;发生有毒气体泄漏和爆炸品、化学药品及其他危险物品丢失等可能导致严重后果的事件,以及其他需要应急联动系统紧急救助的危及社会公共安全的事件。

基于以上考虑,南宁市社会应急联动系统设想的二期工程,首先就把公共事业应急救助系统的建设作为下一步工作建设的重点。这些公共事业应急救助系统的内容包括:

- 防汛应急指挥决策支持系统;
- 水、电、气等公共事业的应急救助系统;
- 防震、防空、森林防火等应急救助系统;
- 已启动的防汛应急指挥决策支持系统、管道燃气应急救助系统的建设。

(2) 部分有偿服务项目

考虑到美国不仅有城市应急联动的911指挥调动系统,还有应对各种非紧急事件的311服务系统;同时,考虑到城市应急联动中心日后的财政来源目前还没有法制化的固定,而城市应急联动中心目前又要为大批的人员需要负担各种费用，因此，南宁市社会应急联动系统目前也在考虑在这个先进的平台上，拓展一些有偿服务的业务为市民服务。

目前，南宁市社会应急联动系统设想的部分有偿服务项目包括：
- 社会车辆和特种车辆GPS监控与报警服务；
- 重要场所、金融网点、水电气等设施的监控与服务；
- 商业、旅游、医疗、保险、社区服务等领域的新业务、新应用，如住宅小区重点单位等安全防卫监控系统及火灾自动报警监控系统；
- 个人服务、非紧急事件呼叫中心。

问题及对策

虽然南宁市社会应急联动系统建设以来取得各种各样的成绩，但是，作为我国第一套社会应急联动系统，为我国社会服务联合行动的"试验田"，它是一个新生事物；该系统建设、运行的时间不长，一切都还处于探索和积累的过程，需要在实践中不断加以完善和改进。因此，毫无疑问的，该系统在建设和运行过程中肯定会碰到各种各样的困难和问题，需要我们采取相应的对策，从观念、组织、体制、法律等各个方面完善系统建设，为我国的社会应急联动系统的建设和发展提供积极的思路。

1. 机构地位

南宁市城市应急联动中心塑造了与新技术相适应的行为主体，打破了条块分割的传统机制，建立了新型的运行模式。科技的创新，催生了体制上的创新，因此，必须建立相关的运行规则，从法律上对社会应急联动中心的机构设置、职能地位、权力责任、经费来源等方面给予明确的规范。只有完善和提供了强有力的制度保障，得到强有力的法律支持，才能有效地发挥它们统一指挥、联合行动的作用。

目前，由于上级政府部门没有纵向设置相应的权威性的组织机构（国家应急中心），也没有传统的法律惯例可供参考，因此南宁市城市应急联动中心的法律地位相对模糊：《南宁市社会应急联动规定（试行）》规定"南宁市社会应急联动中心在市政府的直接领导下负责南宁市社会应急联动系统的运作、指挥、协调工作"；南宁市委、市政府其他的文件规定是"直属于市政府的县处级机构"，应急联动中心的主要领导由市委任命，但未明确是事业单位还是行政单位；而别的一些说法则是"南宁市委、市政府按正处级事业单位设置社会应急联动中心机构"。① 机构设置上法律地位的模糊性导致应急联动中心开展社会服务联合行动时欠缺集中的权力和高度的权威,阻碍、延缓了在危机情境下政府快速应对、高效处置危机事件的能力。

不仅如此,作为政府领导下的由各有关职能部门共同参与的机构,城市应急联动中心和与之联动的各单位之间的组织机构关系也没有法律上的明确规定,究竟应急联动中心应当在政府部门的授权下依托于某一应急部门,还是超越于各部门之上独立设置? 比如,一些地方的公安部门就提出"公安机关的工作性质、特点和队伍、准备情况决定了其必然要在社会应急联动中心工作中发挥主力军作用"。对于这些亟待理清的关系,《南宁市社会应急联动规定(试行)》规定:"公安、消防、医疗急救及其他公共事业管理单位和具有应急、救助职能的单位为社会应急联动单位,负责紧急事件的处理(以下简称'处警')工作","有关联动单位接到社会应急联动中心的处警指令后,应立即进行处置。各联动单位应当按照各自职责对外公布处警承诺","各联动单位按照各自的行业规范进行现场处置。多个联动单位联合行动时,应服从社会应急联动中心和指定的现场负责人的统一指挥",但总体上这些规定具有相当程度的模型性,缺乏具体操作上的可行性,很难确保各联动部门不会受本部门、本单位利益的影响,在出现一些重大性的危机时做到配合融洽、协同一致、高效应对,而且随着应急联动中心二期项目的拓展,更多应急联动单位的加入,这一问题会愈发明显和突出。

同样,在人员状况方面,应急联动中心定员 169 人中,除了占编的 83 人,剩下的 110、120、119、122 以及市长公开电话 12345 等部门派驻部分接警员、出警员 86 人不占编制,由联动中心和原建制单位双重管理。这些人员一般都是工作在联动中心,而组织关系、人事关系、工资福利等都还是在原建制单位,多头管理不可避免地给管理工作带来不少的麻烦。

2. 机构职能

社会应急联动中心建成和运行后,针对随时可能出现的各种危机情境,它究竟应当承担什么样的职能和职责? 在本书从时间序列分析、阐述危机管理的六个阶段——避免危机、危机预警及准备、识别危机、隔离危机、管理危机、危机后处理——的相关框架中,社会应急联动中心的职能和职责究竟侧重于哪一个阶段? 或是危机管理六个阶段的功能都具备?

---

① 南宁市社会应急联动系统汇报提纲。"公安部城市应急联动中心建设座谈会"材料。北京:2002-06-14

南宁城市应急联动中心的联合救助行动以"统一接警、统一处警、资源共享、统一指挥、联合行动"为核心，实现了跨部门、跨警区以及不同警种之间的统一指挥协调，使同一应急、联合行动成为可能。因此，应急联动中心目前的主要职能主要体现在危机已经发生的情境下的接警和处警工作，对应于我们从宏观角度所区分的危机管理三阶段（事前管理、事中管理、事后管理）的第二个阶段——"危机事中管理"，而对于危机管理其他时段的工作则较少涉及。《南宁市社会应急联动规定（试行）》就对中心在联动处警时具有的直接处置权、越级指挥权、联合行动指挥权、临时指挥管辖权等做了详细的规定。

当然，为做到危机事中管理的快速、准确，应急联动中心也强调建立和完善应急工作预案的重要性。《南宁市社会应急联动规定（试行）》规定："社会应急联动中心接到报警求助后，按照工作预案及实际情况及时向有关联动单位发出处警指令"（第十条）、"与社会应急联动系统有关的各单位应定期对本部门相应的软件、硬件进行维护，定期、无偿为社会应急联动系统的各种数据库、地理信息系统提供或更新数据"（第十三条）、"各联动单位应建立和完善应急工作预案，确定机构、人员、装备，制定工作规范，确保能够有效应对突发事件"（第十四条）——这些规定虽然多少涉及到了有关危机管理前期的预案准备、资源储备等内容，但它跟我们前面所系统分析的危机管理事前、事后阶段的各项工作还是有很大差距。

随着二期工程的拓展，更多的公共事业应急救助部门加入联动系统，社会应急联动中心除了具备快速反应机制外，也应当做好危机事前管理中的预警系统和危机事后管理的处理善后并从危机中受益等职能的建设。设想中的这些职能大致包括如下内容：

- 危机决策机制：建立具有会商决策功能的综合体系和常设性的危机管理的综合协调部门（超事业部制），制定长期的反危机战略和应急计划；建设危机事件案例库，培育危机管理专家和"智囊团"，形成不同危机中专家与决策者的分工和相互间良性互动关系。
- 危机预警机制：完善危机监测系统或信息监测处理系统，设立特定的机构和部门对辖区内的危机情境作实时判断、提前预报、细部会商、逐月排序、分类比较、提供预案。
- 公共沟通机制：加大信息披露机制建设，加强新闻舆论监督，利用网络技术等手段，扩大公民参与危机管理；建立一个高效的危机管理信息中心，定时向公众发布各种具有高度的可信度和权威性的信息；通过学校教育、职员培训等方法开展危机管理素质教育，让民众了解各种灾难发生的科学过程,掌握一定的自我保护的方法。
- 情景训练机制:开展在公务人员中的危机应对情景训练;以多重反馈的形式,应用虚拟现实技术将警源、警兆、警情实行超前模拟和多重方案演示,对于重大事件和热点地区提供有针对性的危机处理对策。
- 善后处理机制:对于发生的危机事件,设立第三方性质的独立调查制度,公正甄别事件诱因,举一反三,吸取教训,最大限度地杜绝和减少灾难、事故的发生。

3. 运行环境

我们曾经提到:在危机事件的管理中必须弱化人为行政干预,强化法律原则。因此,社会应急联动系统这种新体制的建设和运行,必须需要有与之相适应的法律、法规作为依据和保障。这些法律、法规不仅对于社会应急联动中心的地位、职能、权限、资金来源、人员、设施配备以及各种奖惩条例等等都需要明确的规定,以便使应急联动中心开展的各项工作都有法可依,增强组织运行中的权威性、合法性、合程序性。

2002年5月1日,南宁市人民政府发布实施了《南宁市社会应急联动规定(试行)》,这是我国第一个多部门、多警种应急联动的法规,对于南宁市社会应急联动工作的职能、权限、运作流程等各个方面有了粗略的规定,但总体上,此部法规各项条文的规定略显粗糙,可操作性较差。当然,更为重要的是,《南宁市社会应急联动规定(试行)》只是一部地方性法规,还没有赋予其强制性的法律地位,国家在这方面也没有相应的法律、政策法规可供遵循。比如,为了确保公安机关110工作的健康发展,公安部在完善《公安机关110报警服务台工作规范》的基础上,组成人员成立"110法"(暂定名)调研起草小组,就110立法问题开展调研,为制定"110法"做前期准备工作,在正式的国家法律出台之前,权威的缺失导致现存法规在实际运作其效果受到严重影响。

因此,在社会应急联动建设过程中,一方面,在《南宁市社会应急联动规定(试行)》的基础上,必须制定操作性更强的实施细则;另一方面,更为重要的是,国家也应当进行全国性立法工作,统一完善有关社会应急联动方面的政策法规,尽快确立一些适用于全国的基本原则,如全国统一哪一个特殊服务号码、应急中心的职能定位、经费来源等,以利于地方政府在进行社会应急联动建设时有法可依、有章可循。当然,在不违背基本原则的前提下,地方政府可以因地制宜,根据各自的城市大小、人口多少、经济状况来建设符合实际工作需要的应急中心。

除了刚才提到的法律环境外，社会应急联动系统运行环境的另一个方面是社会环境：如何提高民众的素质、增强他们对社会应急联动工作的支持、理解与参与？比如目前，南宁市城市应急联动系统骚扰、试播、误拨等无效报警电话较多，解决这些问题的出路一方面在于加大公众教育及宣传工作的力度，另一方面，更为重要的是要制定相关法律，通过法制化的规定，确立对这些行为的惩戒范围、方式、力度等。

4. 经费来源

社会应急联动的建设、运行需要大量的经费，同时，稳定的经费来源又是其良好运行、健康发展的一个重要前提。社会应急联动中心所需的经费可以分为两个部分，一是建设经费，一是运行保障经费。两种经费的来源应当有所不同。建设经费一般应由财政拨款。运行经费大致说来，可以有三个来源：一是财政拨款；二是对部分社会救助服务项目合理收取一定费用，如由电话基本月租费中划拨；三是其他渠道，包括社会赞助以及保险公司支付因救援工作减少损失的部分款项等。

《南宁市社会应急联动规定（试行）》也规定了社会应急联动中心运行经费的三个来源：一是市财政拨款；二是社会团体、个人赞助；三是部分收费性服务项目等其他渠道。目前，由于处于运行的前期阶段，南宁市城市应急联动中心的经费都由市财政负担，但随着二期工程的启动，更多的紧急救助服务项目的创设，需要更多的运行经费，而这些仅仅依靠财政拨款是很难长久维持的，因此，应急联动中心应当根据运行经费的三个来源及发达国家的先进经验，由相关的法律法规对其运行所需的各种资金的来源加以规定（参见表6-3）。

表6-3 应急联动中心运行经费来源对比

应急中心	美国应急中心	南宁应急中心	《规定（试行）》
经费来源	政府拨款 911税（随电话费征收） 债券	市财政拨款 争取一定的收费	市财政拨款 社会团体/个人赞助 其他渠道

需要说明的是，随着我国社会服务联合行动工作的开展，会有越来越多的城市建立应急联动中心，它们在建设和运行过程中在经费来源方面都会碰到类似的问题。因此，国家必须对应急联动中心的经费来源用法律法规加以明确规定，在当前情况下，有条件的地方可以通过地方立法对这些方面

加以规范,待条件成熟时,再进行全国性立法工作。

5. 统一号码

目前,西方发达国家如美国、英国等已经建立的社会应急联动系统,普遍采用了单一的应急特别服务号码(参见表6-4)。我国城市社会紧急服务的电话号码众多,包括市民较为熟悉的公安110、火警119、急救120、交警122,以及众多的水、电、气等公共事业的服务号码。以上海市为例,政府所公布的社会联动单位共计19个,其中:一线单位共计10个,分别为:公安局、民防办、城市交通管理局、司法局、水务局、工商局、民政局、卫生局、市政工程管理局、市区供电公司;二级单位共计9个,分别为:警备区、武警总队、房地局、绿化管理局、环保局、物价局、海事局、电话局、环卫局。这19个社会联动单位都有自己的特殊服务号码,除去日常市民比较熟悉的110、120、119等少数几个号码,其余的市民较难记忆甚或根本就不知晓。[①]

表6-4 发达国家应急特别服务号码一览

国　　家	美国	英国	日本	韩国	瑞典
特殊号码	911	999	110	110	900

紧急服务号码众多而庞杂,造成以下后果:其一,对社会资源的巨大浪费。国家信息产业部分配给各地区、各部门的无线通信频率是有限的,广西200对频率,仅南宁市公安局为110、122的特服救助就安装了3个基站,占用了24对,120急救系统在进入联动中心之前没有无线通信救助系统,仅靠几部电话应急,严重影响救助质量。其二,影响紧急救助的质量。市民在遭遇突发事件时往往无法正确选择所需求助的号码,调查表明,如果市民不知道拨打准确的号码,报警或求助的平均延误时间大于3.5分钟。其三,别的应急系统(主要为110)承担大量职责和权限之外的社会救助工作。在不知道拨打准确号码的情况下,市民往往都拨110,致使全国各地110台全部接警量中,非警务事项占到了40%～60%。

确立一个全国统一的社会应急联动特别服务电话号码,不仅能节约国家的号码资源,还能促进我国城市公共应急救助体系的进步,更好地为社会提供公共应急救助服务,并与世界接轨。因此,采用诸如999、995、998、111、191等简单、易记的三位数,代替我国现有的其他三位数应急号码,作

[①] 社会联动各单位网站、电话及主要职责。http://www.cnmaya.com/maya/police/shpolonline/02/01/item/2001_01/421506.shtml,2001-01-07

为全国统一的社会应急联动特别号码。①

目前,南宁市城市应急联动中心已经具备使用一个特殊服务号码的条件,市人民政府向有关部门申请,并愿意作为推广该统一特殊服务号码的试点城市,但未获批准。目前多种特殊服务号码并存的情况之所以很难统一,关键在于各部门、机构之间的利益协调,究竟是该从原来众多的社会紧急服务中选取其中的一个,还是另辟蹊径,采用新的简单易记的号码代替现有的应急号码?比如,很多地方的公安部门就认为:"目前多种特服号码并存的情况应从各地实际出发,逐步统一,'110'是这个号码的最佳选择。"因此,对于全国统一哪一个特殊服务号码,国家必须在具有紧急救助职能的各部门、机构相互协调的基础上,尽快确立全国适用的基本原则。

6.3　个案研究——南丹事件

案例回顾

2001年7月17日,广西南丹县龙泉矿冶总厂下属的拉甲坡矿和龙山矿发生了特大透水事故,造成了重大人员伤亡。南丹是世界上罕见的富矿区,这一次发生重大透水事故的就是一个锡矿。这起事故由于死亡人数的触目惊心和事故真相发散渠道不畅,而成为引起全社会关注的危机事件。

南丹,位于广西西北,总面积3 916平方公里。在未曾探明地下矿藏之前,因为土地贫瘠和地处偏远,多年来戴着"贫穷落后"的帽子,吃着国家的财政补贴。十多年前,这里陆续探明的地下矿藏资源丰富而罕见,其中仅锡储量就达144万吨,是全国最大的锡锑生产基地,被誉为"有色金属之乡"、"中国锡都"。然而就是在这片土地上,2001年发生了一起特大透水事件。

2001年7月17日3时40分,龙泉矿冶总厂所属的拉甲坡矿9号井标高-166米平巷的三号作业面发生特大透水事故。②拉甲坡矿明知作业区域存在透水隐患,继续冒险组织作业,两次实施爆破,使位于下方的恒源矿

---

① 2002年3月,出席九届全国人大五次会议的林国强等18位广西代表也提出确立一个全国统一的社会应急联动特别服务电话号码,取代目前使用的众多的社会应急特别服务号码的一项建议。
② 资料来源:南丹"7·17"事故原因查清. 劳动安全与健康,2001(12)

受淹老塘与上部的3号工作面之间的隔水岩体产生脆性破坏,积水在强大水压作用下,击穿隔水岩体,形成一个长径3米、短径1.2米的透水口,高压水大量涌入,先后使拉甲坡矿3个工作面、龙山矿2个工作面、田角锌矿1个工作面被淹,81人遇难。

这是一起由于矿业管理秩序混乱,长期非法开采,乱采滥挖,非法爆破而造成的特大责任事故。事情发生后,地方政府一些官员和矿主相互勾结,采取非法手段,隐瞒真相,封锁消息达10天,性质十分恶劣。

为什么出了事故不上报?在最初的调查中居然结论是此为传闻,在其后的10天似乎什么都没有发生,如果没有市民的举报和记者的冒死探访,许多的生命就无声无息地消失在人们的眼底。为什么有关的问题早就不容忽视,可某些部门和领导还是屡教不改,甚至其中勾结黑社会乱采乱伐的业主居然成为荣耀的全国劳动模范。在事件暴露之后,还采取各种方式去隐瞒死亡人数和阻碍对事故原因的调查。而且,最新的调查显示:出现重大事故的富源公司身后的老板居然是县政府。

随着南丹事件调查的深入,我们将会了解到更多事件的真相和具体的责任人。但是,南丹事件反映的深层次问题不是短期内能够解决的。为什么在国家三令五申要求加强生产安全的形势下,南丹地方以及矿区的责任人居然可以不予理睬?在国家安全生产监督管理局在2001年6月份检查得出"百孔千疮、百废待兴和百乱待治"的结论后,为什么没有人采取果断措施,停产整顿?为什么在事件发生后,南丹县的领导班子居然胆敢集体蒙骗上级领导?这些黑色的问号不能不让我们对我国目前发生的危机事件及其折射出的上下级政府关系重新进行审视。

时间序列分析

由于本案例中的管理行为的失范和有关详尽的事件发生记录无从获得,我们仅能根据新闻媒体的公开报道对其进行时间序列分析,为此我们选用较为粗线条的三分法:即危机前阶段、危机阶段和危机后阶段。危机前期就可以包括危机征兆、信号侦测、预防等过程;危机阶段就可以包括危机发生和发展以至危机正在得以解决的全部时段,损害控制、危机发作和恢复、持续期都可以归入此阶段;危机后阶段则包括了学习和危机痊愈期。

1. 危机前阶段

在此阶段,建立有效的危机预警机制从而防止危机的发生,是控制潜在危机花费最少、最简便的方法,显然也是最好的危机管理,但是危机预警经常被管理者长期疏忽,甚至完全忽略。

南丹事件绝非偶然事故。正像国家安全生产监督管理局副局长王德学所说的那样:这地方不出事故是不正常的,出事故是必然的,早晚要出大事故。据调查,南丹丰富的矿产尚在国家逐步勘探、布局和保护性开发中,但无数闻风而动的冒险家和地方权势已经先下手为强,肆无忌惮狂轰滥炸,你争我抢。在105号矿体简易图上,有7条颜色分明的线从不同地方指向这里。这是7个分属6家民营企业的矿井。6家企业7条矿井竞相争夺105矿体资源,下到深处有层层分枝层层转包,形成纵横交错的开挖网络,好几家公司的工作面互相贯通,已经挖到105矿体,并且开挖深度全部达到海拔120米以下,其中拉甲坡矿已经挖到地下180米,而相邻的龙山矿井实际应该是拉甲坡矿的通风井。不仅如此,105号矿体由于胡乱开采,矿体内窟窟相连,水系相通,形成了一个网状的地下水库,在没有地下含水层的情况下,矿内积水达30多万立方米,怎么可能不出事故?透水事故每分每秒都有可能发生。[①]

这些情况有没有人知晓?实际上,不仅矿主对事故隐患早有所知,而且许多部门和单位也是心知肚明。早在2001年5月,就有技术人员多次向拉甲坡矿所属的龙泉矿冶总厂及其他相关部门反映和提醒这一隐患,但没有人重视。如此知而不防,当然也会偶尔瞒报作假,这成了该地的传统。据2001年8月7日《羊城晚报》的消息,早在2000年10月,该县的大厂镇一个矿就因塌方冒顶而死了200人,最后对外只报说是38人。

试想,如果南丹有关部门能及时重视危机隐患,建立有效的危机预警机制并积极采取措施,特大透水事件还会发生吗?很显然,南丹事件的发生与缺乏危机预警机制密切相关。问题是:为什么地方政府知而不防?如此疯狂和不顾一切的原因是经济利益。一张无形的大网,将个体矿主和当地政府的利益紧紧捆绑在一起。自1991年至1999年,南丹的矿冶生产以每年105%的速度迅速膨胀,全县70%的财政收入来源于矿业开采。如此的经济联系下,要让当地政府建立什么危机预警机制,当然只能成为空谈。

显然,基于技术层面的时间序列分析已经不能回答根本的问题:为什么安全生产隐患如此明显,却没有能强化为引起足够重视的危机征兆?为什么不能建立有效的危机预警机制?我们将在下文委托-代理模型分析中尝试回答。

---

① 胡香. 清算南丹. 新西部, 2001(11)

2. 危机阶段

此阶段包括危机发生和发展以至危机正在得以解决的全部时段,损害控制、危机发作和恢复、持续期也在其中。无疑,这一阶段是整个危机管理过程中最重要的环节,它关系到危机的减缓或者升级,关系到危机管理的整个过程。这个阶段危机管理的实质是从危机的升级逐步发展到危机的降温的过程,最终危机得以减缓,也就是进入力图解决危机的阶段。

南丹特大透水事故发生后,当几十名矿工在黑暗的矿道深处挣扎时,矿场管理者没有组织及时的救助,而是迅速开展了一场黑暗的金钱交易。矿主黎东明拿出了大把钱"消灾",一是拿钱堵住死者家属的口,数额在2万到10万元之间,本地人给得多,外地人给得少。究其原因,是本地人在地方上容易闹事。二是上下摆平,出动了其私人拥有的两三百名有枪支武装的"护矿队",对现场进行了严密封锁,并对有关知情人进行了威胁利诱,严防矿难的消息外泄。这些消灾办法,有时可能把一个震惊世人的特大矿难消弭于无形——世人不知,也就等于没有发生。当地人说,这是此地的一些矿主长年积累出来的一整套"事故经验"。

在出事的一周后,南丹发生特大矿难的消息才慢慢传出。地方官员(包括南丹县和河池地区)竟然对此事表现出了惊人一致的"麻木",对不断到来的外界打探者(多为记者)声称"不清楚"、"不知道",甚至说"没有这样的事"!在被传媒普遍表示了怀疑后,口径改为"是发生了事故,但没有死人"。

直至8月1日,广西壮族自治区从媒体得知南丹事件的相关消息,自治区调查领导小组召开第一次会议,紧急部署下一步的调查工作。当天,自治区党委书记曹伯纯亲自带调查组和自治区公安厅有关人员,来到了南丹。地方上还是不讲实话,查不清井下有多少名矿工的真实情况。在公安人员分别拘控了相关矿山人员后,才从外围突破,查到真实的矿难情况,证实至少已有78人死亡。据知情人透露:该矿总共约有1 500名工人,平时以三班倒的形式作业采矿,出事时有四班工人在井下作业。在下拉甲矿,约70~90人一个班。曹伯纯在通报这一事件时说,一定要向社会、群众和中央交代清楚,究竟死了多少人,而且要严查追究知情不报者的责任。南丹矿难的官方调查消息传出,震惊世人。国家经贸委主任李荣融闻讯后,一行六人于8月3日下午飞抵广西;当日晚上,公安部长贾春旺也赶到了南丹,调查南丹矿难事件。①

从7月17日到8月1日间,无论是矿主还是地方政府,都没有采取任何正面的危机紧急应对和管理措施,导致危机进一步恶化至不可收拾的局面。

3. 危机后阶段

当危机事态得以控制,危机事件可最终得到解决。但是,危机事件导致组织或社会出现一种高度不稳定的紧张、失衡的状态,这种状态可能会持续一段较长的时期;而且,一些危机具有明显的多因性、变异性和互动性,集中体现组织面临的各种问题的复杂性和尖锐性。因此,从极度紧迫的逆境状态解放出来以后的政府及其他组织,其危机管理过程应当还有危机后的特定时期的跟踪、反馈工作,确保危机事件得以根本解决。②

2002年6月5日至6日,南宁市中级人民法院对南丹"7·17"特大矿难中的30名有关责任人作出一审判决。原南丹县委书记万瑞忠一审判处死刑;原南丹县县长唐毓盛一审决定执行20年徒刑;"矿老板"黎东明一审决定执行20年徒刑;南丹县龙泉矿冶总厂犯非法采矿罪,判处罚金人民币2 000万元,犯单位行贿罪,判处罚金人民币400万元;决定执行罚金2 400万元;参与事故隐瞒并有受贿等犯罪行为的原中共南丹县委副书记莫壮龙被判处有期徒刑11年,决定执行10年,并处没收财产人民币3万元,非法所得人民币7万元予以没收,上缴国库。原南丹县副县长韦学光被判处有期徒刑14年,决定执行13年,并处没收财产人民币4万元。同时,南丹龙泉矿冶总厂的王国亮等20多名责任人也分别受到了法律的严惩。整个南丹县的非法私营矿井也相继被查封停产。③

但是,危机后处理远远没有结束。谁来安抚和补偿这块被践踏的土地?如何挽回被浪费、被掠夺的资源?非法矿井死灰还会复燃吗?黑势力受到应有的打击了吗?当地群众能理解和接受对非法矿井的查封吗?当地的经济受到严重打击,对事故的处理真的还要以南丹重回贫穷重吃救济为代价吗?南丹如何承受面对"7·17"的余波和后遗症?这些正是危机后处理阶段要回答和解决的问题。

---

① 晓石. 南丹事故:亲人魂不归　家属望断肠.《羊城晚报》,2001-08-06;南丹矿难:尖刀顶住记者咽喉　地方官僚惊人麻木.《羊城晚报》,2001-08-07
② 请参见本书第2章相关内容
③ 资料来源:人民网 http://www.unn.com.cn

不仅如此,在危机事件的处理中敷衍应付、草草了事,不从事故中吸取经验教训,更导致同类危机事件重复地在相距不远的时间内、在较大的空间范围内持续不断地发生。比如,2002年6月22日,山西繁峙县发生特大金矿爆炸事故,事故发生后,矿方不组织抢救,而是抛尸埋尸、焚尸灭迹,隐瞒死亡人数、隐瞒事实真相,主要犯罪嫌疑人事后均逃匿;5月4日,山西富源煤矿发生恶性事故,"黑心"的矿长不仅违法经营,而且在事故发生后竟久久隐瞒实情不报,到5月12日才正式报到国家安监局,使20多条生命无望生还……

我们不得不面对这样的一个沉重的问题:为什么会经常发生这样的恶性事故?随着对一次次矿难的深入调查,人们得出的结论惊人相似:业主受利益驱动,安全生产投入不足;管理部门关系没有理顺,检查监督不到位;地方政府害怕承担行政责任,没有及时做好抢救工作,同时往往与矿主形成利益共同体。尽管南丹事件后,国家颁布了《安全生产法》(2002年6月30日),此前国务院也公布了重大责任事故领导责任追究制度,但如果仅仅限于技术层面的努力,而不触及相关的体制问题,这个"由于利益分配而引发的行政问题"[①]就无法解决。我们将在下文进行较为深入的分析。

组织行为分析

1. 危机中的政府效能

如前所述,从危机诱因来看,危机事件实质就是潜在的各种社会矛盾与社会问题积聚激化后的表现形式,或者说是冲突的人群试图通过非常规或极端的方式,促使有关政府部门解决没有预见或长期无力解决的问题。从本质上看,我国目前危机事件的主体性质为非政治性,主要的目的还是在于对社会公民权和利益的维护,关注弱势群体,寻求社会平等,但也不能排除具有一定政治目的或寻求某一社会利益集团局部利益的行为动机。

危机局势是对社会稳定构成的最直接的威胁,会使政府的合法性与良好形象面临着及其严峻的挑战。如果政府不能够有效地防范和控制危机的发生,或及时修正危机问题带来的困境,那么,政府将失去社会发展目标实现的基础条件,甚至将危及到政府统治权力本身。为此,危机事件的处理显然就是对政府组织的管理能力和效力的全面考察与综合鉴定,是衡量和反

---

① 王力. 解决矿难的根本出路. 南方周末,2002-07-25

映政府统治力量的重要方面。它不仅是政府的一项战略任务,同时也是政府日常管理的重要组成部分。政府在危机中的关键性作用,南丹事件中的体现也极为突出。地方政府极力隐瞒事实真相,在危机治理过程中起到的是倒错的效能。为什么会出现这种情况?我们将在下文结合南丹事件,具体分析危机治理过程中上下级政府行为中的选择困境,最后根据模型结论提出了相应的对策。

2. 危机中的媒体作用

在现实的信息社会中,随着信息网络的渗透和信息的自由流动,媒体正越来越深刻地影响社会生活。我国目前处于社会变革中,近年来各种危机事件频发,直接影响社会的稳定和经济的发展,构成我国政府管理必须面对的重要挑战。媒体应对危机事件要求协调媒体与危机管理者之间的关系,实现两者之间对信息资源控制和占有的良性互动,然而我国现实的危机管理却往往忽略或曲解媒体的运作过程和社会功能。[①] 我们结合南丹事件,再次强调媒体在危机管理中的重要作用。

南丹"7·17"特大透水事件发生后,当地政府的某些官员和矿主串通一气,极力隐瞒事实真相。正是新闻工作者冒着生命危险深入调查事实真相,终于打破坚冰,撕开帷幕,引起高层的重视,使事故的处理得以正常进行。

媒体的一个重要社会责任是将真相告知大众,即让大众获得知情权。知情权指公民享有通过新闻媒介了解政府工作和获得社会公共信息的权利。知情权作为公民的一项政治和社会权利,是信息化社会的必然结果。

南丹事故发生后,众多媒体进行了大量报道,也引起了很多人的担心:事故报道多了,会不会让人民群众觉得社会"乱",会不会影响决策者的正确取向。于是就出现了"疏离媒体"的倾向,出了事故就千方百计的躲避媒体,甚至采取一切手段阻止媒体的介入,这是对公民知情权的粗暴干涉,也是限制媒体履行其社会职责的行为。南丹事件中,当地政府捂着盖着,还编造各种说法,不负责任地胡乱散布谣言,制造混乱,乘机逃避责任。媒体的作用就是拨开迷雾,让真相大白于天下。

舆论监督报道多了,给人的感觉是"乱":一是认为社会环境乱,天下没那么太平了;二是认为媒体报道乱,相互矛盾,虚虚实实,信息甄别成为大问题;三是认为给政府及相关部门添"乱",给政府过大的压力并增加处理难度。对于第一种情况,我们需要正确理解其中的因果关系:不是监督报道

---

① 肖楠."南丹矿难事故"与媒介的社会责任. 新闻知识,2002(2)

多了社会才乱,而是监督不够社会才乱。对于第二种情况,一方面需要媒体的严谨,另一方面也是因为媒体获得信息的正常渠道不够畅通,作为信息的过滤器,媒体会按照媒体机构的舆论倾向和报道方针,通过信息的选择和处理机制,最终提炼和公开报道某些社会事件。媒体传播的扩散过程,使得媒体报道具有放大作用和潜在的社会效应,传输过程中信息可能变形、失真。而第三种情况更不是真正的"乱",媒体的介入给政府适当的危机讯号,并且增加了政府处理问题的透明度,从而提升大众对政府的信任度。其实真正乱的是那些虚假者,那些平日道貌岸然的腐败分子。

就政府和媒体之间的关系而言,世界上各个国家大众传播媒介通常情况下都是作为公共部门存在,信息传播权力也是公共权力的一部分。因此,如何协调与媒体之间的协同运作,增强政府利用媒体进行社会整合的能力,便成为需要关注的命题。特别是在社会突发性危机事件的处理和应对中,由于报道内容的特殊性和信息传播带来的巨大社会扩散效果,更需要危机管理者与媒体作深入的沟通、协调和合作,构建两者之间的良性互动关系。南丹事件给我们的启示是众多的。当地政府对媒介介入的抵抗,使得事件真相愈发扑朔迷离,并且导致大众对政府的不信任。如果南丹事件中当地政府能够与媒体做深入的沟通交流,事实真相就不可能被隐瞒这么久,事态也不会发展到如此不可收拾的局面。

委托-代理模型分析

1. 危机治理中的上下级政府关系：委托-代理模型的借鉴[①]

(1) 委托-代理的理论模型

委托-代理理论试图模型化如下一类的问题：一个参与人(称为委托人)想使另一个参与人(称为代理人)按照前者的利益选择行动,但委托人不能直接观测到代理人选择了什么行动,能观测到的只是另一些变量,这些变量由代理人的行动和其他的外生的随机因素共同决定,因而充其量只是代理人行动的不完全信息。委托人的问题是如何根据这些观测到的信息来奖惩代理人,以激励其选择对委托人最有利的行动。在各自不同的行为组合中,选择最大化期望效用函数。

这时候作为委托人而言,面临着来自代理人的两个约束。第一个约束

[①] 薛澜,张强. 选择中的制度困境——危机管理中的政府行为选择分析. 清华大学发展研究通讯,2001(25),2001-09-20

是参与约束(Participation Constraint)，又称为个体理性约束，即代理人从接受合同中得到的期望效用不能小于不接受合同时得到的最大期望效用。代理人"不接受合同时得到的最大期望效用"由他面临的其他选择机会决定，又称为保留效用。第二个约束是代理人的激励相容约束(Incentive Compatibility Constraint)：给定委托人不能观测到代理人的行动和自然状态，在任何的激励合同下，代理人总是选择使自己的期望效用最大化的行动，因此，任何委托人希望的效用最大化都只能通过代理人的效用最大化行为实现。①

（2）模型的引入——危机中的互动作用

对于现时代的政府职能发挥，随着公民社会意识的逐渐深入，在国家的纵向权力体系中，善治的实现将要求中央政府的分权以及向社会的回归。②即使在我国这样的一元制政治结构下，政府改革的原则也将是建立在"维护中央权威"和"尊重地方权益"的基础上，充分发挥中央和地方两个积极性。③ 尤其1994年实行分税制以来，地方经济的蓬勃发展以及地方人大对于地方政府官员的任免的影响逐年加大，使得地方政府作为一个相对独立的利益群体越发凸现出来。

参照上述经济学中的委托-代理模型，我们不难发现，在各级政府④的复杂协同中隐含存在的委托-代理关系。也就可以假定上级政府作为委托人，下级政府作为代理人（当然严格意义上说，地方政府具有"双向代理"的特性，即向下的中央政府代理人和向上的地方局部利益的代言人，但鉴于本处讨论的针对性，只选取与中央政府之间的关系维度作为考量），两者之间的契约就在于共同维护社会及现有政权体系的稳定与发展。这样的互动背景下，就可以考察在既定的制度下，下级政府在突发事件处理中，作为一个具有相对独立利益的理性主体，可能作出的决策行为模式（这里我们可以观察到在各级政府之间都会存在着类似的关系，不过因为财政、人事等方面权力的约束，可能这种考察更多在于中央与省级政府、省级政府与市县级政府之间的层面，即这里的上级政府主要指中央及省级政府，下级政府则针对市县级政府）。

---

① 有关委托-代理理论的阐述可参见：张维迎. 博弈论与信息经济学. 上海：上海三联出版社、上海人民出版社，1996，397～408
② 俞可平. 治理与善治. 北京：社会文献出版社，2000
③ 朱光磊. 当代中国政府过程. 天津：天津人民出版社，1997，366～369
④ 地方政府实际上是包括省（自治区、直辖市）、市（地区）、县（市辖区）、乡（镇、街道）。

第6章　中国实践——体系、机构及个案

(3) 模型的建构

参照委托-代理模型,我们可以界定上级政府作为委托人,下级政府作为代理人,用以考察地方政府在现有的制度框架下可能的行为选择。这里我们主要为说明在地方政府行为选择中的可能困境,所以忽略上级政府涉及极为复杂的效用函数(这里隐含的前提是上级政府为较广义范围人民的利益代言人,当然实际中会更加复杂),主要涉及的是相对于下级政府的监督行为,于是设定的行为方式有两种:鉴别机制有效和鉴别机制失效。鉴别机制有效即上级政府作为委托人能够对地方政府的行为做出准确的识别,判断出下级政府是良好治理或虚假治理,并给出合适的奖惩机制;所谓失效,也就是无法识别下级地方政府的努力行为,良莠不分。

在这样的基础上,按照委托代理模型的个体理性约束条件,比较地方政府在接受与上级政府完全协同的情况下期望收益和不接受时的可能最大收益,就可以分析下级地方政府作为代理人可能进行的理想选择和现实选择。代理人的收益方式涉及地区群体性和管理者个体两个方面,在地区群体上看,以获得在社会资源分配上的倾向性,如投资、经济政策上的倾斜;从个体上看,则是管理者个人在官僚体系中的升迁或其他隐形收益。[①] 正如公共选择学派指出的官僚的个人效用的最大化是与"预算最大化"与"机构最大化"等群体行为呈正相关关系。而且,在中国实际的地方政府运作中,在党委领导的民主集中制下,群体性的行为是影响政策制定和执行的重要因素,即使其行为的背后是个体经济人的理性选择的综合。所以这里选取群体性的利益影响作为决策因子,主要考察地方政府行为外在模式。

根据现实情形和模型建构的需要,我们对下级地方政府的可能行为模式作了两种界定:良好治理和虚假治理。所谓良好治理,即地方政府作为一个好的代理人,确实能够依据危机产生的诱因进行相应的标本兼治的治理。虚假治理则意味着地方政府从各自的利益需求,不去履行相关代理职责,而仅仅根据上级政府的需求,采取一定的信息遮蔽,做好表面文章,以蒙蔽上级政府的检查。在分别计算这两者情况下的期望收益,不难得出现有的制度背景下对地方政府的激励导向。

利用一定的参数假定,我们不难分别计算出下级政府针对上级政府作为委托人不同监督行为机制下可能采取的行为模式的不同期望收益,也就可以形成如表 6-5 所示的地方政府不同情形下的期望收益矩阵。

---

① 在这里,可以进入官僚个体的效用函数的变量还有许多:薪水、职务、津贴、公共声誉、权力、任免权等(W. 尼斯坎南. 官僚与代议制政府. 1971 年英文版,第 38 页)。

表 6-5　危机管理中的下级地方政府不同行为选择下的收益矩阵

下级不同政府治理的期望收益	下级政府良好治理的期望收益 R_1	下级政府虚假治理的期望收益 R_2
上级政府鉴别机制有效(A)	R−G	−(P+C)
上级政府鉴别机制失效(1−A)	R−G	R−C

注：
① R——危机得到良好治理的下级政府整体收益(实际中收益是涉及整个社会,包含各级政府,也就存在着一定的分享比例,此处为便于模型分析,单指下级地方政府的收益);
② G——良治成本,即危机得到良好治理所需的下级政府治理成本;
③ C——造假成本,即下级政府虚假治理蒙蔽上级的成本(其中也包括对群众采取压制手段所需的成本);
④ P——下级政府被上级政府发现伪装后的处罚成本;
⑤ A——下级政府伪装被发现的可能性,用来体现出上级政府的鉴别机制($0 \leqslant A \leqslant 1$);
⑥ 为突出模型分析重点,两种假定情况中下级政府良好治理的期望收益均记为(R−G);而在实际中,在上级政府鉴别机制失效的情况下,下级政府良好治理的收益要低于鉴别机制有效的情况。
⑦ 模型中的参数原赋值均为正。

(4) 模型简析

从以上的收益矩阵,我们可以发现对于一个下级政府的行为选择也就取决于上述期望收益的比较。下级政府的良好治理和虚假治理的期望收益分别如下：

良好治理的期望收益：EG＝R−G

虚假治理的期望收益：EC＝−(C+P)×A+(1−A)(R−C)
　　　　　　　　　　　＝(1−A)R−(C+AP)

如果在机制上想促使下级政府选择良好治理,根本上就是要使得良好治理的期望收益总是大于虚假治理的期望收益。整理之后即是：

$$EG-EC = AR - G + C + AP > 0$$

从上式来看,期望收益的比较要依赖于上级政府识别率 A 的取值。可以分别考察两种极端情况：A 趋近于 0 和趋近于 1。

当 A 趋近于 0 时,上式也就转化为要求(C−G)大于零,即当无法识别下级政府的行为时,下级政府的行为选择将与上级政府无关,所谓的奖励和惩处都成了无效的药方。要想促使下级政府良好治理,必须要造假成本大于良好治理的成本。

当 A 趋近于 1 时,上式也就转化为(R+C+P−G)大于零,这里我们可以发现一个重要的结论：即使上级政府能够"明察秋毫",也不能必保下级政府的"循规蹈矩"。关键还是有待于从制度环境上控制各种成本,即良好治理收益和造假成本及惩罚成本之和大于良好治理的成本,才可以保证下级政府有选择良好治理的驱动。

从上述的比较,我们可以得出的结论是:上级政府对下级政府行为的鉴别能力与下级政府选择良治的可能成正相关;增大治理收益、造假成本和惩罚成本,降低良治成本,才是促进下级政府良治的关键路径。

更为值得关注的是,一旦虚假治理伪装被识别的几率 A 较小,良好治理成本 G 远大于造假成本 C 和惩罚成本 P,于是虚假治理的期望收益总优于良好治理的期望收益,于是代理人的参与约束就不能满足,下级地方政府在治理行为选择中也就存在一个占优策略(Dominant Strategy)——虚假治理,即下级方政府更倾向于选择伪装,欺上瞒下,而不进行根本上的治理修正。

(5) 现实中的地方政府行为选择

遗憾的是,当回到我国的治理实际中,我们发现在处理南丹特大透水事故这样的危机事件中,政府功能的发挥存在着不同程度的失灵现象。不仅政府公共政策效应与管理措施具有非理想化和滞后性的现实特征,[①]而且基于政府自身高度层级化的组织结构和组织体系,各级政府之间自上而下的命令指挥体系与沟通方式,以及自下而上的请示服从体系与沟通方式,政府人员具有官僚主义作风倾向,对政府回应社会问题的快速反应能力具有制约性;同时,指标化的考核存在各种弊病,信息也呈不对称分布。这些因素的组合就致使上级政府对下级政府基本无法进行实时实效的绩效鉴别,现实中虚假治理伪装被识别的几率 A 确实很小;在不完善的行政法治机构中,各级政府拥有着绝对主导权,各级政府的评价指标过于单一,于是造假成本 C 就不足为计了;党政不分和能上不能下的人事机制使得惩罚成本 P 同样不具威慑作用;[②]与此同时,突发事件往往生成于诸多的社会性问题,具有多因性、连带性和复杂性,对于我国现时的经济和社会发展阶段,显然良好治理成本 G 巨大。[③]

在这些因素的综合作用下,结合上文分析的模型,结论无疑是让人震惊的,即作为一个理性的行为主体,在现有的制度背景下,地方政府的最优选择是采取虚假治理。这时"捂盖子"、"浮夸虚报"、"欺上瞒下"的对策,反倒是合理的行为选择,尽管它会人为加剧政府回应和解决社会问题的时滞,降低了政府处理公共事务的能力,增加了社会问题积累的可能性,以致影响政

---

① 厉以宁. 非均衡的中国经济. 北京:经济日报出版社,1994,53~62
② 此方面的例证可参见胡鞍钢先生对于中国腐败的惩处情况的考察研究。
③ 相关的论述参见胡宁生. 中国政府形象战略. 北京:中共中央党校出版社,1999,1222~1224

权的稳定。

这一点在美国著名行政管理学者、加州大学教授詹姆斯·Q.威尔逊的研究中也有所显示。他发现管理政府机构以及学校、军队等公共机构远比管理私人企业复杂得多。机构间的差异主要体现在机构工作人员的活动过程和活动结果的可观察性方面,一旦不可观察,道德危机的问题就有可能出现。实际上我们的各级政府在观察与测度上具有一定的难度,而且其政绩的体现上也会产生相当的难度和时滞,也就成为所谓"应付性机构"。这时格雷莎姆定律也就发生作用,即有形工作成果往往会排挤无形工作成果。[1] 一旦外在评估体系不够完善,地方政府管理者就会"理性"地选择追求有形政绩(如兴土木、上项目,创造一定指标等)而忽略无形政绩(发展后劲、生态的保护等长远的良治效果),虚假治理的倾向就更为可能。

2. 亟待变革的上下政府关系

媒体认为,广西南丹重大事故的消息之所以能被紧捂十余天之久才暴露,就是因为地方黑势力与当地官员相勾结的结果。但是,在我们结合上述模型看待这一事件时,不难发现其中地方政府选择的制度性原因。

南丹县是个国家级贫困县,财政收入主要依靠开矿的税收,占了70%的幅度,而出事矿厂老板黎东明及几位私营业主上交的财政利税,竟占了该县财政收入的1/3。县里的大工程,每次都以捐款名义向民营企业收钱。龙泉矿冶总厂总经理黎东明是南丹首富,个人资产七八亿,有还不完的债、花不完的钱,每年都要拿出几百万到一千万搞赞助,一次竟送了20多辆轿车给当地各级政府。而且值得关注的是,随着调查的进展,竟然发现指挥着6家非法矿厂的富源公司是县政府的企业。无疑这里的利益的交叉成了难以冲破的保护,采取良治的成本在该县产业结构没能形成优化的情况下,无疑巨大无比。即便在危机有所暴露的时候,其造假成本也不是不可承受。在南丹的案例中,初期的调查结果是"纯属传闻",其付出的成本是可以计算的,每个死亡矿工家属的封口费2万~10万(大多是几万元),再加上雇佣打手威慑的费用,怎么也无法与开采105富矿一天上百万的暴利相比较。这样的管理被识别的几率则是微乎其微。如此大的"生命数字差距",而且当事人似乎感觉相安无事,因此就无从谈及什么惩罚成本了。于是回顾上述的模型,我们就不能不在惩治个别毒瘤的时候,更要关注存在的制度性失

---

[1] 詹姆斯·Q.威尔逊. 美国官僚政治. 张海涛,魏红伟译. 北京:中国社会科学出版社,1995,194~196. 转自:吴刚. 行政组织管理. 北京:清华大学出版社,1999

效问题。

中国过去20多年的改革以提高效率为基本目标,以创建激励机制为关键,创造了中国经济体制改革开放的奇迹。但是,在此期间,各职能部门和各级政府的党委都以经济建设为中心,确定经济发展的目标任务,并以此目标的完成情况作为各级的政府管理者考核政绩、决定干部升降去留的依据,形成了所谓"一手高指标,一手乌纱帽"的压力型体制。虽然近年来,先后出台了《关于干部考核制度的意见》、《关于试行地方党政干部年度考核制度的通知》、《关于党政领导干部选拔、任用工作暂行条例》等一系列规章制度,但由于考核或过于笼统或指标单一,民主程序往往流于形式,以致在实际的干部考核中无法形成良性激励机制,常常出现"默默无闻避免危机得不到奖励,轰轰烈烈解决危机成为英雄"的现象,直接引起和制造危机者得到惩罚,而从体制上使危机发生者却安然无恙。

与此同时,我们国家现有的科层组织体系的特点也推波助澜。多年以来我们政府运作中的科层制有如下几个特点:一方面,科层组织取代或废弃了各种传统的组织;另一方面,正式科层组织的各种理性的规范程序又未能充分地发育起来。由于政策制定者和监督执行者的治理目标过于庞大,而他们所掌握的信息又大量残缺,"变通"就成为这种科层制十分普遍的在相当范围里和程度内被认可的运行机制。下级在变通执行政策中虽获得了一定的自主性空间,但它所付出的代价是必须尽可能地自行承担政策风险和处理实际问题。问题应当就地解决消化,矛盾应该就地解决,这是各级政府要求下的一个基本治理原则。"轻易将矛盾上交"就意味着你很可能被上级指责为无能,这样一来,汇报(对汇报的听取是上级了解下情最主要的方式之一)的时候"报喜不报忧"在某些情况下就成了上下级之间的一种默契。于是危机的发生、发现及应对中就出现了南丹事件那样的情况。

3. 对策及实施建议

对于这样的现实结论,我们从理论模型的分析中,可以得出一定的应对原则:从根本上要为地方政府的行为选择创造一定的参与约束和激励相容约束,即提供相应的正向激励。具体说来,首先,要建立有效的行为鉴别机制,上级政府能够对下级政府的治理行为给予准确的识别,以提高虚假治理的识别率和造假成本;更为重要的是,要切实加重虚假治理的惩罚性成本,以降低虚假治理的期望收益。当然降低良好治理成本也是关键路径,但它能否降低将是一个长期性的系统工程,有待于社会治理结构、政治经济体制建设的协调发展。与此同时,要认识到任何委托人希望的效用最大化都只能通过代理人的效用最大化行来实现,因此要确实尊重地方权益,进行科学、合理的分权。

结合我国的政治体制改革实际,近期的实际改革措施建议如下:

第一,加强信息交互,增进识别功能。

- 改革各级政府的绩效考核体系,增加综合性的社会发展要求,减少单纯的指标性要求;
- 加快民主法治制度建设,加强新闻舆论监督,利用网络技术等手段,切实实现各级政府运作的公开化、程序化、透明化,扩大公民的政治参与,树立统一的"以民众为中心"的理念。

第二,尽快建立现代危机管理体系。

- 在国家层面上,尽快建立常设性突发事件的综合协调部门(超事业部制),在国家安全的高度上制定长期的反危机战略和应急计划,以便加强各地区、各级政府之间的协同能力;
- 对于发生的危机事件,设立第三方性质的独立调查制度,公正甄别事件诱因,同时要保持适度的新闻自由度,建立必要、有效的公共危机沟通机制;
- 改革各级政府信访机构职能,在机构实现一定程度的纵向设置,切实发挥其社会稳定安全阀的作用。

第三,加大对地方政府虚假治理的惩罚。

- 切实加大对地方政府隐瞒真实情况,虚假治理的惩罚,改革官员的人事选拔和流动机制,增强各级人大的监督职能;
- 改变中央政府对各地区的倾向性政策的制定程序和办法,一方面要更加公开、公正地对待不同地区,另一方面,惩处的对象不能仅局限于相关个体,要与地区一段时间内的政治经济政策限制相挂钩,以便促进各地区公民的主动性监督。

第四,创造激励相容约束。

- 在推进依法治国的前提下,进一步转变政府职能,合理协调中央与地方各级政府之间的资源控制权,把握在事权上的一致性;
- 在危机事件的管理中弱化人为行政干预,强化法律原则,要保障社会公民权,以人为本,在稳定大局的前提下注重维护地区的权益。

实质上,以上涉及的种种变革都环环相扣,相辅相成,这里需要强调的是我们最需要的仍然是确实代表最广大人民的根本利益将改革进行到底的决心。

本章附录一：

南宁市人民政府关于印发《南宁市社会应急联动规定(试行)》的通知

南府发【2002】43号

各县、区人民政府，各开发区管委员，市直各委、办、局(公司)，市属各企事业单位，驻市各单位：

《南宁市社会应急联动规定(试行)》已经市人民政府办公会议通过，现印发给你们，请遵照执行。

南宁市人民政府
二〇〇二年四月十八日

南宁市社会应急联动规定(试行)

第一条 为增强对突发事件、特殊事件或重大灾难事件的应急处置能力，向社会提供紧急救助联合行动服务，根据国家有关法律、法规，结合我市实际，制定本试行规定。

第二条 本市行政区域内的单位和个人应遵守本试行规定。

第三条 本试行规定中的社会应急联动是指在政府的组织、指挥、协调下，以社会应急联动中心为统一受理窗口，向社会提供高效率处置紧急事件，实施救助及其他服务的联合行动机制。

第四条 南宁市社会应急联动中心在市政府的直接领导下负责南宁市社会应急联动系统的运作、指挥、协调工作。

公安、消防、医疗急救及其他公共事业管理单位和具有应急、救助职能的单位为社会应急联动单位，负责紧急事件的处理(以下简称"处警")工作。

各级政府职能部门及其他有关部门应为社会应急联动提供必要的保障。

第五条 社会应急联动工作应当遵循统一指挥、联合行动、充分准备、快速反应、热情服务、依法处置的原则。

第六条 任何单位和个人发现或遇到以下事件时，应当向社会应急联动中心报警：

（一）发生自然灾害、火灾、交通等意外事件；

（二）发现正在实施或准备实施各类违法犯罪行为或危害社会公共安全行为的，发现或掌握违法犯罪线索、犯罪嫌疑人情况的；

（三）发生伤病，需要紧急医疗救助；

（四）发现供水、供电、供气等公共设施出现险情或重大故障；

（五）发生重大环境污染事件；

（六）发生有毒气体泄漏和爆炸品、化学药品及其他危险物品丢失可能导致严重后果的事件；

（七）其他需要应急联动系统紧急救助的。

第七条 非紧急情况不得随意拨打报警特别服务电话号码。社会应急联动中心对不属于本试行规定第六条所列事项的报警电话可不予受理。

第八条 拨打各联动单位公开的"110"、"119"、"120"、"122"等报警电话号码时，将自动转入南宁市社会应急联动中心。以上报警电话号码均免费使用。

第九条 社会应急联动中心实行24小时值班制，全天候受理报警求助。

第十条 社会应急联动中心接到报警求助后，按照工作预案及实际情况及时向有关联动单位发出处警指令。重大事件及时报告上级，并反馈给相应的联动单位。

第十一条 社会应急联动中心在联动处警时具有以下权限：

（一）直接处置权：接到报警后根据应急预案可直接向联动单位下达处警指令。

（二）越级指挥权：紧急情况下可直接向基层联动单位越级下达指令。

（三）联合行动指挥权：对跨警种、跨行业的重大事件，可调度指挥诸警种和各联动单位联合行动；可赋予其中一个主要联动单位优先指挥权，指定其他联动单位协助处理。

（四）临时指挥管辖权：对管辖责任一时难以确定的紧急事件，可临时指定有关单位受理，情况明确后再移交适合的联动单位处理。

第十二条 为有效实施紧急救助，有关单位和个人应当提供私人电话、个人健康数据等相关信息。各联动单位有权使用相关信息进行救助活动，但不得将这些信息用于商业目的。

第十三条 与社会应急联动系统有关的各单位应定期对本部门相应的软件、硬件进行维护，定期、无偿为社会应急联动系统的各种数据库、地理信息系统提供或更新数据。

第十四条　各联动单位应建立和完善应急工作预案,确定机构、人员、装备,制定工作规范,确保能够有效应对突发事件。承担紧急救助职能的联动单位,应建立和完善24小时值班制度。

第十五条　有关联动单位接到社会应急联动中心的处警指令后,应立即进行处置。各联动单位应当按照各自职责对外公布处警承诺。

第十六条　各联动单位按照各自的行业规范进行现场处置。多个联动单位联合行动时,应服从社会应急联动中心和指定的现场负责人的统一指挥。

第十七条　各联动单位处理事件过程中和处理完毕后应将有关信息及时反馈给社会应急联动中心。

第十八条　事件发生地所在单位及社区应配合处警单位做好处警工作。任何单位或个人不得阻碍联动单位处警人员依法开展处警工作。

第十九条　联动单位在处警时按"先处置、后结算"的要求进行抢险、救助,所发生费用在处警完毕后由有关单位按相关规定处理。

第二十条　医疗单位对应急联动单位为处理应急事件而转送来的伤病人员应无条件接诊。属交通事故、治安案件所致的伤病,由公安部门协助医疗单位收取医疗费用;无家可归、无依无靠、无生活来源的伤病人员,由民政部门指定的福利医院接收救治。紧急情况或危重病人由就近医院负责接收抢救,病情稳定后再转福利医院继续治疗。

第二十一条　在事件现场死亡或在医院抢救无效死亡的无主、无名尸体,由殡葬管理部门按规定处理。

第二十二条　弃婴、流浪儿童和无家可归、无依无靠、无生活来源的智力障碍者、精神病患者需要紧急救助时由民政部门指定的福利院、福利医院、收容遣送站等单位接收。

第二十三条　市财政设立社会应急专项经费,用于应急联动中临时救助措施的开支。

第二十四条　社会应急联动中心运行经费来源：

（一）市财政拨款；

（二）社会团体、个人赞助；

（三）其他渠道。

第二十五条　社会应急联动中心在保证完成应急任务的前提下,经市政府批准,可向社会提供非紧急救助的有偿服务。

第二十六条　社会应急联动工作接受上级组织监督、联动系统内部监督、社会舆论监督、群众监督。

第二十七条 恶意拨打报警特别服务号码干扰社会应急联动系统正常运行或阻碍联动单位处警的,由公安机关按照有关规定处理。

第二十八条 联动单位及工作人员在社会应急联动工作中,无正当理由不出警、处警措施失误造成不良后果,或有其他渎职、失职行为的,按照有关规定处理;构成犯罪的,依法追究刑事责任。

第二十九条 本试行规定自2002年5月1日起实施。

本章附录二:

公安机关110报警服务台工作规范
(征求意见稿)

2002年6月20日网上发布 http://www.mps.gov.cn

第一章 总则

第一条 为规范公安机关110报警服务工作,加强公安机关110报警服务台的规范化、制度化建设,根据《中华人民共和国人民警察法》及有关规定,制定本规范。

第二条 城市和县公安局指挥中心应当设立110报警服务台,负责24小时受理公众紧急电话报警、求助和对公安机关及其人民警察现时发生的违法违纪行为的投诉。

第三条 110报警服务台坚持制止违法犯罪活动、维护社会治安与服务公众并重的方针,履行有警必接、有难必帮、有险必救、有求必应的承诺。

第四条 110报警服务台在处置紧急案(事)件时,有权进行先期处置,并对公安机关各单位直接指挥、调用装备和监督指导。

第五条 110报警服务台工作人员上岗时应当精神饱满,警容严整,行为规范。在受理公众报警、求助、投诉时,提倡使用普通话。在接到报警、求助和投诉时应当主动说(或设提示音):你好,××(市、县)110。

第六条 110报警服务台工作人员在受理公众报警、求助、投诉时,应当向报警人问明案(事)件的主要情况及报警人的基本情况。

第七条 110报警服务台应当根据当地实际情况,划定处警区域,合理布置警力,确保案(事)件发生时,处警民警能够及时赶到现场。

第八条 对危及公众人身、财产安全的紧急报警、求助,处警民警接到110报警服务台指令后,城市中心区应当在5分钟内、城郊结合区应当在10分钟内、城镇中心区和农村居民集居区域应当以最快速度到达现场并开展处置工作。

第九条 对公众提出解决一般纠纷等非紧急报警、求助的,应当及时出警。出警时限由城市、县公安局根据市区或者城镇规模、警力资源和道路交通等情况制定。

第十条 110报警服务台对接报的报警、求助、投诉应当按照统一的表格认真登记,做好接报、指挥、处警工作记录,有条件的应当进行电话录音,并立卷备查。

第十一条 110报警服务台工作人员应当严守公安工作保密纪律和有关规定。

第十二条 对谎报警情或者拨打骚扰电话,情节轻微的,应当给予批评教育;情节严重的,依法给予治安处罚;构成犯罪的,依法追究刑事责任。

第十三条 110报警服务台应当建立健全工作程序、内部管理、考核考评、通报检查、表彰奖励等各项制度。

第十四条 公安机关各警种和各实战单位应当建立与指挥中心110报警服务工作相衔接的工作机制,确保及时执行指令。

第十五条 110报警服务台应当建立监督制约机制,接受上级公安机关和社会各界及报警、求助、投诉公民的检查监督,及时改进工作。

第十六条 上级公安机关指挥中心应当对下级公安机关指挥中心110报警服务工作进行检查指导。

第二章 受理报警

第十七条 110报警服务实行"一级接警",即统一由城市或县公安局110报警服务台接警。

第十八条 110报警服务台受理公众报警的范围:
(一)刑事案件;
(二)治安案(事)件;
(三)群体性事件;
(四)自然灾害、治安灾害事故;
(五)违法犯罪线索;
(六)其他需要公安机关紧急处置的报警。

第十九条 110报警服务台接到报警后,根据警情派警进行处置。对正在危及社会公共安全、公众人身和财产安全的紧急案(事)件,应当在派警处置的同时,立即向主管负责人、主管部门报告。

第二十条　对接报的符合本规范第十八条规定范围中的重大案(事)件,应当根据警情的性质、事态规模、紧急程度,及时报告主管负责人,同时按照有关工作预案和领导指示,迅速派警处置。

第二十一条　对接报的规模较小、影响不大的一般性群体性事件,应当迅速将情况通报主管部门,同时视情派警维持现场秩序,协助有关部门进行疏导劝阻,防止事态扩大。

第二十二条　对接报的规模较大、行为方式激烈的群体性事件,应当立即报告主管负责人,同时按照工作预案和领导指示,派警赶赴现场,控制事态,协助有关部门做好缓解、化解矛盾的工作,尽快平息事态。

第二十三条　对接报的自然灾害事故,应当根据灾害的种类、程度派警处置,同时报告主管负责人。

第二十四条　对接报的管辖地域暂不明确的地区发生的案(事)件,应当先指定处警人员进行先期处置,必要时再移交属地公安机关或派出所进行处理。

第二十五条　110报警服务台实行"一级处警"、"二级处警"和"就近处警"、"分类处警"相结合的处警原则。

第二十六条　处警民警应当按规定着装,携带必要的警械、通讯工具等处警装备,掌握必要的救人、救灾及医疗救护技能。110专用警车应当统一喷涂标志,并配备必要的急救设备。

第二十七条　110处警单位和人员必须服从110报警服务台发出的处警指令,不得推诿、拖延出警,影响警情的处置。如因此影响警情处置的,应当通知警务督察部门到现场督察处理;情节严重的,应当由纪律检查监察部门查处。

第二十八条　处警民警到达现场后,应当根据有关工作预案对警情妥善处置。处警结束后,应当及时将处警情况向110报警服务台反馈,并做好处警记录。处置结果需要制作法律文书的,按有关规定办理。

第二十九条　对正在发生的案(事)件,最先到达现场的处警民警不足以制止或者控制局面的,应当立即将案件情况报告110报警服务台。110报警服务台应当按照工作预案,迅速调集、指挥有关警种、部门赶到现场增援或进行布控堵截。

第三十条　对接报的跨区域的重大案件,需要进行布控查缉的,110报警服务台在指挥本地警力布控堵截的同时,可视情将情况报告上级公安机关或者通报有关地区公安机关。有关地区公安机关在接到上级公安机关指令或案发地公安机关的通报后,应当迅速按照工作预案,落实有关查控措施,提供必要的协助,并随时与案发地公安机关或者本地公安机关110报警服务台保持联系。

第三十一条 对涉及外籍人员的警情,处警人员除按规定进行处置外,应当通知本地公安机关外国人管理部门派人协助开展处置工作。

第三十二条 处警民警使用武器、警械时,必须严格遵守《中华人民共和国人民警察使用警械和武器条例》的有关规定。

第三章 受理求助

第三十三条 110报警服务台受理公众求助的范围:

(一)发生溺水、坠楼、自杀等状况,需要公安机关紧急救助的;

(二)老人、儿童、弱智人员、精神疾病患者等行为能力、辨别能力差的人员走失,需要公安机关在一定范围内帮助查找的;

(三)公众遇到危难,处于孤立无援状况的;

(四)涉及水、电、气、热等公共设施出现险情,威胁社会公共安全、生产生活秩序和公众生命、财产安全的,需要公安机关先期紧急处置的;

(五)各种可能引发人身伤亡事故或公私财产重大损失的险情,需要公安机关紧急处置的;

(六)需要公安机关处理的其他紧急求助事项。

第三十四条 公安机关应当积极参加政府统一领导的社会服务联合行动工作,配合有关部门充分履行职责,为社会和公众提供服务。

第三十五条 对于公安机关职责范围以外的可能危及公共安全或者公众生命、财产安全的紧急求助,110报警服务台应当派警进行先期处置,同时通报相关部门或者单位派员到现场处置。在相关部门或单位进行处置时,处警人员可以予以必要的协助。

第三十六条 对于公安机关职责范围以外的非紧急求助,110报警服务台接警工作人员可以告知求助人向所求助事项的主管部门或者单位求助,或者直接转告所求助事项的主管部门。

第四章 受理投诉

第三十七条 110报警服务台受理公众投诉的范围:公安机关及其人民警察现时发生的违反《中华人民共和国人民警察法》、《公安机关督察条例》等法律、法规和人民警察各项纪律规定,违法行使职权,不履行法定职责,不遵守各项执法、服务、组织、管理制度和职业道德的各种行为。

第三十八条 公安机关警务督察部门也可设立110接诉台,直接负责接受和处理公众投诉。

第三十九条 110报警服务台受理投诉应当如实登记,秉公查处,及时反馈。

第四十条 110报警服务台在受理投诉时,应当向投诉人问明被投诉对象的基本情况、投诉的具体内容和投诉人姓名、工作单位或者家庭住址、联系方式等主要情况。

第四十一条 110报警服务台对公众的投诉应当视情采取相应措施,进行处理。

(一)对现时发生的公安机关和民警在依法履行职责、行使职权、遵纪守法等方面存在问题的投诉,应当指令就近警力先期处置,同时通知警务督察部门进行现场调查和处理。

(二)对既往发生的公安机关和民警在依法履行职责、行使职权、遵纪守法等方面存在问题的投诉,应当告知投诉人向公安机关纪检、监察、信访或者其他有管辖权的部门投诉,同时视具体情况移交本级纪检、监察、信访或者其他有管辖权的部门进行调查处理。对110报警服务台移交的投诉,有关部门应当及时查处。

(三)对已通过其他渠道进行投诉或者信访的问题,交由原受理部门处理。

(四)外地公安机关的民警或者其他无隶属关系的公安机关的民警在当地被公众投诉的,应当指令就近警力先期处置,再移送被投诉人的所属单位处理。

(五)对公安机关职责范围以外的投诉,可以告知投诉人向政府有关职能部门进行投诉,并做出必要的解释。

第四十二条 具体承办公众投诉的有关部门和单位,应当迅速开展调查工作,及时做出处理,并在受理公众投诉的3日内将查处情况告知投诉人,同时抄送110报警服务台备查;如3日内未能办结的,应当告知投诉人办理情况。投诉人姓名、工作单位或者家庭住址、联系方式不实,致使无法告知的除外。

第四十三条 对已办结的公众投诉,应当做到事实清楚,证据确凿,定性准确,程序合法,处理适当,并立卷备查。对上级公安机关交办的投诉,应当及时上报查处结果。

第四十四条 110报警服务台对群众电话投诉内容及投诉人情况应当严格保密,严禁将投诉情况泄露给被投诉对象或者其他无关人员。违者依照有关规定追究纪律和法律责任。

第四十五条 110报警服务台及具体承办投诉的有关部门应严格依照法律法规的规定,客观公正地进行调查处理,防止利用投诉对民警进行诬告陷害。对于诬告陷害行为,应当依法查处,以维护公安机关和民警权益和执法权威。

第四十六条 上级公安机关对下级公安机关上报的对公众投诉的处理情况应当进行审查。如发现在认定事实、办理程序上确有错误,应当限期予以纠正。

第五章 警务保障

第四十七条 公安机关应当加强对110报警服务台工作人员全心全意为人民服务的宗旨教育、职业道德教育和法制教育,培养忠诚可靠、训练有素、业务精通、纪律严明的优良作风。

第四十八条 110报警服务台应当制定本级公安机关各类紧急突发(案)事件和群体性事件的处置工作预案,并报上级公安机关备案。

第四十九条 公安机关应当组织有关警种、部门开展处置各种案(事)件的预案演习,增强各警种之间的协调配合能力,提高公安机关快速反应能力和整体作战能力。

第五十条 公安机关应当对110报警服务台接处警工作正常运转所需编制及人员、装备、经费给予必要的保障。

第五十一条 110报警服务台工作人员必须具备较强的政治、业务素质,熟悉公安工作基本法律法规和公安业务常识,有较强的分析判断、综合归纳和指挥协调能力,熟悉处警区域自然情况和警力分布情况,熟悉各类案(事)件的处置工作预案,能够熟练操作110报警服务台相关的设备。

第五十二条 110报警服务台应当加强政治、法律学习和业务技能培训,经常开展岗位练兵和业务讲评活动,提高接处警民警的业务素质和执法水平。

第五十三条 110报警服务台工作人员属于行政在编民警的,应当在公安机关编制序列内定期合理流动。

第五十四条 110报警服务台应当具备接警、录音系统,有线、无线指挥调动系统,公安地理信息系统(电子地图)及相应的信息查询终端和必要的办公设备、交通工具,并配备专业技术人员,保证设备处于良好运行状态。

第五十五条　110处警单位应当配备交通、通讯工具、枪支、警械、防弹背心等警用装备及绳索、急救包等救援器材。

第六章　附则

第五十六条　各省、自治区、直辖市公安厅、局可以结合实际,制定本规范实施细则,并报公安部备案。

第五十七条　本规范由公安部负责解释。

第五十八条　本规范自发布之日起施行。

附 录

附录一：

特别重大事故调查程序暂行规定

1989年1月3日国务院第31次常务会议通过
1989年3月29日国务院令第34号发布

第一章 总则

第一条 为了保证特别重大事故的调查工作顺利进行，制定本规定。

第二条 本规定所称特别重大事故，是指造成特别重大人身伤亡或者巨大经济损失以及性质特别严重、产生重大影响的事故。

第三条 本规定适用于特别重大事故（以下简称特大事故）的调查。但国家法律、法规已有规定的除外。

第四条 特大事故的调查工作，必须坚持实事求是、尊重科学的原则。

第五条 任何单位或者个人不得非法干预特大事故的调查工作。

第二章 特大事故的现场保护和报告

第六条 特大事故发生后，事故发生地的有关单位必须严格保护事故现场。

第七条 特大事故发生单位在事故发生后，必须做到：

（一）立即将所发生特大事故的情况，报告上级归口管理部门和所在地地方人民政府，并报告所在地的省、自治区、直辖市人民政府和国务院归口管理部门。

（二）在二十四小时内写出事故报告，报本条（一）项所列部门。

第八条 涉及军民两个方面的特大事故，特大事故发生单位在事故发生后，必须立即将所发生特大事故的情况报告当地警备司令部或最高军事机关，并应当在二十四小时内写出事故报告，报上述单位。

第九条　省、自治区、直辖市人民政府和国务院归口管理部门,接到特大事故报告后,应当立即向国务院作出报告。

第十条　特大事故报告应当包括以下内容：

（一）事故发生的时间、地点、单位；

（二）事故的简要经过、伤亡人数、直接经济损失的初步估计；

（三）事故发生原因的初步判断；

（四）事故发生后采取的措施及事故控制情况；

（五）事故报告单位。

第十一条　特大事故发生单位所在地地方人民政府接到特大事故报告后。应当立即通知公安部门、人民检察机关和工会。

第十二条　特大事故发生地公安部门得知发生特大事故后,应立即派人赶赴事故现场,负责事故现场的保护和收集证据工作。

第十三条　特大事故发生单位所在地地方人民政府负责组织由有关部门参加的特大事故现场勘查工作。

第十四条　因抢救人员、防止事故扩大以及疏通交通等原因,需要移动现场物件的应当做出标志、绘制现场简图并写出书面记录,妥善保存现场重要痕迹、物证。

第十五条　特大事故发生后,特大事故发生单位所在地地方人民政府可以根据实际需要,将特大事故的有关情况通报当地驻军,请驻军参加事故的抢救或者给予必要的支援。

第三章　特大事故的调查

第十六条　特大事故发生后,按照事故发生单位的隶属关系,由省、自治区、直辖市人民政府或者国务院归口管理部门组织成立特大事故调查组,负责特大事故的调查工作。涉及军民两个方面的特大事故,组织事故调查的单位应当邀请军队派员参加事故的调查工作。

第十七条　国务院认为应当由国务院调查的特大事故,由国务院或者国务院授权的部门组织成立特大事故调查组。

第十八条　特大事故调查组,应当根据发生事故的具体情况,由事故发生单位的归口管理部门、公安部门、监察部门、计划综合部门、劳动部门等单位派员组成,并应当邀请人民检察机关和工会派员参加。特大事故调查组根据调查工作的需要,可以选聘其他部门或者单位的人员参加,也可以聘请有关专家进行技术鉴定和财产损失评估。

第十九条　特大事故调查组成员应当符合下列条件：
（一）具有事故调查所需要的某一方面的专长；
（二）与所发生事故没有直接利害关系。

第二十条　特大事故调查组织的职责如下：
（一）查明事故发生的原因、人员伤亡及财产损失情况；
（二）查明事故的性质和责任；
（三）提出事故处理及防止类似事故再次发生所采取措施的建议；
（四）提出对事故责任者的处理建议；
（五）检查控制事故的应急措施是否得当和落实；
（六）写出事故调查报告。

第二十一条　特大事故调查组有权向事故发生单位、有关部门及有关人员了解事故的有关情况并索取有关资料，任何单位和个人不得拒绝。

第二十二条　任何单位和个人不得阻碍、干涉事故调查组的正常工作。

第二十三条　特大事故调查组写出事故调查报告后，应当报送组织调查的部门。经组织调查的部门同意，调查工作即告结束。

第四章　罚则

第二十四条　违反本规定，有下列行为之一者，特大事故调查组可建议有关部门或者单位对有关人员给予行政处罚；构成犯罪的，由司法机关依法追究刑事责任：
（一）对已发生的特大事故隐瞒不报、谎报或者故意拖延报告期限的；
（二）故意破坏事故现场的；
（三）阻碍、干涉调查工作正常进行的；
（四）无正当理由，拒绝接受特大事故调查组查询或者拒绝提供与事故有关的情况和资料的。

第二十五条　特大事故调查组成员有下列行为之一者，由有关部门给予行政处罚；构成犯罪的，由司法机关依法追究刑事责任：
（一）对调查工作不负责任，致使调查工作有重大疏漏的；
（二）索贿受贿、包庇事故责任者借机打击报复的。

第五章　附则

第二十六条　特大事故的处理，由组织特大事故调查的部门或者授权的部门负责；国务院认为应当由国务院处理的特大事故，由国务院或者国务院授权的部门负责事故的处理。涉及军民双方的特大事故,由国务院、中央军委或者国务院、中央军委授权的部门负责事故的处理。

第二十七条　本规定由劳动部负责解释。

第二十八条　本规定自发布之日起施行。

附录二:

中华人民共和国治安管理处罚条例(修正)

1986年9月5日第六届全国人民代表大会常务委员会第十七次会议通过 根据1994年5月12日第八届全国人民代表大会常务委员会第七次会议《关于修改〈中华人民共和国治安管理处罚条例〉的决定》修正

第一章　总则

第一条　为加强治安管理,维护社会秩序和公共安全,保护公民的合法权益,保障社会主义现代化建设的顺利进行,制定本条例。

第二条　扰乱社会秩序,妨害公共安全,侵犯公民人身权利,侵犯公私财产,依照《中华人民共和国刑法》的规定构成犯罪的,依法追究刑事责任;尚不够刑事处罚,应当给予治安管理处罚的,依照本条例处罚。

第三条　在中华人民共和国领域内发生的违反治安管理行为,除法律有特别规定的以外,适用本条例。

在中华人民共和国船舶或者航空器内发生的违反治安管理行为,也适用本条例。

第四条　公安机关对违反治安管理的人,坚持教育与处罚相结合的原则。

第五条　对于因民间纠纷引起的打架斗殴或者损毁他人财物等违反治安管理行为,情节轻微的,公安机关可以调解处理。

第二章　处罚的种类和运用

第六条　对违反治安管理行为的处罚分为下列三种:

(一)警告。

(二)罚款:一元以上,二百元以下。本条例第三十条、第三十一条、第三十二条另有规定的,依照规定。

(三)拘留:一日以上,十五日以下。

第七条 违反治安管理所得的财物和查获的违禁品,依照规定退回原主或者没收。违反治安管理使用的本人所有的工具,可以依照规定没收。具体办法由公安部另行规定。

第八条 违反治安管理造成的损失或者伤害,由违反治安管理的人赔偿损失或者负担医疗费用;如果违反治安管理的人是无行为能力人或者限制行为能力人,本人无力赔偿或者负担的,由其监护人依法负责赔偿或者负担。

第九条 已满十四岁不满十八岁的人违反治安管理的,从轻处罚;不满十四岁的人违反治安管理的,免予处罚,但是可以予以训诫,并责令其监护人严加管教。

第十条 精神病人在不能辨认或者不能控制自己行为的时候违反治安管理的,不予处罚,但是应当责令其监护人严加看管和治疗。间歇性的精神病人在精神正常的时候违反治安管理的,应予处罚。

第十一条 又聋又哑的人或者盲人,由于生理缺陷的原因而违反治安管理的,不予处罚。

第十二条 醉酒的人违反治安管理的,应予处罚。

醉酒的人在醉酒状态中,对本人有危险或者对他人的安全有威胁的,应当将其约束到酒醒。

第十三条 一人有两种以上违反治安管理行为的,分别裁决,合并执行。

第十四条 二人以上共同违反治安管理的,根据情节轻重,分别处罚。

教唆或者胁迫、诱骗他人违反治安管理的,按照其所教唆、胁迫、诱骗的行为处罚。

第十五条 机关、团体、企业、事业单位违反治安管理的,处罚直接责任人员;单位主管人员指使的,同时处罚该主管人员。

第十六条 违反治安管理有下列情形之一的,可以从轻或者免予处罚:

(一)情节特别轻微的;

(二)主动承认错误及时改正的;

(三)由于他人胁迫或诱骗的。

第十七条 违反治安管理有下列情形之一的,可以从重处罚:

(一)有较严重后果的;

(二)胁迫、诱骗他人或者教唆不满十八岁的人违反治安管理的;

（三）对检举人、证人打击报复的；

（四）屡犯不改的。

第十八条　违反治安管理行为在六个月内公安机关没有发现的，不再处罚。

前款期限从违反治安管理行为发生之日起计算，违反治安管理行为有连续或者继续状态的，从行为终了之日起计算。

第三章　违反治安管理行为和处罚

第十九条　有下列扰乱公共秩序行为之一，尚不够刑事处罚的，处十五日以下拘留、二百元以下罚款或者警告：

（一）扰乱机关、团体、企业、事业单位的秩序，致使工作、生产、营业、医疗、教学、科研不能正常进行，尚未造成严重损失的；

（二）扰乱车站、码头、民用航空站、市场、商场、公园、影剧院、娱乐场、运动场、展览馆或者其他公共场所的秩序的；

（三）扰乱公共汽车、电车、火车、船只等公共交通工具上的秩序的；

（四）结伙斗殴，寻衅滋事，侮辱妇女或者进行其他流氓活动的；

（五）捏造或者歪曲事实，故意散布谣言或者以其他方法煽动扰乱社会秩序的；

（六）谎报险情，制造混乱的；

（七）拒绝、阻碍国家工作人员依法执行职务，未使用暴力、威胁方法的。

第二十条　有下列妨害公共安全行为之一的，处十五日以下拘留、二百元以下罚款或者警告：

（一）非法携带、存放枪支、弹药或者有其他违反枪支管理规定行为，尚不够刑事处罚的；

（二）违反爆炸、剧毒、易燃、放射性等危险物品管理规定，生产、销售、储存、运输、携带或者使用危险物品，尚未造成严重后果不够刑事处罚的；

（三）非法制造、贩卖、携带匕首、三棱刀、弹簧刀或者其他管制刀具的；

（四）经营旅馆、饭店、影剧院、娱乐场、运动场、展览馆或者其他供群众聚集的场所，违反安全规定，经公安机关通知不加改正的；

（五）组织群众集会或者文化、娱乐、体育、展览、展销等群众性活动，不采取相应的安全措施，经公安机关通知不加改正的；

（六）违反渡船、渡口安全规定，经公安机关通知不加改正的；

（七）不听劝阻抢登渡船，造成渡船超载或者强迫渡船驾驶员违反安全

规定,冒险航行,尚不够刑事处罚的;

（八）在铁路、公路、水域航道、堤坝上,挖掘坑穴,放置障碍物,损毁、移动指示标志,可能影响交通运输安全,尚不够刑事处罚的。

第二十一条 有下列妨害公共安全行为之一的,处二百元以下罚款或者警告:

（一）设置、使用民用射击场,不符合安全规定的;

（二）未经批准,安装、使用电网的,或者安装、使用电网不符合安全规定,尚未造成严重后果的;

（三）在车辆、行人通行的地方施工,对沟井坎穴不设覆盖物、标志、防围的,或者故意损毁、移动覆盖物、标志、防围的。

第二十二条 有下列侵犯他人人身权利行为之一,尚不够刑事处罚的,处十五日以下拘留、二百元以下罚款或者警告:

（一）殴打他人,造成轻微伤害的;

（二）非法限制他人人身自由或者非法侵入他人住宅的;

（三）公然侮辱他人或者捏造事实诽谤他人的;

（四）虐待家庭成员,受虐待人要求处理的;

（五）写恐吓信或者用其他方法威胁他人安全或者干扰他人正常生活的;

（六）胁迫或者诱骗不满十八岁的人表演恐怖、残忍节目,摧残其身心健康的;

（七）隐匿、毁弃或者私自开拆他人邮件、电报的。

第二十三条 有下列侵犯公私财物行为之一,尚不够刑事处罚的,处十五日以下拘留或者警告,可以单处或者并处二百元以下罚款:

（一）偷窃、骗取、抢夺少量公私财物的;

（二）哄抢国家、集体、个人财物的;

（三）敲诈勒索公私财物的;

（四）故意损坏公私财物的。

第二十四条 有下列妨害社会管理秩序行为之一的,处十五日以下拘留、二百元以下罚款或者警告:

（一）明知是赃物而窝藏、销毁、转移,尚不够刑事处罚的,或者明知是赃物而购买的;

（二）倒卖车票、船票、文艺演出或者体育比赛入场票券及其他票证,尚不够刑事处罚的;

（三）违反政府禁令,吸食鸦片、注射吗啡等毒品的;

（四）利用会道门、封建迷信活动，扰乱社会秩序、危害公共利益、损害他人身体健康或者骗取财物，尚不够刑事处罚的；

（五）偷开他人机动车辆的；

（六）违反社会团体登记管理规定，未经注册登记以社会团体名义进行活动，或者被撤销登记、明令解散、取缔后，仍以原社会团体名义进行活动，尚不够刑事处罚的；

（七）被依法执行管制、剥夺政治权利或者在缓刑、假释、保外就医和其他监外执行中的罪犯，或者被依法采取刑事强制措施的人，有违反法律、行政法规和国务院公安部门有关监督管理规定的行为，尚未构成新的犯罪的；

（八）冒充国家工作人员进行招摇撞骗，尚不够刑事处罚的。

第二十五条　妨害社会管理秩序，有下列第一项至第三项行为之一的，处二百元以下罚款或者警告；有第四项至第七项行为之一的，处五十元以下罚款或者警告：

（一）在地下、内水、领海及其他场所中发现文物隐匿不报，不上交国家的；

（二）刻字业承制公章违反管理规定，尚未造成严重后果的；

（三）故意污损国家保护的文物、名胜古迹，损毁公共场所雕塑，尚不够刑事处罚的；

（四）故意损毁或者擅自移动路牌、交通标志的；

（五）故意损毁路灯、邮筒、公用电话或者其他公用设施，尚不够刑事处罚的；

（六）违反规定，破坏草坪、花卉、树木的；

（七）违反规定，在城镇使用音响器材，音量过大，影响周围居民的工作或者休息，不听制止的。

第二十六条　违反消防管理，有下列第一项至第四项行为之一的，处十日以下拘留、一百元以下罚款或者警告；有第五项至第八项行为之一的，处一百元以下罚款或者警告：

（一）在有易燃易爆物品的地方，违反禁令，吸烟、使用明火的；

（二）故意阻碍消防车、消防艇通行或者扰乱火灾现场秩序，尚不够刑事处罚的；

（三）拒不执行火场指挥员指挥，影响灭火救灾的；

（四）过失引起火灾，尚未造成严重损失的；

（五）指使或者强令他人违反消防安全规定，冒险作业，尚未造成严重后果的；

（六）违反消防安全规定，占用防火间距，或者搭棚、盖房、挖沟、砌墙堵塞消防车通道的；

（七）埋压、圈占或者损毁消火栓、水泵、水塔、蓄水池等消防设施或者将消防器材、设备挪作他用，经公安机关通知不加改正的；

（八）有重大火灾隐患，经公安机关通知不加改正的。

第二十七条　违反交通管理，有下列第一项至第六项行为之一的，处十五日以下拘留、二百元以下罚款或者警告；有第七项至第十一项行为之一的，处五十元以下罚款或者警告：

（一）挪用、转借机动车辆牌证或者驾驶证的；

（二）无驾驶证的人、醉酒的人驾驶机动车辆，或者把机动车辆交给无驾驶证的人驾驶的；

（三）在城市集会、游行，违反有关规定妨碍交通，不听民警指挥的；

（四）无理拦截车辆或者强行登车影响车辆正常运行，不听劝阻的；

（五）在县级以上公安机关明令禁止通行的地区，强行通行，不听公安人员劝阻的；

（六）违反交通规则，造成交通事故，尚不够刑事处罚的；

（七）驾驶未经交通管理部门检验和批准行驶的机动车辆的；

（八）驾驶机件不合安全要求的机动车辆的；

（九）饮酒后驾驶机动车辆的；

（十）指使、强迫车辆驾驶人员违反交通规则的；

（十一）未经主管部门批准，在街道上搭棚、盖房、摆摊、堆物或者有其他妨碍交通行为的。

第二十八条　有下列违反交通管理行为之一的，处五元以下罚款或者警告：

（一）驾驶机动车违反装载、车速规定或者违反交通标志、信号指示的；

（二）非机动车驾驶人员或者行人违反交通规则的；

（三）在交通管理部门明令禁止停放车辆的地方停放车辆的；

（四）在机动车辆上非法安装、使用特殊音响警报器或者标志灯具的。

第二十九条　违反户口或者居民身份证管理，有下列第一项至第三项行为之一的，处五十元以下罚款或者警告；有第四项或者第五项行为的，处一百元以下罚款或者警告：

（一）不按规定申报户口或者申领居民身份证，经公安机关通知拒不改正的；

（二）假报户口或者冒用他人户口证件、居民身份证的；

（三）故意涂改户口证件的；

（四）旅店管理人员对住宿的旅客不按照规定登记的；

（五）出租房屋或者床铺供人住宿，不按照规定申报登记住宿人户口的。

第三十条 严厉禁止卖淫、嫖宿暗娼以及介绍或者容留卖淫、嫖宿暗娼，违者处十五日以下拘留、警告、责令具结悔过或者依照规定实行劳动教养，可以并处五千元以下罚款；构成犯罪的，依法追究刑事责任。

嫖宿不满十四岁幼女的，依照刑法第一百三十九条的规定，以强奸罪论处。

第三十一条 严厉禁止违反政府规定种植罂粟等毒品原植物，违者除铲除其所种罂粟等毒品原植物以外，处十五日以下拘留，可以单处或者并处三千元以下罚款；构成犯罪的，依法追究刑事责任。

非法运输、买卖、存放、使用罂粟壳的，收缴其非法运输、买卖、存放、使用的罂粟壳，处十五日以下拘留，可以单处或者并处三千元以下罚款；构成犯罪的，依法追究刑事责任。

第三十二条 严厉禁止下列行为：

（一）赌博或者为赌博提供条件的；

（二）制作、复制、出售、出租或者传播淫书、淫画、淫秽录像或者其他淫秽物品的。

有上述行为之一的，处十五日以下拘留，可以单处或者并处三千元以下罚款；或者依照规定实行劳动教养；构成犯罪的，依法追究刑事责任。

第四章 裁决与执行

第三十三条 对违反治安管理行为的处罚，由县、市公安局、公安分局或者相当于县一级的公安机关裁决。

警告、五十元以下罚款，可以由公安派出所裁决；在农村，没有公安派出所的地方，可以由公安机关委托乡（镇）人民政府裁决。

第三十四条 对违反治安管理的人处警告或者五十元以下罚款的，或者罚款数额超过五十元，被处罚人没有异议的，可以由公安人员当场处罚。

对违反治安管理的人的其他处罚，适用下列程序：

（一）传唤。公安机关对违反管理的人，需要传唤的，使用传唤证。对于当场发现的违反治安管理的人，可以口头传唤。对无正当理由不接受传唤或者逃避传唤的，公安机关可以强制传唤。

（二）讯问。违反治安管理的人，应当如实回答公安机关的讯问。讯问应当作出笔录;被讯问人经核对认为无误后,应当在笔录上签名或者盖章,讯问人也应当在笔录上签名。

(三)取证。公安机关收集证据材料时,有关单位和公民应当积极予以支持和协助。询问证人时,证人应当如实反映情况,询问应当作出笔录。证人经核对认为无误后,应当在笔录上签名或者盖章。

(四)裁决。经讯问查证,违反治安管理行为事实清楚,证据确凿的,依照本条例的有关条款裁决。

裁决应当填写裁决书,并应立即向本人宣布。裁决书一式三份。一份交给被裁决人,一份交给被裁决人的所在单位,一份交给被裁决人的常住地公安派出所。单位和常住地公安派出所应当协助执行裁决。

(五)对违反治安管理的人,公安机关传唤后应当及时讯问查证。对情况复杂,依照本条例规定适用拘留处罚的,讯问查证的时间不得超过二十四小时。

第三十五条 受拘留处罚的人应当在限定的时间内,到指定的拘留所接受处罚。对抗拒执行的,强制执行。

在拘留期间,被拘留人的伙食费由自己负担。

第三十六条 受罚款处罚的人应当将罚款当场交公安人员或者在接到罚款通知或者裁决书后五日内送交指定的公安机关。无正当理由逾期不交纳的,可以按日增加罚款一元至五元。拒绝交纳罚款的,可以处十五日以下拘留,罚款仍应执行。

公安机关或者公安人员收到罚款后,应当给被罚款人开具罚款收据。

罚款全部上交国库。

第三十七条 裁决机关没收财物,应当给被没收人开具收据。

没收的财物全部上交国库。属偷窃、抢夺、骗取或者敲诈勒索他人的,除违禁品外,六个月内查明原主的,依法退还原主。

第三十八条 被裁决赔偿损失或者负担医疗费用的,应当在接到裁决书后五日内将费用交裁决机关代转;数额较大的,可以分期交纳。拒不交纳的,由裁决机关通知其所在单位从本人工资中扣除,或者扣押财物折抵。

第三十九条 被裁决受治安管理处罚的人或者被侵害人不服公安机关或者乡(镇)人民政府裁决的,在接到通知后五日内,可以向上一级公安机关提出申诉,由上一级公安机关在接到申诉后五日内作出裁决;不服上一级公安机关裁决的,可以在接到通知后五日内向当地人民法院提起诉讼。

第四十条 对治安管理处罚提出申诉或者提起诉讼的,在申诉和诉讼期间原裁决继续执行。

被裁决拘留的人或者他的家属能够找到担保人或者按照规定交纳保证金的,在申诉和诉讼期间,原裁决暂缓执行。裁决被撤销或者开始执行时,依照规定退还保证金。

第四十一条 公安人员在执行本条例时,应当严格遵守法纪,秉公执法,不得徇私舞弊。禁止对违反治安管理的人打骂、虐待或者侮辱。违反的给予行政处分;构成犯罪的,依法追究刑事责任。

第四十二条 公安机关对公民给予的治安管理处罚错误的,应当向受处罚人承认错误,退回罚款及没收的财物;对受处罚人的合法权益造成损害的,应当赔偿损失。

第五章 附则

第四十三条 本条例所说以上、以下、以内,都包括本数在内。

第四十四条 对违反交通管理行为处罚的实施办法,由国务院另行制定。

第四十五条 本条例自1987年1月1日起施行。1957年10月22日公布的《中华人民共和国治安管理处罚条例》同时废止。

附录三:

中华人民共和国戒严法

1996年3月1日第八届全国人民代表大会常务委员会第十八次会议通过
1996年3月1日中华人民共和国主席令第61号发布

第一章 总则

第一条 根据中华人民共和国宪法,制定本法。

第二条 在发生严重危及国家的统一、安全或者社会公共安全的动乱、暴乱或者严重骚乱,不采取非常措施不足以维护社会秩序、保护人民的生命和财产安全的紧急状态时,国家可以决定实行戒严。

第三条 全国或者个别省、自治区、直辖市的戒严,由国务院提请全国人民代表大会常务委员会决定;中华人民共和国主席根据全国人民代表大会常务委员会的决定,发布戒严令。

省、自治区、直辖市的范围内部分地区的戒严,由国务院决定,国务院总理发布戒严令。

第四条　戒严期间,为保证戒严的实施和维护社会治安秩序,国家可以依照本法在戒严地区内,对宪法、法律规定的公民权利和自由的行使作出特别规定。

第五条　戒严地区内的人民政府应当依照本法采取必要的措施,尽快恢复正常社会秩序,保障人民的生命和财产安全以及基本生活必需品的供应。

第六条　戒严地区内的一切组织和个人,必须严格遵守戒严令和实施戒严令的规定,积极协助人民政府恢复正常社会秩序。

第七条　国家对遵守戒严令和实施戒严令的规定的组织和个人,采取有效措施保护其合法权益不受侵犯。

第八条　戒严任务由人民警察、人民武装警察执行;必要时,国务院可以向中央军事委员会提出,由中央军事委员会决定派出人民解放军协助执行戒严任务。

第二章　戒严的实施

第九条　全国或者个别省、自治区、直辖市的戒严,由国务院组织实施。

省、自治区、直辖市的范围内部分地区的戒严,由省、自治区、直辖市人民政府组织实施;必要时,国务院可以直接组织实施。

组织实施戒严的机关称为戒严实施机关。

第十条　戒严实施机关建立戒严指挥机构,由戒严指挥机构协调执行戒严任务的有关方面的行动,统一部署和实施戒严措施。

执行戒严任务的人民解放军,在戒严指挥机构的统一部署下,由中央军事委员会指定的军事机关实施指挥。

第十一条　戒严令应当规定戒严的地域范围、起始时间、实施机关等事项。

第十二条　根据本法第二条规定实行戒严的紧急状态消除后,应当及时解除戒严。

解除戒严的程序与决定戒严的程序相同。

第三章　实施戒严的措施

第十三条　戒严期间,戒严实施机关可以决定在戒严地区采取下列措施,并可以制定具体实施办法:

(一)禁止或者限制集会、游行、示威、街头讲演以及其他聚众活动;

(二) 禁止罢工、罢市、罢课；
(三) 实行新闻管制；
(四) 实行通讯、邮政、电信管制；
(五) 实行出境入境管制；
(六) 禁止任何反对戒严的活动。

第十四条　戒严期间，戒严实施机关可以决定在戒严地区采取交通管制措施，限制人员进出交通管制区域，并对进出交通管制区域人员的证件、车辆、物品进行检查。

第十五条　戒严期间，戒严实施机关可以决定在戒严地区采取宵禁措施。宵禁期间，在实行宵禁地区的街道或者其他公共场所通行，必须持有本人身份证件和戒严实施机关制发的特别通行证。

第十六条　戒严期间，戒严实施机关或者戒严指挥机构可以在戒严地区对下列物品采取特别管理措施：

(一) 武器、弹药；
(二) 管制刀具；
(三) 易燃易爆物品；
(四) 化学危险物品、放射性物品、剧毒物品等。

第十七条　根据执行戒严任务的需要，戒严地区的县级以上人民政府可以临时征用国家机关、企业事业组织、社会团体以及公民个人的房屋、场所、设施、运输工具、工程机械等。

在非常紧急的情况下，执行戒严任务的人民警察、人民武装警察、人民解放军的现场指挥员可以直接决定临时征用，地方人民政府应当给予协助。实施征用应当开具征用单据。

前款规定的临时征用物，在使用完毕或者戒严解除后应当及时归还；因征用造成损坏的，由县级以上人民政府按照国家有关规定给予相应补偿。

第十八条　戒严期间，对戒严地区的下列单位、场所，采取措施，加强警卫：

(一) 首脑机关；
(二) 军事机关和重要军事设施；
(三) 外国驻华使领馆、国际组织驻华代表机构和国宾下榻处；
(四) 广播电台、电视台、国家通讯社等重要新闻单位及其重要设施；
(五) 与国计民生有重大关系的公用企业和公共设施；
(六) 机场、火车站和港口；
(七) 监狱、劳教场所、看守所；

（八）其他需要加强警卫的单位和场所。

第十九条　为保障戒严地区内的人民基本生活必需品的供应,戒严实施机关可以对基本生活必需品的生产、运输、供应、价格,采取特别管理措施。

第二十条　戒严实施机关依照本法采取的实施戒严令的措施和办法,需要公众遵守的,应当公布;在实施过程中,根据情况,对于不需要继续实施的措施和办法,应当及时公布停止实施。

第四章　戒严执勤人员的职责

第二十一条　执行戒严任务的人民警察、人民武装警察和人民解放军是戒严执勤人员。

戒严执勤人员执行戒严任务时,应当佩带由戒严实施机关统一规定的标志。

第二十二条　戒严执勤人员依照戒严实施机关的规定,有权对戒严地区公共道路上或者其他公共场所内的人员的证件、车辆、物品进行检查。

第二十三条　戒严执勤人员依照戒严实施机关的规定,有权对违反宵禁规定的人予以扣留,直至清晨宵禁结束;并有权对被扣留者的人身进行搜查,对其携带的物品进行检查。

第二十四条　戒严执勤人员依照戒严实施机关的规定,有权对下列人员立即予以拘留:

（一）正在实施危害国家安全、破坏社会秩序的犯罪或者有重大嫌疑的;

（二）阻挠或者抗拒戒严执勤人员执行戒严任务的;

（三）抗拒交通管制或者宵禁规定的;

（四）从事其他抗拒戒严令的活动的。

第二十五条　戒严执勤人员依照戒严实施机关的规定,有权对被拘留的人员的人身进行搜查,有权对犯罪嫌疑分子的住所和涉嫌藏匿犯罪分子、犯罪嫌疑分子或者武器、弹药等危险物品的场所进行搜查。

第二十六条　在戒严地区有下列聚众情形之一、阻止无效的,戒严执勤人员根据有关规定,可以使用警械强行制止或者驱散,并将其组织者和拒不服从的人员强行带离现场或者立即予以拘留:

（一）非法进行集会、游行、示威以及其他聚众活动的;

（二）非法占据公共场所或者在公共场所煽动进行破坏活动的;

（三）冲击国家机关或者其他重要单位、场所的;

（四）扰乱交通秩序或者故意堵塞交通的；

（五）哄抢或者破坏机关、团体、企业事业组织和公民个人的财产的。

第二十七条 戒严执勤人员对于依照本法规定予以拘留的人员，应当及时登记和讯问，发现不需要继续拘留的，应当立即释放。

戒严期间拘留、逮捕的程序和期限可以不受中华人民共和国刑事诉讼法有关规定的限制，但逮捕须经人民检察院批准或者决定。

第二十八条 在戒严地区遇有下列特别紧急情形之一，使用警械无法制止时，戒严执勤人员可以使用枪支等武器：

（一）公民或者戒严执勤人员的生命安全受到暴力危害时；

（二）拘留、逮捕、押解人犯，遇有暴力抗拒、行凶或者脱逃时；

（三）遇暴力抢夺武器、弹药时；

（四）警卫的重要对象、目标受到暴力袭击，或者有受到暴力袭击的紧迫危险时；

（五）在执行消防、抢险、救护作业以及其他重大紧急任务中，受到严重暴力阻挠时；

（六）法律、行政法规规定可以使用枪支等武器的其他情形。

戒严执勤人员必须严格遵守使用枪支等武器的规定。

第二十九条 戒严执勤人员应当遵守法律、法规和执勤规则，服从命令，履行职责，尊重当地民族风俗习惯，不得侵犯和损害公民的合法权益。

第三十条 戒严执勤人员依法执行任务的行为受法律保护。

戒严执勤人员违反本法规定，滥用职权，侵犯和损害公民合法权益的，依法追究法律责任。

第五章 附则

第三十一条 在个别县、市的局部范围内突然发生严重骚乱，严重危及国家安全、社会公共安全和人民的生命财产安全，国家没有作出戒严决定时，当地省级人民政府报经国务院批准，可以决定并组织人民警察、人民武装警察实施交通管制和现场管制，限制人员进出管制区域，对进出管制区域人员的证件、车辆、物品进行检查，对参与骚乱的人可以强行予以驱散、强行带离现场、搜查，对组织者和拒不服从的人员可以立即予以拘留；在人民警察、人民武装警察力量还不足以维护社会秩序时，可以报请国务院向中央军事委员会提出，由中央军事委员会决定派出人民解放军协助当地人民政府恢复和维持正常社会秩序。

第三十二条 本法自公布之日起施行。

附录四：

中华人民共和国安全生产法(摘录)

2002年6月29日第九届全国人民代表大会常务委员会第二十八次会议通过
2002年6月29日中华人民共和国主席令第70号发布

第一章　总则(略)

第二章　生产经营单位的安全生产保障(略)

第三章　从业人员的权利和义务(略)

第四章　安全生产的监督管理(略)

第五章　生产安全事故的应急救援与调查处理

第六十八条　县级以上地方各级人民政府应当组织有关部门制定本行政区域内特大生产安全事故应急救援预案,建立应急救援体系。

第六十九条　危险物品的生产、经营、储存单位以及矿山、建筑施工单位应当建立应急救援组织;生产经营规模较小,可以不建立应急救援组织的,应当指定兼职的应急救援人员。

危险物品的生产、经营、储存单位以及矿山、建筑施工单位应当配备必要的应急救援器材、设备,并进行经常性维护、保养,保证正常运转。

第七十条　生产经营单位发生生产安全事故后,事故现场有关人员应当立即报告本单位负责人。

单位负责人接到事故报告后,应当迅速采取有效措施,组织抢救,防止事故扩大,减少人员伤亡和财产损失,并按照国家有关规定立即如实报告当地负有安全生产监督管理职责的部门,不得隐瞒不报、谎报或者拖延不报,不得故意破坏事故现场、毁灭有关证据。

第七十一条　负有安全生产监督管理职责的部门接到事故报告后,应当立即按照国家有关规定上报事故情况。负有安全生产监督管理职责的部门和有关地方人民政府对事故情况不得隐瞒不报、谎报或者拖延不报。

第七十二条 有关地方人民政府和负有安全生产监督管理职责的部门的负责人接到重大生产安全事故报告后,应当立即赶到事故现场,组织事故抢救。

任何单位和个人都应当支持、配合事故抢救,并提供一切便利条件。

第七十三条 事故调查处理应当按照实事求是、尊重科学的原则,及时、准确地查清事故原因,查明事故性质和责任,总结事故教训,提出整改措施,并对事故责任者提出处理意见。事故调查和处理的具体办法由国务院制定。

第七十四条 生产经营单位发生生产安全事故,经调查确定为责任事故的,除了应当查明事故单位的责任并依法予以追究外,还应当查明对安全生产的有关事项负有审查批准和监督职责的行政部门的责任,对有失职、渎职行为的,依照本法第七十七条的规定追究法律责任。

第七十五条 任何单位和个人不得阻挠和干涉对事故的依法调查处理。

第七十六条 县级以上地方各级人民政府负责安全生产监督管理的部门应当定期统计分析本行政区域内发生生产安全事故的情况,并定期向社会公布。

第六章 法律责任(略)

第七章 附则(略)

附录五:

中华人民共和国传染病防治法

1989年2月21日第七届全国人民代表大会常务委员会第六次会议通过
1989年2月21日中华人民共和国主席令第15号公布

第一章 总则

第一条 为了预防、控制和消除传染病的发生与流行,保障人体健康,制定本法。

第二条 国家对传染病实行预防为主的方针,防治结合,分类管理。

第三条 本法规定管理的传染病分为甲类、乙类和丙类。

甲类传染病是指:鼠疫、霍乱。

乙类传染病是指:病毒性肝炎、细菌性和阿米巴性痢疾、伤寒和副伤寒、艾滋病、淋病、梅毒、脊髓灰质炎、麻疹、百日咳、白喉、流行性脑脊髓膜炎、猩红热、流行性出血热、狂犬病、钩端螺旋体病、布鲁氏菌病、炭疽、流行性和地方性斑疹伤寒、流行性乙型脑炎、黑热病、疟疾、登革热。

丙类传染病是指:肺结核、血吸虫病、丝虫病、包虫病、麻风病、流行性感冒、流行性腮腺炎、风疹、新生儿破伤风、急性出血性结膜炎、除霍乱、痢疾、伤寒和副伤寒以外的感染性腹泻病。

国务院可以根据情况,增加或者减少甲类传染病病种,并予公布;国务院卫生行政部门可以根据情况,增加或者减少乙类、丙类传染病病种,并予公布。

第四条 各级政府领导传染病防治工作,制定传染病防治规划,并组织实施。

第五条 各级政府卫生行政部门对传染病防治工作实施统一监督管理。

各级各类卫生防疫机构按照专业分工承担责任范围内的传染病监测管理工作。

各级各类医疗保健机构承担责任范围内的传染病防治管理任务,并接受有关卫生防疫机构的业务指导。

军队的传染病防治工作,依照本法和国家有关规定办理,由中国人民解放军卫生主管部门实施监督管理。

第六条 同防治传染病有关的食品、药品和水的管理以及国境卫生检疫,分别依照有关法律规定办理。

第七条 在中华人民共和国领域内的一切单位和个人,必须接受医疗保健机构、卫生防疫机构有关传染病的查询、检验、调查取证以及预防、控制措施,并有权检举、控告违反本法的行为。

第八条 对预防、控制传染病做出显著成绩和贡献的单位和个人,给予奖励。

第二章 预防

第九条 各级政府应当开展预防传染病的卫生健康教育,组织力量消除鼠害和蚊、蝇等病媒昆虫以及其他传播传染病的或者患有人畜共患传染病的动物的危害。

第十条　地方各级政府应当有计划地建设和改造公共卫生设施，对污水、污物、粪便进行无害化处理，改善饮用水卫生条件。

第十一条　各级各类医疗保健机构应当设立预防保健组织或者人员、承担本单位和责任地段的传染病预防、控制和疫情管理工作。

市、市辖区、县设立传染病医院或者指定医院设立传染病门诊和传染病病房。

第十二条　国家实行有计划的预防接种制度。

国家对儿童实行预防接种证制度。

第十三条　供水单位供应的饮用水必须符合国家规定的卫生标准。

第十四条　传染病病人、病原携带者和疑似传染病病人，在治愈或者排除传染病嫌疑前，不得从事国务院卫生行政部门规定禁止从事的易使该传染病扩散的工作。

第十五条　医疗保健机构、卫生防疫机构和从事致病性微生物实验的单位，必须严格执行国务院卫生行政部门规定的管理制度、操作规程，防止传染病的医源性感染、医院内感染、实验室感染和致病性微生物的扩散。

第十六条　传染病菌种、毒种的保藏、携带、运输，必须按照国务院卫生行政部门的规定严格管理。

第十七条　被甲类传染病病原体污染的污水、污物、粪便，有关单位和个人必须在卫生防疫机构的指导监督下进行严密消毒后处理；拒绝消毒处理的，当地政府可以采取强制措施。被乙类、丙类传染病病原体污染的污水、污物、粪便，有关单位和个人必须按照卫生防疫机构提出的卫生要求进行处理。

第十八条　同人畜共患传染病有关的家畜家禽的传染病防治管理工作，由各级政府畜牧兽医部门负责。

同人畜共患传染病有关的野生动物，未经当地或者接收地的政府畜牧兽医部门检疫，禁止出售或者运输。

狂犬病防治管理工作，由各级政府畜牧兽医、卫生、公安部门按照国务院的规定分工负责。

第十九条　在自然疫源地和可能是自然疫源地的地区兴办的大型建设项目开工前，建设单位应当申请当地卫生防疫机构对施工环境进行卫生调查，并根据卫生防疫机构的意见，采取必要的卫生防疫措施。施工期间，建设单位应当设立专人负责工地上的卫生防疫工作。

第二十条　对从事传染病预防、医疗、科研、教学的人员，现场处理疫情的人员,以及在生产、工作中接触传染病病原体的其他人员,有关单位应当根据国家规定,采取有效的防护措施和医疗保健措施。

第三章 疫情的报告和公布

第二十一条 任何人发现传染病病人或者疑似传染病病人时,都应当及时向附近的医疗保健机构或者卫生防疫机构报告。

执行职务的医疗保健人员、卫生防疫人员发现甲类、乙类和监测区域内的丙类传染病病人、病原携带者或者疑似传染病病人,必须按照国务院卫生行政部门规定的时限向当地卫生防疫机构报告疫情。卫生防疫机构发现传染病流行或者接到甲类传染病和乙类传染病中的艾滋病、炭疽中的肺炭疽的疫情报告,应当立即报告当地卫生行政部门,由当地卫生行政部门立即报告当地政府,同时报告上级卫生行政部门和国务院卫生行政部门。

第二十二条 各级政府有关主管人员和从事传染病的医疗保健、卫生防疫、监督管理的人员,不得隐瞒、谎报或者授意他人隐瞒、谎报疫情。

第二十三条 国务院卫生行政部门应当及时地如实通报和公布疫情,并可以授权省、自治区、直辖市政府卫生行政部门及时地如实通报和公布本行政区域的疫情。

第四章 控制

第二十四条 医疗保健机构、卫生防疫机构发现传染病时,应当及时采取下列控制措施:

(一)对甲类传染病病人和病原携带者,乙类传染病中的艾滋病病人、炭疽中的肺炭疽病人,予以隔离治疗。隔离期限根据医学检查结果确定。拒绝隔离治疗或者隔离期未满擅自脱离隔离治疗的,可以由公安部门协助治疗单位采取强制隔离治疗措施;

(二)对除艾滋病病人、炭疽中的肺炭疽病人以外的乙类、丙类传染病病人,根据病情,采取必要的治疗和控制传播措施;

(三)对疑似甲类传染病病人,在明确诊断前,在指定场所进行医学观察;

(四)对传染病病人、病原携带者、疑似传染病病人污染的场所、物品和密切接触的人员,实施必要的卫生处理和预防措施。

传染病病人及其亲属和有关单位以及居民或者村民组织应当配合实施前款所列措施。

第二十五条 传染病暴发、流行时,当地政府应当立即组织力量进行防

治,切断传染病的传播途径;必要时,报经上一级地方政府决定,可以采取下列紧急措施:

(一)限制或者停止集市、集会、影剧院演出或者其他人群聚集的活动;

(二)停工、停业、停课;

(三)临时征用房屋、交通工具;

(四)封闭被传染病病原体污染的公共饮用水源。

县级以上地方政府接到下一级政府关于采取前款所列紧急措施报告时,应当在规定的时限内作出决定。

紧急措施的解除,由原决定机关宣布。

第二十六条 甲类、乙类传染病暴发、流行时,县级以上地方政府报经上一级地方政府决定,可以宣布疫区,在疫区内采取本法第二十五条规定的紧急措施,并可以对出入疫区的人员、物资和交通工具实施卫生检疫。经省、自治区、直辖市政府决定,可以对甲类传染病疫区实施封锁;封锁大、中城市的疫区或者跨省、自治区、直辖市的疫区,以及封锁疫区导致中断干线交通或者封锁国境的,由国务院决定。

疫区封锁的解除,由原决定机关宣布。

第二十七条 发生重大传染病疫情时,国务院卫生行政部门有权在全国范围或者跨省、自治区、直辖市范围内,地方各级政府卫生行政部门有权在本行政区域内,调集各级各类医疗保健人员、卫生防疫人员参加疫情控制工作。

第二十八条 患鼠疫、霍乱和炭疽死亡的,必须将尸体立即消毒,就近火化。患其他传染病死亡的,必要时,应当将尸体消毒后火化或者按照规定深埋。

医疗保健机构、卫生防疫机构必要时可以对传染病病人尸体或者疑似传染病病人尸体进行解剖查验。

省、自治区人民代表大会常务委员会对民族自治地方执行前两款的规定,必要时可以作出变通的规定。

第二十九条 医药部门和其他有关部门应当及时供应预防和治疗传染病的药品和器械。生物制品生产单位应当及时供应预防和治疗传染病的生物制品。预防和治疗传染病的药品、生物制品和器械应当有适量的储备。

第三十条 铁路、交通、民航部门必须优先运送卫生行政部门批准的处理疫情的人员、防治药品、生物制品和器械。

第三十一条 以控制传染病传播为目的的交通卫生检疫的具体办法,由国务院卫生行政部门会同有关部门制定,报国务院批准后施行。

第五章 监督

第三十二条 各级政府卫生行政部门对传染病防治工作行使下列监督管理职权：

（一）对传染病的预防、治疗、监测、控制和疫情管理措施进行监督、检查；

（二）责令被检查单位或者个人限期改进传染病防治管理工作；

（三）依照本法规定，对违反本法的行为给予行政处罚。

国务院卫生行政部门可以委托其他有关部门卫生主管机构，在本系统内行使前款所列职权。

第三十三条 各级政府卫生行政部门和受国务院卫生行政部门委托的其他有关部门卫生主管机构以及各级各类卫生防疫机构内设立传染病管理监督员，执行卫生行政部门或者其他有关部门卫生主管机构交付的传染病监督管理任务。

传染病管理监督员由合格的卫生专业人员担任，由省级以上政府卫生行政部门聘任并发给证件。

第三十四条 各级各类医疗保健机构设立传染病管理检查员，负责检查本单位及责任地段的传染病防治管理工作，并向有关卫生防疫机构报告检查结果。

传染病管理检查员由县级以上地方政府卫生行政部门批准并发给证件。

第六章 法律责任

第三十五条 违反本法规定，有下列行为之一的，由县级以上政府卫生行政部门责令限期改正，可以处以罚款；有造成传染病流行危险的，由卫生行政部门报请同级政府采取强制措施：

（一）供水单位供应的饮用水不符合国家规定的卫生标准的；

（二）拒绝按照卫生防疫机构提出的卫生要求，对传染病病原体污染的污水、污物、粪便进行消毒处理的；

（三）准许或者纵容传染病病人、病原携带者和疑似传染病病人从事国务院卫生行政部门规定禁止从事的易使该传染病扩散的工作的；

（四）拒绝执行卫生防疫机构依照本法提出的其他预防、控制措施的。

第三十六条 当事人对罚款决定不服的，可以自收到处罚决定通知书之日起15日内向上一级卫生行政部门申请复议；对复议决定仍然不服的，可以自收到复议决定通知书之日起15日内向法院提起诉讼。当事人也可以自收到处罚决定通知书之日起15日内，直接向法院提起诉讼。逾期不申请复议或者不提起诉讼又不履行的，做出处罚决定的卫生行政部门可以申请法院强制执行。

第三十七条　有本法第三十五条所列行为之一，引起甲类传染病传播或者有传播严重危险的，比照刑法第一百七十八条的规定追究刑事责任。

第三十八条　从事实验、保藏、携带、运输传染病菌种、毒种的人员，违反国务院卫生行政部门的有关规定，造成传染病菌种、毒种扩散，后果严重的，依照刑法第一百一十五条的规定追究刑事责任；情节轻微的，给予行政处分。

第三十九条　从事传染病的医疗保健、卫生防疫、监督管理的人员和政府有关主管人员玩忽职守，造成传染病传播或者流行的，给予行政处分；情节严重、构成犯罪的，依照刑法第一百八十七条的规定追究刑事责任。

第七章　附则

第四十条　国务院卫生行政部门根据本法制定实施办法，报国务院批准后施行。

第四十一条　本法自1989年9月1日起施行。

刑法有关条文

第一百八十七条　违反国境卫生检疫规定，引起检疫传染病的传播，或者有引起检疫传染病传播严重危险的，处3年以下有期徒刑或者拘役，可以并处或者单处罚金。

第一百一十五条　违反爆炸性、易燃性、放射性、毒害性、腐蚀性物品的管理规定，在生产、储存、运输、使用中发生重大事故，造成严重后果的，处3年以下有期徒刑或者拘役；后果特别严重的，处3年以上7年以下有期徒刑。

第一百八十七条　国家工作人员由于玩忽职守，致使公共财产、国家和人民利益遭受重大损失的，处5年以下有期徒刑或者拘役。

参 考 文 献

1. Ali Farazmand, ed. *Handbook of Crisis and Emergency Management*, New York: Marcel Dekker, 2001
2. Anna Fornstedt. *Civil Security and Crisis Management in the Baltic Sea Region: the 1999 Stromsborg Workshop in Stockholm and the 2000 Tallinn Conference* (CRISMART: A Publication of the Crisis Management Europe Research Program, Volume 5), 2001
3. Asthildur Elva Bernhardsdottir. *Learning from Past Experience: The 1995 Avalanches in Iceland* (CRISMART: A Publication of the Crisis Management Europe Research Program, Volume 16), 2001
4. Axlerod, Robert. *The Evolution of Cooperation*. New York: Basic Books, 1984
5. Dynes, Russel R. *Organized Behaviour in Disaster*. New York: Heath, 1974
6. Eric K. Stern and Dan Hansen. *Crisis Management in a Transitional Society: The Latvian Experience* (CRISMART: A Publication of the Crisis Management Europe Research Program, Volume 12), 2000
7. Eric K. Stern. *Crisis Decision-Making-A Cognitive-Institutional Approach*, Stockholm: Department of Political Science, Stockholm University, 1999
8. Hewitt, Kenneth, ed. *Interpretations of Calamity: From the Viewpoint of Human Ecology*. London: Allen and Unwin, 1983
9. Irving L. Janis. *Crucial Decisions: Leadership in Policymaking and Crisis Management*, New York: the Free Press, a Division of Macmillan, Inc., 1989
10. Jesper Gronvall. *Managing Crisis in the European Union: The Commission and "Mad Cow Disease"*, (CRISMART: A Publication of the Crisis Management Europe Research Program, Volume 10), 2000
11. Lindy M. Newlove, Eric K. Stern and Lina Svedin. *Auckland Unplugged* (CRISMART: A Publication of the Crisis Management Europe Research Program, Volume 11), 2000
12. Saundra K. Schneider. *Flirting with Disaster: Public Management in Crisis Situations*, Armonk, N. Y. : M. E. Sharpe, 1995
13. Susann Ulberg. *Environmental Crisis in Spain: the Boliden Dam Rupture* (CRISMART: A Publication of the Crisis Management Europe Research Program, Volume 14), 2001
14. Uriel Rosenthal and Bert Pijnenburg. *Crisis management and Decision Making: Simulation Oriented Scenarios*, Boston: Kluwer Academic Publishers, 1991
15. W. Timothy Coombs. *Ongoing Crisis Communication-Planning, Managing, and Responding*, London: Sage Publications, Inc., 1999

16. William L. Waugh. *Living with Hazards Dealing With Disasters: An Introduction to Emergency Management*, New York: M. E. Sharpe, Inc. , 2000
17. 北京太平洋国际战略研究所. 应对危机——美国国家安全决策机制. 北京：时事出版社,2001
18. ［美］查尔斯·林德布洛姆. 竺乾威,胡君芳译. 决策过程. 上海：上海译文出版社,1988
19. 陈曦主编. 帝国噩梦："9·11"美国惊世恐怖事件纪实. 北京：中国社会科学出版社,2001
20. ［美］戴维·奥斯本,特德·盖布勒. 改革政府——企业精神如何改革着公营部门. 周敦仁等译. 上海：上海译文出版社,1996
21. ［美］菲克. 危机管理. 韩应宁译. 台北：经济与生活出版事业公司,1987
22. 高厚满. 外国军警处置突发事件选评. 北京：解放军出版社,1992
23. 洪秀菊. 危机决策·处理·谈判——美伊人质危机个案. 台北：商鼎文化出版社,1999
24. 胡宁生主编. 中国政府形象战略. 北京：中共中央党校出版社,1999
25. ［美］卡尔·帕顿,大卫·沙维奇. 政策分析和规划的初步方法. 孙兰芝,胡启生等译. 北京：华夏出版社,2001
26. 厉以宁. 非均衡的中国经济. 北京：经济日报出版社,1994
27. 刘易斯·科塞. 社会冲突的功能. 孙亚平等译. 北京：华夏出版社,1989
28. 刘智峰主编. 中国政治体制改革问题报告. 北京：中国电影出版社,1999
29. ［澳］罗伯特·希斯. 危机管理. 王成,宋炳辉,金瑛译. 北京：中信出版社,2001
30. ［美］诺曼·R. 奥古斯丁等. 危机管理. 北京新华信商业风险管理有限责任公司译. 北京：中国人民大学出版社,2001
31. 汪明生,朱斌妤等. 冲突管理. 北京：九州出版社,2001
32. 许文惠,张成福主编. 危机状态下的政府管理. 北京：中国人民大学出版社,1997
33. 俞可平主编. 治理与善治. 北京：社会文献出版社,2000
34. ［美］约翰·兰尼拉格. 中央情报局. 潘中强等译. 范道丰校. 北京：中国社会科学出版社,1990
35. ［美］詹姆斯·Q. 威尔逊. 美国官僚政治. 张海涛,魏红伟译. 北京：中国社会科学出版社,1995
36. 张维迎. 博弈论与信息经济学. 上海：上海三联出版社,上海人民出版社,1996
37. 中国社科院. 2002年：中国社会形势分析与预测（社会蓝皮书）. 北京：社会文献出版社,2001
38. 朱光磊. 当代中国政府过程. 天津：天津人民出版社,1997
39. ［日］佐佐淳行. 危机管理宝典. 褚先忠译. 台北：建宏出版社,1994
40. 本书编写组. 9·11美国惊恐大爆炸. 北京：时事出版社,2001

后　　记

　　自 2000 年 10 月清华大学公共管理学院正式挂牌成立以来,我们一直致力于中国转型期治理结构改革的系统性研究,危机管理就是其中一个极为紧迫的研究课题。我们在 2001 年初开始收集有关国际资料和国内案例,特别是在美国"9·11"事件之后,在基于国情的分析比较上提出了"我国已经进入危机频发期,亟待建立现代危机管理体系"的观点,得到了国家有关领导及部门的重视与支持。

　　其后,我们对公共治理结构转型、中国社会群体性突发事件的处理、危机处理与新闻媒体的关系、系统分析方法的运用等问题进行了大量的研究。在此基础上,2001 年 11 月我们主持召开了"社会变革中突发事件应急管理"学术研讨会,并于 2002 年 5 月在清华大学第二届公共政策与管理国际研讨会上专门设立了"危机应对与政府管理体系完善"的主题分会。在这些学术会议上,来自国务院的徐绍史副秘书长和公安部、民政部、信访局等部门,重庆市、深圳市和南宁市等地方政府,中国科学院、中国社会科学院、北京大学、中国人民大学等研究机构,以及瑞典 CRISMART、香港乐施会等国际组织的专家学者为我们的研究提供了开阔的视角、丰富的实践和有益的建议。

　　应该说,来自各级政府加强危机管理系统建设方面的实际需要与中国社会转型期公共治理理论对这种需求的差距,共同形成了对我们研究工作的巨大推动力。而国内外理论界在相关领域的最新研究成果以及各级政府在危机管理方面的实践活动,则为我们的研究工作提供了丰富的知识基础和实证素材。

　　需要说明的是,中国科学院牛文元教授,中科院—清华大学国情研究中心胡鞍钢教授、康晓光研究员、王绍光研究员,北京大学志愿服务与社会福利研究中心丁元竹研究员,中国人民大学张成福教授、孙柏瑛教授,河北省武警学院高厚满研究员,民政部救灾救济司王振耀司长,台湾国立空中大学洪秀菊博士,瑞典 CRISMART 的 Bengt Sundelius 教授、Eric Stern 博士等人先后对相关领域进行了深入的研究,他们的成果为我们工作的开展奠定了坚实的基础,其中部分专家、学者还曾热情地参与了有关讨论,在此一并表示诚挚的感谢。

本课题组的主要研究成员包括薛澜、彭宗超、张强、钟开斌、朱琴。这是一支思想活跃，充满朝气的研究队伍。在一年多的研究过程中，大家以一种强烈的社会责任感作为研究动力，努力坚持严谨求实的学风，团结协作，共同努力，为这本书的出版奠定了基础。应当特别指出的是，彭宗超博士作为本研究的主要参与者在本书的框架设计和组织结构方面提出了许多建设性的意见，确定了本书第四章的框架结构和纲目，并在该章成文过程中提出了很好的修改意见，同时还牵头负责南宁市案例的调研活动，并与钟开斌一起完成调研报告。顾林生博士对日本危机管理体系的介绍与分析，为本书的国际借鉴部分增色不少。张强作为本研究最初的推动者之一，在整体研究工作的组织和协调方面起到了十分重要的作用，并和钟开斌一起在本书成稿的过程中做了大量的工作。朱琴不但在本研究的过程中参与了大量的调研和组织工作，而且在本书中有关 CRISMART 研究的介绍部分也做出了重要的贡献。

同时，我们还要真挚地感谢国家自然科学基金委杰出青年基金（批准号70125005）、清华大学"985"基础研究基金以及清华大学博士生科研创新基金的支持，同时国务院办公厅、中国行政管理学会以及南宁、深圳市政府也对本研究的进展提供了极大的帮助，瑞诚管理集团对我们 2001 年 11 月 26 日召开的研讨会给予了热情赞助，在此一并表示衷心的感谢。在成文和编辑出版过程中，还要感谢王苗、丛泽、苏芃提供的无私协助以及清华大学出版社孙文凯女士的大力支持。

尽管目前的书稿还显得仓促和不成熟，还存在很多问题和不足之处，但是，这是我们共同努力的一个阶段性成果，是我们下一步研究工作的起点。在我国危机管理体系构建问题上，还有更多的问题亟待研究。我们期待能在后续研究中结合我国整个经济、政治和社会的大背景，在与行政体制改革的互动中，开展更多的实证研究，并以此为基础，提出适合国情的、操作性较强的和较为规范的危机管理体系建设的政策建议。同时，我们还希望在公共管理硕士（MPA）教育体系中，能够专门设置"社会危机管理与决策"课程，从而发挥教育机构的优势，利用 MPA 教育的平台，进一步推动有关案例研究和有关情景模拟分析的工作。我们相信，随着党和政府对中国危机管理问题不断的关注和重视、中国公共管理学科的蓬勃发展，以及政研合作的日益拓展，我国现代危机管理体系的建立指日可待。

薛　澜
2002 年 10 月
于清华园明理楼